Christian F. Feest
Alfred Janata

Technologie und Ergologie in der Völkerkunde

Band 1

unter Mitarbeit von
Wilhelm P. Bauer

Begründet von
Walter Hirschberg

Vierte, grundlegend überarbeitete Auflage

DIETRICH REIMER VERLAG
BERLIN

Die Deutsche Bibliothek – CIP-Einheitsaufnahme

Technologie und Ergologie in der Völkerkunde / Christian F. Feest ;
Alfred Janata. Begr. von Walter Hirschberg. – Berlin : Reimer
(Ethnologische Paperbacks)
Bd. 1. / Unter Mitarb. von Wilhelm P. Bauer. – 4., grundlegend
überarb. Aufl. – 1999
ISBN 3-496-02654-5

1. Auflage 1966
2. und erweiterte Auflage 1980
3. Auflage 1986
4. grundlegend überarbeitete Auflage 1999

Zeichnungen: Margarete Schulz

ISBN 3-496-02654-5

VORWORT ZUR 4. AUFLAGE

Die 4. Auflage des ersten Bands der „Technologie und Ergologie in der Völkerkunde" ist dem Andenken an meinen Lehrer Walter Hirschberg und an meinen Freund Alfred Janata gewidmet. Die fast ein Vierteljahrhundert nach dem ersten Erscheinen des ursprünglich von ihnen herausgegebenen Buchs notwendig gewordenen Änderungen mußten nach ihrem Tod von mir als einem der Mitarbeiter der „ersten Stunde" in Alleinverantwortung durchgeführt werden.

Die 1. Auflage war letztlich das Ergebnis des von Janata und mir am Museum für Völkerkunde in Wien betriebenen Aufbaus einer systematischen Studiensammlung, die für die „Übungen zur Technologie und Ergologie" bestimmt war, die Hirschberg in Ergänzung zu seinen entsprechenden Einführungsvorlesungen an der Universität Wien anbot. Es ehrt Hirschbergs Andenken, daß er die teilweise radikalen Änderungen systematischer und terminologischer Natur, die wir in seine Veranstaltungen einbrachten, nicht nur akzeptierte, sondern daß er uns auch bei der Abfassung des Texts für die „Technologie und Ergologie in der Völkerkunde" völlig freie Hand ließ. Dr. Wilhelm P. Bauer, damals Leiter des chemischen Labors am Museum für Völkerkunde in Wien, steuerte den Großteil des Kapitels über Materialkunde bei, Janata verfaßte den gesamten Abschnitt zur Technologie und das Kapitel über Bodenbaugeräte, während mir die Bearbeitung der übrigen Teile der Ergologie übertragen wurde.

Das Vorwort zur 1. Auflage definierte den Gegenstand des Buchs und seine notwendigen Beschränkungen wie folgt: „Technologie ist die Lehre von der Anwendung chemischer und physikalischer (mechanischer) Vorgänge zur Produktion. Die Lehre von Form und Anwendung der Produkte bezeichnet man als Ergologie (ein Terminus, der gelegentlich auch die Befassung mit den psychischen und physischen Grundlagen der Arbeit bezeichnet). In dem knappen zur Verfügung stehenden Rahmen mußte die Ergologie im wesentlichen auf das Gebiet des Nahrungserwerbs beschränkt werden. ... Weder konnten historische Gesichtspunkte berücksichtigt noch Verbreitungsangaben erstellt noch auch sämtliche lokalen Sonderausbildungen im einzelnen erfaßt werden. Hinweise auf Verbreitung sind somit ebenso wie die Abbildungen nur als Beispiele zu verstehen." Die „wichtigen Abschnitte über Bauformen, Hausrat, Kleidung und Transport", die schon damals angekündigt wurden, sind mittlerweile zum größten Teil im 2. Band dieses Werks behandelt worden, ohne daß damit die volle Bandbreite der materiellen Kultur abgedeckt wäre.

Während die 2. Auflage sich aus technischen Gründen mit kleineren Korrekturen des Texts und einer Ergänzung der Literaturverweise begnügen mußte (und die 3. Auflage ohne weitere Veränderungen blieb), bot sich in der 4. Auflage die Gelegenheit zu einer Generalüberholung des Texts. Wie schon beim 2. Band konnten dabei die Erfahrungen genutzt werden, die ich als „Erbe" von Hirschbergs Vorlesung „Einführung in die Ergologie" in Wien (und später in Frankfurt) sammeln konnte. Dabei mußten nicht nur kleinere Ergänzungen vorgenommen und die in den letzten 32 Jahren erschienene Literatur berücksichtigt werden, auch im systematischen Aufbau galt es, einige Mängel zu bereinigen. Ferner wurden aus naheliegenden Gründen die materialkundlichen Abschnitte den entsprechenden Kapiteln über die Verarbeitungstechniken angegliedert. Mit wenigen Ausnahmen konnte aber die 1966 vorgeschlagene Terminologie – damals wie heute ein zentrales Anliegen des Buchs – als sinnvoll und in der Praxis anwendbar beibehalten werden.

Die „Technologie und Ergologie in der Völkerkunde" wandte sich von Anfang an als Lehrbuch zur Sachkultur an die Studierenden der Ethnologie, aber auch an alle Ethnologen, die – gleich ob im Feld oder im Museum – mit Zeugnissen der Technikkultur und der vom Menschen geschaffenen Welt der Dinge konfrontiert sind. Dabei sollte ein sachbezogenes und systematisches Vokabular vermittelt werden, das in einem technischen Verständnis der Produktion und Anwendung materieller Kultur verankert ist. Dieses Ziel ist seit 1966 unverändert geblieben. Gleichzeitig hat aber die ethnologische Beschäftigung mit den Sachzeugnissen von Kulturen in den vergangen Jahrzehnten eine neue Richtung eingeschlagen, die sich deutlich von den kulturhistorisch inspirierten Verbreitungsstudien und musealen Klassifikationsschemata vergangener Zeiten durch die Betonung der Symbolfähigkeit (und damit der kulturspezifischen Bedeutung) von Artefakten unterscheidet. Es schien daher wünschenswert, dem 1. Band der „Technologie und Ergologie in der Völkerkunde" eine kurzgefaßte allgemeine Einführung in das ethnologische Studium der materiellen Kultur voranzustellen, die den Stellenwert der unterschiedlichen Betrachtungsrichtungen dieses trotz allem immer noch etwas stiefmütterlich behandelten Themas verdeutlichen soll.

Frankfurt a.M., im August 1998 — Christian F. Feest

INHALTSVERZEICHNIS

DAS ETHNOLOGISCHE STUDIUM MATERIELLER KULTUR
0.1. Materielle Kultur ... 1
0.2. Fragestellungen ... 3
0.3. Möglichkeiten und Probleme ... 10
0.4. Grundlagen der Gerätekunde ... 14
0.4.1. Gerät, Werkzeug, Maschine ... 15
Weiterführende Literatur ... 19
Anmerkungen Einleitung ... 22

TECHNOLOGIE
1. Steinbearbeitung ... 23
1.1. Materialkunde ... 23
1.1.1. Glas ... 25
1.2. Gebrauch unbearbeiteter Steine ... 26
1.3. Gewinnung und Vorbereitung des Materials ... 27
1.4. Grobe Formung: Zuschlag-, Abschlag- und Drucktechnik ... 27
1.5. Feine Formung ... 30
1.5.1. Schlag- und Druckretusche ... 30
1.5.2. Schleifen, Sägen, Lochen, Bohren ... 32
1.6. Techniken der Steinverzierung ... 33
1.7. Glasverarbeitung ... 34
Weiterführende Literatur ... 34
2. Bearbeitung von Konchylien ... 35
2.1. Materialkunde ... 35
2.2. Bearbeitung ... 37
Weiterführende Literatur ... 39
3. Keramische Techniken ... 40
3.1. Materialkunde ... 40
3.2. Gewinnung und Vorbereitung des Materials ... 42
3.3. Formung ... 43
3.3.1. Modellieren: Treiben, Aufbauen und Stücken ... 43
3.3.2. Formarbeit ... 47
3.3.3. Freidrehen ... 48
3.3.4. Gießen ... 49
3.4. Verputzen und Garnieren ... 49
3.5. Trocknen und Brennen ... 50
3.6. Techniken der Keramikverzierung ... 53
3.7. Klassifizierung ... 55
Weiterführende Literatur ... 56
4. Metallurgie ... 57
4.1. Materialkunde ... 57
4.1.1. Legierungen ... 60
4.2. Abbau und Aufbereitung ... 62
4.2.1. Gewinnung der Erze und Metalle ... 62

4.2.2. Verhüttung der Erze ... 63
4.3. Formgebung ... 70
4.3.1. Gießen ... 70
4.3.2. Schmieden ... 74
4.3.3. Schweißen – Stahlerzeugung ... 77
4.3.4. Herstellung und Verarbeitung von Blech und Draht ... 79
4.3.5. Spanabhebende Techniken ... 81
4.4. Techniken des Metallverbindens ... 81
4.5. Techniken der Metallverzierung ... 82
4.5.1. Formverändernde Metallverzierung ... 82
4.5.2. Verformende Metallverzierung ... 82
4.5.3. Metallverzierung durch Materialverbindung ... 83
4.5.4. Metallverzierung durch chemische oder thermische Prozesse ... 86
Weiterführende Literatur ... 86
5. Bearbeitung von Holz, Rinde und Kalebassen ... 88
5.1. Materialkunde ... 88
5.1.1. Holz ... 88
5.1.2. Bambus ... 89
5.1.3. Fruchtschalen ... 90
5.2. Baumfällen und -spalten ... 90
5.3. Techniken der Bearbeitung ... 92
5.3.1. Bearbeitung mit Steinwerkzeugen und Glättmitteln ... 92
5.3.2. Bearbeitung mit Dechsel und Messer ... 94
5.3.3. Biegen und Härten ... 95
5.3.4. Spezialisierte Werkzeuge ... 96
5.4. Techniken des Holzverbindens ... 98
5.5. Techniken der Holzverzierung ... 99
5.6. Rinde ... 100
5.7. Kalebassen ... 101
Weiterführende Literatur ... 102
6. Bearbeitung von Knochen, Elfenbein und Horn ... 103
6.1. Materialkunde ... 103
6.2. Bearbeitung ... 104
Weiterführende Literatur ... 105
7. Bast, Papier und Filz ... 105
7.1. Herstellung von Baststoffen ... 106
7.2. Papiererzeugung ... 108
7.3. Filzherstellung ... 111
Weiterführende Literatur ... 111
8. Textile Techniken ... 112
8.1. Materialkunde ... 112
8.1.1. Pflanzliche Rohstoffe ... 113
8.1.2. Tierische Rohstoffe ... 115
8.2. Aufbereitung des Faser- und natürlichen Fadenmaterials ... 117
8.3. Techniken der Fadenbildung ... 118
8.4. Techniken der Stoffbildung ... 121

8.4.1. Primäre stoffbildende Techniken ... 121
8.4.2. Höhere stoffbildende Techniken ... 127
8.5. Techniken der Stoffzusammensetzung ... 137
8.6. Techniken der Stoffverzierung ... 137
8.6.1. Stoffverzierung während der Stoffbildung ... 138
8.6.2. Stoffverzierung nach der Stoffbildung ... 139
Weiterführende Literatur ... 142
9. Fellbearbeitung ... 144
9.1. Materialkunde ... 144
9.2. Reinigen der Häute ... 145
9.3. Gerben ... 147
9.4. Zurichten ... 148
9.5. Zusammensetzung und Verzierung ... 149
Weiterführende Literatur ... 150
10. Bindemittel, Klebstoffe, Pigmente ... 150
10.1. Bindemittel und Klebstoffe ... 151
10.2. Farben und Farbstoffe ... 152
Weiterführende Literatur ... 154
Anmerkungen Technologie ... 155

ERGOLOGIE
1. Werkzeuge ... 159
1.1. Formveränderungswerkzeuge ... 159
1.1.1. mit Druckperkussion ... 159
1.1.2. mit Schwungperkussion ... 166
1.1.3. mit kombinierter Perkussion ... 171
1.2. Verformungswerkzeuge ... 172
1.2.1. mit Druckperkussion ... 172
1.2.2. mit Schwungperkussion ... 173
1.2.3. mit kombinierter Perkussion ... 174
1.3. Formungswerkzeuge ... 174
Weiterführende Literatur ... 174
2. Wirtschaftsgeräte zur Jagd und Fischerei (einschließlich Kriegswaffen) 175
2.1. Waffen ... 175
2.1.1. Schlagwaffen ... 176
2.1.2. Wurfwaffen ... 181
2.1.3. Stich- und Stoßwaffen ... 184
2.1.4. Projektile ... 185
2.1.5. Schleudervorrichtungen ... 195
2.1.6. Schußvorrichtungen ... 199
Weiterführende Literatur ... 211
2.2. Fanggeräte ... 215
2.2.1. Fixierte Fanggeräte ... 215
2.2.2. Halbfixierte Fanggeräte ... 216
2.2.3. Bewegliche Fanggeräte ... 219
Weiterführende Literatur ... 222

2.3. Fallen ... 223
2.3.1. Relaislose Fallen ... 224
2.3.2. Relaisfallen ... 227
Weiterführende Literatur ... 239
3. Bodenbau- und Sammelgeräte ... 239
3.1. Geräte zum Roden ... 241
3.2. Geräte zum Lockern und Umbrechen des Bodens ... 241
3.2.1. Grabstock ... 241
3.2.2. Spaten ... 242
3.2.3. Gabelspaten ... 244
3.2.4. Furchenstock und Furchenschaufel ... 244
3.2.5. Hacke ... 245
3.2.6. Pflug ... 246
3.3. Geräte zum Ebnen und Glätten des Bodens ... 250
3.3.1. Geräte zum Zerschlagen der Schollen ... 250
3.3.2. Eggen und andere Glättbehelfe mit Deichsel und Zugseil ... 250
3.4. Geräte zum Pflanzen und Säen ... 252
3.4.1. Pflanzgeräte ... 252
3.4.2. Sägeräte ... 253
3.5. Jätgeräte ... 253
3.6. Erntegeräte ... 254
3.6.1. Zum Ausgraben von Knollenfrüchten und Wurzeln ... 254
3.6.2. Zum Ernten von Früchten ... 255
3.6.3. Zum Ernten von Körnern und Samen ... 255
3.6.4. Zum Abchneiden der Halme ... 256
3.6.5. Rechen ... 258
3.7. Dreschgeräte ... 258
3.8. Geräte zum Trennen der Körner von Spreu ... 261
3.8.1. Worfelwanne, -schaufel und -gabel ... 261
3.8.2. Fegemaschine ... 262
3.8.3. Siebe ... 262
3.9. Spezielle Sammelgeräte ... 263
Weiterführende Literatur ... 264
4. Energie ... 265
4.1. Feuer ... 265
4.1.1. Feuererzeugung ... 265
4.1.2. Feuererhaltung ... 269
Weiterführende Literatur ... 270
Anmerkungen Ergologie ... 271

QUELLENNACHWEIS DER ABBILDUNGEN ... 274
SACHVERZEICHNIS ... 276
GLOSSAR ... 297

DAS ETHNOLOGISCHE STUDIUM MATERIELLER KULTUR

Das vorliegende Buch befaßt sich mit einem spezifischen Aspekt der materiellen Kultur. Seine Einleitung muß versuchen, den größeren Rahmen abzustecken, in dem sich das ethnologische Interesse an den gegenständlichen Produkten aus Menschenhand – mit denen sich die Ergologie[1] beschäftigt – und den zu ihrer Herstellung angewandten technischen Prozessen – dem Forschungsfeld der Technologie – bewegt. Sie muß andererseits das besondere Interesse an dem hier behandelten Aspekt begründen.

0.1. Materielle Kultur

„Materielle Kultur"[2] bezeichnet grundsätzlich den Überbegriff für den Forschungsgegenstand von Ergologie und Technologie. Dies steht im Gegensatz zur weit verbreiteten Praxis, lediglich die Produkte als „materiell" zu bezeichnen, und bedarf daher einer kurzen Begründung. Technische Prozesse sind Produktionsprozesse und besitzen als solche einen offensichtlich ökonomischen Aspekt, ebenso wie man die Produkte als Güter ansehen kann. Sobald man aber, wie es hier geschieht, die vom Menschen verwendeten Dinge als technische Geräte betrachtet, die allgemeinen physikalischen und insbesondere mechanischen Gegebenheiten unterliegen und die technischen Fähigkeiten ihrer Hersteller und Benutzer illustrieren, dann fallen auch die Herstellungsprozesse als technische Prozesse in diesen Bereich.

Die Bezeichnung „materielle Kultur" ist trotz ihres anhaltenden Gebrauchs (meist im engeren Sinn von Artefakten[3]) immer wieder als unzulänglich kritisiert worden. Das Hauptargument der (idealistischen) Kritiker liegt im vermeintlichen Gegensatz zwischen dem Wort „materiell" und der Vorstellung von Kultur als einem geistigen Prozeß. Aber dieser Prozeß ist nicht erfahrbar, wenn er sich nicht in Handlungen, Wortäußerungen und eben materiellen Zeugnissen (die für die Kulturmaterialisten den eigentlichen Gegenstand der Ethnologie darstellen) niederschlägt. Die kulturspezifischen Vorstellungen über die angemessene Form von Dingen, ihre Herstellung, ihre Anwendung und ihre Bedeutung stellen zweifellos einen Teilaspekt der materiellen Kultur dar; gleiches gilt aber auch für die kulturspezifischen Fähigkeiten der Umsetzung dieser Vorstellung in die Wirklichkeit. Und es sind natürlich nicht allein die Ideen oder idealen Vorstellungen an sich, die ökonomische oder gesellschaftliche Wirkung entfalten, sondern insbesondere die materiellen Ausdrucksformen menschlichen Geists und menschlicher Hände – das, was sich von den Ideen auch verwirklichen läßt.

Dinge unterscheiden sich von den anderen Äußerungen von Kultur (Handlungen und Worten) durch ihre größere Beständigkeit. Vor der „Verdinglichung“ von Worten (durch Schrift) oder von Handlungen (durch visuelle Repräsentation) waren die vom Menschen benutzten und geschaffenen Dinge die einzigen weitgehend unveränderlichen, bleibenden Zeugnisse seines Denkens und Wirkens. Diese Tatsache ist nicht allein für das Studium prähistorischer und historischer Kulturen von herausragender Bedeutung, sondern auch für die Kulturen selbst. Artfakte sind als Produkte menschlicher Tätigkeit die am deutlichsten vom Menschen abgelösten Äußerungen von Kultur, die nach ihrer Fertigung ein ausgeprägtes Eigenleben führen und durch physische Weitergabe in andere kulturelle Zusammenhänge gelangen können. Das Studium des Kulturkontakts zeigt, daß der Transfer von Produkten wesentlich leichter erfolgt als der von Ideen und trotzdem Anlaß für tiefgreifende Veränderungen sein kann.

Dinge und Handlungen sind symbolfähig, das heißt, daß ihnen unbeschadet der ihnen ursprünglich zugedachten Anwendung Bedeutungen zugeschrieben werden können. Zugleich stellen Geräte und technologische Prozesse die zentralen Schnittstellen zwischen menschlichem Denken und Handeln und der physischen Umwelt dar.

Die Herstellung und Verwendung von Artfakten ist allerdings keineswegs eine menschliche Eigenheit. Nicht nur Primaten fabrizieren im Rahmen ihrer Lebensführung Produkte aus natürlichen Rohstoffen oder verändern die Umwelt zu ihrem Vorteil. Auch andere Tiere greifen auf diese Weise in die natürliche Umwelt ein und schaffen sich auf diese Weise bessere Lebensbedingungen. Der Gebrauch von abgebrochenen Kaktusstacheln zum Aufspießen von Insekten durch eine Finkenart auf den Galapagos-Inseln und vergleichbare andere Fälle werden freilich als angeborene Spezifika der Art und nicht als erlerntes Verhalten angesehen. Im Gegensatz dazu steht der Gerätegebrauch insbesondere der Schimpansen, der nicht nur individuelle Lernfähigkeit und Kreativität, sondern auch die Entstehung lokaler Gerätetraditionen illustriert. Daß die „materielle Kultur“ der Schimpansen in ihrer Vielfalt durchaus mit der historischer menschlicher Kulturen Schritt halten kann, zeigt ein Vergleich zwischen dem zur Subsistenzsicherung eingesetzten Geräteinventar der tasmanischen Urbevölkerung und jenem tanzanischer Schimpansen.[4] Da Schimpansen auch in der Lage sind, Symbole zu gebrauchen, bleibt im Hinblick auf den Vergleich mit der materiellen Kultur menschlicher Gruppen lediglich unklar, ob und in welchem Maß Schimpansen den von ihnen hergestellten und verwendeten Geräten selbst symbolische Bedeutungen zuschreiben.

Obwohl keineswegs alle vom Menschen verwendeten Geräte auch von ihm hergestellt werden, besteht ein wesentlicher Unterschied zu den Artefakten der Tiere (und auch der Schimpansen) darin, daß zu ihrer Herstellung Werkzeuge verwendet werden, die ihrerseits Artefakte sind. Im Tierreich findet man grundsätzlich dieselben technischen Prinzipien angewandt, auf denen der Gebrauch von Werkzeugen und Geräten beruht. Allerdings sind die Scheren des Krebses, der Nagezahn des Bibers oder die Schwimmflossen der Wasservögel wiederum angeborene Hilfsmittel, während dem Menschen durch die ausgezeichnete Greiffähigkeit seiner Hände und den aufrechten Gang die Möglichkeit gegeben ist, seinen Gerätebestand auszutauschen. Die auf diese Weise erhöhte Anpassungsfähigkeit an unterschiedliche Lebensräume oder Nischen ist eine wesentliche Voraussetzung für die Entwicklung kultureller Vielfalt. Die Geschichte der Kulturen ist daher auch weitgehend eine Geschichte des materiellen Menschenwerks.

0.2. Fragestellungen

Eine Folge der relativen Beständigkeit von Artefakten ist die Möglichkeit, sie vom Ursprungsort zu entfernen und an eine andere Stelle zu transportieren. Dieser Tatsache, verbunden mit der Entwicklung einer besonderen Wertschätzung für das Außergewöhnliche in der frühen Neuzeit, verdanken die westlichen Museen als Sammlungen von natürlichen und künstlichen Gegenständen ihre Existenz. In ihren Vorläufern, den Kunst- und Wunderkammern des 16. bis 18. Jh., fanden ethnographische Gegenstände, als exotische Seltenheiten gleichermaßen Belegstücke für die erstaunliche Verwendung fremder Werkstoffe und für die Andersartigkeit ihrer Hersteller, lange vor der Entstehung der Ethnologie als eigener Wissenschaft Aufnahme.

Erfolgte die Einordnung dieser Bestände noch nach uneinheitlichen Prinzipien (vor allem nach dem Material, aber auch nach thematischen Gesichtspunkten), so bildete Carl Linnés „Systema naturae" als taxonomische Ordnung der Naturalien ab der Mitte des 18. Jh. das Vorbild für eine ethnographische Sammeltätigkeit, bei der „Völker" die Taxa bildeten. Das Modell der frühen Ethnographie folgte dem der Naturkunde, indem die Repräsentation der Völker durch eine Verbindung von verbaler Beschreibung, bildlicher Darstellung und Aufsammlung materieller Dokumente erfolgen sollte. Das Zusammenwirken dieser drei Dokumentationsformen trug nicht nur den unterschiedlichen und einander ergänzenden Möglichkeiten der Medien Rechnung, sie lieferte im Hinblick auf die gesammelten Artefakte auch eine Festlegung des sinnstiftenden kulturellen Zusammenhangs, aus dem sie beim Sammeln entfernt worden waren. Während die Festhaltung der ethnischen Herkunft tatsächlich weitgehend zur Regel wurde, blieb die angemessene verbale und bildliche Dokumentation freilich oft mehr Forderung als erfüllte Wirklichkeit. Das dekontextualisierte Artefakt verlor durch den Verlust von Angaben über Gebrauch und Bedeutung in der Ursprungskultur dramatisch an Informationswert. Es blieb (insofern die Herkunftsangabe vertrauenswürdig war) ein Dokument für eine kulturspezifische Form der Gestaltung (Stil) und für die bei seiner Herstellung angewandten Techniken. Eine Rekontextualisierung durch die vom Sammler selbst oder von anderen Forschern durchgeführte schriftliche und bildliche Dokumentation ermöglichte einen wenigstens teilweisen Zugang zu Fragen der Anwendung und Bedeutung der Artefakte.

Weil das Vorhandensein verbindlicher Ordnungen erstmals ein konkretes Sammelziel definierte, stieg die Bedeutung der Sammeltätigkeit im Feld. Der Bezug von Sammlungen auf eine systematische Typologie hat in jüngerer Zeit oft zum Vorwurf geführt, eine solche Vorgangsweise ende in einer Art Philatelie materieller Objekte. Zweifellos ist Taxonomie kein für sich allein erstrebenswertes Ziel der Wissenschaft, aber sie sind letztlich immer Begleiterscheinung eines theoretischen Ansatzes. Wenn systematisches Sammeln also manchmal ziellos erscheint, so liegt das in erster Linie an mangelnder expliziter Theorienbildung im Bereich der materiellen Kultur.

Während sich im 19. und 20. Jh. die meisten der in dieser Periode gegründeten ethnographischen Museen mit einer nach Völkern oder Kulturräumen geordneten Aufstellung ihrer Bestände begnügten, verfolgte der englische General A. H. Lane Fox Pitt Rivers mit seiner ethnographischen Sammlung ein anspruchsvolleres wissenschaftliches Ziel. Der als Kolonialoffizier erfahrene Pitt Rivers begann sich um 1850 mit der Geschichte des Armeegewehrs und seiner Entwicklung im Hinblick auf mögliche Verbesserungen zu beschäftigen. Seine wesentliche Erkenntnis bestand darin, daß die beobachtbaren Entwicklungen sich als Abfolge kleiner Modifikationen darstellen ließen. Davon ausgehend schloß der General, daß alle Entwicklungen der Künste, Geräte und Ideen von den gleichen Prinzipien gelenkt würden und auf dieser Grundlage analysierbar wären. 1851 begann er mit der Anlegung einer ethnographischen Sammlung (die 1884 als Pitt Rivers

Museum der Oxford University angegliedert wurde), in der die Objekte nach Typenklassen und Entwicklungsreihen aufgestellt waren. Auch unter Berücksichtigung der Bedeutung der Diffusion von Formen und in Erkenntnis des Unterschieds zwischen Ähnlichkeiten auf Grund von Analogie und Homologie, folgten die Entwicklungsreihen, die ja allesamt nur Objekte etwa desselben Ursprungszeitpunkts enthielten und daher nicht historisch sein konnten, typologischen und evolutionistischen Kriterien (von einfachen zu komplexen Formen).

Pitt Rivers' Ansatz fand nur wenig Nachahmer (darunter Henry Balfour und H. S. Harrison), und die großteils nur ausgestellten, aber niemals im Detail veröffentlichten Ergebnisse seiner Klassifikation blieben ohne große Folgen für die Wissenschaft. Einflußreicher war die viel schematischere Darstellung in Lewis Henry Morgans „Ancient Society“ (1877), in dem (in Anlehnung an C. J. Thomsens bahnbrechender Klassifikation der vorgeschichtlichen Stadien nach dem Werkstoff von 1836) zur Unterscheidung der drei Entwicklungsstadien menschlicher Kultur (Wildheit, Barbarei, Zivilisation) neben gesellschaftlichen Faktoren auch Merkmale der materiellen Kultur herangezogen wurden. So endete die untere Stufe der Wildheit nach Morgan mit der Kenntnis der Feuererzeugung, die der mittleren Stufe mit der Erfindung von Pfeil und Bogen, während der Übergang zur Barbarei durch das Auftreten von Keramik markiert war. Morgans Schema ist insbesondere wegen seiner irrtümlichen Meinungen bezüglich der Entwicklung der Sozialorganisation in Mißkredit geraten, während die grundsätzliche Abfolge der technischen Entwicklungen zwar sehr vereinfachend, aber grundsätzlich nicht falsch ist.

Die Arbeit in den Museen, an denen ja die Professionalisierung der Ethnologie begann, trug im späten 19. und frühen 20. Jh. auf mehrfache Weise zur Methodik des jungen Fachs bei. So geht auf Otis T. Mason (1894), der am U. S. National Museum in Washington tätig war und in seinen Schriften sich ebenfalls Fragen der Klassifikation und Evolution der Formen von Artefakten widmete, der erste Vorschlag zurück, die Kulturen eines Kontinents (hier Nordamerika) nach Kulturräumen ("culture areas") zu klassifizieren. Ein solches Schema ermöglichte die Schaustellung von Gegenständen ohne exakt dokumentierte ethnische Herkunft und minderte die Ermüdung des Besuchers einer nach Völkern angeordneten Ausstellung angesichts der Ähnlichkeit im Gerätebestand benachbarter Kulturen. Die theoretische Untermauerung des Konzepts erfolgte später durch Clark Wissler am American Museum of Natural History.

In dieser „Museumsphase“ der Ethnologie, in der das Streben nach

Ordnung und Klassifikation vorherrschte und die Auseinandersetzung zwischen Diffusionisten und Evolutionisten die Diskussion über die Erklärung kultureller Ähnlichkeiten belebte, kam kein Forscher umhin, sich mit den in den Museen zusammengetragenen Gegenständen auseinanderzusetzen. Adolf Bastian, Gründungsdirektor des Museums für Völkerkunde in Berlin, erkannte in Artefakten als der durch Gedanken belebten Materie den Abdruck des menschlichen Geistes; aus diesem Grund eigneten sich die Sammlungsstücke auch zur Illustration seiner Anschauungen über Elementar- und Völkergedanken als Ausdruck des Wechselspiels zwischen allgemeiner Entwicklung und lokalspezifischer Ausformung von Kultur. Friedrich Ratzel übernahm die an Museen allgemein praktizierte Methode der Herkunftsbestimmung undokumentierter Objekte („was gleich aussieht, muß denselben Ursprung haben“) als „Formkriterium“ zur Feststellung historischer Beziehungen zwischen Kulturen. Während Bastian nur bei sehr spezifischen Ähnlichkeiten (etwa bei der Armbrust) einen gemeinsamen historischen Ursprung anerkennen wollte, erachtete Ratzel die Ähnlichkeiten zwischen westafrikanischen und melanesischen Bogen als ausreichenden Beweis für eine Zusammengehörigkeit der weit von einander entfernten Kulturen.

Ratzels Vergleich einzelner, vorwiegend materieller Kulturelemente wurde wegleitend für die Entwicklung der „kulturhistorischen“ Kulturkreislehre durch Leo Frobenius, Fritz Graebner und P. Wilhelm Schmidt. Frobenius sah in Artefakten den Vorteil, daß sie „ein bequemeres Untersuchungsmittel in allen Prüfungen der Kulturverwandtschaft und Kulturherkunft darstellen, als die schwankenden, nie ganz klar geprägten Sitten“ nicht-materieller Natur. Seine im „Atlas Africanus“ vorgenommenen Kartierungen der Verbreitung von Elementen der materiellen Kultur, ließen ihn Probleme der Typologisierung erkennen, und wurden später vor allem von der schwedischen Forschung (Erland Nordenskiöld, Gustaf Lindblom, Sture Lagercrantz u.a.) als methodisches Prinzip weiterentwickelt. P. Wilhelm Schmidts Kulturkreise, die trotz betonter Frontstellung gegen den Evolutionismus letztlich ebenfalls einem evolutionistischen Schema folgten, beruhten auf der Annahme, daß sich besonders alte Kulturformen in Randlagen weitgehend unverändert erhalten hätten. Weil diese „Altvölker“ (wie Pygmäen, Buschmänner, Negritos, Feuerländer) allesamt Pfeil und Bogen kannten, schloß er, diese Waffe müsse zum ältesten Kulturbestand der Menschheit gehört haben. Nicht nur inhaltlich unterschied er sich so von Morgan, sondern auch methodisch: Hatte jener versucht, Kulturstadien über einzelne Elemente zu bestimmen, so bestimmte

Schmidt in diesem Fall das Alter eines einzelnen Kulturelements über das vermutete Alter der Kultur – falsch, wie sich herausstellen sollte.

Die Stubengelehrtheit vieler Museumsethnologen und ihrer Zeitgenossen und ihre wenig überzeugenden Geschichtsspekulationen gerieten in dem Maß ins Abseits, in dem teilnehmende Beobachtung im Rahmen von Feldforschungen ein viel komplexeres Bild der ethnographischen Wirklichkeit ergab, als es die Sachgüter und vielfach anekdotischen Aufzeichnungen früher Reisender vermuten ließen. Die neue Forschergeneration wuchs im Umfeld der Universitäten heran und machte oft einen großen Bogen um die als verstaubt geltenden Museen und die schrulligen Ideen ihrer Mitarbeiter. Leider litt darunter auch das Studium der materiellen Kultur.

„Es gibt keine menschliche Tätigkeit ohne materielle Begleitumstände", schrieb 1930 Bronislaw Malinowski, der Begründer der funktionalistischen Schule der Ethnologie und vehemente Kritiker der alten Schulen. „Aber es gibt auch kein Artefakt, wie einfach und praktisch es auch immer sein mag, das ohne den Kontext der lebenden Kultur, einschließlich des Glaubensbereichs und der Technik, der Sozialorganisation und des traditionellen Wissens, verstanden werden könnte." Mit wenigen Ausnahmen (z.B. Raymond Firth, Audrey Richards) haben aber Mitglieder seiner Schule dieses kontextuelle Studium der materiellen Kultur unterlassen, weil für die materiellen Aspekte in einer Sicht von Kultur als primär mentalem Prozeß wenig Platz war. Zugleich behinderte das Ziel eines in sich geschlossenen Verständnisses einer spezifischen Kultur das andere Ziel der Ethnologie, das des Kulturvergleichs. Die Alternative, repräsentiert durch A. A. Radcliffe-Browns Strukturfunktionalismus, reduzierte den Blick der Social Anthropology auf die Sozialstruktur und ordnete alles andere dem eher kuriosen Bereich der „Kultur" zu, der sich einer strengen Analyse entzog. Die amerikanische Kultur-und-Persönlichkeitsschule richtete ihr Hauptinteresse auf die Untersuchung menschlichen Verhaltens und schloß daher Artefakte (die im Gegensatz zu technologischen Prozessen keinen Aspekt des Verhaltens darstellen) aus ihrer Definition von „Kultur" gänzlich aus. Selbst materialistisch orientierte Forscher wie Leslie White, der „Kultur als die konkreten, objektiv beobachtbaren Dinge und Ereignisse in der externen Welt" definierte, trugen selbst zum Studium der materiellen Kultur nichts bei, die zweifellos zu den konkreten, beobachtbaren Dingen der Welt zählt.

Von den Museen, die unter dem von René König geprägten verächtlichen Begriff der „Angelhakenethnologie" zu leiden hatten, kamen kaum noch theoretische Impulse. Soweit man es nicht für angebracht hielt, sich als Museen für außereuropäische Kunst zu definieren, oder die Hauptaufgabe in der Popularisierung völkerkundlichen Wissens sah, widmete man sich der Dokumentation der materiellen Kultur einzelner Völker und begann die Bedeutung der historischen Sammlungsbestände für das Studium des Kulturwandels zu begreifen. Sieht man von den schwedischen Verbreitungsstudien ab, standen vergleichende Arbeiten nicht auf dem Programm. Gegen Ende der sechziger Jahre fragte man in der Ethnologie ernsthaft, ob Museen für den Fortgang dieser Wissenschaft noch Beiträge zu leisten imstande waren.[5]

Der wichtigste vergleichende Ansatz zur materiellen Kultur in der 2. Hälfte des 20. Jh. stammt aus dem universitären Milieu und knüpft in seinem Versuch, ein Maß für die technische Komplexität von Kulturen in einer neo-evolutionistischen Perspektive zu finden, unmittelbar an Pitt Rivers an. Wendell Oswalt (1976) entwickelte dabei für den Bereich der Subsistenzgeräte eine in sich geschlossene und universell anwendbare Taxonomie, in der technische Komplexität in erster Linie an der Anzahl der Teile gemessen wird, aus denen ein Gerät besteht. Ihre herausragende Stellung verdankt die Arbeit nicht zuletzt dem Mangel an ernsthafter Konkurrenz.

Daß Oswalts Buch außerhalb der Ethnologie auf größeres Echo gestoßen ist als innerhalb des Faches, illustriert die Situation der Beschäftigung mit materieller Kultur in den sechziger und siebziger Jahren. Vor allem Disziplinen wie die Urgeschichte, deren einzige Forschungsgrundlage die ergrabenen Artefakte und ihre Fundumstände darstellen, aber auch die Kunstwissenschaften und in zunehmendem Maß die Geschichtswissenschaften, die in der materiellen Kultur eine Quelle für in schriftlichen Dokumenten unterrepräsentierte Gruppen (wie Frauen oder Unterschichten) erkannten, widmeten sich dem Thema, das die Ethnologie als weitgehend unbrauchbar zu den Akten gelegt hatte. In der Urgeschichtsforschung waren Artefakte zwar weitgehend auf eine Rolle als Klassifikationshilfen für kulturhistorische Rekonstruktionen reduziert worden, doch hatten Forscher wie Gordon Childe oder Walter Taylor schon in den dreißiger und vierziger Jahren in materieller Kultur Evidenz für ökonomische und soziale Prozesse oder eine Reflektion der mentalen Prozesse gesehen, als welche Kultur in der Ethnologie zunehmend verstanden wurde. Insbesondere die amerikanische „Neue Archäologie“ und ihre europäischen Verwandten, die Artefakte und Artefaktkomplexe als Ausdruck geistiger und gesellschaftlicher Phänomene sahen, fanden sich bald vor die Notwendigkeit gestellt, das erlahmte Interesse der Ethnologie durch eigene ethnographische und vor allem kontextuelle Studien materieller Kultur zu kompensieren. Dabei trat an die Stelle der bisher praktizierten freien ethnographischen Analogie bei der Interpretation vorgeschichtlicher Funde der Versuch einer Deutung auf der Grundlage der Regelhaftigkeit kultureller Strukturen. So a- oder antihistorisch die „Neue Archäologie" von ihrem Ansatz her war, so ähnlich sind ihre Probleme jenen einer historischen Ethnologie, die die größere Bandbreite kultureller Vielfalt heute nicht mehr beobachtbarer Kulturen auszuschöpfen versucht, zu deren Rekonstruktion allerdings vielfach nur unzureichende Daten verfügbar sind.

Der Schwerpunkt des kunstwissenschaftlichen Interesses an materieller Kultur, das in den letzten drei Jahrzehnten auch auf bislang der Ethnologie zugerechnete Forschungsfelder übergegriffen hat, liegt zweifellos im Bereich der Form von menschlichen „Werken" und des Zusammenhangs von Form und Bedeutung. Gerade die parallel zu diesem Interesse erfolgte Transformation von geringgeschätzten ethnographischen Gegenständen zu Werken außereuropäischer Kunst macht deutlich, daß der Grund für die „Verachtung der Objekte in der ethnologischen Forschung" (Ulla Johansen) nicht im Forschungsgegenstand, sondern in der Forschungsgeschichte bzw. bei den Forschern selbst zu suchen ist.

Innerhalb der Ethnologie muß man zwischen Fragestellungen unterscheiden, die sich auf die aus ihrem kulturellen Zusammenhang gerissenen Gegenstände in den Museen beziehen, und solchen, die sich auf Feldforschungen in gegenwärtigen Kulturen gründen. Erstere haben vorwiegend eine museologische oder kunstethnologische Zielrichtung und interpretieren Museumsobjekte notgedrungen vor dem Hintergrund einer historischen Ethnographie. Im Rahmen von Feldforschungen konzentriert sich die neuere Beschäftigung mit materieller Kultur auf Artefakte als Träger von Sinn und Wert. Semiotische Ansätze erkennen Objekte als Zeichen – als Formen, denen symbolische Bedeutung zugeschrieben wird. Daß z.B. Trachten als Mittel der Markierung ethnischer Identität dienen können, ist zwar keine neue Erkenntnis, aber zweifellos weiterhin von Belang, wenngleich dies sicher nicht die primäre Funktion von Kleidung ist. Ebenso ist es für das Verständnis einer Kultur von Interesse, wenn Boote als Symbole für Fruchtbarkeit angesehen werden, obwohl sie nicht für diesen Zweck gebaut wurden. Gerade weil die Verbindung von Zeichen und Bezeichnetem immer arbiträr und der systemhafte Charakter dieser nichtverbalen Zeichen-"systeme" höchst fragwürdig ist, sind solche Studien notgedrungen auf Einzelfälle bezogen. Überdies ist zu bedenken, daß niemals alle in einer Gesellschaft benutzten Artefakte auch Träger von Bedeutung sind.

Wie Arjun Appadurai in dem von ihm herausgegebenen Buch „The Social Life of Things" (1986) gezeigt hat, sind Sinn- und Wertzuschreibungen von Objekten das Resultat von sozialer Interaktion. Aber Sinn und Wert von Objekten, die sich aus ihrer Rolle ergeben, die sie in einem sozialen Rahmen spielen, sind aus diesem Grund kein Teil des Gegenstands, sondern ihm nur zugeschriebene Eigenschaften, die sich mit dem Umfeld, in dem sie sich bewegen, ändern. Obwohl sie als materielle Güter unverändert bleiben, unterliegen sie durch Übertragung in einen neuen Handlungsrahmen einer Transformation. Klassisches Beispiel sind die Gegenstände in den Museen, die aus Gebrauchsgegenständen einer Kultur zu Kulturdokumenten oder Kunstwerken einer anderen Kultur geworden sind. Dinge, die außerhalb einer Geldwirtschaft erzeugt wurden, können durch Transfer Warencharakter erlangen. Obwohl es nun von einem theoretischen Standpunkt aus gesehen Menschen sind, die als handelnde Personen die Dinge mit Bedeutung versehen, sind es von einem methodologischen Standpunkt aus die in einem sozialen Rahmen bewegten Dinge, die ihren gesellschaftlichen Kontext beleuchten. Erst aus dem Studium der Bedeutungen und Werte, die Dingen im gesellschaftlichen Zusammenhang zugewiesen werden, kann eine Interpretation der menschlichen Handlungen erfolgen, die den Dingen ein „soziales Leben" oder gar eine „Biographie" verleihen.

0.3. Möglichkeiten und Probleme

Alle Manifestationen von Kultur – Worte, Handlungen, Dinge – besitzen vier Aspekte:[6] Die *Form* ist ihre der Wahrnehmung zugängliche Gestalt; die *Anwendung* ist der unmittelbar beobachtbare Gebrauch von Formen; die *Bedeutung* ist der den Formen kulturspezifisch zugeschriebene Sinn; die *Funktion* bezieht sich auf die der Anwendung unterliegenden Bedürfnisse. Dabei bilden Form und Bedeutung in weitgehend willkürlicher Verbindung gemeinsam ein Zeichen, während Anwendung und Funktion in einem nicht-willkürlichen Zusammenhang stehen. Anwendung setzt das Vorhandensein von Form voraus, ohne diese zur Gänze zu bestimmen (weshalb Rückschlüsse von der Form auf die Anwendung nur begrenzt möglich sind). Auch wenn es keine Bedeutungen ohne Form geben kann, gibt es sehr wohl Formen ohne Bedeutung. Form und Anwendung unterliegen der Beobachtung, während Bedeutung und Funktion interpretiert werden müssen.

Bezogen auf das ethnologische Interesse an materieller Kultur läßt sich das Verhältnis der vier Aspekte wie folgt darstellen: Untersuchungen über die Rolle von Objekten zur Aufrechterhaltung sozialer Beziehungen durch *Austausch* in der Tradition von Marcel Mauss und Bronislaw Malinowski und über Objekte als *Mittel der Produktion und des Konsums* betreffen in erster Linie das Verhältnis von Anwendung und Funktion. Auch eine *kulturökologische Betrachtung* materieller Kultur bezieht sich auf die Anwendung von Formen im Hinblick auf eine unterliegende Funktion, nämlich die Anpassung an oder die Veränderung von Umweltbedingungen. Der *semiotische Ansatz* analysiert die sich aus der Anwendung von Formen erschließbaren Bedeutungen, während die Untersuchung von *Wert und Bedeutung von Formen* zur Deutung der gesellschaftlichen Bedingungen der Anwendung benutzt werden kann.

Der traditionelle *ergologische Ansatz* betrachtet die Formen von Dingen und technologischen Prozessen im Hinblick auf ihre Anwendung und deren Funktion(en). Er beleuchtet das Handlungswissen von individuellen Kulturen und hilft in kulturvergleichender Hinsicht bei der Differenzierung technologischer Komplexität und ökonomischer Produktivität. Im Vergleich zu den anderen genannten Perspektiven kann dieser Ansatz mit gewissen Einschränkungen relativ unproblematisch auch auf Museumsobjekte angewandt werden, weil er in erster Linie von der beobachtbaren Form ausgeht.

Er nutzt dabei die Tatsache, daß Artefakte als Produkte menschlichen Handelns (und der diesem zu Grunde liegenden geistigen Prozesse) unmittelbare Zeugnisse der Ursprungskultur darstellen. Die in ihnen enthaltene Information stellt also nicht das Resultat einer stets interpretierenden Beschreibung dar, sondern reflektiert kulturelles Wissen und Handeln ohne dazwischen liegenden Beobachter. Natürlich müssen auch Artefakte im Rahmen der wissenschaftlichen Arbeit interpretiert werden, sie selbst stehen aber dauerhaft zur Überprüfung alter Deutungen oder für neue Interpretationen zur Verfügung. In diesem Sinn stellen Dinge oft die einzigen Quellen dar, die uns von historischen schriftlosen Bevölkerungen (und dazu zählen auch schriftlose Bevölkerungsteile im Einzugsbereich der Hochkulturen) zur Verfügung stehen.

Eines der zentralen Probleme der Objektforschung liegt allerdings in der Schwierigkeit ihrer Einordnung in Raum und Zeit. Während Schriftdokumente oder Bilder (also die vermittelten Quellen) meist in sich die nötigen Angaben über ihre raum-zeitliche Zuordnung enthalten, ist bei Sachzeugnissen dazu eine zusätzliche, meist schriftliche Dokumentation erforderlich. Das Vorhandensein einer derartigen

Dokumentation ist die Voraussetzung dafür, daß ein Artefakt mit Angaben über den kulturellen Kontext, aus dem es gesammelt wurde, verknüpft werden kann. Erst die Verbindung von Artefakt und Dokumentation macht aus einem Ding ein Dokument.

Ein spezifisches Problem der Arbeit mit Artefakten im musealen Bereich stellt die Unvollständigkeit jeder Sammlung im Hinblick auf das materielle Inventar einer einzelnen Gesellschaft dar. Natürlich ist jede Datensammlung notwendigerweise unvollständig, unter anderem auch weil die Auswahl von Daten (Artefakten) immer im Hinblick auf eine bestimmte Fragestellung erfolgt (die im Fall der materiellen Kultur mangels Theorienbildung selten explizit waren). Neue Fragestellungen sind daher nicht immer möglich, wenn (wie im Fall historischer Kulturen) Daten nicht mehr zu erheben sind. So setzt die Frage nach der Bedeutung individueller Variation kultureller Formen das Vorhandensein eines möglichst kontrollierten Samples voraus, das selten gegeben ist. Frühe Sammelstrategien bevorzugten außergewöhnliche Objekte oder Gegenstände, die nicht für den eigenen Gebrauch sondern für den Verkauf hergestellt waren. Die von Pitt Rivers ausdrücklich aufgestellte Forderung, es mögen die typischen und nicht die einzigartigen Objekte gesammelt werden, ist in der Folge nur bedingt beherzigt worden. Obwohl mittlerweile ausführlich Anleitungen zur Anlage ethnographischer Feldsammlungen existieren, ist der Informationswert der an die Museen gelangen Bestände immer noch weit geringer, als er eigentlich sein könnte.

Diese Nachteile werden durch den Vorteil aufgewogen, daß die durch die Objekte unmittelbar verkörperte Information vor allem in schriftlicher Form schwer festzuhalten ist und häufig nur sehr unzureichend festgehalten wurde. Jeder Vergleich zwischen einer monographischen Darstellung einer Kultur und dem entsprechenden Objektbestand in Museen illustriert die Unzulänglichkeit der Beschreibungen. Die seit Beginn des systematischen Sammelns von Ethnographica in der Zeit der Aufklärung geforderte komplementäre Aufnahme von Daten in schriftlicher, bildlicher und gegenständlicher Form hat bis heute nichts von ihrer Bedeutung eingebüßt.

Eng mit der im Rahmen der Wissenschaft notwendigen Verschriftlichung von bildlicher und gegenständlicher Information und dem Verhältnis von Feld- und musealer Forschung zur materiellen Kultur verbunden ist die Frage der Terminologie und Typologie. Dabei ist *Terminologie* die Bezeichnung von Dingen und ihren Teilen, während sich *Typologie* mit der Variation bzw. den signifikaten Unterschieden zwischen den Teilen oder zwischen Dingen befaßt. Das Problem der

Terminologie besteht somit in der Abgrenzung der Teile, das der Typologie in der Abgrenzung der Unterschiede.

Wiewohl terminologische Klarheit eine Voraussetzung für reibungslose Kommunikation ist, gibt es (auch) im Bereich des Studiums der materiellen Kultur keine verbindliche Sprachregelung. Derartige Konventionen kann es letztlich schon deshalb nicht geben, weil Terminologie (und in noch höherem Maß Typologie) immer problemorientiert sind, also von der Art der jeweiligen Fragestellung bestimmt werden. Selbst in einem terminologisch so hervorragend erschlossenen Bereich wie der ethnologischen Textilkunde, finden sich heute wenigstens zwei wohl durchdachte Systeme nebeneinander.[7]

Ein instruktives Beispiel bietet der Vergleich einer weit verbreiteten Standardklassifikation ethnographischer Information (George Peter Murdock, „Outline of Cultural Materials“, 5. Aufl., 1987) mit einer neueren Systematik materieller Güter für den Gebrauch vor allem in schweizerischen Museen (Hans Trachsler, „Systematik kulturhistorischer Sachgüter“, 1981) im Hinblick auf die Einordnung von Pfeil und Bogen, deren Bedeutung für die klassische Ergologie sich an den 17 Seiten ermessen läßt, die diesen Geräten im vorliegenden Buch gewidmet sind. Bei Murdock erscheinen Pfeil und Bogen unter „411 Waffen“ neben „412 allgemeine Werkzeuge“ unter „41 Geräte und Vorrichtungen“, was wieder zwischen „40 Maschinen“ und „42 Eigentum“ zu stehen kommt. Bei Traxler sind „8.131.8.0 Flitzbogen“ und „8.131.8.1 Flitzbogenpfeile“ Teil der Gruppe „8 Flitzbogen und Armbrüste“ (zwischen „7 Helme“ und „9 Handfeuerwaffen“) innerhalb der Klasse „131 Militärische Bewaffnung“, die ihrerseits unter „13 Militärwesen“ und „1 Behördliche Aufgaben“ Teil der Division „8 Obrigkeit und Behörden“ ist.

Trotz der Relativität der Typologien gibt es objektivierbare Grundlagen, und von einer brauchbaren Klassifikation wird man vor allem eine möglichst einheitliche Anwendung der zugrunde gelegten Prinzipien erwarten können. Wegen ihrer Konzeption für den Kulturvergleich ist die in diesem Band vorgelegte Terminologie und Typologie notwendigerweise universalistisch orientiert und folgt in erster Linie beobachtbaren Unterschieden von Form und Anwendung unter Berücksichtigung mechanischer Gegebenheiten.

Kulturspezifische Klassifikationen im Bereich der materiellen Kultur sind im Vergleich zu universalistischen Ordnungssystemen übrigens immer relativ wenig entwickelt, weil Einzelkulturen meist (wenn überhaupt) nur eine geringe Anzahl von varianten Formen für bestimmte Funktionen kennen.

0.4. Grundlagen der Gerätekunde

Aus ergologischer Sich betrifft materielle Kultur zentral den physischen Umgang des Menschen mit der physischen Welt. Zum Verständnis der damit im Zusammenhang stehenden Verarbeitungsprozesse und der Wirkungsweise der mit ihrer Hilfe erzeugten Dinge ist eine gewisse Vertrautheit mit einigen physikalischen Grundbegriffen nützlich. Dies kann in diesem Rahmen nur ansatzweise erfolgen, zumal Begriffe wie Last, Kraft, Arbeit, Energie, Reibung oder Spannung als bekannt vorausgesetzt werden sollten. Kurze Hinweise auf einige Materialeigenschaften scheinen hingegen wesentlich.

Den Widerstand, den ein Körper dem Eindringen eines fremden Körpers in seine Oberfläche entgegensetzt, bezeichnet man als *Härte*, das Verhältnis seiner Masse zum Rauminhalt als *Dichte*. Unter *Elastizität* versteht man verallgemeinernd die „Biegsamkeit" oder exakt die Kraftspeicherfähigkeit (Energiespeicherfähigkeit) eines Körpers. Nicht zu verwechseln damit ist die *Verformbarkeit*, bei der zwei völlig verschiedene Formen zu unterscheiden sind. Die *elastische Verformung* steht im allgemeinen in direkter Abhängigkeit zur Größe der Kraft und ist meist reversibel, d.h. der Körper nimmt nach Ende der Krafteinwirkung seine ursprüngliche Form wieder an. Die *plastische Verformung* ist ab Erreichung einer bestimmten Größe der Kraft von dieser nahezu unabhängig. Sie ist irreversibel, d.h. der verformte Körper behält die unter Einwirkung der Kraft entstandene Form bei. Verformung besteht prinzipiell aus beiden Arten, wobei durch die Abhängigkeit von Materialwerten einer der beiden Anteile als wesentlicher anzusehen ist als der andere (fast keine plastische Verformung bei Stein, fast ausschließlich solche bei Ton).

Auf die Arten der Beanspruchung des Materials genügt auch wieder der einfache Hinweis: *Druck*, *Schub*, *Zug*, *Biegung* und *Torsion* (Drillung). Eine im Sinne des Drucks wirkende Beanspruchung mit vorausgehender Beschleunigung nennt man Schlag.

In Anlehnung an André Leroi-Gourhan[8] wird hier (modifiziert) der von ihm eingeführte Begriff der *Perkussion* verwendet, der ganz allgemein die Kraftanwendung zur mittelbaren Veränderung eines Materials bezeichnet. Nach der Art der Kraftanwendung können dabei *Druckperkussion*, *Schwungperkussion* (Schlag) und *kombinierte Perkussion* (Verbindung der Präzision der Druckperkussion mit der größeren Kraft der Schwungperkussion) unterschieden werden. Das Mittel der Veränderung sind Werkzeuge und andere Geräte.

0.4.1. Gerät, Werkzeug, Maschine

Geräte sind in breitester Bedeutung alle vom Menschen gebrauchten Dinge. Sie können unmittelbar der Natur entnommen sein (*Naturfakte*), wie ein Stein, der zum Aufschlagen einer Nuß verwendet wird; mehrheitlich sind sie aber spezifisch für eine beabsichtigte Verwendung hergestellt worden (*Artefakte*). Dabei ist es weiterhin nützlich, die innerhalb der anwendenden Gruppe produzierten *Endofakte* den nicht selbst hergestellten, von außen bezogenen *Exofakten* gegenüberzustellen. Unzweifelhaft können Exofakte (wie Gewehre oder Stahlfallen in Jäger- und Sammlergesellschaften) einen wichtigen Teil der materiellen Kultur ausmachen; sie werden aber im vorliegenden Buch, in dem es um indigene Geräte und ihre technischen Grundlagen geht, ausgeklammert. Begriffe wie Haushaltsgerät, Fischereigerät oder Kultgerät bezeichnen Klassen von Geräten auf der Grundlage ihres Gebrauchs. In diesem Sinn wären Häuser Wohngeräte oder Bücher Kommunikationsgeräte.

Werkzeuge sind ebenfalls eine Klasse von Geräten, nämlich solche, die zur Herstellung anderer Geräte durch Formveränderung, Verformung oder Formung dienen. (Zusätzlich spielen bei der Herstellung von Geräten die „additiven" Techniken der Materialverbindung eine wesentliche Rolle.) Die *Formveränderung* beruht auf dem Prinzip der *spanabhebenden Perkussion*, worunter eine Veränderung der Volumsverhältnisse eines Werkstücks durch Druck und Schlag – beides auch in Verbindung mit Zug – oder durch Schub verstanden wird. Es handelt sich hier um eine „subtraktive" Technik, bei der die von dem Werkstück etwa mittels Messer oder Axt entfernten Teile als „Späne" anfallen.

Im Unterschied zur spanabhebenden werden bei der *nichtspanabhebenden Perkussion* die Volumenverhältnisse der bearbeiteten Körper nicht berührt. Sie ist demnach als (plastische) *Verformung* durch Druck und Schlag (z.B. mit dem Hammer) zu definieren. Hier anzuschließen ist die Beanspruchung eines Materials durch Zug, Biegung oder Torsion, die ebenfalls zu einer plastischen Verformung führen kann.

Ähnlich wie die Verformung ist auch die *Formung* ein nichtspanabhebender Verarbeitungsprozeß. Hier wird die Form aber nicht durch Druck oder Schlag verändert, sondern durch Änderung der Materialeigenschaften (etwa des Aggregatzustands), häufig unter Einwirkung thermischer Kräfte. Gußformen sind in diesem Sinn Formungswerkzeuge. Formungsprozesse spielen aber auch z.B. beim Biegen von Holz neben der Verformung eine Rolle.

Bei der Anwendung von Werkzeugen zur Herstellung von Geräten kommen überdies weitere Geräte zur Anwendung, die selbst keine Werkzeuge sind. Dazu zählen Halte- und Greifgeräte, die das Werkstück während der Arbeit in Ruhe halten sollen (z.B. Zangen), oder Geräte, die das Werkstück bewegen (z.B. Drehstuhl, Töpferscheibe).

Maschinen sind Geräte, die zur Umsetzung mechanischer Kräfte in Bewegungen, zu deren Fortleitung und zu ihrer Nutzung in Form von Arbeit dienen. Wenn die Hauptaufgabe der Maschine die Aufnahme der Betriebskraft ist (wie z.B. bei Wasserrädern), spricht man von *Kraftmaschinen*; geht es um die Hervorbringung von Orts- oder Formveränderungen, handelt es sich um *Arbeitsmaschinen* (Werkzeuge, aber auch etwa der Trennstabwebstuhl).

Alle Maschinen sind Differenzierungen und Kombinationen der sogenannten sechs „einfachen Maschinen" (früher treffend auch als „mechanische Potenzen" bezeichnet). Alle sechs beruhen auf dem Abtausch von aufgewendeter Kraft und dem dabei zurückgelegten Weg, wobei man einen Gewinn an Kraft durch längere Wege und umgekehrt erzielen kann. Unter Vernachlässigung der Bedeutung von Reibung und Elastizität können sie wie folgt charakterisiert werden:

Der *Hebel* ist ein starrer Körper, der an einem Punkt (Drehpunkt) unterstützt ist. Liegt dieser Punkt an einem der Enden des Arms, so spricht man von einem einarmigen Hebel, liegt er an einer anderen Stelle, von einem zweiarmigen. Die Wirkung des Hebels beruht auf dem Verhältnis von Kraftarm zu Lastarm. Kraftarm ist die Entfernung vom Drehpunkt zum Ansatzpunkt der Kraft, Lastarm die Entfernung vom Drehpunkt zu jenem Punkt, in dem die Last wirkt. Je länger der Kraftarm bzw. je kürzer der Lastarm, desto größer ist die wirkende gegenüber der angewandten Kraft.

Als *schiefe Ebene* bezeichnet man jede gegen die Waagrechte geneigte Ebene. Wird ein Körper entlang einer schiefen Ebene bewegt, so wirkt auf ihn eine Kraft längs der Neigung der schiefen Ebene, die kleiner ist als jene Kraft, die notwendig wäre, ihn vertikal in dieselbe Höhe zu heben; die Kraftersparnis geht auf Kosten des längeren Wegs. Je größer der Neigungswinkel, desto geringer der Kraftgewinn

Jeder *Keil* besteht aus zwei schiefen Ebenen, die mit ihrer Basis aneinander liegen. Sind beide schiefen Ebenen gleich, spricht man von gleichschenkligen, sonst von ungleichschenkligen Keilen. Die normal zur Basis angewandte Kraft wirkt in zwei zu den Seitenflächen senkrechten Komponenten. Das Verhältnis der angewandten zur wirkenden Kraft ist abhängig vom Winkel der Arbeitskante des Keils und von der Reibung, die senkrecht auf die Keilflächen wirkt.. Die meisten Werkzeuge sind Keile, oft in Verbindung mit dem Hebel.

Das *Rad an der Welle* ist ein Rad oder eine Kurbel, die starr an einer zylindrischen Achse (Welle) befestigt ist. Dabei wirkt der Durchmesser der Welle als Lastarm, der im allgemeinen größere des Rades als Kraftarm. Die Wirkungsweise entspricht der des Hebels.

Die *Rolle* ist eine um ihren Mittelpunkt auf einer Achse drehbare runde Scheibe, über die ein Seil läuft. Die feste Rolle in ihrer einfachsten Form bleibt bei der Drehung an ihrem Ort und wirkt wie ein zweiarmig-gleicharmiger Hebel. Die lose oder Zugrolle bewegt sich mit der daran hängenden Last auf- und abwärts, wobei ein Ende des Seils die Unterstützung abgibt; sie wirkt wie ein einarmiger Hebel. Die angewandte Kraft ist halb so groß wie die wirkende Kraft. Der Flaschenzug ist eine Kombination von losen und starren Rollen.

Die *Schraube* kombiniert das Prinzip der schiefen Ebene mit der Drehung um eine Achse. Dabei wird eine Schraubfläche um einen Zylinder oder Konus gelegt, die sich in einer gegensinnigen Schraubfläche in einer größeren Bohrung (Schraubenmutter) bewegt oder eine solche in ein Werkstück einschneidet. Die Schraube ist ein Hilfsmittel zur Umsetzung einer am Umfang quer zur Längsachse wirkenden Kraft in eine in der Richtung der Längsachse wirkende. Die am Umfang wirkende Kraft steht dabei in einem durch die Höhe der einzelnen Schraubenwindungen (Steigung) und der des inneren Zylinders bedingten Verhältnis zur angewandten Kraft in der Richtung der Längsachse.

Von den drei Grundtypen der Schraube – Bewegungsschraube, Transportschraube und Befestigungsschraube – findet am ehesten noch letztere in außereuropäischen Kulturen Anwendung.[9] Es zeigt sich nämlich, daß nicht alle sechs einfachen Maschinen gleich einfach sind. Nur die ersten drei finden tatsächlich universelle Anwendung, während Rad an der Welle, Rolle und Schraube alle die Fähigkeit zur Nutzung der *technischen Drehbewegung* (die auf der Lagerung von Achsen beruht) voraussetzen, die erst relativ spät (vor etwa 6000 Jahren) und nicht überall auf der Welt von den Menschen erworben wurde. Die Bedeutung der Nutzung der Drehbewegung für die kulturelle und zivilisatorische Entwicklung ist nicht hoch genug anzusetzen; die von ihr ausgelösten Veränderungen stehen gleichberechtigt neben den Folgen der Domestikation von Pflanzen und Tieren.

Während die meisten Geräte im Kern nur Verbesserungen der dem menschlichen Körper und seinen Organen mitgegebenen Möglichkeiten darstellen, verfügen Geräte mit Teilen, die sich um gelagerte Achsen drehen, über eine systemeigene Bewegung und bilden gegebenenfalls gemeinsam mit den sie antreibenden Gliedmaßen im technischen

Sinn ein Getriebe. Für die technische Drehbewegung, bei der Fremdkräfte durch innere Kräfte (gelagerte Achse) aufgehoben werden, gibt es in der Natur kein Vorbild. Die Entwicklung – und lange Zeit auch Verbreitung – von (in dieser Reihenfolge) Wagenrad, Töpferscheibe, Drehmühle, Drehbank, Spinnrad oder Kurbelbohrer war auf Teile Eurasiens (einschließlich dem mittelmeerischen Afrika) beschränkt.[10]

Gemäß ihrer Definition benötigen alle Maschinen zu ihrem Gebrauch eine Betriebskraft. In der überwiegenden Zahl der vorindustriellen Geräteanwendungen stellte die *menschliche Kraft* die wichtigste Betriebskraft dar – mit ein Grund dafür, warum in materialistischen Ansätzen der Ethnologie Energiegleichungen eine so große Rolle zukommt. Dabei äußert sich menschliche Kraftanwendung in zwei Formen. Als *stationäre Kraft* wirkt die Muskelkraft des ortsfesten Menschen vor allem über die Gliedmaßen (aber auch über Mund und Brust) auf die Geräte, verbessern also in erster Linie die Wirkungsweise der Organe. Wegen der hervorragenden Greifeigenschaften der menschlichen Hände stellen sie die primäre Schnittstelle zwischen Mensch und Gerät dar. Die Anwendung der Beine – vor allem beider Beine zugleich – ist meist an eine sitzende Arbeitshaltung gebunden und hat andere physiologische Voraussetzungen (mangelnde Greiffähigkeit, geringe Möglichkeiten für partielle Drehbewegungen). Als *bewegliche Kraft* wirkt die Muskelkraft hauptsächlich bei der Bewältigung von Zug- und Traglasten, wobei die unteren Extremitäten eine größere Rolle spielen. Vor mehr als einem Jahrhundert hat Otis T. Mason im Hinblick auf diese zweite Form der Kraftanwendung vom „menschlichen Lasttier" gesprochen – in retrospektiver Metaphorik der Minderheit jener Völker, die von tierischer Zugkraft Gebrauch zu machen gelernt haben.

Tierische Kraft ist nicht nur von vergleichsweise wenigen Kulturen (die aber die historische Mehrheit der Menschen einschließen) benutzt worden, sie hat auch verglichen mit menschlicher Arbeitskraft einen vergleichsweise engen Anwendungsbereich. Der Schwerpunkt liegt eindeutig im Bereich des Transportwesens (einschließlich des Ziehens landwirtschaftlicher Geräte), weitaus seltener im Rahmen der übrigen Produktion (z.B. Dreschen, Betrieb von Mühlen oder Schöpfwerken).

Unter den vom Menschen genutzten Naturkräften kommt der allgegenwärtigen *Schwerkraft* die größte Bedeutung zu, wobei diese Kraft zugleich auch eines der größten Hindernisse bei der Anwendung von Geräten darstellt. Die Nutzung der *Wasserkraft*, die ja nur eine besondere Ausprägung der Schwerkraft darstellt, ist – wieder abgesehen vom Transportwesen – weitgehend an die Nutzung von Wasserrädern (und damit der technischen Drehbewegung) geknüpft. So wie die der

Schwerkraft entgegen wirkenden *Auftriebskräfte* des Wassers ist die Ausbeutung der *Windkraft* weitgehend auf Anwendungen des Wassertransports beschränkt. Worfeln und Flugdrachen zum Fischfang stellen angesichts der Seltenheit von Windmühlen bemerkenswerte Ausnahmen dar. *Thermische Kräfte* werden durch Anwendung des Feuers in vielen technischen Prozessen genutzt.

Weiterführende Literatur:

Appadurai, Arjun (Hg.): The Social Life of Things. Commodities in Cultural Perspective. Cambridge 1986.

Balfet, Hélène (Hg.): Observer l'action technique. Des chaînes opératoires, pour quoi faire?. Paris 1991.

Bernard, H. Russell and Pertti Pelto (Hg.): Technology and Social Change. 2. Aufl. Prospect Heights 1987.

Bronner, Simon J. (Hg.): American Material Culture and Folklife. A Prologue and Dialogue. Ann Arbor 1985.

Bühler, Alfred: Über die Verwertbarkeit völkerkundlicher Sammlungen für kulturhistorische Forschungen. Schweizerisches Archiv für Volkskunde 44(4). Basel 1947.

Cantwell, Anne-Marie et al. (Hg.): The Research Potential of Anthropological Museum Collections. Annals of the New York Academy of Sciences 376. New York 1981.

Cotterell, Brian und Johan Kamminga: Mechanics of Pre-Industrial Technology. Cambridge 1990.

Dictionnaire archéologique des techniques. Paris 1963–1964.

Feest, Christian F. (Hg.): Das Ding. Die Ethnologie und ihr Gegenstand. Archiv für Völkerkunde 51. Wien 1997.

–: Ethnologische Museen. In: W. Kokot und D. Dracklé (Hg.), Wozu Ethnologie? Festschrift für Hans Fischer. Berlin 1999: 199–213.

Feldhaus, Franz Marie: Die Technik der Vorzeit, der geschichtlichen Zeit und der Naturvölker. 2. Aufl. München 1965.

Fenton, Alexander: Thoughts on the Study of Material Culture. Acta Ethnographica Hungarica 38(1–2): 365–369. Budapest 1993.

Forbes, R. J.: Studies in Ancient Technology. 9 Bände. Leiden 1955–1964.

Gould, Richard A. and Michael B. Schiffer (Hg.): Modern Material Culture. The Archaeology of Us. New York 1981.

Hahn, Hans Peter: Materielle Kultur und Ethnoarchäologie. Ethnographisch-Archäologische Zeitschrift 38: 459–478. Berlin 1996.

Harrison, H. S.: Discovery, Invention, and Diffusion. In: C. Singer et al. (Hg.), A History of Technology. Vol. 1: From Early Times to Fall of Ancient Empires. Oxford 1954: 58–84.

Hodder, Ian R. (Hg.): The Meaning of Things. Material Culture and Symbolic Expression. New York 1989.

Hodges, H.: Artifacts: An Introduction to Early Materials and Technology. London 1964.
–: Technology in the Ancient World. Harmondsworth 1970.
Hutton, J. H.: The Place of Material Culture in the Study of Anthropology. Journal of the Royal Anthropological Institute 74: 1–6. London 1944.
Johansen, Ulla: Materielle oder materialisierte Kultur? Zeitschrift für Ethnologie 117(1): 1–15. Berlin 1992. (Kommentare dazu in Zeitschrift für Ethnologie 118(1): 141–197. Berlin 1993)
Journal of Material Culture. London 1996–.
Kubler, George: The Shape of Time. Remarks of the History of Things. New Haven, London 1961.
Lauer, Peter K. (Hg.): Readings in Material Culture. Occasional Papers in Anthropology 9(1). Canberra 1979.
Lechtmann, H. und R. Merrill (Hg.): Material Culture. Styles, Organization, and Dynamics of Technology. 1975 Proceedings of the American Ethnological Society. St. Paul 1975.
Lemmonier, Pierre: Elements for an Anthropology of Technology. Museum of Anthropology, University of Michigan, Anthropological Papers 88. Ann Arbor 1992.
Leroi-Gourhan, André: Evolution et Techniques. 2 tomes (1: L'Homme et la Matière, 2: Milieu et Techniques). Paris 1943–1945. (Übersetzung: Hand und Wort. Die Evolution von Technik, Sprache und Kunst. Frankfurt a.M. 1980.
Leser, Paul: Die Bedeutung der Erforschung der materiellen Kultur für die Ethnologie. Ethnologia Europaea 6: 196–202. 1972.
Lips, Julius: Vom Ursprung der Dinge. Leipzig 1951.
Lobsiger-Dellenbach, Marguerite: Suggestions aux ethnographes. In: Musées et recherches sur le terrain. Musées et Monuments 12. Paris 1970: 112–127.
Longacre, William A. (Hg.): Ceramic Ethnoarchaeology. Tucson 1991.
Lubar, Steven und W. David Kingery: History from Things: Essays on Material Culture. Washington 1993.
McGrew, William C.: Chimpanzee Material Culture. Implications for Human Evolution. Cambridge 1992.
Miller, Daniel: Artifacts and the Meaning of Things. In: T. Ingold (Hg.), Companion Encyclopedia of Anthropology. Humanity, Culture and Social Life. London 1994: 396–417.
–: Consumption and Commodities. Annual Reviews of Anthropology 24: 141–161. Stanford 1995.
Murdock, George P.: Outline of Cultural Materials. 5. Aufl. New Haven 1987.
Oswalt, Wendell H.: An Anthropological Analysis of Food-Gathering Techniques. New York 1976.
Pearce, Susan M. (Hg.): Museum Studies in Material Culture. London 1989.
Pitt Rivers, A. H. Lane Fox: On the Principles of Classification Adopted in the Arragement of His Anthropological Collection. Journal of the (Royal) Anthropological Institute 4: 293–308. London 1875.

Reynolds, Barrie und Margaret A. Stott (Hg.): Material Anthropology. Contemporary Approaches to Material Culture. Lanham 1987.
Riggins, Stephen Harold (Hg.): The Socialness of Things. Essays on the Socio-Semiotics of Objects. Approaches to Semiotics 115. Berlin, New York 1994.
Sayce, R. U.: Primitive Arts and Crafts. An Introduction to the Study of Material Culture. New York 1933.
Schlereth, Thomas J. (Hg.): Material Culture. A Research Guide. Lawrence 1985.
Sigaut, François: Technology. In: T. Ingold (Hg.), Companion Encyclopedia of Anthropology. Humanity, Culture and Social Life. London 1994: 420–459.
Sillitoe, Paul: On Sticks and Stones, Vines and Bones: Some Notes on the Scope, History and Future of Technology Studies in Anthropology. Journal of Museum Ethnography 5: 1–22. Oxford 1996.
Singer, C. et al. (Hg.): A History of Technology. Vol. 1: From Early Times to Fall of Ancient Empires. Oxford 1954.
Spier, Robert F. G.: Technology and Material Culture. In: J. A. Clifton (Hg.), Introduction to Cultural Anthropology. Boston 1968: 131–159.
–: From the Hand of Man: Primitive and Preindustrial Technologies. Boston 1970.
Stocking, George W. (Hg.): Objects and Others. Essays on Museums and Material Culture. History of Anthropology 3. Madison 1985.
ter Keurs, P. und D. Smids (Hg.): The Language of Things. Studies in Ethnocommunication. Leiden 1990.
Sturtevant, William C.: Guide to Field Collecting of Ethnographic Specimens. Washington 1967.
Thomas, Nicholas: Entangled Objects: Exchange, Material Culture, and Colonialism in the Pacific. Cambridge, MA 1991.
Thompson, Raymond H. und Nancy Parezo: A Historical Survey of Material Culture Studies in Anthropology. In: A. L. Hedlund, Perspectives on Anthropological Collections. Anthropological Research Papers 40. Phoenix 1989: 33–65.
Tilley, Christopher: Material Culture and Text. London 1991.
Trachsler, Walter: Systematik kulturhistorischer Sachgüter. Eine Klassifikation zum Gebrauch in Museen und Sammlungen. Bern – Stuttgart 1981.
Trigger, Bruce G.: A History of Archaeological Thought. Cambridge 1989.
Weule, Karl: Die Anfänge der Naturbeherrschung. 1: Frühformen der Mechanik. 2: Chemische Technologie der Naturvölker. Stuttgart 1921–1922.
Wynn, Thomas: Tools and Tool Behaviour. In: T. Ingold (Hg.), Companion Encyclopaedia of Anthropology. London 1994: 131–161.

Anmerkungen Einleitung

1 Die Geschichte des ethnologischen Gebrauchs des Worts „Ergologie“ ist unzureichend erforscht. Gelegentlich wird sein Ursprung George Montandon zugeschrieben, dessen „L'Ologénèse culturelle“ (Paris 1934) einen Abschnitt „Ergologie systématique“ enthält; durch Alfred Bühler (1944) sei das Wort in der deutschsprachigen Ethnologie heimisch geworden. Freilich findet sich bereits in P. A. Erdlands Monographie „Die Marshall-Insulaner“ (Anthropos-Bibliothek 2[1], Münster 1914) die Überschrift „Ergologie oder Leben und Wirken“ über einem Abschnitt, der sich zentral mit materieller Kultur, aber auch etwa mit Wetter- und Sternkunde, befaßt.

2 Nicht besser steht es mit der Begriffsgeschichte von „materielle Kultur“. Hier spricht manches für eine Übernahme aus dem Englischen.

3 „Artefakt“ („artefact“) ist als Nebenform des wesentlich älteren „artifice“ eine Wortprägung des englischen Dichters Samuel T. Coleridge (1821), die der amerikanische Sprach- und Mythenforscher Daniel G. Brinton (1890) in den ethnologischen Sprachgebrauch übernahm. Brintons ursprüngliche Anwendung auf prähistorische Geräte findet sich noch in der vom „Duden“ vorgenommenen Einschränkung auf „vom Menschen geformte vorgeschichtliche Gegenstände“. Wendell Oswalts Definition von „artifact“ als „Endprodukt der Modifikation einer physikalischen Masse mit dem Ziel der Erfüllung eines bestimmten Zwecks“ entspricht dem auch in diesem Buch benutzten Wortgebrauch. Vgl. W. H. Oswalt: An Anthropological Analysis of Food-Getting Technology (New York 1976): 23–24.

4 Vgl. W. C. McGrew: Chimpanzee Material Culture. Implications for Human Evolution. Cambridge 1992: 121–149.

5 W. C. Sturtevant: Does Anthropology Need Museums? Proceedings of the Biological Society of Washington 82: 615–650. Washington 1969; ders.: Museums as Anthropological Data Banks. In: A. Redfield (Hg.) Anthropology Beyond the University. Southern Anthropological Society Proceedings 7. Athens 1973: 40–55; H. Fischer: Völkerkunde-Museen. Mitteilungen aus dem Museum für Völkerkunde Hamburg, N.F. 1: 9–51. Hamburg 1971.

6 R. Linton: The Study of Man. An Introduction. New York 1936: 401–421.

7 Vgl. dazu weiter unten S. 157, Anm. 55.

8 A. Leroi-Gourhan: L'Homme et la matière. Paris 1943.

9 Zur Frage des vor- oder nacheuropäischen Ursprungs der Schraube bei den Eskimo vgl. die in vieler Hinsicht aufschlußreiche alte Diskussion, die F. Krause, K. von den Steinen und H. N. Wardle 1901 in der Zeitschrift „Globus“ führten, und die 1915 auf höherem Niveau von M. Porsild und B. Laufer im „American Anthropologist“ wieder aufgenommen wurde.

10 Zur Bedeutung der Drehbewegung siehe besonders H. T. Horwitz: Die Entwicklung der Drehbewegung. Beiträge zur Geschichte der Technik und Industrie, Jahrbuch des Vereins der Ingenieure 10: 179–195. Berlin 1920; und V. Gordon Childe: Rotary Motion. In: C. Singer et al. (Hg.): A History of Technology. Vol. 1: From Early Times to Fall of Ancient Empires. Oxford 1954: 187–215.

TECHNOLOGIE

1. Steinbearbeitung

Vor Kenntnis der Metallverarbeitung war Stein in vielen Kulturen einer der bedeutendsten Werkstoffe insbesondere bei der Herstellung von Werkzeugen und Wirtschaftsgeräten. Dies gilt besonders für die autochthonen Bevölkerungen Australiens, Ozeaniens und Amerikas und für die große Mehrheit der prähistorischen Kulturen der Welt. Die hier verwendete Terminologie lehnt sich weitgehend an die von den Prähistorikern geschaffene an.

Die Techniken der primären Bearbeitung von Stein sind fast durchwegs spanabhebend. Lediglich bei der Herstellung von Glas kommt es durch thermische Mittel zur Formung und Verformung.

1.1. Materialkunde

Unter Stein im allgemein gebräuchlichen Sinn faßt man die wissenschaftlich exakten Begriffe Gestein, Mineral und Kristall zusammen. *Gesteine* sind Minerale und Mineralgemenge, die wesentlich am Aufbau der festen Erdkruste beteiligt sind. Ihre kleinsten, stofflich homogenen Bestandteile sind die *Minerale*, von denen die meisten *Kristalle* bilden: feste Körper, die von regelmäßigen, symmetrisch angeordneten, ebenen Flächen begrenzt sind. Die Eigenschaften dieser Stoffe, wie Härte, Spaltbarkeit, Textur und Tenazität, stehen in engem Bezug zur technischen Verwendung des Steins.

Ein Stoff ist jeweils härter als ein anderer, wenn man diesen mit jenem ritzen kann. Zur Angabe der *Härte* bedient man sich der Ritzhärteskala nach Mohs, die von Talk (1) bis Diamant (10) reicht. Bis Härte 2 lassen sich Mineralien mit dem Fingernagel ritzen, bis Härte 6 mit dem Messer; Glas wird von Quarz (H=7) geritzt, Härte 8–10 ist Edelsteinhärte. Zur wissenschaftlichen Bestimmung von Steinen verwendet man neben Dichte, Brechungsindex und Lichtdoppelbrechung die Spektralanalyse sowie die Röntgenfeinstrukturanalyse.

Unterschiede in der *Textur* (dicht, porös, geschichtet, massig, amorph usw.) und der *Tenazität* (spröde, geschmeidig, elastisch) von Stein sind oft herkunfts- und entstehungsgeschichtlich bedingt. So beruht die unterschiedliche Widerstandsfähigkeit von Sandstein gegen äußere Einflüsse auf seinem Kalk- und Tongehalt je nach Ursprungsort und Zusammensetzung des verwitterten Primärgesteins. Ebenso ist Kalkstein gewöhnlich ein unter Mitwirkung chemischer Prozesse gebildetes Sediment aus feinkörnigem Calciumcarbonat, kann als Marmor aber auch größere wohlausgebildete Kristalle bilden, wenn bei seiner Genese hoher Druck und hohe Temperatur vorherrschten. Durch Druck-Hitzeextreme im Erdinneren entstandene Umwandlungsgesteine (wie kristalline Schiefer, Glimmerschiefer, Chloritschiefer und der aus Granit entstandene Gneis) sind dem Betrachter oft schon oberflächlich an ihrer Strukturierung erkennbar.

Die *Spaltbarkeit*, die man am besten an der Art der Bruchflächen erkennt, bezieht sich auf das Vermögen oder Unvermögen der Steine, sich in einer oder in mehreren Richtungen leicht trennen und spalten zu lassen. In dieser Hinsicht besitzt etwa Glimmer eine vollkommene Spaltbarkeit in einer Richtung, Kalkspat nach drei Richtungen in Rhomboedern, andere hingegen, wie z.B. Quarz, lassen überhaupt keine Spaltbarkeit erkennen. Minerale der letzteren Art zeigen Bruchflächen, deren Beschaffenheit sehr charakteristisch sein kann. Feuerstein bricht muschelig, Jaspis eben, Hornstein hakig usw. Für die Steinbearbeitungstechniken kommt diesen Eigenschaften große Bedeutung zu. Besonders für die dekorative Weiterbearbeitung eines Steines (Polieren, Gravieren, Steinschneiden, usw.) sind die Texturmerkmale maßgebend. Glanz, Farbe und Durchsichtigkeit werden vorwiegend bei den Schmucksteinen beachtet.

Für die Herstellung von *Steingeräten* finden sich in der Natur unterschiedlichste Rohmaterialien, von denen nur wenige beispielhaft genannt werden können: Feuerstein (Flint) teilt mit den verwandten Gesteinen Quarz, Quarzit, Hornstein, Chalzedon, Jaspis u.a. die große Härte (durchschnittlich 7) und die Isotropie (einheitliche physikalische Eigenschaften in allen Richtungen). Bei Abspaltung zeigen sie alle einen muscheligen Bruch und sehr scharfe Kanten. Über ähnliche Eigenschaften verfügt der Obsidian, ein vulkanisches Glas. Feuerstein findet sich an der Erdoberfläche oder in oberflächennahen Schichten als Knollen, seltener als Platten ausgebildet. Grundsätzlich kommen für steinerne Werkzeuge leichte und weiche Materialien kaum in Frage.

Die zum Zertrümmern, Zerquetschen und Zerkleinern von Mahlgut verwendeten größeren Steine sind meist grob strukturierte Silikate. Zum Schleifen, Glätten und Polieren bietet sich neben dem weit verbreiteten Quarzitsand (Polier- oder Schleifsand) der Schmirgel an, eine körnige, braune bis schwarze Abart des Korund (H=9). Auch Sandstein und der helle, sehr poröse, glasartige Bimsstein finden als Schleifmittel Verwendung. Als Schleif-, Dreh- oder Wetzsteine dienen Wetzschiefer und bestimmte Kalkmergelsorten. Sogenannte „Polierzähne“

aus harten Quarzarten werden zum Glätten und Polieren, vor allem kleiner Gegenstände, verwendet.

Bei Gebrauch als *Baumaterial* sollten Steine große Härte, Druckfestigkeit, Wetterbeständigkeit (chemische Resistenz), relativ leichte Bearbeitbarkeit aufweisen und in ausreichenden Mengen verfügbar sein. Diese Kriterien erfüllen vor allem die silikatischen Gesteine, der Granit mit allen seinen Arten (Druckfestigkeit bis zu 20 kN/cm^2) und die verwandten Tiefengesteine Syenit und Diorit, ferner Ergußgesteine, wie Basalt und Quarzporphyre. Als Bausteine nicht hauptsächlich silikatischer Natur sind der Kalkstein (mit seiner Sonderform Marmor) und der Sandstein in seinen verschiedenen Arten, wie Kalksandstein und Quarzitsandstein, zu nennen. Als *Bildhauersteine* werden auch Talkstein, Alabaster, Speckstein, Tuff und ähnliche Steine geringer Härte verwendet, die als Baustoffe ungeeignet sind, sich jedoch leicht schnitzen lassen. Für Skulpturen besonderer Größe fand häufig die poröse Form des Basalt Verwendung.

Als *Schmucksteine* werden vor allem Edel- und Halbedelsteine verwendet. Sie zeichnen sich durch Seltenheit im Vorkommen, meist durch höhere Härtegrade, bisweilen vollkommene Durchsichtigkeit, hohen Glanz und starkes Lichtbrechungsvermögen, Farbschönheit und Reinheit aus. Viele dieser Mineralien sind von sehr spröder Natur; ihre Bearbeitung erfordert, auch ihrer großen Härte wegen, ein hohes Maß an technischer Fertigkeit. Zu den nicht zu den Edelsteinen zählenden Schmucksteinen gehören die blau bis grün gefärbten Kupfermineralien Azurit und Malachit und Steine, wie Hämatit und der metallisch glänzende Pyrit, die sich hochgradig polieren lassen und auch als Spiegel Verwendung fanden. Eine besondere Stellung nehmen die in vielen Kulturen verwendeten Jadeite (Grünsteine) ein. Auch der Bernstein, ein fossiles Harz, wäre hier zu erwähnen.

1.1.1. Glas

Glas ist ein in Schmelze entstandener und nachher amorph erstarrter Körper. Als natürliche Gläser bezeichnet man Gesteine von glasigem Äußeren, die in der Natur gebildet wurden (Prototyp: Obsidian, ein Ergußgestein). *Tektite* sind Gläser kosmischen Ursprungs (Glasmeteorite), die in verschiedenen Teilen der Erde gefunden werden.

Wichtig für die Be- und Verarbeitung von künstlichem Glas ist seine gute Formbarkeit bei höherer Temperatur. Sie wird bedingt durch ein allmähliches Erweichen beim Erhitzen und das Fehlen eines scharfen

Schmelzpunktes (Schmelzintervall). Die einfachsten Glassorten werden aus Alkalien (Soda, Pottasche), Kalk (Dolomit) und Sand (Siliciumdioxid) hergestellt. Neben den Alkalien bzw. an ihrer Stelle verwendete man schon sehr früh auch Blei als Flußmittel (Bleigläser). Ein geringer Zusatz von Metalloxiden (Eisen, Mangan, Kupfer, Kobalt), die meist schon in den Rohmaterialien vorhanden sind, verleiht den Gläsern verschiedenartigste Färbungen. Als Trübungsmittel finden Knochenasche (Phosphate), Arsen-Antimon-Zinnverbindungen sowie Fluoride (Flußspat) Verwendung. *Glasuren*, wie *Email*, sind ähnlich wie Gläser zusammengesetzt. Sie werden bei den Techniken der Keramikverzierung besprochen.

Sein muscheliger Bruch macht Glas so wie Stein mittels Schlag- und Drucktechniken verarbeitbar.

1.2. Gebrauch unbearbeiteter Steine

Aus vereinzelten Berichten früher Beobachter wissen wir, daß Steine in unbearbeitetem Zustand als Wurfsteine, Schleudersteine, Schlagsteine („Hammersteine", „Klopfsteine"), Poliersteine für Keramik, Schleifsteine für andere Materialien, Netzsenker, zum „Steinkochen" und für andere Zwecke verwendet wurden. Das „Eolithenproblem" der Urgeschichte bleibt dem Ethnologen erspart. (Eolithen sind zweifelhafte Artefakte, die durch natürliche Ursachen – Frost, Hitze, Druck im Moränengeschiebe usw. – entstanden sein können. Die Feststellung, ob „Gebrauchsspuren" tatsächlich auf eine Verwendung durch den Menschen zurückzuführen sind, ist bei Eolithen problematisch.)

Sporadisch findet man Hinweise auf einen spezialisierteren Gebrauch unbearbeiteter Steine. So verwendeten die Tasmanier scheibenförmige Steine zum Einkerben von Bäumen. Der Schlag erfolgte von oben nach unten in Richtung der Faser. Der so entstandene Spalt wurde mit der großen Zehe aufgezwängt, und eine Reihe solcher Kerben an einem Baumstamm übereinander erleichterte das Klettern.[1] Die Männer der Pitjendadjara (Südaustralien) lasen unterwegs kleine scharfkantige Steine auf und verwahrten sie in ihrer Frisur. Bei der Herstellung der Speerschleuder wurde ein solcher Stein am Griffende angekittet und diente zugleich als Stichel, Schaber und Messer. Schon für das Abspalten eines zur Herstellung der Speerschleuder geeigneten Holzstückes vom Baumstamm bediente sich der Pitjendadjara eines beliebigen unbearbeiteten Steins mit scharfer Kante.[2] Auch Hammer- und Wurfsteine waren häufig unbearbeitet (vgl. S. 173, 186).

1.3. Gewinnung und Vorbereitung des Materials

Wohl wurde auch das Brechen von Steinen geübt, in der Hauptsache reichte jedoch das an der Erdoberfläche liegende Material aus, um den Bedarf an Werkstoff zu decken. Geeignetes Steinmaterial wurde bisweilen – auch als „Halbfabrikat“ – über große Distanzen gehandelt.

Eines der bekanntesten Beispiele für das Brechen von Stein ist der Catlinitbruch im südwestlichen Minnesota. Er galt als neutrales Gebiet und wurde von zahlreichen Völkern aufgesucht; der dort gebrochene „heilige Pfeifenstein“ fand weite Verbreitung. Catlinit ist ein roter Kalkstein, der in einem langen, in Quarzit eingebetteten Flöz ansteht. Um an die durchschnittlich nur 8–10 cm dicke verwertbare Schicht zu gelangen, muß die darüberliegende Quarzitschicht abgetragen werden.[3]

Feuersteinknollen aus einer Kalkablagerung haben einen Feuchtigkeitsgehalt von etwa 1,5%. Völlig ausgetrocknetes Material erschwert die Bearbeitung, insbesondere das Retuschieren. Bei den Numa im westlichen Nordamerika wird das für die Bearbeitung bestimmte Steinmaterial (Obsidian usw.) in feuchter Erde eingegraben und 24 Stunden lang gedämpft, indem man darüber ein starkes Feuer unterhält.[4] Auf den Admiralitätsinseln bereitet man das Spalten von Obsidianblöcken durch Erhitzen und anschließendes Abschrecken in kaltem Wasser vor.

1.4. Grobe Formung: Zuschlag-, Abschlag- und Drucktechnik

In der Urgeschichte gelten die Schlag- und Drucktechniken der Steinbearbeitung weitgehend als „paläolithisch“ und “neolithisch”, das Bohren, Sägen, Schleifen und Picken als „neolithisch“. Im Bereich der ethnographisch erfaßten Kulturen, z.B. bei manchen Australiern, finden sich beide Techniken nebeneinander, wobei die Wahl der Technik vorwiegend vom greifbaren Material abhängt.

Vereinfachend unterscheidet man bei den primären Schlagtechniken die Zuschlagtechnik und die Abschlagtechnik. Bei der *Zuschlagtechnik* ergibt der Kern des Steins das gewünschte Produkt, während die bei der Bearbeitung entstandenen Sprengstücke meist als Abfall behandelt werden; bei der *Abschlagtechnik* werden umgekehrt die Abschläge als Werkzeuge verwendet oder zu solchen weiterverarbeitet, während der Kern (Nukleus) (Abb. 1) als wertlos gilt.

Oft wird ein Geröllstein nur einseitig bearbeitet. Die natürlich abgeschliffene Oberfläche dieses „Geröllwerkzeugs“ liegt gut in der Hand und fügt ihr auch keine Verletzungen zu. Der zweiseitig zuge-

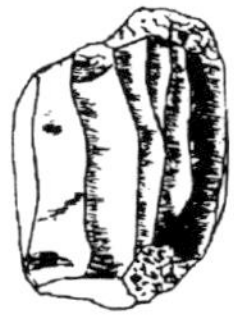

Abb. 1 Steinkern (Nukleus)

schlagene Knollen oder Geröllstein ist das unter dem unglücklichen Namen „Faustkeil“ bekannte Mehrzweckwerkzeug. Das häufigste Ausgangsmaterial dafür ist ein Feuersteinknollen. Diesem wird zuerst die Rinde (Cortex) abgeschlagen, die schwammige Struktur hat. Als Werkzeug – auch für den folgenden Prozeß – dient ein Schlagstein. Das typische Erscheinungsbild eines bearbeiteten Abschlags und Werkzeugs mit der wichtigsten Terminologie ist Abb. 2 zu entnehmen.[5]

Will man von einem Feuersteinknollen Abschläge herstellen, so muß er vorerst zur Gänze geschält werden. Für die sogenannte *Klingentechnik* wird dann vom Knollen so viel abgeschlagen, daß als Rohling ein Zylinder oder Prisma entsteht. Wesentlich ist die Schlagplattform, die man durch Köpfen des Knollens erzielt; sie ermöglicht ein exaktes Auftreffen des Schlages und damit die Abspaltung von Abschlägen und Klingen. Diese Präparierung eines Knollens für die Abschlagtechnik erfordert einen wesentlich größeren Zeitaufwand als die Herstellung eines Werkzeugs in Zuschlagtechnik. Um möglichst dünne und regelmäßige Abschläge zu erzielen, muß der Schlag die Plattform nur wenig innerhalb der Kante treffen. Der Abschlag ist immer gekrümmt und hat beidseitig scharfe Kanten. Hervorragende Beispiele für diese Technik sind die Speerspitzen und Klingen aus Obsidian von den Admiralitätsinseln.

Durch Anwendung von Druckperkussion kann man Klingen mit minimaler Krümmung und nur wenig ausgebildetem Schlagbuckel (Bulbus) erzielen. Für diese *Drucktechnik* muß die Plattform des Kerns entsprechend zugerichtet sein, um ganz nahe der Kante Ansatzpunkte für den dabei verwendeten Druckstab zu haben. Bei den Azteken (Mexiko) saß der Hersteller auf dem Erdboden und hielt den Kern mit beiden Füßen. Er setzte den hölzernen Druckstab mit Steinspitze und Querholz am Oberende nahe dem Rand des Kerns an und spaltete durch raschen Druck mit der Brust, unterstützt durch die Hände, eine Klinge in der ganzen Länge des Kerns ab. Man soll so etwa 100 zweischneidige, vollkommen regelmäßige Obsidianmesser in einer Stunde hergestellt haben.[6] Unter der Annahme, daß eine entsprechende Zahl bereits präparierter Kerne zur Verfügung stand, mag diese Zahl durchaus stimmen.

In Nordamerika teilten sich mancherorts die Männer die Arbeit. Eine Gruppe suchte die Kerne, eine zweite entfernte die Schale und be-

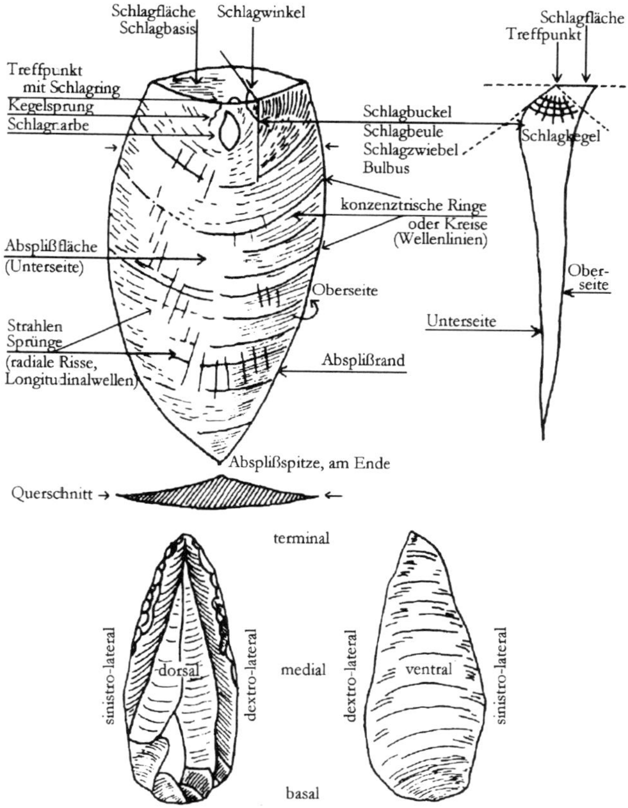

Abb. 2 Terminologie des bearbeiteten Abschlags und Werkzeugs

reitete die Plattform vor, die dritte stellte die Klingen her. Als Werkzeug diente ein 75–120 cm langer Druckstab aus Holz oder Rohr, dem eine Spitze aus Knochen oder Zahn angesetzt war. Bisweilen wurde der Kern zwischen Holzblöcken eingespannt, die fest zusammengebunden waren. Der Hersteller stand auf diesen Blöcken und verlagerte sein Körpergewicht auf das Oberende des Druckstabes.[7]

Bei den Apache wurden die Abschläge durch kombinierte Perkussion hergestellt. Der Hersteller hielt den Kern und den angesetzten Meißel (aus dem Zahn eines Pottwals) in der Linken und führte mit einem Schlegel in der Rechten den Schlag aus. Wenn sich zwei Männer die Arbeit teilten, so hielt der eine den Kern in der linken, den Meißel in der rechten Hand und der zweite schlug zu.

1.5. Feine Formung

1.5.1. Schlag- und Druckretusche

Die so erzeugten Abschläge und Kernprodukte konnten durch *Retuschen* weiterbearbeitet werden. Auch hierbei sind Schlag- und Drucktechnik möglich. Bei der weiteren Behandlung mit einem Schlagstein muß dieser in einem spitzen Winkel in regelmäßigen kurzen Abständen den Rohling wenig innerhalb des Randes treffen: So werden kleine, recht gleichförmige Splitter abgespalten, und man erzielt eine scharfe Kante. Hält man das Werkstück dabei in der Hand, so sind die Retuschen relativ flach, legt man es auf eine Steinunterlage, sind sie durch die Rückschlagwirkung bedeutend steiler („Gegenretusche"). Auch kombinierte Perkussion mit Meißel und Schlagstein wird aus Nordamerika für die Retuschierung berichtet (Abb. 3).

Um eine Speerspitze herzustellen, formten Australier den Abschlag mit einem Schlagstein zunächst annähernd blattförmig. Die Seiten wurden dann auf Sandstein so geschliffen, daß eine schmale Plattform oder Abgratung auf jeder Seite der Kante entstand. Die weitere Bearbeitung geschah durch Druckretusche. Der Arbeiter saß auf einer Ferse und hatte das andere Bein ausgestreckt, vor ihm lag ein Auflager aus Stein, auf diesem ein Stück Rinde. Das Werkstück wurde mit der Linken auf dieser Unterlage festgehalten. Die rechte Hand faßte den Druckstab (zugespitztes Holz, Knochen), dessen Spitze zum Körper wies und an der Abgratung angesetzt wurde. Durch Verlagerung des Körpergewichts auf den rechten Arm wird der Stab abwärts und nach außen bewegt.[8]

Alle bisher beschriebenen *Randretuschen* (Abb. 4) können einseitig oder zweiseitig ausgeführt werden. Man bediente sich dieser Technik auch zum Nachschärfen stumpf gewordener Werkzeuge.

Bei *Flächenretuschen* (Abb. 5) werden durch mehrmalige Druckretusche die Breitseiten des Werkstücks schichtweise abgeschält, um dem unregelmäßigen Rohling an jeder beliebigen Stelle die gewünschte Dicke zu geben. Auf diese Weise konnte man das Ende zuschärfen, Biegungen wegnehmen und die Griffe von Messern sowie Kerben, Zapfen und Schultern für Projektilspitzen formen, die so leichter und sicherer zu schäften waren.

Die Selk'nam auf Feuerland stellten die Grobform ihrer Pfeilspitzen ebenfalls durch Zuschlagen mit einem Schlagstein her. Als Druckstab für die Retusche dienten zwei Stücke der Fibula des Guanako, von denen eines eine stumpfe, rundliche, das andere eine kantige, scharfe Spitze hatte. Das Werkstück hielt man mit einem weichen Lederlappen

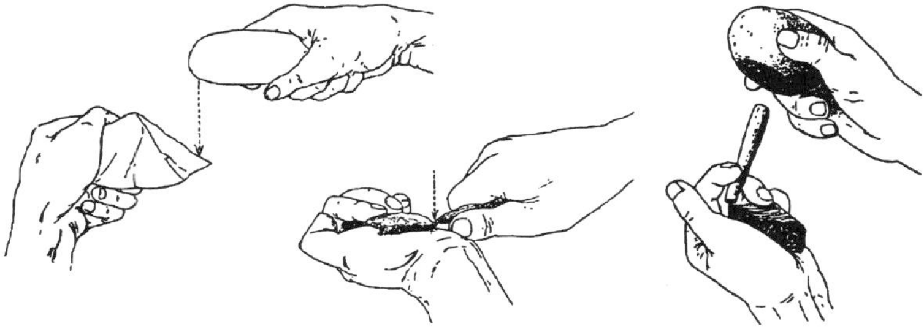

Abb. 3 Schlagretusche, Druckretusche: Wintu (Kalifornien); Retusche mit kombinierter Perkussion: Ute (Utah)

in der linken Hand, die sich auf den Oberschenkel stützte. Zuerst trat der stumpfe, dann der spitze Druckstab in Aktion, die beide annähernd senkrecht angesetzt wurden. Durch einen ruckartigen Druck, verbunden mit geringem Einwärtsdrehen, splitterte man kleine muschelförmige Teilchen ab. Die Spitzen zeigten in ihren minimalen Unterschieden die Individualität des Herstellers und erlaubten seine sichere Identifikation nach einem Überfall, im Kampf oder auf der Jagd.[9]

Vielfach wurde nach dem Vordringen der Europäer Flaschenglas (aber auch Porzellan von Isolatoren elektrischer Überlandleitungen) ein beliebter Ersatz für Stein. Ein Yamana[10] benötigte zur Herstellung eines etwa 9 cm langen Messers aus Quarz einen vollen Tag – dasselbe Stück aus Glas war in weniger als einer Stunde fertiggestellt. Australier sollen mit der oben beschriebenen Methode Speerspitzen aus Flaschenglas in nur 10 Minuten vollendet haben.

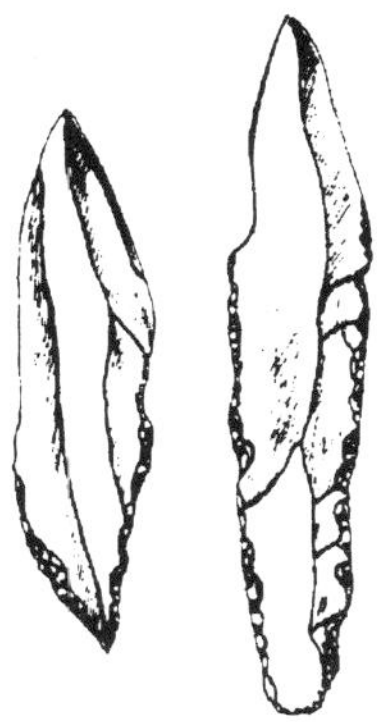

Abb. 4 Randretusche

Abb. 5 Flächenretusche

Abb. 6 Verwendung von Mikrolithen an Sägemesser: Australien

Die kleinen trapez-, dreieck- oder halbmondförmigen „Mikrolithen", die bei der Druckretusche aus Abschlägen von kleinen Kernen abfielen, wurden nicht einzeln verwendet, sondern dienten, reihenweise in verschieden geformte Holz- oder Beinschäfte eingesetzt, als Sicheln, Sägemesser, Widerhaken an Speeren usw. (Abb. 6).

1.5.2. Schleifen, Sägen, Lochen, Bohren

Mit diesen Techniken bearbeitet man Gesteine mit körniger oder fasriger Struktur, denen mit Schlagtechniken nicht beizukommen ist.

Im Unterschied zum Polieren, das vor allem eine Verschönerung der Oberfläche bezweckt, ist *Schleifen* eine formverändernde Technik. Es erfolgt häufig auf harten Vorsprüngen magmatischer Gesteine mit poröser oder grobkörniger Oberfläche. Schleift man auf speziellen Platten aus Sandstein oder grobkörnigem kristallinem Gestein, so muß immer Wasser zugesetzt werden. Der letzte Schliff erfolgt oft mit einem Wetzstein, den man mit der Hand über das Werkstück führt.

Das Schleifen der Schneide einer Diabasaxt in Queensland nahm etwa 24 Stunden in Anspruch, nachdem man vorher schon einen vollen Tag darauf verwendet hatte, dem Stück mittels Schlagtechnik die gewünschte Form zu geben.[11]

Beim *„Sägen"* von Stein, durch das Rohlinge aus größeren Steinblökken hergestellt wurden, handelt es sich im ethnologischen Rahmen meist um eine Schleiftechnik („Rillenschleifen"). Mit Sandstein- oder Schmirgelscheiben wurden in den Block von beiden Seiten Kerben geschliffen, bis er brach. Die Sägewirkung beruht allein auf den abschleifenden Körnern im Material. Während der Arbeit ist ständiges Zusetzen von Wasser nötig, um die Kerbe von Staub freizuwaschen. „Sägen" aus Fasermaterial, Hartholzstäben, Bambus oder Muschelschalen könnten theoretisch in Verbindung mit reinem Silikatsand und Wasser für den hier beschriebenen Zweck verwendet werden – es ist uns jedoch kein konkretes Beispiel für eine solche Bearbeitung von Stein bekannt.

Zum *Lochen* eines Steins kann man verschiedene Techniken anwenden. Die kombinierte Perkussion mit Meißel und Schlegel wurde vor

Abb. 7 Bikonisches Bohrloch

Abb. 8 Konisches Bohrloch bei Kernbohrung

allem in höher entwickelten Kulturen in der Bildhauerei gebraucht. Weiter verbreitet ist das Picken, das nicht nur zur Herstellung von Löchern (z.B. Baining auf der Gazellehalbinsel, Neubritannien), sondern auch zur Oberflächenformung angewandt wird. Dabei wird mittels Schwungperkussion durch mäßig starke Schläge mit einem eiförmigen oder scharfkantigen Stein das Material von körnigen oder fasrigen Gesteinen abgeschlagen. Der Arbeitswinkel liegt beim Picken durchwegs um 90° (im Gegensatz zu dem für Schlagretuschen typischen spitzen Winkel). Klingen von Äxten und Dechseln, steinerne Mörser und Schalen, aber auch Skulpturen wurden in dieser Technik hergestellt.

Das eigentliche *Bohren* kann mit Voll- oder Hohlbohrern (vgl. unten S. 164) erfolgen. Mit einem Vollbohrer erzielt man konische Bohrlöcher; meist wird das Material von beiden Seiten angebohrt – das Bohrloch zeigt dann eine bikonische Form (Abb. 7). Dabei ergeben sich oft Verschiebungen, die man nur durch mühsames Nachschleifen ausgleichen kann. Hat der Bohrer keine angesetzte Spitze, so wird die Holzspindel zusammen mit Silikatsand und Wasser eingesetzt. Dabei hinterlassen die Sandkörner an den Wänden des Bohrloches deutlich sichtbare Rillen als Spuren. Auch mit einem Hohlbohrer (aus Bambus oder Knochen) erzielt man meist keine zylindrischen Bohrlöcher. Kennzeichnend für Hohlbohrungen sind die anfallenden Bohrkerne (Abb. 8).

Für Bohrungen sind nur körnige und fasrige Gesteine geeignet. Bei fasriger Struktur wird man die Bohrrichtung immer senkrecht zur Schieferung wählen, um ein Sprengen des Steins zu vermeiden. Neben Schmuck (Perlen, Ringe, Reifen, Anhänger) bohrt man insbesondere Spinnwirtel und Schäftungslöcher von Werkzeugen und Waffen.

Weiche Gesteine (Tuff, Talk, Alabaster usw.) können auch mit Messer und Schaber bearbeitet werden. Die bisweilen figürlich gestalteten nordamerikanischen Pfeifenköpfe aus Catlinit, Argillit oder anderem weichen Stein sind geschnitzt, gebohrt, geschliffen und poliert.

1.6. Techniken der Steinverzierung

An Dekortechniken ist bei Steinobjekten neben dem schon genannten *Polieren* vor allem das *Gravieren* („Ritzen") zu nennen. In Hochkulturen finden sich bei Schmucksteinen auch das Steinschneiden und der

Facettenschliff. Bemalung und Einlagen (aus Schmucksteinen, Konchylien, Bein usw.) sind weiter verbreitete additive Dekortechniken.

1.7. Glasverarbeitung

Die Verarbeitung von Glas mittels lithischer Techniken wurde nach der Verbreitung des Materials im Zuge der Europäisierung der Erde vielfach praktiziert (und schloß an den Gebrauch von Obsidian an), ebenso wie aus dem Handel stammende Glasperlen weltweit als Dekormaterial verwendet wurden. Da das Schmelzen von Glas hohe Temperaturen erfordert, blieb seine Erzeugung und die damit einhergehende Formgebung auf das Umfeld der altweltlichen Hochkulturen beschränkt und war auch hier überall ein spezialisiertes Handwerk.

Die formgebenden Techniken in einem durch Hitze erweichten Zustand umfassen den Guß bzw. das Pressen in Formen, das Ziehen von Glas und das Glasblasen. Beim *Glasblasen* wird ein Klumpen des Schmelzflusses mit dem Vorderende eines metallenen Pusterohrs aufgenommen, in birnförmige Form geblasen, auf einer geölten Steinplatte ausgerollt, unter Umständen mit Geräten bearbeitet und neuerlich geblasen. Auch beim Glasblasen können Formen verwendet werden.

Beim *Glasziehen* wird ein Klumpen des Schmelzflusses zwischen zwei Eisenstäben in die Länge gezogen und erstarrt dabei. Wird zuvor in den Klumpen eine Luftblase eingearbeitet, so entsteht ein Glasrohr, andernfalls ein Glasstab. Aus dem Glasrohr können unmittelbar Glasperlen geschnitten werden; sonst werden kleinere Teile der Glasstäbe nochmals durch Hitze erweicht und um dünne Metallstäbe gewickelt, von denen sie nach dem Erstarren als Glasperlen abgestreift werden.

Weiterführende Literatur:

Allchin, Bridget: The Stone-Tipped Arrow. A Study of Late Stone-Age Cultures in the Old World. London 1966.

Bezborodov, M.A.: Chemie und Technologie der antiken und mittelalterlichen Gläser. Mainz 1975.

Best, Elsdon: The Stone Implements of the Maori. Dominion Museum Bulletin 4. Wellington 1912.

Blackwood, Beatrice: Technology of a Modern Stoneage People in New Guinea. Oxford 1950.

Henein, Nessim Henry: La verre soufflé en Égypte. Bibliothèque d'Étude 62. Paris 1974.

Holmes, William Henry: Manufacture of Stone Arrow-points. American Anthropologist, o.s. 4: 49–58. Washington 1891.
Mitchell, S. R.: Stone-Age Craftsmen. Stone Tools and Camping Places of the Australian Aborigines. Melbourne 1949.
Oakley, Kenneth P.: Man the Tool-Maker. London 1963.
Pfeiffer, Ludwig: Die steinzeitlichen Techniken und ihre Beziehungen zur Gegenwart. Jena 1912.
Rieth, A.: Zur Technik des Steinbohrens im Neolithikum. Zeitschrift für schweizerische Archäologie und Kunstgeschichte 18: 101–109. Zürich 1958.
Semenov, S. A.: Prehistoric Technology. An Experimental Study of the Oldest Tools and Artefacts from Traces of Manufacture and Wear. London 1964.
Swanson, Earl (Hg.): Lithic Technology. Making and Using Stone Tools. The Hague, Paris 1975.

2. Bearbeitung von Konchylien

Da die Bearbeitungstechniken für die organischen Konchylien in vieler Hinsicht jenen für den anorganischen Stein entsprechen, kann eine Zusammenfassung kurz ausfallen.

2.1. Materialkunde

Schneckengehäuse (Univalven) sind gekennzeichnet durch den Wirbel (rechts- oder linksdrehend), der in eine Spitze auslaufen kann, sowie durch die Mundöffnung, an der man Innen- und Außenlippe unterscheidet. Der Wirbel ist bei den meisten Schnecken um eine Spindel (Columella) zentriert. Die äußere Schicht des Gehäuses (Cuticula, Epidermis, Oberhaut) ist hornartig und ohne Kalkeinlagerung. Die innere oder Perlmutterschicht sondert Farbstoff und Kalk ab. Der Kalk sammelt sich in der mittleren Schicht (Porzellanschicht, Säulenschicht, Prismenschicht) und bildet die charakteristische faserige Struktur: kleine parallele Säulen, die senkrecht zur Gehäuseoberfläche stehen. Etwa 4% der Muschelsubstanz bestehen aus einem organischen Bindemittel (Conchiolin), das die Kalksäulen zusammenhält. Die durchschnittliche Härte wird mit 3,5–4 angegeben.

Die Schalen der *Muscheln* (Bivalven) bestehen aus zwei Klappen, die durch das Schloß miteinander verbunden sind. Die Schloßteile, wie auch die Ansatzstellen des Mantelrandes, sind häufig durch eine besonders dicke Porzellanschicht ausgezeichnet und eignen sich daher insbesondere für eine Bearbeitung. Der Aufbau der Muschelschalen ist blättrig, die Schichten entsprechen denen der Schneckengehäuse.

Das Inventar der aus diesem Material hergestellten Gegenstände ist so umfangreich, daß eine Aufzählung aller technisch genutzter Konchylien hier nicht möglich ist. Auf Koralleninseln ist die Bedeutung der leichter erhältlichen Konchylien größer als die von Stein. So wurden aus der Schale der *Tridacna gigas*, die Längen von 1–2 m erreicht, in Melanesien Beilklingen hergestellt. Zu demselben Zweck verwendete man auf den Karolinen und auf Feuerland *Mitra*-Schalen. Für die weitverbreitete Verwendung als Messer und Schaber brauchte man scharfrandige Muscheln nicht weiter zu verarbeiten. Auch die Verwendung als Gefäß bietet sich von selbst an (*Cassis*, *Strombus* usw.). Die häufigste Verwendung war die als Schmuck. Vor allem aus *Tridacna*, *Trochus* und *Conus* stellte man in weiten Teilen der Südsee Armringe her, aus Schalen der *Spondylus*gruppe Schmuckscheiben. In Nordamerika verarbeitete man die Columella verschiedener *Busycon*-Arten zu zylindrischen durchbohrten Perlen. In gleicher Weise fanden die dickeren Teile der *Venus mercenaria* (Wampum) sowie an der pazifischen Küste *Dentalium* Verwendung. Die Bedeutung der ungemein artenreichen Kauri (*Cypraea*) als Schmuck und Zahlungsmittel ist bekannt; *Nassa* (Diwarra, Tambu) dienten vor allem in Melanesien demselben Zweck. Vielerorts wurden große Meeresschnecken als Trompeten verwendet und auch Gleitrasseln aus Muschelschalen sind weit verbreitet.

Bei etlichen Meereskonchylien (*Avicula*, *Haliotis*, *Madiola*, *Mytilus*, *Nautilus*, *Perna*, *Spondylus* usw.) bewirkt die aus besonders dünnen, parallel gelagerten Kalkplättchen aufgebaute innere Schicht den regenbogenfarbenen *Perlmutterglanz*, der durch die unterschiedliche Lichtreflektion der einzelnen Kalkschichten entsteht. Schalen der Perlmuttermuscheln oder Teile davon wurden als Solitäranhänger getragen, zu Schmuckketten verarbeitet oder für Einlegearbeiten verwendet.

Auch die Perlmutterschicht der echten Perlmuschel (*Meleagrina margaritifera*) war sehr geschätzt. Die sehr selten in ihrer fleischigen Mantelschicht gebildeten *Perlen* gelten als besondere Kostbarkeit. Sie bestehen aus versprengter Schalensubstanz, die sich um kleine Verletzungen oder um Milbeneier, Plattwurmlarven, Sandkörner usw., die zwischen Schale und Mantel geraten, ablagert.

Anzuschließen ist hier der *Korallenkalk*, der in Ozeanien als Rohstoff Bedeutung hat. Korallen sind koloniebildende Hohltiere, die durch Kalkausscheidung Sockel bilden. Das Kalkgerüst der abgestorbenen Tiere bildet die Korallenriffe. Bruchstücke von Korallenfelsen sind in Ozeanien ein wichtiges Schleif- und Glättmittel. Gebrannter Korallenkalk in Pulverform dient in Melanesien zum Bleichen und Färben des Kopfhaares und ist unerläßliche Zutat beim Genuß von Betel.

2.2. Bearbeitung

Es ist offensichtlich, daß Schalenhälften von Bivalven geeignet sind, als Messer oder Schaber verwendet zu werden, ohne daß man sie vorher bearbeiten müßte. Sie bieten sich darüber hinaus ebenso wie manche Schneckengehäuse als Gefäße oder Löffel an.

Die Erfahrung hat gelehrt, daß große Hitze Konchylien sprengt. Die riesige Schale von *Tridacna gigas* legt man in Melanesien bisweilen so lange ins Feuer, bis sie springt. Die entstandenen großen Bruchstücke werden mit Schlagsteinen oder durch Sägen zu Rohlingen weitergeformt. Auf Nissan (Salomonen) legt man die Schale der Kreiselschnecke (*Trochus*) ins Feuer, und sie zerspringt – strukturbedingt – in einzelne Ringe, die man nur mehr zu schleifen braucht, um die geschätzten Oberarmringe zu erhalten.

Die *Schlagtechniken* spielen bei der Bearbeitung von Konchylien eine weitaus geringere Rolle als beim Stein. Auf Koralleninseln der Südsee werden sie in ihren einfachsten Ausprägungen (Zertrümmern und Zuschlagen) noch relativ häufig angewandt: dort müssen Klingen für Äxte, Dechsel usw. aus Konchylien den fehlenden Stein ersetzen. Die weitere Bearbeitung geschieht durch *Picken* und *Schleifen*.

Diese Techniken, zusammen mit dem *Sägen* und *Bohren*, wie sie alle schon bei der Steinbearbeitung beschrieben wurden, sind die angemessensten Mittel für dieses Material. Beim Bohren und Sägen treten – begünstigt durch die Materialeigenschaften – einige Besonderheiten auf, die hier kurz anführt oder durch Beispiele belegt werden sollen.

Löcher kann man in Konchylien nicht nur durch Bohren mit dem Voll- oder Hohlbohrer herstellen, sondern auch durch Kratzen mit einem Stichel und – dank der gekrümmten Oberfläche der Hohlkörper – auch durch Sägen bzw. Rillenschleifen (dies gilt auch für Röhrenknochen und Bambus).

Die Leute von Yalihina im Norden des Maprik (Nordneuguinea) holten sich Tridacnamaterial von der Küste. Die dünnen, nicht verwertbaren Teile der Schale wurden abgeschlagen, der übriggebliebene Block in ein Bambusgerüst eingeklemmt und zersägt. Als Säge diente eine gedrillte Schnur aus einer besonders kieselsäurereichen Bambusart, die man über Feuer getrocknet hatte. Beide Enden waren zu Knoten geformt, um so der Hand Halt zu geben. Zwei Männer, die zu beiden Seiten des Gerüsts standen, bedienten die Säge, mit der sie unter ständiger Zufuhr von Quarzsand und Wasser beidseitig glatte Platten abschnitten. Zur Herstellung von Armringen wurden die Rohlinge zunächst durch Klopfen und Schleifen in die Form runder Scheiben gebracht. Danach wurde die Scheibe mit Rotang oder Bambus so umflochten, daß in der Mitte eine Öffnung in der Größe des beabsichtigten Bohrlochs frei blieb. Sie diente als Führung für den Hohlbohrer, an dessen Spindel am unteren Ende kreisförmig harte Bambuslamellen mit Hilfe von Rotangringen festgeklemmt waren. Diese Vorrichtung ermöglichte das Auswechseln stumpfer Lamellen. Sobald die – wieder unter laufendem Zusatz von Quarzsand und Wasser – so gebohrte kreisförmige Rille tief genug war, entfernte man die Führung und vollendete die Bohrung von einer Seite. Auf grauem, quarzhaltigem Mergel wurden die Ringe fertig geschliffen. Die Herstellung eines Ringes von etwa 20 cm Durchmesser nahm rund 35 Stunden in Anspruch.[12]

Auf den Salomonen kennt man auch Bogensägen (Abb. 9). Auf Rennel Island befestigt man eine Rotangsehne an einem 80 cm langen Holzbogen, der an einem Ende mit einem Steingewicht versehen ist. Sägen mit Draht anstelle von Rotang sind von New Georgia bekannt.[13]

Die Erzeugung der in der Südsee als Schmuckstücke hochgeschätzten Armringe war bisweilen ein spezialisiertes Gewerbe, das auch Spezialwerkzeuge hervorgebracht hat. Auf den Tongainseln gab es Werkstätten mit drei bis vier Handwerkern, die mehrere Ringe gleichzeitig in Arbeit hatten. Zum Schleifen der Innenränder der Ringe gab es dort in Bambusrohr geschäftete walzenförmige Sandsteine (Abb. 10).[14]

Auf Neubritannien verwendete man die dickwandigen, innen rot und weiß gefärbten Schalen von *Chama gryphoidae* zur Herstellung von Muschelgeld. Mit alten Steinbeilklingen zerkleinerte man die Schalen auf Steinunterlagen zu kleinen flachen Scherben. Diese wurden dann einzeln in die Stirnseite eines Holzstabes gepreßt und so zuerst auf einem Geröllstein, dann auf einem Bimssteinblock unter Zusatz von Wasser beidseitig glatt und möglichst dünn geschliffen und danach mittels eines Quirlbohrers mit Hornsteinspitze auf einer Holzunterlage gelocht. Die durchbohrten Plättchen wurden auf einem dünnen Holzspan aufgereiht und der Länge nach mit verschiedenen Steinen zu kreisrunden Scheiben geschliffen, die man schließlich auf gedrillte und gezwirnte Schnüre aufreihte.[15]

Abb. 9 Sägen von Konchylien: Salomonen

Abb. 10 Schleifen: Tonga

Ähnliche Geldschnüre (Moletsaketten) wurden in Afrika vor allem von den Buschmännern vorzugsweise aus den Schalen von Straußeneiern hergestellt. Durch Zuschlagen mit Steinen erhält man rundliche Scheiben von etwa ½ cm Durchmesser. Das Lochen geschieht mit Locheisen und Schlagstein auf einer Steinunterlage. Zum Schleifen reiht man die Perlen auf eine Schnur aus Bast oder Sehnen. Diese Kette wird dann mit beiden Händen auf einem glatten Stein gerollt, bis die Perlen glatt, rund und gleich groß sind. Drei geschickte Arbeiter können in einem Monat sechs Moletsaketten der handelsüblichen Länge von ca. 1,80 m herstellen (Abb. 11).[16]

In der prähistorischen Hohokam-Kultur des amerikanischen Südwestens wurden Muschelschalen mit Hilfe eines Ätzverfahrens verziert, wobei die nicht zu ätzenden Teile in der Art der Reservemusterung bzw. Negativmalerei (vgl. S. 54, 140) mit Harz abgedeckt wurden, bevor die Schalen in ein Säurebad aus fermentiertem Kaktusfruchtsaft getaucht wurden.[17]

Weiterführende Literatur:

Holmes, J. H.: Art in Shell of the Ancient Americans. Annual Report of the Bureau of American Ethnology 2: 179–305. Washington 1883.

Mensch und Handwerk: Verarbeitung und Verwendung von Stein und Muschelschalen. Basel 1963.

Pfeiffer, Ludwig: Die steinzeitliche Muscheltechnik und ihre Beziehungen zur Gegenwart. Jena 1914.

Abb. 11 Moletsakette aus Straußeneischalenperlen: Buschmänner (Südafrika)

3. Keramische Techniken

Die folgende Darstellung der vielfältigen keramischen Techniken wird sich im wesentlichen auf die Töpferei beschränken. Sie folgt in ihrer Anordnung den bei der Herstellung von Gefäßen notwendigen Prozessen (Aufbereiten des Tons, Modellieren, Trocknen, Brennen, Dekorieren).

Im Unterschied zur Urgeschichte befaßt sich die Ethnologie mit lebendigem oder rezentem Kulturgut. Weil es die ethnologische Feldforschung leider allzu oft vernachlässigt hat, entsprechend exakte und damit brauchbare Angaben zur Herstellung von Keramik zu liefern, muß vielfach in Museen bewahrtes Material von rezenten Kulturen unter denselben Blickwinkeln betrachtet werden wie ergrabenes. Untersuchungen von Materialeigenschaften, Form, Oberflächenbehandlung und Dekor ersetzen zwar nicht die Beobachtung des Herstellungsprozesses, lassen aber gewisse Schlüsse zu. Das Studium formaler (darunter auch stilistischer) sowie funktionaler Kategorien fällt freilich nicht in den Bereich der Technologie.

Die Töpferei war mit Ausnahme Australiens und Polynesiens in allen Erdgebieten, aber nicht bei allen Völkern bekannt. Außerhalb jener Gebiete, in denen die Töpferscheibe verwendet wurde (asiatische Hochkulturen, islamisches Nordafrika), ist die Töpferei überwiegend eine Domäne der Frau. Selbst wo die Männer die Töpferei auf der Töpferscheibe gewerbsmäßig betreiben, modellieren daneben die Frauen in den Dörfern vielfach noch Gefäße mit der Hand und ohne Scheibe (Hazara in Afghanistan, Kurden, Nordafrika). Auch diese technisch einfachere Töpferei der Frauen wurde häufig in großem Ausmaß betrieben. Töpfereierzeugnisse sind oft über weite Strecken verhandelt worden (so von den Mailu in Südostneuguinea). Daher findet sich in den Berichten immer wieder den Hinweis, daß von einer Töpferin nebeneinander mehrere Stücke nach einem bestimmten Stufenprozeß bearbeitet wurden, der durch das Antrocknen der Teilfabrikate ein rationelles Vorgehen ermöglichte.

3.1. Materialkunde

Grundstoff und Hauptbestandteil aller keramischen Erzeugnisse ist die *Tonsubstanz*. Ton ist ein sedimentäres Verwitterungsprodukt aus Feldspat, feldspathaltigen Gesteinen und Granit. Er besteht chemisch gesehen vorwiegend aus einem wasserhaltigen Aluminiumsilikat, dem Kaolin. Daneben können auch noch andere Aluminiumsilikate enthalten sein (Montmorillonit), deren Natur und Zusammensetzung mit den Lagerstätten wechseln. Außerdem finden sich verschiedene weitere aus dem Verwitterungsprozeß stammende Beimengungen, z.B. aus den verwitterten Gesteinen gebildete Eisenverbindungen, Kalk (kalkige Tone), Sand (sandige Tone) und organische Substanzen.

Ton hat die für die Töpferei wichtigste Eigenschaft der Formbarkeit. Es ist dies die Fähigkeit, mit einer gewissen Menge Wasser vermengt, aufzuquellen und einen knetbaren Teig zu ergeben, der durch Druck jede gewünschte Gestalt annimmt und diese auch nach Aufhören des Druckes beibehält. Die Plastizität beruht vor allem auf den quellbaren Stoffen, besonders dem Montmorillonit (plastische Tone, „fette" Tone) und dem Kaolinit. Andere kolloide Stoffe wie Humussäure, Tonerdehydrat oder Dextrine unterstützen die Plastizität, die schließlich auch von der Korngröße beeinflußt wird. Tone mit geringem Gehalt an plastischen Stoffen und größerem Anteil von unplastischen Rohstoffen, wie Sand oder Flußmittel, sind weniger bildsam („magere" Tone).

Tone sind in der Natur sehr weit verbreitet. Nach der Lagerstätte unterscheidet man primäre Tone (sehr rein, von weißer bis grauer Farbe; Porzellanerde, Kaolin) und sekundäre Tone (durch Wasser von der ursprünglichen Lagerstätte entfernt, mehr oder minder stark verunreinigt). Die meisten Tonlager finden sich verhältnismäßig leicht zugänglich an der Erdoberfläche oder in nicht allzu großer Tiefe.

Unter den verschiedenen Varietäten von Tonen sind erwähnenswert: *Lehm,* ein Sammelbegriff für unterschiedlich zusammengesetzte, stark (mit Eisenverbindungen, Sand, Kalk) verunreinigte Tone mit niedrigem Schmelzpunkt. Sie brennen gelb bis rot und stellen den Rohstoff für gewöhnliche Töpfer- und Ziegelware (Irdenware) dar, ebenso für Terrakotta, Terra sigillata, Fayence, Majolica u. a.; *Mergeltone,* mit einem Kalkgehalt von 25 bis 30%; *Bentonit,* das den quellfähigen und formbaren Montmorillonit enthält; *Steingutton,* ein reinerer Ton, der beim Brennen einen weißen porösen Scherben liefert und zur Herstellung von feinem Steingut dient; *Schieferton* – aus ursprünglich lockererem, durch geologische Entwicklung verfestigtem Ton, hart, schiefrig geschichtet – eignet sich besonders für feuerfeste Erzeugnisse, quillt aber erst nach Feinmahlung im Wasser auf; *Glimmertone* enthalten neben Kaolin in größeren Mengen glimmerähnliche Mineralien.

Ebenfalls unentbehrlich für die Herstellung von Keramik sind die *aplastischen Rohstoffe,* die, wie Sand, Kalk und Feldspat, zumeist mit dem Ton gemeinsam vorkommen. Finden sie sich nicht oder nur in ungenügender Menge im Ton selbst beigemengt, müssen sie eigens zugesetzt werden. Nach der Wirkung, die diesen Stoffen beim Brand zukommt, können die aplastischen Rohstoffe in Magerungsmittel und Flußmittel unterschieden werden.

Die *Magerungsmittel* sollen die unerwünschten Folgen allzu großer Plastizität herabzusetzen, vor allem den starken Wasserverlust der Tonsubstanz beim Trocknen und Brennen vermindern und damit ein Verziehen und Reißen verhindern. Ferner soll durch sie ein zu frühes Dichtbrennen vermieden werden, damit bei nicht zu hoher Brenntemperatur der Scherben noch porös bleibt. Die gebräuchlichsten Magerungsmittel sind Quarz (Sand), Schamotte, Glühscherben.

Als *Flußmittel* finden vor allem Feldspat, Kalkspat, aber auch Dolomit, Speckstein u.a. Verwendung. Ihr Hauptzweck ist die Verdichtung der Poren beim Brand. Zusätzlich bewirken sie eine Magerung fetten Tons und gewährleisten bzw. begünstigen das sogenannte *Sintern.* Damit erhöhen sie gleichzeitig Festigkeit und Härte des Erzeugnisses.

3.2. Gewinnung und Vorbereitung des Materials

Die *Gewinnung* des Tons setzt zwar die richtige Beurteilung des Materials an seiner Lagerstätte voraus, bedarf aber keiner komplizierten Behelfe oder Techniken. Direkt an der Erdoberfläche oder nach dem Abheben einer relativ dünnen ungeeigneten Schicht kann der Ton mit den Händen oder mit Hilfe von Stöcken, Holzspaten, Messern usw. ab- oder ausgehoben werden. Bisweilen muß eine größere Strecke Wegs zurückgelegt werden, um zur Lagerstätte zu gelangen (Waiwái: 1 Stunde).[18] Holt man den Ton aus einem Flußbett, so läßt man das überschüssige Wasser an Ort und Stelle abfließen. Für den Transport zum Arbeitsplatz gebraucht man meist Körbe. Um den Ton feucht zu erhalten, wickelt man ihn in grüne Blätter oder feuchte Tücher. Genauso verfährt man beim Lagern, wenn mit der Arbeit nicht sofort begonnen wird (Dusun, Waiwái, Kurden).

Die Aufbereitung des Tons beginnt mit dem *Reinigen.* Steine und grobe organische Verunreinigungen werden händisch entfernt (Kurden, Dusun, Kariben, Waiwái). Dies geschieht meist in Verbindung mit einem ersten Kneten, das sowohl mit den Händen, als auch mit den Füßen (Baga, Kariben) sowie durch Schlagen auf einer Unterlage (Azera) erfolgen kann. Um besonders reinen Ton zu erzielen, läßt man meist das Material zunächst austrocknen und stößt, klopft (Bajau) oder mahlt es (Quechua, Aymara: zwischen zwei Steinen, Movíma: in einem Holztrog) zu einem möglichst feinen Pulver, aus dem die Unreinheiten leichter herausgeklaubt werden können. Größere Feinheit erreicht man durch Sieben (Movíma). Rührt man den zerstoßenen Ton vor dem Sieben in Wasser ein, spricht man von *Schlämmen*; das Wasser wird anschließend wieder abgezogen (Melanesien).

Dem Reinigen folgt das Zusetzen der unplastischer Rohstoffe. Für diesen Prozeß des *Magerns* verwendet man unter anderem Sand (Melanesien, Chaco, Dusun: verwitterter Laterit, Bajau: Flußsand), Glimmer (Maya), zerstoßene Topfscherben (Baga, Cocopa, Melanesien) oder Muschelschalen (Westindien, Yucatán) sowie Asche von Schwämmen (Movíma), Baumrinde (Waiwái) oder Knochen (Toba). Sand wird vor dem Zusetzen meist gewaschen oder auch geworfelt (Dusun: Waschen und Worfeln), die Asche ebenso wie Muschelschalen und Scherben fein zerstoßen oder zerrieben. Beimengungen organischer Stoffe, wie Häcksel, Spreu, Sägespäne, Torf, Kohlemehl usw., zielen auf eine hochporöse Ware und hinterlassen nach dem Brand kleine Hohlräume. So hergestellte Wasserbehälter (islamischer Orient einschließlich Nordafrika) „schwitzen", und die Verdunstungskälte erhält das Trinkwasser kühl.

Eine spezielle Technik des Magerns ist das *Einsumpfen*, die schichtenweise Ablagerung von Ton und Magerungsmittel in Gruben. Beim wochenlangen Lagern von Ton in feuchten Räumen (*Mauken*) quellen die Tonteilchen auf, organische Einschlüsse gehen in Fäulnis über und bilden kolloide Stoffe, die zur Bildsamkeit beitragen.

Das Mischen von Ton und Magerungsmittel erfolgt meist per Hand durch Kneten auf einer festen Unterlage (Brett, Stein). Dabei wird laufend Wasser zugesetzt. Das Mischungsverhältnis von Ton zu Sand ist von der Qualität des Tons abhängig. Der Zusatz von Flußmitteln (Kalkspat, Feldspat) erfolgt ebenfalls in diesem Stadium des Prozesses.

3.3. Formung

Zu unterscheiden sind das Modellieren mit den Händen, die Formarbeit, das Freidrehen auf der Töpferscheibe und das Gießen. Allgemein sei vorausgeschickt, daß der Ton und die verwendeten Werkzeuge und Behelfe (einschließlich der Hände) während der Arbeit laufend befeuchtet werden müssen, um die Formbarkeit des Materials zu erhalten.

3.3.1. Modellieren: Treiben, Aufbauen und Stücken

Das *Modellieren* kann auf zweierlei Weise erfolgen: durch Treiben und Hochziehen des Gefäßes aus dem Tonkloß oder durch Aufbauen aus

Teilstücken. Beide Möglichkeiten können in all ihren Varianten einerseits bei der Formung eines Gefäßes in vielfältigen Kombinationen auftreten und werden andererseits von ein und demselben Töpfer zur Herstellung von Gefäßen verschiedener Form oder Größe angewandt. Auch die dabei gebrauchten Geräte erlauben keine klare Abgrenzung bestimmter Kategorien des Modellierens.

Beim *Treiben* (Abb. 14) wird der Tonkloß zunächst mit der Hand oder mit einem Gerät „aufgebrochen" und dann hochgezogen und weiter geformt. Im Chaco (Paraguay) wendet man diese Methode an, um kleine Gefäße herzustellen, wohingegen man große aus Wülsten aufbaut. Die Anwohner der Astrolabebai (Neuguinea) brechen den Tonkloß mit einer Kokosnuß oder mit einem Stein auf, höhlen ihn weiter aus und stülpen das Werkstück schließlich über die Faust. Beim Drehen desselben nehmen die abgespreizten Finger von innen Material weg, glätten dabei und erweitern den „Formling". Unebenheiten werden abschließend mit einem flachen Holzstab ausgeglichen.

Auf Espiritu Santo (Neue Hebriden) treibt die Töpferin mit der Faust eine Höhlung in den kugeligen Kloß. Während im weiteren Verlauf die linke Hand von innen dagegen drückt, zieht die rechte mit Hilfe eines Bambusstabs die Wand hoch. Auf den Admiralitätsinseln erfolgte die Grobformung durch Drücken und Hochziehen, die Feinformung mit Hilfe eines Steins, den man von innen dagegen hielt, und eines flachen Holzschlegels, mit dem man von außen klopfte. Dieses Vorgehen mit Widerlager (Amboß) und Schlegel findet man vielfach als *„paddle-anvil"-Methode* bezeichnet (vgl. Abb. 12). Wie aus diesen Beispielen ersichtlich, genügen für das Hochtreiben durch Schlag und Gegendruck allein die Hände der Töpferin. Amboß und Schlegel treten überdies auch als zusätzliches Hilfsmittel in Verbindung mit verschiedenen Varianten des Aufbauens aus Einzelelementen in Erscheinung.

Bei den Dusun (Borneo) wird der Kloß in der Hand mit einem Schlegel zu einem Zylinder geformt, in den mit einem flachen Stein eine umlaufende Kerbe geschlagen wird. Denselben Stein benutzt man, um den Zylinder an einer Grundfläche aufzubrechen. Mit dem Stein als Amboß und einem Holzschlegel wird die Wand konisch hochgetrieben. Der unbearbeitete Teil wird mit einem feuchten Tuch umwickelt und der Formling für etwa 20 Minuten zum Trocknen gestellt. Danach verfährt die Töpferin mit dem noch unbearbeiteten Ende des Zylinders wie oben beschrieben, so daß schließlich ein doppelt konisches Gefäß entsteht. Man arbeitet gleichzeitig an drei Gefäßen, die zusammen in 2½ Stunden fertig geformt sind.

Beim *Aufbauen* wird anders als beim Treiben das Gefäß nicht aus

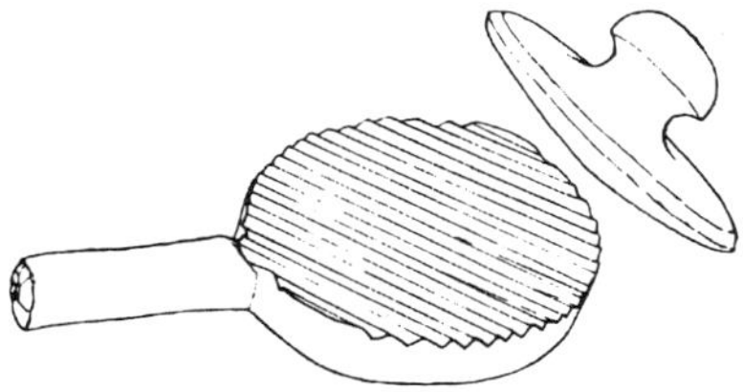

Abb. 12 Hölzerner Schlegel und töner-ner Amboß: Samarkand

Abb. 13 Modellieren eines Tongefäßes: Korea

einem Tonkloß hochgezogen, sondern der Ton zuerst zu Wülsten geformt, aus denen die Gefäßwand aufgebaut wird („Wulsttechnik"; Abb. 15), die anschließend noch hochgezogen werden muß. Dies kann frei von Hand oder mit Schlegel und Amboß geschehen. Die Wülste werden auf harten Unterlagen oder zwischen den Handflächen gerollt.

Nur selten baut man Gefäße spiralig aus Wülsten auf („Spiralwulsten"), wie bei den Azera (Nordostneuguinea) oder Guató (oberer Paraguay). Die Azera beginnen ihre spitzbodigen Gefäße, indem sie aus einem Wulst spiralig einen Konus bilden, den nächsten Wulst ans Ende des vorhergehenden ansetzen und beim Auflegen den Formling trichterförmig erweitern. Die Wandung wird durch kombiniertes Streichen mit einem Kalebassenstück von innen und Klopfen mit einem Brettchen von außen hochgezogen und gleichzeitig geglättet.

Häufiger ist der Aufbau aus parallelen Reihen von Wülsten („Ringwulsten"). Die Movíma (Bolivien) drücken entlang der Außenkante einer auf einer Unterlage vorgeformten Scheibe einen dicken Tonwulst auf und ziehen diesen mit den Händen unter Zuhilfenahme eines Kalebassenstückes hoch. Nach Erreichen der gewünschten Wandstärke drückt man der Reihe nach weitere Wülste auf, bis die erforderliche Höhe erreicht ist. Ähnlich verfahren die Waiwái (Venezuela) und die Karajá (Brasilien), die den Rand der Scheibe und dann die Oberseite jedes Wulstes in regelmäßigen Abständen mit den Fingern eindrücken, damit die Auflage besser haftet. Auf den Salomonen werden die Wülste mit einem Rundholz zu flachen dicken Bändern gerollt, aufeinandergelegt und zusammengeklopft.

Kombinationen von Treiben und Aufbauen werden häufig angetroffen: Die Nalu (Guinea-Bissau) beginnen ihre Gefäße durch Aufbrechen und Hochtreiben bzw. -ziehen des Unterteils und setzen dann den Aufbau mit ringförmig gelegten Wülsten fort. Auf Yap (Karolinen)

Abb. 14 Treiben eines Tongefäßes: Afghanistan

Abb. 15 Aufbauen eines Tongefäßes („Wulsttechnik“): Afrika

formt man einen massiven Tonzylinder, tieft ihn an der Oberseite mit der Faust ein, holt mit dem Zeigefinger der anderen Hand Material von der Basis des Zylinders und setzt es oben am Rand an. Hat man so den Gefäßboden samt niedrigem Rand geformt, werden – ebenfalls aus dem Material der Basis – Wülste gerollt und ringförmig aufgesetzt.

Beim *Stücken* („Stückentechnik“) fertigt man Gefäße in zwei oder mehreren Teilen, die anschließend zusammengesetzt werden. Häufig werden Boden und Wandung eines Gefäßes getrennt modelliert. Die Kurden formen einen Tonklumpen zu einem etwa 30 cm langen Wulst, schließen ihn zu einem Ring und drücken daraus die gesamte Wand hoch. Diese Arbeit erfolgt zuerst mit den Händen allein, im weiteren Verlauf mit Hilfe eines Streichbretts, das in der rechten Hand geführt wird, während die linke dagegen drückt. Ist die Gefäßform fertig, bringt man zwei Henkel an und läßt den Formling antrocknen. Er wird dann auf den Hals gestellt, die Unterkante befeuchtet und leicht geknetet. Durch das Aufsetzen und Breittreiben von zwei Tonwülsten schließt man den Boden des Gefäßes.

Das Stücken eignet sich besonders für die Herstellung großer Gefäße (so bei den Motu) oder bei Töpfen mit kleinen Öffnungen, bei denen die Hand nicht mehr ins Innere des Gefäßes gelangen kann, um den nötigen Gegendruck zu erzeugen. Auf den Fidschiinseln werden solche Gefäße aus mehreren Einzelteilen zusammengeklopft.

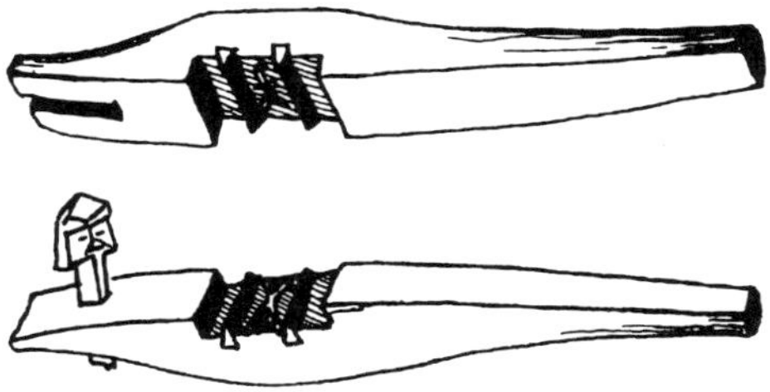

Abb. 16 Holzform zur Herstellung von Lehmnetzsenkern: Nanai (Sibirien)

3.3.2. Formarbeit

Bei der Herstellung von keramischen Produkten werden Formen vor allem zur Erweiterung der bisher erwähnten Möglichkeiten des Modellierens und nur selten zum Gießen verwendet (siehe unten). Derartige Formen bilden dabei Widerlager, an denen sich durch Druck oder Schlag entweder die Innen- oder die Außenseite eines Werkstücks negativ abformt. Die Tumleo (Nordostneuguinea), denen auch andere Verfahren bekannt sind, stellen einfache halbkugelige Gefäße aus Gras oder Kokosblättern her und drücken an deren Innenwand Ton fest. Im Feuer verbrennt die Form und der Ton wird gebrannt. Anderwärts bildet man durch Eindrücken von Ton in flache Körbe, Keramikteller oder Steinmulden den Boden von Gefäßen, deren Wandung dann durch Ansetzen weiterer Bauteile geformt wird. Die Zuni und Hopi (Südwesten Nordamerikas) verwendeten dazu Körbe, die Puebloleute von San Ildefonso keramische Schüsseln, die Cocopa Steine.

Mit Hilfe gebrannter keramischer Formen wurden in Zentral- und Südamerika Figuren, ganze Gefäße oder Teile von solchen gepreßt. Die Verwendung von Formen ermöglichte eine serienweise Herstellung. Hölzerne Model kennt man auch aus Sibirien (Abb. 16).

Die Frauen der Bajau (Nordborneo) formen aus dem Tonkloß mit einem flachen Schlegel aus Kampferholz runde Tonscheiben von 10 bis 15 cm Durchmesser und 2 cm Dicke. Diese drücken sie über einen sphärischen Stein, der als Widerlager und Innenform dient, nehmen das Ganze in die linke Hand und treiben mit dem Schlegel in der rechten unter ständigem Drehen das Gefäß. Ähnlich brach man im nördlichen Peru einen konischen Tonkloß mit einem glatten Stein auf, der die gewünschte Innenform des Gefäßes hatte, und trieb die Wand mit einem Holzschlegel an diesem Steinkern hoch.

Hier kann auch das Formen um einen Kern (Modell) angeschlossen werden. Im nördlichen Neukaledonien bedeckte man eine Kokosnuß oder Kalebasse mit Ton und ließ oben eine Öffnung frei. Beim Brennen verkohlte das Modell. Die Tsirihua (Paraguay) verwendeten Wachskerne, die ausgeschmolzen wurden.

Während beim Treiben das Gefäß weitgehend mit und auf den Händen gearbeitet (Espiritu Santo) oder am Oberschenkel bzw. Knie gehalten wird (Cocopa, Bajau, Dusun), verwendet man beim Aufbauen und bei der Formarbeit meist eine *Unterlage*. Sie dient vor allem dazu, das Festkleben des Formlings zu vermeiden. Man gebraucht dazu flache Steine, Bretter usw., die mit Sand bestreut und befeuchtet werden. Oft geht die Töpferin bei der Arbeit um das Werkstück herum oder dreht es *auf* der Unterlage (Ozeanien) und nicht mit dieser. Wenn man hingegen eine gewölbte Platte mit der konvexen Seite auf den Erdboden oder in ein Ringpolster stellt, kann man das Gefäß *mit* der Unterlage drehen. Als drehbare Unterlage kann ein größerer Scherben eines Keramikgefäßes dienen (Baga, Tumleo), eine Kalebasse (Motu) oder Kokosnußschale oder ein Korb (Hopi, Zuni). Die Maya Yucatáns verwendeten einen Holzblock als Unterlage, den sie mit dem Fuß weiter drehten, die Quechua kannten eine tellerförmige Scheibe mit kurzem Fuß, der auf einer Steinunterlage ruhte, mit der Hand in Drehung versetzt wurde und diese dank der Masseträgheit auch eine Zeitlang beibehielt.

3.3.3. Freidrehen

Der zuletzt genannte Behelf kommt der *Töpferscheibe* (Drehscheibe) schon sehr nahe. Diese wird als hochkulturliches Element betrachtet und ist über Eurasien und das islamische Nordafrika nicht hinaus gelangt. In Indien (Bengalen) findet sich noch eine recht einfache handgetriebene Variante (Abb. 17). Sie besteht aus einer kreisförmigen Holzscheibe von 30 cm Durchmesser, die durch vier Holzspeichen mit einem etwa 15 cm breiten Außenrand verbunden ist, der aus einem Geflecht aus Bambus und Rohr besteht, das von Ton, vermengt mit Juteabfällen, umgeben ist. Die Scheibe läuft auf einer senkrechten Achse aus Holz oder Eisen, die im Erdboden gelagert ist. Der Töpfer sitzt davor und versetzt sie mit der Hand in Drehung.

Die voll entwickelte Töpferscheibe besteht aus der Spindel, die im Spurlager ruht, unten die schwere Schubscheibe und oben den Scheibenkopf trägt (Abb. 18). Zwischen Schubscheibe und Scheibenkopf wird die Spindel durch das Halslager in der Vertikalen gehalten. Die Schubscheibe – Antriebs- und Schwungrad in einem – wird mit den

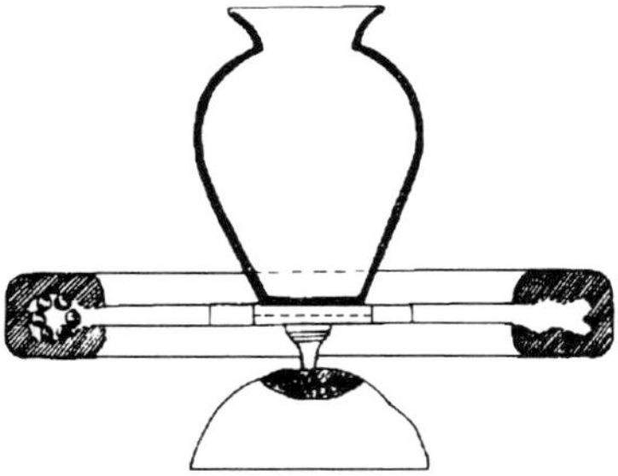

Abb. 17 Töpferscheibe: Bengalen

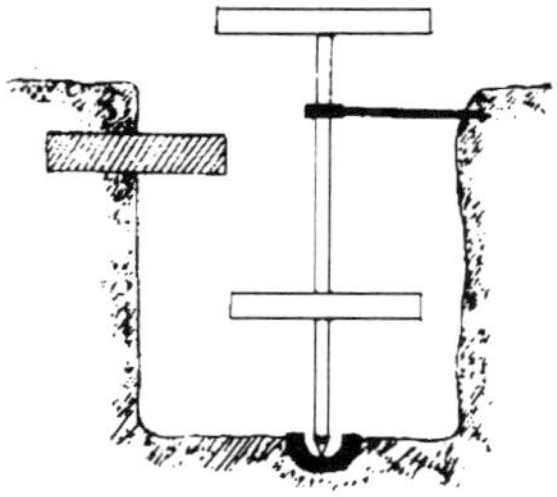

Abb. 18 Töpferscheibe: Marokko

Füßen in Bewegung gesetzt. Im Punjab (Nordindien) ist die Töpferscheibe in eine 75 cm tiefe Grube eingelassen, an deren Rand der Töpfer sitzt.

Das Formen auf der Töpferscheibe bezeichnet man als *Freidrehen*. Es zerfällt in vier Stadien: Richten des Kloßes, Auftreiben, Hochziehen und Formgebung. Der Formling wird im allgemeinen mit einer Schnur vom Scheibenkopf abgeschnitten. Auch beim Formen auf der Töpferscheibe finden sich Kombinationen, wie z.B. mit Wulstauflegen (Maghreb). In Indien werden Wasserkannen und Wasserpfeifen mit Formen hergestellt, das Verputzen geschieht auf der Scheibe.

3.3.4. Gießen

Auf dieses Verfahren, das nur ganz sporadisch in manchen asiatischen Hochkulturen auftritt, genügt ein kurzer Hinweis. Die trockene Tonmasse wird aufgeschlemmt und in Gipsformen gegossen, durch welche die Außen- und Innenseite des Werkstücks geformt werden. Typisch sind die meist deutlich am Produkt erkennbaren Gußnähte.

3.4. Verputzen und Garnieren

Mit dem Treiben, dem Aufbauen oder der Formarbeit ist das Modellieren aber noch nicht abgeschlossen. Der Grobformung folgt in jedem Fall das „Verputzen“. Dabei werden Unebenheiten der Oberfläche entfernt, dünne Stellen durch Aufdrücken oder -klopfen kleiner Tonteile verstärkt und die Oberfläche durch zartes Schlagen oder durch Reiben geglättet. Dazu dienen glatte Steine, Holzbrettchen, Bambuslamellen, Muschelschalen, Teile von Kokosnußschalen oder Kalebassen, nasse Tücher usw. Der Rand des Gefäßes wird eben geklopft oder gerade geschnitten.

Ehe man das Gefäß zum Trocknen stellt, wird es auch noch „garniert": Ausgüsse, Henkel, Griffe von Deckeln werden aufgesetzt oder in Durchbohrungen der Gefäßwand eingesetzt. Auch dekorative plastische Gestaltungen der Oberfläche werden zu diesem Zeitpunkt vorgenommen (siehe unten).

3.5. Trocknen und Brennen

Das *Trocknen* der Formlinge bietet keine großen Probleme. Man muß beachten, daß der Trockenvorgang gleichmäßig vor sich geht. Die Schrumpfung (bedingt durch die Wasserabgabe) würde bei ungleichmäßigem Trocknen zu Rissen führen. Die häufigste Methode ist das Lufttrocknen. Die Formlinge werden meist an einer schattigen Stelle im Freien aufgestellt. Während des Trockenprozesses (Movíma, Kurden: „einige Tage"; Dusun: eine Woche; Waiwái: 5–6 Tage; unterer Kongo: zwei bis drei Wochen) werden letzte Unebenheiten durch Kratzen entfernt, oft wird mehrmals nachpoliert. In Teilen Afrikas wird die Trocknung durch Vorbrennen über leichtem Feuer beschleunigt.

Der Grad der Trockenheit wird anhand der Farbänderung beurteilt. Die Frauen der Bajau schlagen die Formlinge mit einem Stäbchen an und urteilen nach dem Klang (dieser ist auch für die fertig gebrannte Ware ein wichtiges Kriterium der Qualitätsprüfung). Als „lederhart" bezeichnet man gefestigten, aber nicht völlig ausgetrockneten Ton.

Die Formlinge sind nun zum *Brennen* bereit. Selten, wie z.B. am Töpferfluß in Neuguinea, wird nicht gebrannt: die getrockneten und ungebrannten Gefäße verwendet man zum Kochen durch Einlegen heißer Steine ins Wasser („Steinkochen").[19]

Beim Brennen ändert der Ton seine Naturfarbe, hauptsächlich bedingt durch seinen Gehalt an Eisenverbindungen. Die Brennfarben werden wesentlich durch die Wirkung der Feuergase bestimmt. Durch oxidierendes Brennen (Luftüberschuß) wird Sauerstoff frei, das Eisen geht Ferri-Verbindungen ein, und die Brennfarbe ist Gelb bis Dunkelrot. Bei reduzierendem Brennen (Sauerstoffmangel) bildet sich Kohlenmonoxid, das Eisen geht Ferro-Verbindungen ein, der gebrannte Scherben erscheint grau bis schwarz. Die neutrale Flamme enthält gerade so viel Sauerstoff, um die Verbrennung vollkommen durchzuführen. Tone, deren Naturfarbe durch Beimengung kohliger organischer Substanzen dunkelgrau bis schwarz ist, erscheinen durch das Verbrennen derselben nach dem Brand hell (bei oxidierendem Brennen). Andererseits kann man durch Zusetzen von Holzkohlepulver zu hellem Ton bei Brenntemperaturen von etwa 550°C eine schwarzgraue Färbung erreichen (graphitierte Keramik; Südamerika).

Nach der Art der Feuerstelle sind offenes Feuer (Feldbrand), Grubenbrand und Brennen im Ofen zu unterscheiden. Von einem Ofen spricht man dann, wenn Feuerungs- und Brennkammer getrennt sind. Der Boden zwischen beiden Kammern ist perforiert, und eine Öffnung zum An- und Nachfeuern unten sowie ein Abzugsloch oben ermöglichen den Luftkreislauf, aber auch die Regelung der Luftzufuhr.

Beim *Feldbrand* werden die Formlinge zu ebener Erde aufgestellt oder gestapelt und mit brennbarem Material umgeben, das im Laufe des Brennens oft durch Nachlegen ergänzt wird. Auch wenn man häufig von „offenem" Feldbrand spricht, so sind die zu brennenden Waren so gut wie immer mit Brennmaterial abgedeckt. Die erreichten Temperaturen sind relativ niedrig, die Brenndauer beträgt zwischen 10 Minuten und 10 Stunden.

Bei den Dusun schichten mehrere Haushalte gemeinsam die Gefäße auf eine Unterlage aus trockenen Stengeln von Kokospalmwedeln zu Pyramiden, wobei man sie gegeneinander und durch Stäbchen abstützt. In die Öffnungen der Gefäße stopft man trockenes Laub oder ähnliche leicht flammbare Substanzen. Über die Gefäße kommt zunächst eine Lage Astwerk und Kokosfasern usw.; darüber werden trockene halbierte Bambusrohre geschichtet, wobei man wieder darauf achtet, daß Zwischenräume frei bleiben. In diese stopft man Laub, legt letztlich rundum Reisstroh auf und setzt dieses in Brand. Man läßt die Flammen um sich greifen und etwa sieben Minuten brennen, dann legt man neuerlich Reisstroh auf und wiederholt dies insgesamt acht mal in Abständen von jeweils zwei Minuten. Nach insgesamt 25 Minuten werden die gelb gebrannten, noch fast glühenden Töpfe mit Holzstäbchen aus der glimmenden Asche geholt, auf ein Reisstrohpolster gesetzt und mit demselben Material bedeckt. Dieses verkohlt langsam durch den Kontakt mit dem heißen Scherben. Nach 10–12 Minuten holt man die Gefäße heraus, die durch diese Prozedur eine dauerhafte schwarze Farbe erhalten haben.

Beim *Grubenbrand* wird eine flache, 20 bis 80 cm tiefe Grube ausgehoben, in der die mit brennbarem Material umgebenen Formlinge aufgestellt werden. Das Vorhandensein von Seitenwänden erhöht die Temperatur, doch bereitet die ausreichende Luftzufuhr gewisse Probleme.

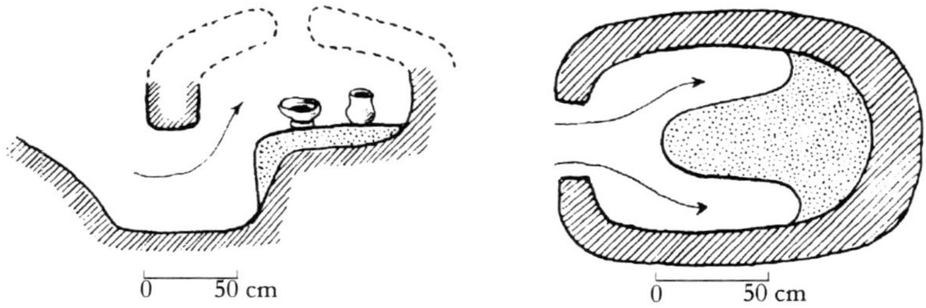

Abb. 19 Brennofen: Yang-shao (China)

In Teilen Afrikas findet man Ansätze zur Trennung von Feuerungs- und Brennkammer durch Einbau brennbarer Roste in Gruben; seltener sorgt man für künstliche Luftzufuhr. Bei den Ahaggar-Twareg der Sahara sind die Gruben 40 cm tief und fassen fünf oder mehr Töpfe, die auf einer Schicht leicht befeuchteter Kuhfladen stehen und vom selben Material umgeben sind. Am Grubenrand werden Steine als Windschutz aufgestellt, um eine zu rasche Erhitzung zu verhindern. Die Brenndauer beträgt 24 Stunden.

Übergangsformen zu echten Brennöfen stellen *Brennkammern* (ohne getrennte Feuerungskammer) aus oben offenen zylindrischem Wänden dar, bei denen die Zuluftkontrolle durch seitliche Löcher erfolgt. Im südlichen Afrika verwendet man dazu Termitenhaufen. Die Karajá hingegen bauen einfache Öfen in Termitenhaufen, die im Ansatz die genannten Charakteristika eines Ofens zeigen: zwei miteinander verbundene Kammern, Abzugsloch und Öffnung zum An- und Nachfeuern.

Überall dort, wo die Töpferscheibe verwendet wird, kennt man entwickelte *Brennöfen* (Abb. 19). In denselben Gebieten werden jedoch die von den Frauen in den Dörfern modellierten Gefäße im Feldbrand gebrannt (Hazara, Kurden, Maghreb).

Die geschilderten Verfahren des Brennens bezeichnet man (wie alle anderen Verfahren für unglasierte Ware) als *Rohbrand*, bei Porzellan auch als *Biskuitbrand*. Kommen bereits einmal verglühte Waren zum Aufbrennen der Glasur ein zweites Mal in den Ofen, so spricht man von Glatt- oder Glasurbrand. Beim *Einbrandverfahren* wird die Glasur auf die rohe Ware aufgetragen.

Zum Brennen bedient man sich verschiedener Hilfsmittel, wie die bereits genannten Stützen, die Gefäße gegeneinander abstützen, und Isolierkörper (Dreifüße u. a.), die das Aneinanderkleben von Glasuren verhindern sollen. Auf vielen glasierten Waren findet man deutliche Spuren dieser Isolierkörper (Abdrücke der Füße usw.).

3.6. Techniken der Keramikverzierung

Vor allem jene Dekortechniken, die in der plastischen Gestaltung der Oberfläche bestehen, werden vor dem Brennen angewandt. Ihnen steht die zweite Gruppe von Techniken gegenüber, die auf dem „vollständigen oder teilweisen Überziehen der Oberfläche" beruhen. Das vollständige Überziehen ist dabei niemals ästhetischer Zweck allein: der Überzug verschließt die Poren und macht das Gefäß somit dicht. Bei porösen Waren kann dieser Effekt der allein ausschlaggebende sein.

Plastische Gestaltung der Oberfläche erreicht man durch spanabhebende oder nichtspanabhebende (Druck-)Perkussion und Applikation. Sie kann aus dem Produktionsvorgang resultieren, wie durch das Abdrücken von Matten, Körben oder Textilien, die als Unterlage dienten, oder durch die Gestalt der Schlagfläche des zum Treiben verwendeten Schlegels. Auch das Eindrücken der Fingerkuppen oder -nägel liegt sehr nahe. Andere eingetiefte Muster erzielt man durch das Eindrücken von Stäbchen, von einfachen oder komplizierten Stempeln, durch das Abdrücken von Schnüren, Geflechten oder Stoffen, durch Ritzen, Kratzen mit Kämmen, Gravieren mit Sticheln usw. Erhabene Muster werden ebenso wie Henkel und Ausgüsse garniert („appliziert"). Sie können wie diese vorgeformt sein (auch in Formen) oder erst auf der Gefäßwand modelliert werden.

Unter den vielfältigen Möglichkeiten des *Überziehens* der Oberfläche kann man die Aufbringung von Pigmenten und anderen Substanzen von den Glasuren unterscheiden. Letztere setzen hohe Brenntemperaturen voraus und finden sich nur im Umfeld der altweltlichen Hochkulturen. Man unterscheidet:

Bemalen: Teilweises Bedecken der Oberfläche mit Farben. Getrocknete Gefäße werden im allgemeinen vor dem Brennen bemalt. Wird die Farbe nach dem Feuern aufgetragen, so muß ein zweites Mal gebrannt werden, um sie haltbar zu machen.

Engobe (Beguß): Ein dünner, weißer oder gefärbter Masseüberzug, der auf dem lederharten oder verglühten keramischen Scherben durch Tauchen, Begießen usw. gleichmäßig aufgebracht wird und in der Schwindung mit dem Grundscherben übereinstimmen muß. Von der Glasur unterscheidet sich die Engobe durch ihren masseartigen Charakter (Tonaufschlemmung). Eine Engobe soll den unreinen Scherben verdecken, erhöht aber auch die mechanische Beständigkeit. Vor dem Brand können Teile der Engobe entfernt und die so freigelegten Stellen mit verschiedenfarbigen Tonen aufgefüllt werden („encaustic ware" Zentralamerikas). Den Effekt des Aufdeckens des Scherbens durch

Auskratzen eines Musters bezeichnet man als „Sgraffito". Engoben können auch als Malgrund dienen.

Schlickermalerei: Eine Sonderform der Engobierung, bei der Verzierungen mit flüssiger Tonmasse auf den lederharten Gefäßgrund aufgetragen werden. Schlickermalerei ist immer leicht erhaben.

Negativmalerei: Mit Wachs oder einer anderen Reservemasse werden Muster aufgebracht. Anschließend wird das Gefäß ganz eingefärbt. Beim Brennen schmilzt das Reservierungsmittel und das Muster steht in der Farbe des Scherbens gegen den farbigen Auftrag der Umgebung.

Firnissen: Überziehen mit Harz (in Südamerika vor allem Kopal, auf den Fidschiinseln und auf Neukaledonien Harz der Kaurifichte), Latex, Wachs o.ä. Diese Stoffe können durch Aufreiben oder Angießen auf die vom Brand noch warmen Gefäße gebracht werden. Firnißt man nach dem Erkalten, so muß das Gefäß nochmals leicht erwärmt werden; dies kann auch durch Entzünden von Brennstoffen im Inneren des Gefäßes geschehen (Waiwái). Firnisse können auch über einer Bemalung angebracht werden. Sie geben der Oberfläche einen fast metallischen Glanz (nicht zu verwechseln mit schwarz gebranntem Ton).

Glasur: Dünner glasiger Überzug auf Tonwaren. Sie macht poröse Scherben wasserundurchlässig, glatt (Funktion) und spielt als dekoratives Element eine große Rolle. Keramische Glasuren sind Gemenge von Silikaten (aus Sand, Kaolin, Feldspat, Speckstein) und Flußmitteln wie Borax, Soda, Bleioxiden („Bleiglasuren"), Pottasche, Steinsalz (Salzglasur, „Anflugglasur"). Rohglasuren enthalten keine wasserlöslichen Stoffe und werden direkt verwendet. Fritteglasuren enthalten wasserlösliche Rohstoffe (Borax, Soda, Pottasche) und müssen erst durch Verschmelzen (Fritten) in unlösliche Verbindungen übergeführt werden. Glasuren werden durch Aufstäuben oder in flüssiger Form (Tauchen) auf den Scherben gebracht.

An Glasurvarianten sind zu nennen:

Farbglasuren: Die Farbgebung der durchsichtigen oder durch Zusatz weißfärbender Trübungsmittel undurchsichtigen Glasuren erfolgt durch Metalloxide. Reduktionsfeuerung kann besondere Färbungen hervorrufen (Reduktionsglasuren).

Laufglasuren: Wegen ihrer Leichtflüssigkeit bleiben sie im Brand nicht stehen, sondern laufen in Form von Schlieren und Streifen an der Wandung herunter. Man legt meist mehrere Farben neben- und übereinander.

Krackglasuren: Verwendet man Glasuren, deren Ausdehnungskoeffizient größer ist als der des Scherbens, so treten bei der Abkühlung nach dem Brand feine Haarrisse auf. Krackglasuren sind ein gewollter Effekt insbesondere vieler chinesischer Porzellane *(Craquelée).*

Feldspatglasur (Seladonware): Speziell in China entwickelte harte, bräunlich-olivgrüne (Protoseladon) oder jadegrüne Glasur.
Lüsterglasuren: Während des Abkühlens wird zuletzt reduzierend gefeuert. An der Oberfläche bildet sich ein dünnes, irisierendes Metallhäutchen. Je nach dem enthaltenen Metall kann der Lüster farblos oder farbig sein.
Email: Glasurähnliches, getrübtes Glas, das dick auf den glattgebrannten Gegenstand aufgetragen wird und im Muffelbrand ausschmilzt ohne abzulaufen. Es zieht sich zu Tropfen zusammen.

Zum *Bemalen* des Scherbens verwendet man anorganische Farben, die z.T. in der Natur als Mineralien vorkommen.
Unterglasurfarben (meist auf Steingut): Werden vor dem Glasieren nach dem Rohbrand aufgetragen. Die erst im nachträglichen Glattbrand aufgebrachte Glasur macht sie haltbarer als Aufglasurfarben.
Aufglasurfarben (Schmelzfarben, Muffelfarben): Werden nach dem Glattbrand aufgetragen, erfordern also ein drittes Brennen bei 600–900°C („Muffelbrand"). Die niedrigeren Temperaturen ermöglichen eine reichere Farbpalette.
Scharffeuerfarben: Spezielle Aufglasurfarbmalerei mit blauen Kobaltfarben auf Hartporzellan. Werden nach dem Biskuitbrand aufgetragen und erfordern hohe Aufbrenntemperaturen (ca. 1500°C im „Scharffeuer").

3.7. Klassifizierung

Die wichtigsten Kriterien bei der Unterscheidung keramischer Produkte sind die Höhe der Brenntemperatur und die Beschaffenheit des Scherbens nach dem Brand (Aussehen, Porosität, mechanische Härte, Reinheit). So unterscheidet man zwei Hauptgruppen von Keramik:

Keramikerzeugnisse mit porösem Scherben:
Unglasierte Irdenware: Bei niedrigen Temperaturen (bis 1000°C) gebrannte Tone mit farbigem, porösem Scherben.
Glasierte Irdenware: Diese Erzeugnisse werden nach dem ersten Brand bemalt, glasiert und ein zweites Mal gebrannt (Glatt-, Glasurbrand). Majolika und Fayencen haben meist eine bemalte weiße Zinnglasur.
Steingut ist eine glasierte Irdenware mit reinem, fast weißem Scherben. Bei um 1200°C Brenntemperatur ist es weniger porös (Hartsteingut). Dekor und Glasur in einem Glasurbrand (bei ca. 900–1000°C) aufgeschmolzen.

Keramikerzeugnisse mit dichtgebranntem, gesintertem Scherben:

Steinzeug: Bei höheren Temperaturen dicht gebrannter graugelblicher Scherben, mit Stahl nicht mehr ritzbar, beim Anschlagen heller Klang. *Porzellan:* Aus rein weißer Tonerde (Kaolin), reinem Feldspat und reinem Quarz hergestellt. Der völlig dichte, glasige, rein weiße, durchscheinende Scherben ist von Stahl nicht ritzbar. *Hartporzellan* (eigentliches Porzellan, Brenntemperatur ca. 1400°C) ist kaolinreich (bis 66%), *Weichporzellan* (Brenntemperatur ca. 1300°C) hat einen hohen Feldspatgehalt (bis 55%)

Weiterführende Literatur:

Alman, J. H.: Dusun Pottery (Tuaran Area). Bajau Pottery. The Sarawak Museum Journal N.S. 9(15–16): 565–582, 583–602. Kuching 1960.

Balfet, Helène: Methods of Formation and the Shape of Pottery. In: The Many Dimensions of Pottery (Amsterdam 1984), 171–201.

Balfet, Helène, Marie-France Fauvet-Berthelot, Susana Mozon: Pour la normalisation de la description des poteries. Paris 1983.

Centlivres-Demont, M.: Une communauté de potièrs en Iran. Le centre de Meybod (Yazd). Wiesbaden 1971.

Christensen, N. und D.: Notizen zur kurdischen Töpferei. Baessler-Archiv, N.F. 7: 351–359. Berlin 1959.

Drost, Dietrich: Töpferei in Afrika. Veröffentlichungen des Museums für Völkerkunde Leipzig. Berlin 1967.

Engelbrecht, Beate: Töpferinnen in Mexiko. Basler Beiträge zur Ethnologie 26. Basel 1987.

Gasser, S. A.: Das Töpferhandwerk von Indonesien. Basler Beiträge zur Ethnologie 7. Basel 1969.

Green, David: Understanding Pottery Glazes. London 1963.

Gruner, Dorothee: Die Berber-Keramik am Beispiel der Orte Efir, Merkalla, Taher, Tiberguent und Roknia. Studien zur Kulturkunde 33. Wiesbaden 1973.

Gifford, E. W.: Pottery-Making in the Southwest. University of California Publications in American Archaeology and Ethnology 33: 353–373. Berkeley 1928.

Guthnick, Ernst: Zur Terminologie und Technologie der Töpferscheiben. Ethnographisch-Archäologische Zeitschrift 29: 89–115. Berlin 1988.

Judy, R.: Movíma Pottery. Anthropologica 13: 30–38. Caracas 1964.

Kaufmann, Christian: Das Töpferhandwerk der Kwoma in Nord-Neuguinea. Basler Beiträge zur Ethnologie 12. Basel 1972.

Lawrence, W. G.: Ceramic Science for the Potter. Philadelphia 1972.

Liebscher, I. und F. Willert: Technologie der Keramik. Dresden 1955.

Linné, Sigvald: The Technique of South American Ceramics. Göteborg 1925.

Matson, F. R. (Hg.): Ceramics and Man. Viking Fund Publications in Anthropology 41. New York 1965.

Reina, R. E. und R. M. Hill: The Traditional Pottery of Guatemala. Austin-London 1978.

Rhodes, D.: Kilns. Design, Construction and Operation. Philadelphia 1968.
Rice, Prudence M.: Pottery Analysis. A Sourcebook. Chicago, London 1987.
Rye, Owen S.: Pottery Technology. Principles and Reconstruction. Washington 1981.
Rye, Owen S. und Clifford Evans: Traditional Pottery Techniques of Pakistan. Smithsonian Contributions to Anthropology 21. Washington 1976.
Schurig, M.: Die Südseetöpferei. Leipzig 1930.
Searle, A. B.: An Encyclopedia of the Ceramic Industries. 3 Bände. London 1929–1930.
Shepard, A. O.: Ceramics for the Archeologist. Carnegie Institution, Publication 609. Washington 1956.
Stößel, Arnulf: Afrikanische Keramik. Traditionelle Handwerkskunst südlich der Sahara. München 1984.

4. Metallurgie

Metallurgie ist die Lehre von sämtlichen Techniken der Metallbearbeitung von ihrer Gewinnung aus Erzen bis zur Herstellung metallischer Endprodukte. In voreuropäischer Zeit waren metallurgische Techniken in Asien und Afrika durchwegs bekannt. Ausnahmen bildeten in diesen beiden Erdteilen wenige Völker, die wohl Metallobjekte verwendeten, diese aber aus dem Handel bezogen. In Amerika war die Metallurgie ursprünglich nur bei den Hochkulturen und in deren unmittelbarem Umfeld bekannt (Mesoamerika, Andengebiet) und auf Edel- und Halbedelmetalle beschränkt, in Australien und Ozeanien fehlte sie völlig.

Die Bearbeitung von Meteoreisen bei Eskimos und von Kupfer an der nordamerikanischen Nordwestküste und im Gebiet der Großen Seen erfolgte überwiegend auf kaltem Weg. In Ostafrika war die Kaltbearbeitung von Kupfer, das man aus Katanga importierte, weit verbreitet, obwohl dort auch pyrometallurgische Techniken bekannt waren.

4.1. Materialkunde

Metalle sind Elemente, die sich durch Metallglanz, eine hohe Leitfähigkeit für Wärme und Elektrizität und die – allerdings verschieden starke – Neigung zur Bildung positiver Ionen auszeichnen. Bei der Lösung von Metallen in Säuren entstehen Salze; bei der Verschmelzung zweier oder mehrerer verschiedenartiger Metalle entstehen Legierungen.

Nach ihrer spezifischen Affinität zum Sauerstoff, der Oxidationsneigung, werden die Metalle eingeteilt in:

1. Beständige Edelmetalle (Gold, Silber, Platin),
2. Halbedelmetalle (Kupfer),
3. unedle Metalle, die an der Luft unbeständig sind (Eisen, Zink, Aluminium, Erdalkali- und Alkalimetalle).

Je edler ein Metall ist, desto leichter ist es im allgemeinen mit den hier betrachteten Methoden einer Verwertung zugänglich, und desto besser ist es auch haltbar. Platin und Gold kommen in der Natur hauptsächlich in metallischem Zustand vor, seltener das Silber und nur in Einzelfällen auch Kupfer.

Die metallkundigen Völker der vorindustriellen Zeit kannten nur wenige Metalle: Gold, Platin, Silber, Kupfer, Eisen, Blei, Zinn und vereinzelt auch Antimon. Die Herstellung von Kupfer und besonders die von Eisen aus ihren mineralischen Vorkommen durch Verhüttung setzt bereits eine entwickelte Technologie sowie das Vorhandensein entsprechender Rohstoff- und Energiequellen voraus. Mit der Gewinnung metallischen Eisens war daher die Grenze der Metalldarstellbarkeit vorläufig erreicht. Eine Ausnahme bildet die Herstellung des noch unedleren Zinks in Indien (ab dem 8. Jh.) und China (ab dem 15. Jh.) durch Reduktion des Zinks aus Erzen mit Kohle und gleichzeitiger Destillation unter Luftabschluß. In Europa konnte man Zink erst ab dem 18. Jh. gewinnen.

Für die Verwendung als Werkstoff bringen die Metalle eine Reihe wertvoller Eigenschaften mit: Härte (besonders in Legierungen), gute Verformbarkeit (Schmieden, Treiben usw.), Formbarkeit (Schmelzbarkeit, Gußfähigkeit), schönes glänzendes Aussehen (für Schmuck) und Beständigkeit (insbesondere die Edelmetalle).

Gold (Au) findet sich als sehr edles Metall in der Natur hauptsächlich gediegen, mit kleinen Mengen Silber, Platin, Kupfer und anderen Metallen verunreinigt. Das auf primärer Lagerstätte meist in Quarzschichten gefundene Gold heißt Berggold, das nach Verwitterung weggewaschene Gold kommt in Flußsanden vor (Wasch- oder Seifengold). Reines Gold ist ein gelbrotes, sehr weiches Metall (Schmelzpunkt: 1063°C). Es ist außerordentlich dehnbar, zu sehr dünnen Schichten auswalzbar (Blattgold) und verhält sich gegen Luft, Wasser und chemische Einflüsse sehr widerstandsfähig (edel). Gold legiert mit Kupfer, Silber und Platin. Der Feingehalt von Gold bzw. Goldlegierungen wird in Karat angegeben (1000 Teile Gold = 24 Karat). Der Karatgehalt einer Goldlegierung kann leicht durch eine Edelmetallstrichprobe ermittelt werden, die auch für Silber- und Platinlegierungen anwendbar ist.

Platin (Pt) ist ein sehr schweres grauweißes, dehnbares Edelmetall. Es zeichnet sich durch schwere Schmelzbarkeit (1774°C) und

Widerstandsfähigkeit gegen chemische Einflüsse aus. Gemengt mit Gold, Silber und den verwandten Platinmetallen findet es sich auf primären Lagerstätten (mit Eisen-, Chrom-, Nickel- und Kupfererzen) und auf sekundären Lagerstätten (z.B. im Ural und in Kolumbien) gediegen. Die Vorkommen sind insgesamt selten und wenig ergiebig.

Silber (Ag) kommt als edles Metall in der Natur vielfach gediegen vor (z.B. in Quarz eingebettet). In gebundenem Zustand findet es sich in Form von Silbererzen (Silberglanz oder Argentit, Kupfersilberglanz, Fahlerz, Rotgültigerz) sowie in silberhaltigen Erzen (vor allem Bleiglanz). Silber ist weißglänzend, weich, sehr dehnbar und gut polierbar (Schmelzpunkt: 960,5°C). Es ist gegen atmosphärische Einflüsse beständig (edel) und legiert mit Kupfer und Gold.

Quecksilber (Hg) ist das einzige bei normaler Temperatur flüssige Metall. In der Natur kommt es hauptsächlich als Quecksilbersulfid (Zinnober) vor, aus dem es durch Erhitzen leicht metallisch gewonnen werden kann. Gold und Silber lösen sich in Quecksilber unter Bildung von Amalgamen auf, die bereits in der Antike als Vergoldungsmittel bekannt waren (Feuer-, Amalgamvergoldung).

Kupfer (Cu) findet sich als edles Metall gediegen in der Natur, etwa in Nordamerika, Mexiko, Chile, Australien und im Ural. In gebundener Form kommt es in Oxiden (Kuprit, Malachit, Azurit) und in Sulfiden (Kupferkies, Buntkupfererz, Kupferglanz) vor. Metallisches Kupfer ist hellrot, verhältnismäßig weich (Härte = 3), geschmeidig, gut verformbar, sehr zäh und dehnbar (Schmelzpunkt: 1098°). Es ist ein guter Wärmeleiter und relativ korrosionsbeständig. In feuchter Luft bildet sich auf Kupfer ein grüner Überzug, die Patina.

Eisen (Fe) kommt gediegen nur sehr selten vor; von praktischer Bedeutung sind davon allein Meteoreisen (das sich durch einen Nickelgehalt von mehr als 5% von natürlichem Eisen unterscheidet) und in Basalt eingesprengtes tellurisches Eisen (etwa in Nordwestgrönland). Sehr häufig findet sich Eisen in oxidischen und sulfidischen Erzen (Magneteisenstein, Roteisenstein, Limonit, Siderit, Pyrit). Chemisch reines Eisen ist silberweiß und verhältnismäßig weich (Härte 4,5; Schmelzpunkt: 1528°C). Kohlenstoffhaltiges Eisen (besonders Stahl) ist permanent magnetisch. An feuchter Luft sowie in kohlendioxid- und lufthaltigem Wasser verhält es sich unedel (Rostbildung); an trockener Luft ist es beständiger. Für seine Verwendbarkeit ist besonders der Kohlenstoffgehalt von großer Bedeutung.

Zinn (Sn) findet sich in der Natur nur äußerst selten gediegen; das für die Gewinnung wichtigste Zinnerz ist der Zinnstein (Kassiterit). Es wird in Gesteinen eingesprengt als Bergzinn oder, durch Wasser ausgewaschen, verwittert an sekundärer Lagerstätte (Seifen- oder Waschzinn) gefunden. Zinnerzlagerstätten sind oft mit Kupfererzen vergemeinschaftet oder eng benachbart. Bei gemeinsamer Verhüttung entsteht Bronze. Als Legierungspartner von Kupfer (Bronze) und Blei (Schlüsselzinn) trägt Zinn zur Verbesserung der Eigenschaften der Reinmetalle bei. Reines Zinn ist ein silberweiß glänzendes unedles Metall (Schmelzpunkt: 231,8°C). Es ist relativ weich, aber sehr dehnbar und geschmeidig (auswalzbar zu Zinnfolien) und eignet sich, da an feuchter Luft beständig, zum Überziehen anderer Metalle (Kupfer, Eisen). Unterhalb 13,2°C kann sich Zinn unter besonderen Bedingungen, allerdings sehr langsam, in ein graues Pulver zersetzen (Zinnpest).

Blei (Pb) kommt vor allem im Bleiglanz oder Galenit vor. Es ist ein bläulichgraues (an Schnittflächen glänzendes), weiches (H=1,5) und dehnbares Schwermetall (Schmelzpunkt: 327,5°C). Für seine Verwendung sind hohe Geschmeidigkeit, leichte Schmelzbarkeit und gute Gießbarkeit von Bedeutung. An der Luft überzieht es sich rasch mit einer matten blaugrauen Oxidschicht, die das darunterliegende Metall vor weiterer Zerstörung schützt.

Antimon (Sb), ein silberweiß glänzendes Metall (Schmelzpunkt: 630,5°C), liegt in der Natur nur in Form von Erzen vor (z.B. Grauspießglanz). Nur vereinzelt wurden kleine Objekte aus Antimon gefunden.

Zink (Zn) kommt in der Natur nur in Erzen vor, unter denen schon in der Antike der Zinkspat (Galmei) zur Messingherstellung die größte Rolle spielte. Zink ist ein bläulich-weißes Metall (Schmelzpunkt: 419,4°C). Wegen des niedrigen Siedepunkts (907°C) kann die Gewinnung von Zink nur unter Luftabschluß bei gleichzeitiger Kondensierung des Zinkdampfes erfolgen.

4.1.1. Legierungen

Die Eigenschaften reiner Metalle können sich wesentlich ändern, wenn man sie mit anderen Metallen verbindet. Für unsere Zwecke gelten auch solche Stoffe als Legierungen, die nicht durch absichtliches Mischen von reinen Metallen, sondern bei der gemeinsamen Verhüttung verschiedener Erze entstanden sind. Die Art der neuen Bindungsverhältnisse bestimmt Formbeständigkeit und Härte der Legierung. Sie hat auch Einfluß auf gänzlich neu auftretende Eigenschaften, welche die einzelnen Bestandteile der Legierung nicht besaßen. Materialkundlich sind Legierungen daher eigenständige Stoffe.

Reinmetalle, besonders Gold und Silber, sowie Kupfer sind verhältnismäßig weich und besitzen ein großes Maß an plastischer Verformbarkeit; sie sind hämmerbar, biegbar, walzbar, preßbar usw. Durch den Einbau von Fremdatomen in das Gitter eines metallischen Systems werden bei der Legierungsbildung die Eigenschaften der Reinmetalle meist in gewünschter Weise abgeändert.

Legierungen mögen zum Teil durch Zufall entdeckt worden sein. So entsteht bei gemeinsamer Verhüttung von Kupfer- und Zinnerzen eine Art Bronze, die auch als „Prä-Bronze" bezeichnet wird. Zu den Vorteilen, die eine gezielte Herstellung von Legierungen förderten, zählen eine im allgemeinen größere Härte als die der Grundmetalle, für gewöhnlich Schmelzpunkterniedrigungen gegenüber einer oder beiden Komponenten („Eutektikum") und dadurch schmelztechnisch leichtere Zugänglichkeit bzw. Verarbeitbarkeit. Auch die verschiedenen herstellbaren Farbnuancen der Legierungen stellen einen Vorteil dar.

Die weißlich-gelbe Legierung von Gold und Silber zählt zu den früh bekannten Edelmetallverbindungen. Bei Zusatz von Platin oder Palladium bezeichnet man diese Legierung als *Weißgold.* Gold und Kupfer bilden das rötlich-gelbe *Rotgold.* Silber-Kupferlegierungen sind je nach Silbergehalt silberweiß bis gelblich-weiß und grünlich.

Als *Tumbaga* bezeichnet man einen Legierungstypus im Umfeld der andinen Hochkulturen, der aus Gold und Kupfer in Hauptmengen (mit einem variablen Mischungsverhältnis zwischen 10 und 80%) und Silber (bis zu 10%) besteht. Gute Härten erreicht Tumbaga bei Mischungsverhältnissen von ca. $^{2}/_{3}$ Gold und $^{1}/_{3}$ Kupfer.

Unter *Bronzen* versteht man normalerweise Legierungen von 80–90% Kupfer und 4–30% Zinn, doch werden auch Legierungen von Kupfer mit anderen Metallen (Blei, Arsen) mit Ausnahme von Zink als Hauptlegierungskomponente als Bronzen bezeichnet. Bronzen besitzen gegenüber reinem Kupfer eine wesentlich höhere Härte. Die Farbe variiert je nach Zusammensetzung zwischen rötlich-gelb und grau.

Messing ist eine Legierung aus Kupfer und Zink, fallweise mit Blei und Zinn als Legierungsbestandteilen (z.B.: Benin-„Bronzen"). Die Farbe schwankt je nach Zinkgehalt zwischen rötlich-gelb *(Rotguß, Tombak,* Zinkanteil unter 30%) und hellgelb *(Gelbguß,* Zinkanteil 20–40%). Eine in China seit dem 17. Jh. hergestellte Legierung aus Kupfer, Zink und Nickel ist als *Packfong (Alpaka, Neusilber)* bekannt.

Früher bezeichnete man oft fälschlich Messinge als Bronze. Eine Unterscheidung zwischen beiden ist exakt jedoch nur durch eine chemische Analyse möglich. So erwiesen sich die Benin-„Bronzen" als Messinge (mit bis zu 35 % Zinkgehalt).

4.2. Abbau und Aufbereitung

4.2.1. Gewinnung der Erze und Metalle

In der Mehrzahl der Fälle treten also Metalle in der Natur nicht gediegen auf, sondern müssen als Erze abgebaut und aufbereitet werden. Abbau ist auch erforderlich bei Berggold und gediegenem Silber, Kupfer oder Eisen.

Auf sekundären Lagerstätten entlang von Flüssen als Sande oder Gesteine gefundene Metalle konnten durch *Waschen* gewonnen werden. Der spanische Chronist Oviedo berichtet im 16. Jh. aus den Goldländern Amerikas, wie die indigene Bevölkerung gelegentlich Flüsse umleitete, um besser an die goldhaltigen Kiesel im Flußbett zu gelangen. Mit hölzernen Grabstöcken brach man die Erde auf, aus der man anschließend das Gold in flachen Holzschüsseln auswusch. Das schwere Gold setzte sich dabei am Boden ab.[20]

Die Schmiede der Nyamwezi (Ostafrika) fanden Eisenerz als grobkörnigen Sand in Gräben von Sturzbächen. Dieser Sand wurde mit Erde vermengt an erhöhter Stelle aufgeworfen; von dieser Aufschüttung abwärts grub man eine Rinne. Das nun darauf geschüttete Wasser, das durch die Rinne abfließen konnte, legte die schweren eisenhaltigen Körner frei. Diese wurden einen Tag lang zum Trocknen auf einer Tenne gelagert und dann zum Schmelzofen gebracht.[21]

Das *Schürfen* der Erze erfolgte weitaus am häufigsten im Tagbau, jedoch waren auch Gruben unter Tag viel weiter verbreitet, als man auf Grund der einfachen technischen Ausrüstung annehmen würde. Die zahlreichen Gold-, Silber-, Kupfer- und Zinnminen in Südostafrika bestehen aus Gruben, Schächten und Stollen, die durchweg „prähistorisch" sind, zum Zeitpunkt des Eintreffens der Europäer also nicht mehr in Benutzung standen: Jedes erschöpfte Lager hatte man sorgfältig „verstellt", d.h. die Eingänge waren zugeschüttet. Europäische Fachleute waren über die mineralogischen Kenntnisse der Bantu verblüfft – sie stießen zwar immer wieder auf die verstellten Gruben, fanden aber keine Spuren von Fehlbohrungen.

Das Graben der Schächte und Stollen, die zu Drusen, Lagern und Pfeifen mit Erz vordrangen, ging mit den denkbar einfachsten Mitteln vor sich. Man begann mit dem Wegsprengen des Felsens durch starkes Erhitzen mittels Holzfeuer und Übergießen mit Wasser. Die weitere Arbeit wurde mit Schlagsteinen und Meißeln betrieben. Unter den schwierigsten Bedingungen wurden die Erzgänge auf das sorgfältigste ausgeschält. Dies zeigt das Beispiel eines Stollens von 30 m Länge,

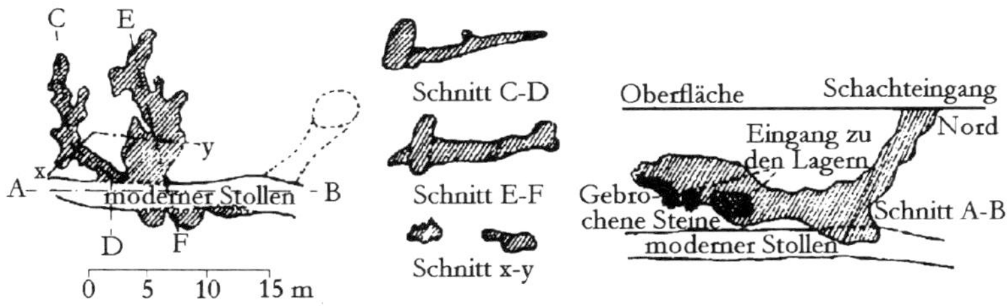

Abb. 20 Querschnitt durch alte Zinnminen in Zambia

dessen Höhe – bei einer Breite von 90 cm – nur 45 cm betrug (Abb. 20).[22]

In Kolumbien fand man in Goldminen Schächte von 24 m Tiefe und Stollen, die in einem Winkel von 30° bis zu 36 m in den Berg führten. Die Stollen waren so eng, daß man sich darin nicht umdrehen konnte.[23]

Die Yoruba in Nigeria schürften Hämatit, der in Knollenform etwa 2 bis 3 m unter der Erdoberfläche lag. Diese Knollen wurden im Freien geröstet, anschließend im Mörser zerstoßen (in der Fachsprache: „gepocht"), gesiebt, gewaschen und im nassen Zustand in die Schmelzhäuser gebracht.[24]

4.2.2. Verhüttung der Erze

Von den heute gebräuchlichen Verfahren der Gewinnung von Metallen aus Erzen kommen hier nur die pyrometallurgischen in Frage:

Röstverfahren: Durch Röstprozesse werden Erze in eine für die eigentliche Gewinnung geeignete Form übergeführt. Beim oxidierenden Rösten – Brennen bei entsprechend hoher Temperatur – gehen sulfidische oder karbonatische Erze durch Oxidation mit Luftsauerstoff in Metalloxide über. Dieses Verfahren wird bei Eisen-, Kupfer- und Bleierzen angewandt.

Carbothermische Reduktionsverfahren schließen sich meist dem Röstverfahren an. Die Metalloxide werden mit Kohlenstoff zu Metall reduziert (Holzkohle, später Kohle). Die Anwendung entspricht der des Röstverfahrens.

Röstreaktionsverfahren: Bei gemeinsamer Verhüttung von oxidischen und sulfidischen Erzen kann bei geeigneter Prozeßführung durch einen einzigen Reaktionsprozeß direkt Metall gewonnen werden, ohne daß eine nachfolgende Kohlereduktion nötig wäre.

Silber wird am häufigsten aus Bleierzen dargestellt. Man erhitzt diese auf Herdsteinen oder in kleinen Öfen. Unter längerer Feuereinwirkung wird das Silber im Blei angereichert, durch Luftzufuhr wird das Blei sodann in Bleioxid übergeführt und „abgetrieben". Silber und allfällige andere Edelmetalle bleiben nahezu rein zurück. In den Grundzügen entspricht dieses Verfahren dem modernen Kupellationsprozeß zur Silbergewinnung aus Reichblei.

Kupfer wird aus oxidischen und sulfidischen Erzen, in den asiatischen Hochkulturen auch aus silberhaltigen Fahlerzen gewonnen. Das Gewinnungsverfahren ist zweistufig:

Zuerst werden die Gangart und die hauptsächlichsten Verunreinigungen durch Rohschmelzen des Erzes beseitigt. Dabei verschlacken Kieselsäure und Tonerde mit den Erdalkalien und großen Teilen des im Erz enthaltenen Mangans und Eisens. Das Kupfer bleibt vor Verschlackung weitgehend bewahrt und bildet mit dem nicht verschlackten Eisen den Kupferstein oder Rohstein.

Aus dem Rohstein kann dann Kupfer entweder durch Rösten und anschließendes carbothermisches Reduktionsverfahren gewonnen werden oder durch Verschmelzen des Rohsteins mit Holzkohle unter Luftzufuhr (Röstreaktionsverfahren). Ein Beispiel für die zweite Technik ist der altjapanische Mabuki-Prozeß; ihr entspricht auch der heute angewandte Konverterprozeß. In beiden Fällen entsteht Schwarzkupfer (oft mehr als 90% Kupfergehalt) sowie Schlacke.

Die Reduktion von *Eisen* aus seinen Erzen erfolgt indirekt durch die heißen Verbrennungsgase der Holzkohle. Die direkte Reduktion des Erzes durch den Kohlenstoff der Holzkohle fällt kaum ins Gewicht, da sie Temperaturen über 1400°C erfordert, die z.B. in den einfachen Öfen der Afrikaner kaum erzielt werden können (Höchsttemperaturen meist ca. 1100°C). In den oberen Schichten solcher einfacher Öfen beginnt die schrittweise Reduktion des Eisenoxids, das schließlich in den unteren Zonen durch die Kohlengase bei Temperaturen zwischen 700–1000°C endgültig reduziert wird: Kohlenmonoxid verbindet sich mit dem Sauerstoff des Eisenoxids zu Kohlendioxid, wodurch reines Eisen entsteht. Gleichzeitig wird bei diesen Temperaturen unter Zufuhr von Kohlenstoff das Kohlendioxid in Kohlenmonoxid zurück verwandelt. Die Reduktionswirkung verläuft bei einem derartigen „*Rennprozeß*" (so bezeichnet, weil die verflüssigte Schlacke abrinnen kann) nur unvollständig: bei Temperaturen unter 700°C nimmt die Bildung von Kohlendioxid und Kohlenstoff aus Kohlenmonoxid ständig zu; auch der Luftsauerstoff des Windes wirkt der Reduktion entgegen und die Reduktionswirkung nimmt ab.

Im Verlauf des Prozesses sammelt sich reduziertes Eisen, gemischt mit stark eisenoxidhaltiger Schlacke – durch Gehalte bis 40% Eisenoxid schwarz gefärbt – in schwammig-poröser Form als „Luppe" an. Da derart große Mengen Eisen verschlackt werden, beträgt die Ausbringung an Eisen beim Rennprozeß oft nur 30 bis maximal 60%. Mit ca. 5 kg Holzkohle kann nur ca. 1 kg Eisen gewonnen werden. Dieser Unwirtschaftlichkeit steht jedoch der Vorteil gegenüber, daß bei einer solchen Prozeßführung Kohlenstoff und Schwefel, ferner auch Silizium, Mangan, Phosphor nur in kleinsten Mengen vom Eisen aufgenommen werden, wodurch seine Qualität heutigen Stählen (Kohlenstoffgehalt unter 1,7%) gleicht. Meist enthält solches Eisen weit unter 0,5% Kohlenstoff, so daß Rennfeuereisen ausgezeichnet schmiedbar ist (Schmiedeeisen ist Eisen mit weniger als 0,5% Kohlenstoff). Ferner ist es durch den geringen Schwefelgehalt auch gut schweißbar. Durch die laufende Entwicklung der Gebläsetechnik erzielte man immer höhere Temperaturen (über 1400°C), bei denen es zu einer direkten Reduktion des Eisens durch den Kohlenstoff kommt, was zur Gewinnung des flüssigen, aber kohlenstoffreichen Eisens (Gußeisen, bis zu 4% Kohlenstoff) führte. Dieses ist spröde, verliert seine Schweiß- und Schmiedbarkeit und muß erst durch verschiedene Prozesse (Herd-Windfrischen usw.) in kohlenstoffarmes Eisen (Stahl, Schmiedeeisen) übergeführt werden. Der niedrigere Kohlenstoffgehalt von Schmiedeeisen sowie die unterschiedliche Kristallstruktur von Schmiedeeisen und Stahl bedingen, daß ersteres nicht härtbar ist, bei Stahl hingegen die Härtbarkeit ("Ablöschen"– in Wasser usw.) das bestimmende Charakteristikum ist.

Wie erwähnt sind zur Herstellung von Gußeisen Temperaturen von über 1400°C erforderlich, da Eisen erst bei einem Schmelzpunkt von 1527°C tatsächlich flüssig wird. Um die erwähnten Temperaturen zu erreichen, sind hochentwickelte Gebläse erforderlich. Solche hat man in China schon zum Schmelzen von Kupfer und Zinn zur Herstellung der Bronzen entwickelt. Daher ging man auch in China, vermutlich im 6. Jh. v. Chr., vom Bronzeguß direkt zum Eisenguß über. Die erste Herstellung von Schmiedeeisen datiert dort wesentlich später. In Europa ging die Entwicklung den umgekehrten Weg: Bis in das späte Mittelalter hinein kannte man nur Schmiedeeisen. Die Technik des Eisengießens hat sich von China nach Korea, Japan und Hinterindien verbreitet. Dies sind die einzigen außereuropäischen Gebiete, die mit dieser Technik vertraut waren. Die Herstellung und Verarbeitung von Schmiedeeisen war in vorkolonialer Zeit im gesamten Asien und im größten Teil Afrikas bekannt.

4.2.2.1. Öfen

Die Voraussetzungen für die Gewinnung der Metalle aus ihren Erzen – nach allfälligem vorherigem Rösten – sind der Ofen, die Holzkohle für Feuerung und Reduktion sowie Behelfe zur Luftzufuhr (Gebläse). Reines Metall von sekundärer Lagerstätte hat man im Tiegel geschmolzen; für Erze kam dieses Verfahren nur selten in Anwendung.

Die einfachste Form des Ofens ist der *Grubenofen* („Rennfeuer", „Luppenfeuer"). Eine allgemeine Charakteristik der ostafrikanischen Öfen beschreibt diese als flache Gruben, keineswegs immer mit einem Ring aus Lehm umgeben, in dem unten Öffnungen für die Gebläsedüsen freigelassen sind. Diese Gruben werden mit dem gepochten Erz und mit Holzkohle beschickt, die entzündet wird. Die Luppe setzt sich am Boden ab, wird nach dem Abkühlen durch Zerschlagen von der Schlacke getrennt, und das Eisen wird nochmals in den Ofen gebracht. Die kleinen noch glühenden Eisenklumpen werden durch Hämmern zusammengeschweißt. Durch mehrfaches Schmelzen und Schweißen erhält man ein kohlenstoffarmes, gut schmiedbares Eisen. Die Massai (Kenia) bestreuen beim Schweißen die Kontaktstellen mit zerkleinerten Schneckenschalen, in Kiziba verwendet man dafür die zerstampften, glasig gefritteten Enden alter Tondüsen von Gebläsen.[25] Dieses Bestreuen löst den sogenannten „Hammerschlag" auf (vgl. S. 77).

Die Nyamwezi in Tanzania hoben eine runde Grube aus und ummauerten sie mit Termitenerde. Löcher für die Gebläsedüsen wurden freigelassen. In diesen Herd füllte man bis über die Mündung der Düsen Holzkohle und entzündete sie an vier Stellen. Dann wurde Erz aufgeschüttet, darüber eine zweite Lage Holzkohle. Acht Männer waren einen vollen Tag mit dem Beschicken und dem Betätigen der Gebläse beschäftigt. Am Abend bedeckte man das Ganze mit Erde und am nächsten Morgen zerbrach man den Herd und holte die noch glühende Luppe heraus.[26]

Höher gemauerte, im allgemeinen zylindrische bis leicht kegelförmige Öfen bezeichnet man als *Rennöfen* (Stücköfen, Schachtöfen, Wolfsöfen). Die meist nicht mehr als 30 cm im Durchmesser messenden afrikanischen Rennöfen (Abb. 21) wurden in der Regel mit abwechselnden Lagen von Holzkohle und Erz beschickt und von unten angefeuert. Die Höhe des Ofens trägt wesentlich zum Wirkungsgrad der Verhüttung bei. Meist werden zur Sauerstoffzufuhr Gebläse verwendet, wodurch die Dauer des Verhüttungsprozesses wesentlich verkürzt wird. Im Gegensatz zu *Hochöfen* ist die laufende Beschickung mit Erz und Brennstoff, bzw. die Entnahme von Eisen nicht möglich.

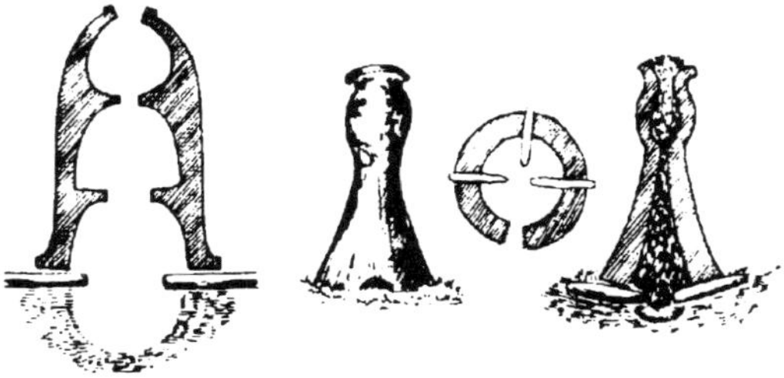

Abb. 21 Rennofen (Querschnitt): Bongo (Südsudan); Windofen (Außenseite, Grundriß und Querschnitt): Djur (Südsudan)

Eine besondere Form des Rennofens stellen die „Windöfen" dar, die sich etwa bei den Bandjeli (Nordtogo) oder Djur (Abb. 21) finden. Anstelle eines Gebläses sind in den Wänden nahe der Basis Düsen eingesetzt, die eine natürliche Luftzirkulation ermöglichen. Trotz längerer Verhüttungsdauer besitzen die Windöfen nicht nur den Vorteil geringeren Aufwands an menschlicher Arbeitskraft beim Betrieb, sondern liefern auch höherwertige Produkte, darunter Stahl mit einem Kohlenstoffgehalt von etwa 1%. Die Bandjeli feuern ihre Öfen von oben an, indem sie eine abschließende Lage bereits glühender Holzkohle aufschütten. Die Verhüttung dauert zwei Tage, am dritten setzt sich die Luppe am Boden ab und wird durch eine größere Öffnung – wie sie alle Rennöfen besitzen – abgestochen.[27]

Es ist nicht bekannt, ob die schon erwähnte Gewinnung von Gußeisen in China allein auf hochwertige Gebläsetypen zurückzuführen ist oder ob bereits in früherer Zeit Steinkohle bzw. Anthrazit zur Feuerung und Reduktion gebraucht wurde. Auch dadurch hätte man die erforderlichen höheren Temperaturen erzielt. In Honan-fu, Provinz Shansi, verwendete man jedenfalls 1870 Anthrazit.[28]

Rechteckige, geneigte Schmelzgruben (etwa 250 x 150 cm) waren an den Längsseiten von Mauern (120 cm hoch) eingefaßt. Eine Schmalseite schloß an eine Hütte an, in der die Gebläse („Kastengebläse") installiert waren, die zweite war offen. Man bedeckte den Boden der Grube mit Anthrazit und stellte eine größere Zahl von Schmelztiegeln darauf, die zerkleinerten Anthrazit und gepochtes Erz enthielten. Die Zwischenräume wurden mit Anthrazit aufgefüllt, das Ganze mit einer abschließenden Lage Anthrazit bedeckt. Die Anfeuerung erfolgte mit zwei Gebläsen. Sobald die Hitze groß genug war, reichte die normale Luftzufuhr aus. Entnahm man die Tiegel dem Herd, wenn die Hitze am größten, war, so erhielt man Gußeisen: der Schmelzfluß wurde auf den flachen Erdboden gegossen und erstarrte zu dünnen Platten. Wollte man Schmiedeeisen, so ließ man die Grube ausglühen und abkühlen (Dauer: vier Tage). Die Tiegel wurden zerschlagen und das zu einem halbkugeligen Klumpen erstarrte Eisen entnommen.

Die für Afrika beschriebenen Rennverfahren wurden auch in Asien angewandt. Die Verarbeitung des dabei gewonnenen Schmiedeeisen mit seiner spezifischen Struktur und seinem besonders geringen Kohlenstoffgehalt zu Stahl wird im Rahmen der Schmiedetechniken besprochen.

Die *Holzkohle,* die gleichzeitig Hitze und den zur Reduktion erforderlichen Kohlenstoff liefert, entsteht durch Erhitzen von Holz unter Luftabschluß (trockene Destillation). Echte Meiler sind nur in hochkulturlichen Gebieten bekannt. Im allgemeinen erzielt man den Luftabschluß des vollkommen ausgebrannten und glühenden Holzes durch Bedecken mit Erde (Grubenverkohlung).

4.2.2.2. Gebläse

Einfachste Behelfe zum Anfachen des Feuers sind *Pusterohr* und *Fächer.* In den präkolumbischen Metallzentren Amerikas kannte man ausschließlich das Pusterohr, wie es auch heute noch von den Goldschmieden Vorderasiens und anderer Gebiete verwendet wird.

Das *Schlauchgebläse* (Abb. 22) besteht am häufigsten aus dem Balg eines Schafes oder einer Ziege, in Afrika auch einer Gazelle, dem am unteren Ende eine Ton- oder Holzdüse angesetzt ist. Die obere Öffnung ist meist mit zwei parallelen Holzleisten versteift, die zusammen ein Klappenventil abgeben. Beim Hochziehen des Balgs öffnet man die Klappen, beim Niederdrücken schließt man sie. Fast durchwegs werden von einem Arbeiter zwei derartige Gebläse betätigt. Das Hauptverbreitungsgebiet reicht von Nordafrika bis Nordostasien und Vorderindien.

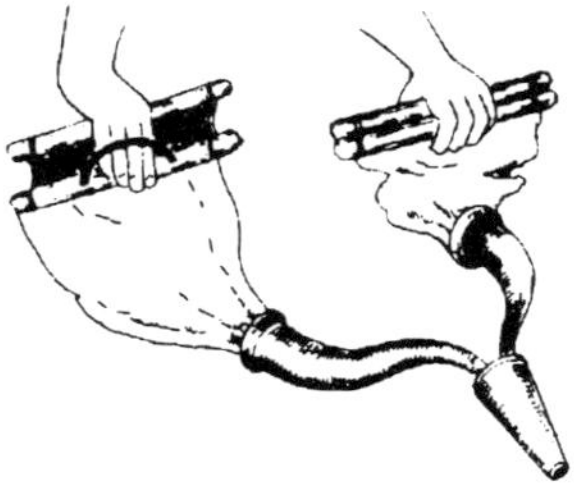

Abb. 22 Schlauchgebläse: Zulu (Südafrika)

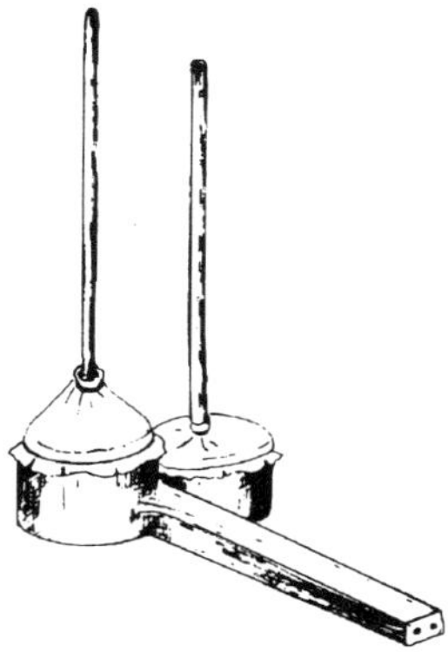

Abb. 23 Schalengebläse: Bari (Südsudan)

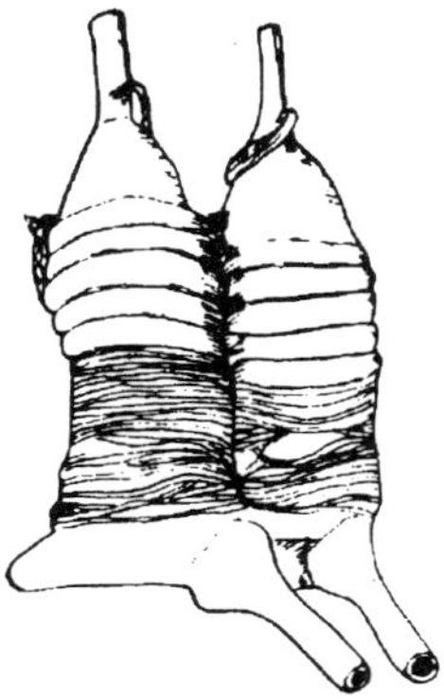

Abb. 24 Balgenbebläse: Basari (Nordtogo)

Schalengebläse (Abb. 23) sind meist paarig, ausnahmsweise einzeln gearbeitet. Holzschalen, seltener solche aus Ton, sind mit einer Membran aus Haut – in Westafrika aus Blättern – bedeckt, an deren Mitte ein Holzstempel befestigt ist. Auch Holzschalen haben im allgemeinen als Verlängerung des angeschnitzten Rohrstücks eine Tondüse aufgesteckt. Beim Hochziehen des Stempels – auch hier bedient ein Arbeiter zwei Gebläse – dringt durch die undichten Stellen der Bespannung Luft ein, die beim Niederdrücken durch die Düsen ausgepreßt wird. Dieser Typus ist der in Schwarzafrika am weitesten verbreitete.

Vor allem in Teilen Ostafrikas kennt man Schalengebläse ohne Stempel, die in der Decke ein Loch haben. Das Hochziehen erfolgt mit einem Finger, der die Öffnung nicht ganz verschließt, das Niederdrücken mit der flachen Hand. In Teilen Indiens (wo sonst das Schlauchgebläse vorherrscht) verwendet man zum Hochziehen der Decke einen Faden, der an einem elastischen Stab befestigt ist. Dieser wird niedergedrückt und springt dann automatisch zurück, wobei Luft angesaugt wird.

Eine Abart der Schalengebläse sind die „Balgengebläse“ (Abb. 24) einiger westafrikanischer Völker. Den Holzschalen sind zylindrische Lederbälge aufgebunden, die innen mit mehreren Holzreifen versteift sind.

Die *Kolbengebläse* (Abb. 25) (mißverständlich: „Pumpengebläse“, „Zylindergebläse“) Hinterindiens und Indonesiens sind meist aufrechtstehende Zylinderpaare mit Kolben und unten angesetzten Düsen. Als Kolben dienen Kissen, an deren undicht schließenden Rändern beim

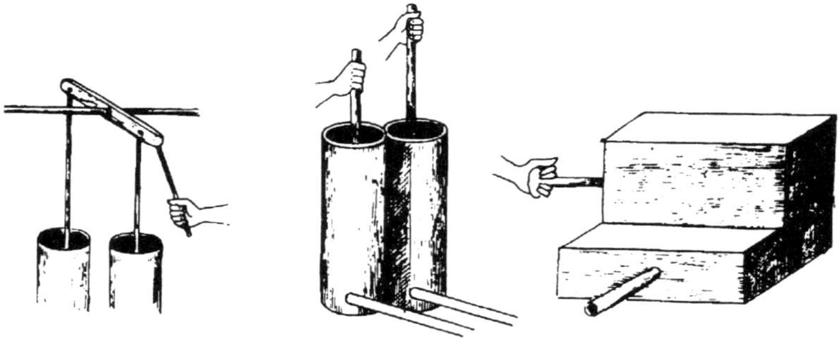

Abb. 25 Kolbengebläse: Birma, Luzon („Zylindergebläse"), Japan („Kastengebläse")

Hochziehen des Stempels die Luft eindringen kann. In Birma sind die Kolbenstangen mit einem zweiarmig-gleicharmigen Hebel verbunden. Die Betätigung erfolgt durch Pumpbewegung eines an einem Ende dieses Hebels befestigten Schwengels.

Die zylindrischen liegenden Kolbengebläse (vor allem in den hochkulturlichen Gebieten Hinterindiens) besitzen meist Klappenventile, so daß man mit einem Stück auskommt. Dieses hat dann die Düse seitlich in der Mitte des Zylinders angesetzt. Von diesem Typ nur formal verschieden sind die kantigen „Kastengebläse" Ostasiens.

In China wandte man spätestens im 14. Jh. vertikale Wasserräder an, die über eine Art Nockenwelle und Pleuelstangen das Gebläse betätigten.[29] In asiatischen Hochkulturen treten gelegentlich verschiedene Formen des Blasebalgs auf.

4.3. Formgebung

Die weitere Verarbeitung von Metall erfolgt durch Formung (Guß), Verformung (vor allem Schmieden) und Formveränderung.

4.3.1. Gießen

Als Materialien für den Guß kommen Gold, Silber und Kupfer mit all ihren Legierungen sowie Zinn und Blei in Frage. Der Eisenguß ist auf Ostasien und Europa beschränkt; Zinn und Blei sind rein nur sehr sporadisch für Gußzwecke verwendet worden (nur das Gießen von Gewehrkugeln aus Blei war in späterer Zeit weiter verbreitet; vielfach verwendete man importiertes Metall). Reines Kupfer eignet sich seiner Sprödigkeit wegen nicht sehr für eine gußtechnische Verarbeitung, und wenn man eine derartige Verwendung dennoch antrifft (z.B. in Ostafrika mit importiertem Kupfer aus dem Süden), so ist sie von sekundärer Bedeutung (Herstellung von Schmuck, aber nicht von Werkzeugen und Waffen). Gold und Silber sowie deren Legierungen wurden überall, wo man ihre Bearbeitung kannte, auch gegossen. Die weitaus größte Bedeutung und auch Verbreitung haben aber die Kupferlegierungen.

Das Legieren bot meist keine technischen Schwierigkeiten – wenn die „Legierung" nicht überhaupt ein Zufallsprodukt war. Die Einzelkomponenten wurden in Tontiegeln geschmolzen und miteinander vermengt. In China wählte man für verschiedene Produkte nicht immer dieselbe Verhältniszahl der Kompositmetalle; überlieferte Rezepte fanden durch die Forschung keine Bestätigung. In Japan entwickelte man Legierungen, die besonders schön patinieren, wie z.B. Sentoku – chromgelb, Shakudo – schwärzlich blau, Shibuichi – olivbraun bis grau. Hilfsmittel für den Guß sind Herd oder Ofen, Brennmaterial (meist wieder Holzkohle), Gebläse, Schmelztiegel und Zangen zum Anfassen, Gießlöffel sowie die Gußformen. Die Einteilung der Gußmethoden richtet sich nach den verschiedenen Arten der Gußformen.

In erster Linie sind *Formguß* und *Guß in verlorener Form* zu unterscheiden. Zusammengesetzte Formen hinterlassen als äußeres Merkmal eine oder auch mehrere Gußnähte, die beim Guß in verlorener Form fehlen. Die Gußnähte werden jedoch oft retuschiert (durch Feilen, Abkratzen, Schleifen, Polieren) bzw. in die Musterung einbezogen, so daß sie mit freiem Auge nicht sichtbar sind.

Ist die Gußform das einfache Negativ eines unkomplizierten Gegenstandes, so spricht man von *offenem Herdguß* (Abb. 26). Das Material der Form ist meist aus Ton, Stein, Holz oder Metall. Im nördlichen Nigeria wird Kassiterit auf sekundärer Lagerstätte ausgewaschen, gepocht, mit Wasser zu einer teigigen Konsistenz vermengt und zu Klumpen

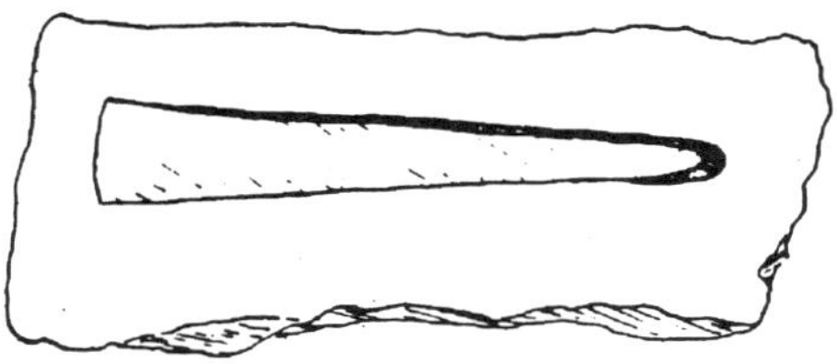

Abb. 26 Offener Herdguß: Form für einen Meißel

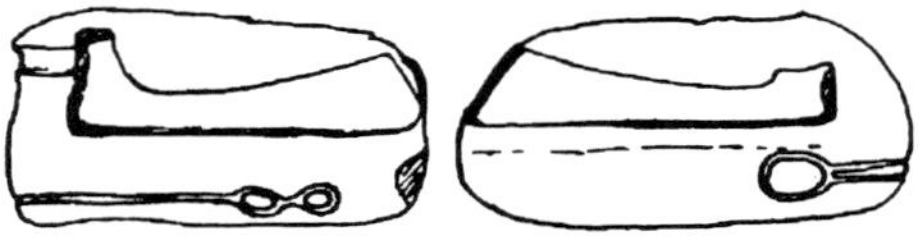

Abb. 27 Zweiteilige Kokille zum Guß eines Tüllenbeils und einiger kleinerer Gegenstände: Brandenburg (prähistorisch)

geformt. Diese kommen in einen mit Holzkohle gefüllten Herd, dem man mit zwei Gebläsen Luft zuführt. Das ausschmelzende Zinn läuft durch eine Rinne in eine Grube. Von dort kommt es in einen Schmelztiegel, wird nochmals verflüssigt und mit dem Gießlöffel in die Form – lange schmale Rinnen, aus Asche unter Zusatz von Wasser geformt – gegossen. Die so erhaltenen Zinnstäbe kommen in den Handel.[30]

Beim *Schalenguß* (Kokillenguß) (Abb. 27) verwendet man zweiteilige Formen (Schalen, Kokillen), deren Ausnehmungen zusammen das Negativ des gewünschten Gegenstandes ergeben. Beim Guß von Hohlkörpern verwendet man die Schalen zusammen mit einem Kern, der durch Kernstützen mit den Schalen verbunden ist und so in der richtigen Lage gehalten wird (Kernguß). Das Material der Formen ist im wesentlichen dasselbe wie beim Herdguß.

Zur Herstellung kompliziert geformter Stücke (z.B. Sakralbronzen des Schang- und Tschou-zeitlichen China: 15. bis 6. Jh. v. Chr.) benötigt man mehrteilige Stückformen, die mit oder ohne Kern verwendet werden. Für große oder kompliziert geformte Objekte (Skulpturen) ist es erforderlich, zuerst ein Modell des zu gießenden Gegenstands aus Ton, Wachs, Holz usw. herzustellen, an dem die Stückformen aus Ton aufgebaut werden und dabei die Form und den Dekor des Gegenstandes abnehmen. Die einzelnen Teile werden dann für den Guß miteinander verzapft (oder durch Drähte verbunden), eventuelle Kerne eingepaßt und die Gußspeise von oben eingegossen.[31] Die Vorbereitungen für den Guß einer 3,95 m hohen Buddhastatue in Hanoi (Abb. 28) in diesem Verfahren nahmen 2½ Jahre in Anspruch.[32]

Die Herstellung eines Modells ist auch beim *Sandguß* erforderlich. Das getreue Abbild des gewünschten Objekts – etwa aus Holz – wird im feinen Formsand abgedrückt, so daß in diesem das genaue Negativ entsteht. Da der Formsand immer von einem kastenartigen Rahmen gehalten werden muß, spricht man auch von Kastenguß. Nach dieser Methode kann man ebenfalls mit zusammengesetzten Formen und Kernen arbeiten.

Gußformen aus Stein oder gebranntem Ton können in der Regel

Abb. 28 Gußform einer Buddhastatue (Querschnitt): Hanoi (Vietnam)

mehrmals verwendet werden. Beim *Guß in verlorener Form* („Wachsausgießverfahren") (Abb. 29) muß für jeden Guß eine neue Form verwendet werden.

Die östlichen Yoruba (Ilorin, Togo) bilden das erforderliche Modell aus Bienenwachs. Das Material wird über Holzkohlenfeuer erwärmt und dadurch rascher knetbar. Mit den Händen und mit kleinen Holzstäbchen formt man das Modell. Soll ein größeres Stück gegossen werden, wird das Modell aus einzeln geformten Wachsteilen zusammengesetzt. Für Hohlgüsse (z.B. Helmmasken) modelliert man über einem Tonkern. Ist das Modell fertig, so umgibt man es mit einem Gemenge

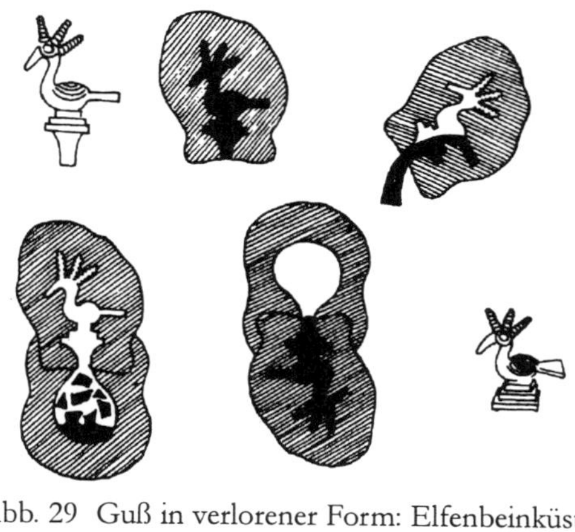

Abb. 29 Guß in verlorener Form: Elfenbeinküste

aus Ton und Pferdemist (im Verhältnis 2:1), dem Wasser beigesetzt wurde. Oben läßt man eine kleine Öffnung frei. Das Ganze wird drei Tage an der Sonne getrocknet und anschließend aufs Feuer gebracht, so daß das Wachs schmilzt. Die Gußform wird mit einer Zange gefaßt und so gedreht, daß das Wachs durch die Öffnung auslaufen kann. Die Form wird nun mit der Öffnung nach oben in den Erdboden eingebettet und die Bronze eingegossen. Nach dem Erkalten zerschlägt man die umhüllende Form: sie ist „verloren".[33] Bei Verwendung eines Kerns muß dieser natürlich vor dem Ausschmelzen des Wachses durch Kernstützen mit der Form verbunden werden.

Durch das Gießen von Wachskernen mittels des Schalengusses kann man auch im Guß in verlorener Form kleinere Objekte in Serie herstellen.

4.3.2. Schmieden

Erfordert das Gießen z.B. eines Beils mit Tülle einen einzigen Arbeitsvorgang (Voraussetzungen: vorhandene Form und Gußspeise), so benötigt man für das Schmieden eines gleichartigen Stückes sechs oder mehr Arbeitsprozesse, zwischen denen das Eisen immer wieder geglüht werden muß. Unter Schmieden versteht man die Verformung von Metall vorwiegend mit Hilfe von Hammer und Amboß (vgl. S. 172). Die folgende Darstellung beschränkt sich beispielhaft auf das Schmieden von Eisen.

Viele afrikanische Schmiede kommen mit Schmiedefeuer (Esse), Gebläse, Hammer und Amboß (beide oft aus Stein) sowie Zangen (zum Greifen des glühenden Materials aus) (Abb. 30, 31).

Abb. 30 Afrikanische Schmiedehämmer: Njem, Tatoga, Massai; links: Amboß, Njem

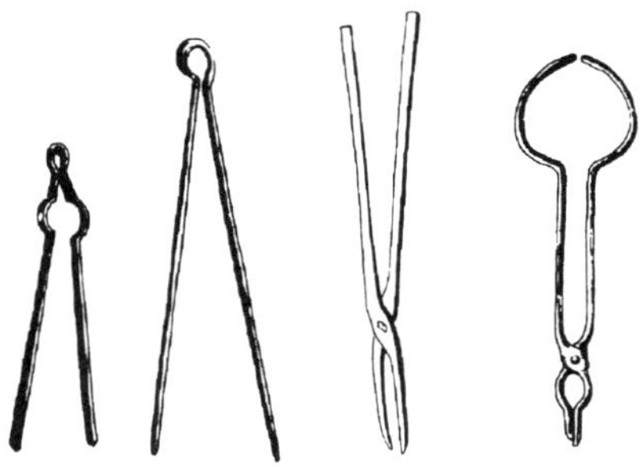

Abb. 31 Schmiedezangen: Kongo (links), Indien (rechts)

Das Geräteinventar eines Schmieds kann aber auch weit umfangreicher sein. An der Esse verwendet man etwa Feuerschaufel und Feuerspieß zum Regulieren des Brandes und Schlackenhaken zum Auskratzen der Schlacke, die sich während des Schmiedens in der Esse bildet. Afrikanische Zangen sind oft nur elastische Bügel. Beim Grundtyp der Zange bilden die beiden Backen das Maul; an den Kreuzungsstellen der beiden Schenkel sitzt das Auge, und die Schenkel selbst werden bisweilen von einem Spannring zusammengehalten (Abb. 31).

Durchschläge verschiedener Form dienen der Herstellung von Augen oder anderer Löcher, Schrotmeißel oder Abschrothämmer dem Trennen des Materials, andere Meißel zum Spalten. Gesenke sind Stahlstücke mit eingetieften (negativen) Formen, die durch Hammerschläge auf das warme Eisen übertragen werden, wo sie sich dann positiv abformen (Abb. 32). Besonders vielfältig ist die Form der spezialisierten Hämmer.

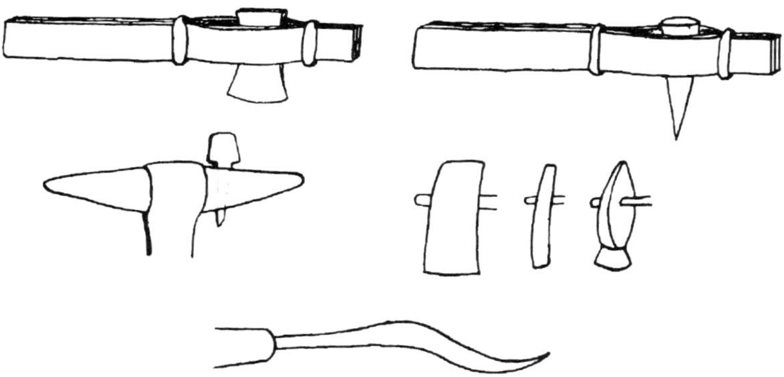

Abb. 32 Javanische Schmiedewerkzeuge: Abschrot, Spitzmeißel, kleiner Amboß mit Abschrot, Vorschlaghammer, zwei verschiedene Hämmer, Riffelfeile

Die wichtigsten Schmiedeverfahren sind (Abb. 33):

Abschroten: Trennen des Materials mit dem Abschrothammer, mit Schrotmeißel und Hammer oder mit einem in den Amboß eingesteckten „Abschrot" mit scharfer Schneide und Hammer.

Stauchen: Hammerschläge von vorne bzw. Fallenlassen in der Längsachse treiben das Material in sich zurück.

Strecken: Vergrößerung der Längenausdehnung durch Kerben mit der Finne (quer zur Längsachse) und anschließendes Hämmern mit der Bahn.

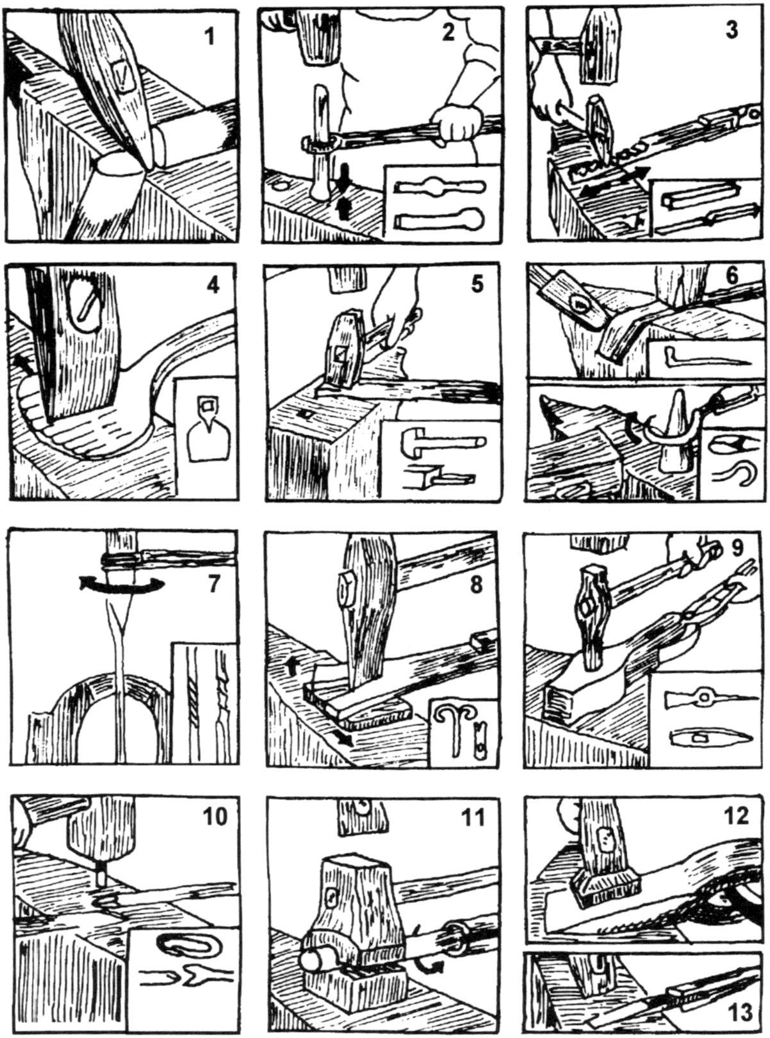

Abb. 33 Schmiedtechniken: (1) Abschroten, (2) Stauchen, (3) Strecken, (4) Breiten, (5) Absetzen, (6) Winklig- und Rundbiegen, (7) Verdrehen, (8) Spalten, (9) Lochen, (10) Feuerschweißen, (11) Gesenkschmieden, (12) Schlichten, (13) Schärfen

Breiten: Vergrößerung der Breitenausdehnung, ebenfalls mit Finne (in Richtung der Längsachse) und Bahn.

Schlichten: Ebnen des Werkstücks mit dem Schlichthammer, der eine besonders breite und ganz flache Bahn hat; warm oder kalt.

Absetzen: Formung von Stufen (Zapfen, Angeln, Dorne) mit dem Hammer auf der scharfen Kante des Ambosses.

Spalten: Teilweises Trennen des Werkstücks in der Längsrichtung durch einen Setzhammer oder durch Meißel und Hammer.

Lochen: Durchbohren mit Spitzhammer, Durchschlag und Hammer.

Winkligbiegen: Mit dem Hammer über der Kante des Ambosses.

Rundbiegen: Mit dem Hammer über konische Zapfen, die dem Amboß aufgesteckt sind.

Tordieren: Verdrehen der Längsachse mit der Zange zur Versteifung des Materials und Erzielung ästhetischer Effekte.

Durch das Warmschmieden wird das Gefüge des Eisens oder Stahls kompakter oder weicher, die nichtmetallischen Einschlüsse werden herausgepreßt. Wesentlich ist die Beachtung des Erhitzungsgrades, den der Schmied an der Farbe der Glut verfolgt. Überhitzung führt zu Sprödigkeit und weiter zum „Verbrennen“: das Eisen ist nicht mehr bearbeitbar. Eisen kann ohne Gefährdung bis zur Weißglut (1250–1300°C), Stahl bis zur Rotglut (800°C) erhitzt werden.

4.3.3. Schweißen – Stahlerzeugung

Unter Schweißen versteht man die Verbindung von zwei Stücken des gleichen Materials unter Hitzeeinwirkung (Metalle, Horn, Chemiefaserstoffe usw.), die beim Schmieden mit Hilfe von Hammerschlägen erfolgt. Man unterscheidet das Schweißen von gleichartigem (Eisen mit Eisen) und das von ungleichartigem (Eisen mit Stahl) Material. Als *Paketschweißen* bezeichnet man das Verschweißen von Drahtbündeln oder von mehreren Lagen Eisen- oder Stahlplatten. So schweißen die Massai die Spitzen ihrer Speere aus Drahtbündeln.

Eisen kann bei 1150–1250°C, Stahl bei 830–880°C geschweißt werden. Bei Erhitzung dieser Metalle im offenen Feuer bildet sich eine dünne Oxidationsschicht, die ein Verschweißen verhindert und beim Hämmern zum Teil als „Zunder“ oder „Hammerschlag“ abfällt. Man begegnet dem durch Behandlung der Schweißstellen durch Aufstreuen von Sand, Kalk, Muschelschalen oder eine Mischung von Wasser und Lehm, durch die entweder die Oxide reduziert werden oder eine Schutzschicht gegen Oxidation gebildet wird.

Mit Hilfe des Schweißens als Methode der Metallverbindung erzeugt man größere Werkstücke oder *verstählt* Werkzeuge aus Eisen mit Stahl.

Man kann einem Eisenblatt eine Schneide aus Stahl einfach aufschweißen oder man spaltet das Eisen, setzt ein keilförmiges Stück Stahl dazwischen und verschweißt die Teile. Abgenützte Arbeitsteile von Werkzeugen können auf diese Weise erneuert werden.

Schweißstahl ist ein schmiedetechnisches Produkt, das durch Ineinanderschweißen und Durcheinanderschmieden (Paketschweißen) von Eisen und/oder Stahl entsteht. Langrechteckige Rohlinge (Massel) werden zusammengeschweißt und gestreckt. Das Zwischenprodukt wird zusammengebogen oder in der Mitte abgeschrotet und übereinandergelegt und neuerlich verschweißt. Wiederholtes Glühen erhält das Material geschmeidig. Dieser Prozeß wird oft viele Male wiederholt, wobei man die Zwischenprodukte bisweilen auch (im gleichen oder im Gegensinn) verdreht. Das Endprodukt hat in Indonesien bis über 100 Lagen, in Japan, wo die Blankwaffen in derselben Technik hergestellt werden, in Einzelfällen besonderer alter Meisterklingen mehr als 4 Millionen![34]

Durch diese Behandlung erhalten die Endprodukte eine sehr komplizierte Struktur, die beim fertig geschmiedeten und polierten Stück keine oder eine kaum wahrnehmbare Zeichnung auf der Oberfläche verursacht. Diese tritt erst nach der Behandlung mit Säuren oder Beizmitteln zutage (siehe „Ätzen", S. 86). Durch die Verwendung verschiedener Eisen und/oder Stahlsorten ergeben sich auch Farbunterschiede in der Zeichnung.

Um härtbaren Stahl zu ergeben, muß Eisen mit Kohlenstoff angereichert werden. Die einfachste Methode besteht darin, Eisen mit Holzkohle zu bedecken, diese in Brand zu setzen und das Feuer mit Gebläsen für einige Stunden zu unterhalten. Beim *Zementieren* umgibt man Eisen mit einer Masse aus Kohlenstaub und Bindemitteln und setzt es großer Hitze aus.

Eine weitere Möglichkeit ist das Schmelzen von Eisenteilchen in Tiegeln unter Zugabe reduzierender pflanzlicher Substanzen. Den so erhaltenen *Flußstahl* bezeichnet man auch oft als „Tiegelgußstahl". In Mysore (Südindien) wird Eisen zusammen mit Stengeln der *Cassia attriculata* in einem mit grünen Blättern abgedeckten Schmelztiegel geschmolzen. Durch den Kohlenstoff der pflanzlichen Substanz erhält man Stahl. So hergestellte Massel (*wootz*, *wuz*) wurden aus Indien nach Persien und in den arabisch-türkischen Raum exportiert, wo Kreuzfahrer erstmals in Damaskus daraus hergestellten „Damaszenerklingen" begegneten und auch den Namen prägten. Die charakteristische Damaststruktur ergibt sich aber erst bei der schmiedetechnischen Verarbeitung von (Fluß-)Stahlmasseln. Eine Herstellung von „Damaststahl“ (Guß-Gefügedamast) direkt aus dem Schmelztiegel unter Zugabe reduzierender pflanzlicher Substanzen ist nicht möglich.

„Damaststahl“ ist somit ein Schweißstahl, dessen Struktur durch Ätzung an der Oberfläche sichtbar gemacht wird. Von Indonesien bis Vorderasien hat man komplizierte und vor allem langwierige Schweißverfahren entwickelt, um die gewünschten Muster zu erhalten (Maserdamast, Treppendamast, Wellendamast, Netzdamast u.a.). In Indonesien, von wo Gronemann die Herstellung von fünf Mustern beschreibt und 23 weitere dem Namen nach kennt, wurden hauptsächlich Blankwaffen hergestellt, von Indien und Westturkestan bis Vorderasien auch Rüstungen, Schilde, Gewehr- und Pistolenläufe.[35]

Es bleiben noch einige thermische Prozesse zu beschreiben:

Glühen: Stahl wird auf 800–900°C erhitzt, ehe man mit dem Härten beginnt. Durch Glühen bei 723°C kann man Stahl weicher machen (Weichglühen). Durch Kaltschmieden wird eine innere Spannung hervorgerufen, die man durch Glühen bei 600–650°C beseitigen kann (Spannungsfreiglühen).

Aufkohlen: Stahl wird in Holzkohle unter Beigabe stickstoffhaltiger Stoffe erhitzt. Bei Temperaturen über 900°C diffundiert Kohlenstoff in die Oberfläche und härtet sie (Einsatzhärtung).

Härten: Je nach dem Kohlenstoffgehalt (mindestens 0,4%) wird Stahl auf 770–900°C erhitzt und in Wasser oder einem milderen Mittel (Öl) „abgelöscht“. Er wird dabei härter, aber gleichzeitig auch spröder. Nachfolgendes Anlassen macht ihn zäh.

Anlassen: Die beim Härten entstandene Sprödigkeit kann durch Erhitzen auf 200–700°C beseitigt werden, ohne die Härte entscheidend herabzusetzen. Die Temperatur wird durch die Anlaßfarben (gelb bis blau) kontrolliert. Anlaßfarben sind auch ein bewußt erzielter ästhetischer Effekt. Aufeinanderfolgendes Härten und Anlassen bezeichnet man als *Vergüten*.

4.3.4. Herstellung und Verarbeitung von Blech und Draht

Als Herstellungstechnik für Bleche kommt für unsere Betrachtung nur das Metallschlagen (die Bearbeitung mit dem Hammer auf dem Amboß) in Frage. Für Gold- und Silberbleche verwendet man dafür Membranen („Goldschlägerhaut“), zwischen die das Metall gelegt wird.

Das Formtreiben („Aufziehen“) kann man von der Dekortechnik des Treibens („Treibziselieren“) wohl theoretisch unterscheiden, in der Praxis aber nicht immer trennen, da beides oft Hand in Hand geht.

Wenn das Blech entsprechend dünn ist, kann die Formung von Gefäßen durch Aufhämmern über eine Form (meist aus Holz) geschehen. Häufiger geschieht die Grobformung in einer Holz- oder Steindelle oder auf einem Sandsack und die weitere Verarbeitung auf dem Treibstock. Die Seiten steilwandiger Gefäße müssen gefaltet und mit der Finne des Hammers gestaucht werden, ehe man mit dem Planieren fortfahren kann. Da das Material durch das Hämmern spröde wird und die Gefahr des Reißens besteht, muß man auch hier wiederholt glühen.

Kannen und ähnliche Gefäße kann man mit einem Prelleisen aus Rohren formen. Beide Enden des Prelleisens sind rechtwinklig abgebogen, das eine trägt eine Bahn. Das Ende mit der Bahn wird in das Rohr eingeführt, und man schlägt mit dem Hammer auf das Knie nahe dem anderen Ende, wodurch die Bahn gegen die Innenwand prellt und das Rohr an dieser Stelle austreibt.

Draht kann durch die Verformung von Metall durch Hämmern, Schaben und Rollen erzeugt werden. Das ungleichmäßig gearbeitete Produkt konnte man durch Ziehen in einen gleichförmigen Querschnitt bringen. Das Drahtziehen wendet man auch an, um den Querschnitt von im Handel erworbenen Drähten zu verringern. Als Werkzeug dient das Zieheisen, ein fixierter Block mit einem oder mehreren Löchern.

Der Draht wird in ein solches Loch eingefädelt und im einfachsten Fall mit einer Zange per Hand durchgezogen. Um die Kraft zu erhöhen verwendet man z.B. in Vorderasien einen Hebel, den man in ein Loch (Drehpunkt) im Erdboden oder in einer Schiene setzt. Mehrere Löcher hintereinander ermöglichen das Ziehen eines längeren Drahtstücks, ehe man dieses um den Hebel wickeln muß, um beim ersten Loch wieder beginnen zu können. Bei den Tutsi (Rwanda, Burundi) wird das Ende eines kurzen, mit der Hand gezogenen Drahtstückes in einer Welle festgeklemmt, die auf zwei Ständern gelagert ist. An der Welle ist ein Querholz als Kurbel festgebunden, und mit diesem Rad an der Welle kann man Draht ziehen bis der Vorrat erschöpft ist, da sich der gezogene Draht gleichzeitig auf der Welle aufwickelt (vgl. Abb. 34).[36]

Abb. 34 Drahtziehen: Korea

4.3.5. Spanabhebende Techniken

Die formverändernden spanabhebenden Techniken spielen in der groben Metallbearbeitung nur eine geringe Rolle. Einige dieser Prozesse dienen der Trennung des Materials (Sägen, Abschroten, Abscheren), andere der Oberflächengestaltung (Schaben, Feilen, Schleifen, Abdrehen). Das Abdrehen gegossener Gefäße (vor allem aus Messing) auf dem Drehstuhl ist in Indien und Ostasien gebräuchlich (zu Drehstühlen vgl. S. 97, Abb. 45 unten). Härtere und dickere Werkstücke können mit Bohrern gelocht werden.[37]

4.4. Techniken des Metallverbindens

Neben dem Schweißen sind folgende Techniken des Metallverbindens zu nennen:

Löten: Verbinden von Metallteilen durch geschmolzene metallische Substanzen, die man Lote nennt. Es ist erforderlich, an der Verbindungsstelle der Metallteile alle Verunreinigungen, vor allem aber die Oxide zu entfernen. Dazu dienen Lötmittel, die luftabschließend (Lehm, Ton), lösend (Borax, Glaspulver, Quarzsand usw.), reduzierend (Salmiak, Harz) oder ätzend (Säuren) sein können. Für das Weichlöten mit dem Lötkolben bei etwa 230°C verwendet man reines oder mit wenig Blei vermengtes Zinn („Lötzinn"). Für die Luftzufuhr genügt ein Lötrohr. Zum Hartlöten im Gebläsefeuer dienen „Schlaglote", meist aus Kupfer, Zink und Silber, die erst bei 700–900°C schmelzen.

Nieten: Mechanische Verbindung von zwei Metallteilen (meist Blechen) durch Niete (stumpfe Nägel). Man legt die zu verbindenden Stellen übereinander, schlägt Löcher durch und treibt die Niete mit dem Nietzieher fest hinein. Sie werden dann von hinten verhämmert. Wird eine regelmäßige Form gewünscht, so verwendet man Döbber (meißelartige Werkzeuge mit einer halbkugeligen Ausnehmung in der Bahn). Rotglühende Niete werden mit dem Setzhammer verschlagen.

Falzen: Zu verbindende Blechteile werden an der jeweiligen Kante spitzwinklig umgebogen, die Winkel ineinandergehakt und verhämmert.

Einfassen (Bördeln): Der Rand des einen Bleches wird rund um die Kante des einzufassenden Teiles gebogen und festgehämmert.

Nähen: An den Kanten vorgelochte Bleche mit Draht fest verbinden.

Für Gelenkverbindungen verwendet man vor allem Ringe (Ketten) und Scharniere, für lösbare Verbindungen Schrauben, Splinte und Federn oder den „Bajonettverschluß".

4.5. Techniken der Metallverzierung

Auch die besonders zahlreichen Dekortechniken können hier nur kurz beschrieben und nicht durch Beispiele belegt werden.

4.5.1. Formverändernde Metallverzierung

Gravieren: Mit verschieden geformten Sticheln wird mittels Druckperkussion Material aus der Oberfläche eines Werkstücks entfernt.

Metallschnitt: Hier wird mit Formmeißel und Hammer (kombinierte Perkussion) Späne abgehoben. Man kann dadurch großflächigere Muster erzielen. Beim „positiven" Metallschnitt hebt sich das Muster reliefartig vom Hintergrund ab, beim „negativen" erscheint es eingetieft.

Durchbrechen: Bleche werden oft in „Laubsägetechnik" ausgeschnitten, also ebenfalls in spanabhebender Druckperkussion. Durchbrechungen können aber auch durch kombinierte Perkussion mit Meißel und Hammer oder durch Bohren erzielt werden.

Feilen: Oberflächenbehandlung durch regelmäßige Feilenstriche (Druckperkussion).

Polieren: Spanabhebende Oberflächenglättung mit Poliermitteln (Schmirgel usw.).

4.5.2. Verformende Metallverzierung

Ziselieren: Mit Meißel und Hammer wird das Material verdrängt (kombinierte Perkussion). Als charakteristisches Merkmal ergeben sich an den Rändern der ziselierten Linien Grate (die jedoch oft abgeschliffen werden). Das Gravieren mit der Nadel, bei dem das Werkstück geritzt wird (Druckperkussion) ist ein Grenzfall, da meist weder sichtbare Späne anfallen, noch Grate entstehen.

Punzen: Wiederkehrende Formen werden mit der Punze eingeschlagen, einem Werkzeug mit glatter oder gravierter Schlagfläche beliebigen Umrisses, das mit kombinierter Perkussion gebraucht wird.

Treiben (Treibziselieren): Bei der dekorativen Verformung von Blechen mit Sticheln, Meißeln, Punzen und Hammer wird das zu bearbeitende Blech mittels erwärmtem *Treibkitt* auf dem *Kittstock* festgeklebt (auch andere weiche Unterlagen sind möglich). In Südindien besteht der Treibkitt aus einer Harzmasse, Ziegelstaub und Öl. Die Zeichnung wird mit einer Nadel angerissen, die Linien mit Meißel und

Hammer nachgezogen. Damit das Dekormotiv deutlicher hervortritt, wird der Hintergrund oft mit *Matt-* oder *Schrotpunzen* mattiert (auch bei Metallschnitt). Bei kombinierter *Poussé-Repoussé-Technik* wird der Umriß zuerst mit Meißel und Hammer trassiert. Dann wird das Blech gewendet, wieder festgekittet und das Muster von hinten negativ getrieben (Poussé). Danach dreht man das Werkstück abermals um, arbeitet die feinen Einzelheiten heraus (Repoussé) und mattiert den Grund.

Stanzen: Blech wird mit einem *Buckeleisen* – unter Zwischenlegen einer Folie – in eine *Matrize* („Anke") (Abb. 35) hineingetrieben. Die entstehende Hohlform ist der positive Abdruck der Ausnehmung in der Matrize. Beim vollentwickelten Stanzen treibt man das Blech mit einer entsprechend positiv geformten *Patrize* in die Anke.

Prägen: Auch hier wird Verformung und Dekor durch einen Prozeß erreicht, jedoch sind Matrize und Patrize verschieden graviert oder gegossen. Vorderseite und Rückseite des geprägten Stückes (z.B. Münzen) zeigen daher verschiedene Bilder.

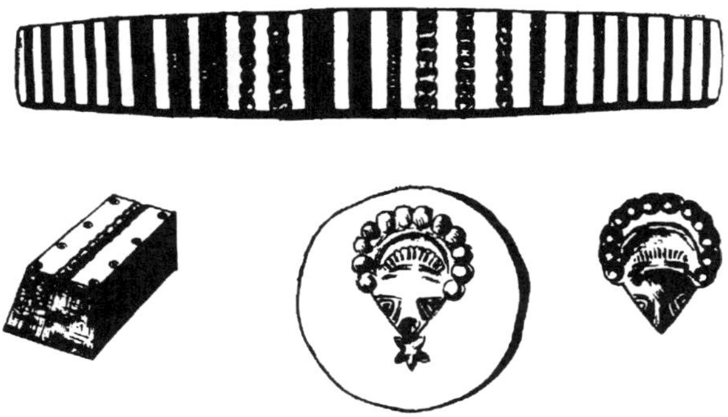

Abb. 35 Anken: Kuwait

4.5.3. Metallverzierung durch Materialverbindung

Tauschieren: Bei der Verzierung härterer Metalle durch Ein- oder Aufschlagen von weicheren ist das Grundmetall meist Eisen oder Stahl, das Dekormetall am häufigsten Gold und Silber, in Schwarzafrika und Sibirien Zinn und Kupfer. Sowohl bei auf- als auch bei eingeschlagener Tauschierung kann das Dekormetall reliefartig über die Oberfläche hinausragen. Man spricht hier meist von „Metalleinlagen", obwohl kein technischer Unterschied zur Tauschierung besteht.

Aufgeschlagene Tauschierung: In Form geschnittene Folienstücke oder Draht werden auf dem durch Meißelschläge oder mit dem Fadenstichel aufgerauhten Grund aufgehämmert.

Eingeschlagene Tauschierung: Die Umrisse des Dekormusters werden im Metallgrund graviert, geschnitten oder auch tiefgeätzt. Das Dekormaterial wird in die Ausnehmungen eingeschlagen. Um ein besseres Haften zu gewährleisten, werden die Kanten unterschnitten. Neben dieser „positiven" Tauschierung findet sich seltener die „negative", bei der das Muster im Grundmetall stehenbleibt und das Dekormetall den Hintergrund bildet. In Indien und Japan findet man eine Variante der eingeschlagenen Tauschierung, bei der Blattgold auf den durch Gravieren usw. vorbereiteten Grund aufgehämmert wird. Es dringt in die Vertiefungen ein, und das anschließende Abschleifen läßt das Gold nur in diesen stehen.

Bidri: Eine in Indien von islamischen Metallarbeitern geübte Technik, benannt nach dem Ort Bidar bei Haidarabad (Dekkan). Auf gegossenen Gefäßen aus Kupfer-Zink-Legierungen werden Silbertauschierungen eingeschlagen. Der Grund wird durch Beizen geschwärzt, wodurch sich das Silber besonders deutlich abhebt.

Emaillieren: Aufschmelzen von gefärbtem Glasfluß auf Metall.

Grubenschmelz (émail champlevé): Der Glasfluß füllt Ausnehmungen im Metallgrund. Die Oberflächenwirkung dieser Technik wurde in Indien (Kaschmir, Jaipur, Muradabad) durch Lackinkrustation imitiert.

Zellenschmelz (émail cloisonné): Der Glasfluß wird in Zellen gegossen, die aus aufgelöteten Stegen bestehen. Die Zellen werden dabei stets bis zur Oberkante der Stege gefüllt.

Drahtemail: Die Stege bestehen aus Draht, sind nicht mit dem Grundmaterial verlötet und stehen über die Emailoberfläche hinaus.

Vollschmelz: Die gesamte Oberfläche eines Körpers ist mit Glasfluß überzogen. Vollschmelz tritt zusammen mit Emailmalerei auf. Beide Techniken gelangten erst im 19. Jh. nach China und waren sonst im außereuropäischen Bereich nicht gebräuchlich.

Niello (Tula): Einschmelzen bestimmter Metallsulfide in Silber-, seltener Goldgrund. Niello ist ursprünglich nur der Name für eine Legierung aus Kupfer, Silber und Blei mit Zusätzen von Schwefel (zur Schwärzung) und Borax (als Flußmittel). Diese Legierung wird in zerstoßenem und gewaschenem Zustand mit einer Spachtel in die Ausnehmungen des Metallgrundes gestrichen und eingeschmolzen. Durch Schaben und abschließendes Polieren erhält Niello seinen charakteristischen blauschwarzen metallischen Glanz. In Muradabad imitiert man den Nielloeffekt durch schwarzen Lack, in Teilen Vorderasiens mit gefärbten Pasten (Harz mit Ruß usw.). Als Metallgrund für diese Imitationen werden meist Kupfer, Bronze oder Messing verwendet.

Vergolden: Überziehen unedlerer Materialien mit Gold.

Blattvergolden: Auflegen von Blattgold auf andere Metalle oder auf Holz (Bein usw.). Der zu vergoldende Gegenstand wird mit Firnis bestrichen, das Blattgold aufgedrückt. Durch Beimengung eines Farbstoffes zum Firnis (Kreide: weiß, Bolus: rot) kann dem Gold verschiedene Tönung gegeben werden, da der Grund durchschlägt. Die Methode ist auch für Blattsilber anwendbar.

Feuervergolden (-versilbern) von Buntmetallen: Amalgamiertes (in Quecksilber gelöstes) Gold oder Silber wird auf den metallischen Untergrund aufgetragen. Durch Erhitzen des Gegenstandes dampft das Quecksilber ab, Gold bzw. Silber bleiben zurück.

Waschvergolden von Buntmetallen: Der zu vergoldende Gegenstand wird in eine Gold-Kupferschmelze im eutektischen Mischungsverhältnis (82% Au, 18% Cu) getaucht, nach dem Erkalten wird der Überzug poliert. Ähnliche Verfahren werden mit Silber und Zinn ausgeführt. Verzinntes Kupfer ist besonders im islamischen Orient sehr häufig.

Mise-en-couleur-Vergoldung: Kleine Gegenstände aus einer Gold-Kupfer-Legierung (z.B. Tumbaga) werden in organische Säuren gelegt. Durch die Säurewirkung (Auflösung des Kupfers an der Oberfläche) tritt reines Gold zutage, das abschließend poliert wird. Ein abgewandeltes Verfahren ist das „depletion gilding“, ein Zementationsprozeß, bei dem das goldhaltige Objekt mit einem salzhaltigen „Zement“ umhüllt und erhitzt wird. Unreinheiten und unedle Metalle diffundieren in den reaktiven Mantel, reines Gold bleibt an der Oberfläche zurück.

Granulieren: Diese Dekortechnik beruht grundsätzlich auf dem Prinzip des Schweißens (gelegentlich durch Löten imitiert) und wird in Gold und Silber, nur ausnahmsweise in Kupfer, ausgeführt. Grundmetall und Dekormetall müssen dabei stets gleichartig sein. Blechschnitzel oder kleine Drahtstücke der betreffenden Metalle, in Holzkohlepulver erhitzt, gerinnen zu kleinen Kugeln, deren Oberfläche mit Kohlenmonoxid angereichert ist. Die Unterlage wird ebenfalls erhitzt und mit Fischleim oder einer ähnlichen Substanz bestrichen. Durch die Anreicherung von Kohlenmonoxid an den Oberflächen beider Komponenten wird der Schmelzpunkt herabgesetzt. Die auf die Unterlage aufgetragenen Kugeln verschmelzen mit ihr.

Filigranieren: Feiner Silber- oder Golddraht wird zu Mustern gebogen. Die einzelnen Stücke verlötet man miteinander (*à jour*) oder mit der Unterlage. Auch hier sind Grund- und Dekormetall immer identisch.

Applizieren: Gesonderte Schmuckkörper werden auf dem Grundmetall durch Fassungen (Steine, Perlen, Glassplitter usw.) oder durch Aufnieten oder Auflöten (Bleche) befestigt.

4.5.4. Metallverzierung durch chemische oder thermische Prozesse

Ätzen: Beim Verzieren von Metall durch Säuren oder Beizmittel bereitet man den Ätzgrund durch Auftragen von Wachs oder einer anderen Reserve vor, die nur die zu ätzenden Stellen frei läßt. Durch entsprechend lange Einwirkung können so „positive“ oder „negative“ Reliefs entstehen (wie beim Metallschnitt, den man in Persien und Indien im 19. Jh. durch Ätzen imitierte).

Für die Herstellung „damaszierter“ Klingen verwendete man von Indien bis Vorderasien ein Eisensulfat (*zag*), in Indonesien unter anderem ein Gemisch aus Zitronensaft und Arsenik (*marangi*). Die einmalige oder mehrmalige kurze Einwirkung dieser Ätzmittel macht die Struktur des Schweißstahls sichtbar. Bei Verwendung von *marangi* bildet sich an der Oberfläche eine dünne Haut von mattglänzendem Arsenikeisen, das sich kontrastreich von den helleren Stahlschichten abhebt. Neben dieser „Farbätzung“ erzielt man durch lang anhaltende Einwirkung von Säuren eine „Reliefätzung“ („Reliefpamor“). Die Säure wirkt auf die Nahtstellen des Gefüges besonders stark ein, und so behandelte Klingen zeigen eine gewollt zerklüftete Oberfläche.

Anlassen: Durch mäßiges Erhitzen und rasches Abkühlen verfärbt sich Stahl von Weißgelb (200°C) über Rot und Blau zu Grau (360°C). Als ästhetischen Oberflächeneffekt wählt man meist Violett bis Dunkelblau (280–290°C). Mit Reservierungstechniken kann man auch Muster in Anlaßfarben erzielen.

Weiterführende Literatur:

Aitchinson, L.: A History of Metals. 2 Bände. London 1960.
Baer, G., A. Jeanneret und W. Raunig: Metall. Gewinnung und Verarbeitung in außereuropäischen Kulturen. Basel 1966.
Barnard, N.: Bronze Casting and Bronze Alloys in Ancient China. Monumenta Serica Monograph 14. Canberra 1961.

Benson, Elizabeth P. (Hg.): Pre-Columbian Metallurgy in South America. Washington 1979.
Blandin, André: Bronzes et autres alliages. Afrique de l'ouest. Louvain 1988.
Bray, Warwick (Hg.): The Gold of El Dorado. London 1978.
Celis, George: Eisenhütten in Afrika/Les fonderies africaines du fer. Sammlung 6: Afrika. Frankfurt a.M. 1991.
Celis, George und Emmanuel Nzikobanyanka: La Métallurgie traditionelle au Burundi. Archives d'Anthropologie 25. Tervuren 1976.
Cline, W.. Mining and Metallurgy in Negro Africa. General Series in Anthropology 5. Menasha 1937.
Doeringer, S., D. G. Mitten und A. Steinberg: Art and Technology. A Symposium on Classical Bronzes. Cambridge 1970.
Echard, Nicole: Métallurgies africaines. Nouvelles contributions. Mémoires de la Société des Africanistes 9. Paris 1993.
Forbes, R. J.: Metallurgy in Antiquity. Leiden 1950.
–: Studies in Ancient Technology. Bd. 8, 9. Leiden 1964.
Griffin, James B. (Hg.): Lake Superior Copper and the Indians: Miscellaneous Studies of Great Lakes Prehistory. Museum of Anthropology, University of Michigan, Anthropological Papers 17. Ann Arbor 1961.
Haaland, Randi und P. Shinnie (Hg.): African Iron Working. Bergen 1985.
Haberland, Wolfgang: Gold in Altamerika. Hamburg 1972.
Hahn, Hans Peter: Eisentechniken in Nord-Togo. Kulturanthropologische Studien 21. Münster 1993.
Janata, Alfred: „Damaststahl" und „Pamoreisen". Versuch einer Begriffsklärung. Annals of the Náprstek Museum 5: 33–39. Prag 1966.
Lagercrantz, Sture: Wire-drawing in Africa. Jahrbuch des Museums für Völkerkunde zu Leipzig 38: 224–247. Berlin 1989.
Lechtman, H.: The Gilding of Metals in Pre-Columbian Peru. Application of Science in Examination of Works of Art. Boston 1973.
Lohuizen-de Leeuw, J. E. van: Indo-Javanese Metalwork. Stuttgart 1984.
Marquet, E.: Outils de forge du Congo, Rwanda et du Burundi. Musée Royal de l'Afrique Centrale, Annales, n.s. in 4°, Sciences Humaine, 5. Tervuren 1965.
Pleiner, Radomir: Alteuropäisches Schmiedehandwerk. Stand der metallkundlichen Forschung. Prag 1962.
Rosenberg, M.: Geschichte der Goldschmiedekunst auf technischer Grundlage. 4 Bände. Frankfurt a.M. 1910ff.
Schmidt, Peter R.: Iron Technology in East Africa. Symbolism, Science, and Archaeology. Bloomington–Oxford 1997.
Studien zu den Anfängen der Metallurgie. 5 Bände. Berlin 1970.
Tietmeyer, Elisabeth (Hg.): Zwei Eisen im Feuer. Schmieden im Kulturvergleich. Münster 1992.
Wayman, M. L., J. C. H. King, P. T. Craddock: Aspects of Early North American Metallurgy. British Museum, Occasional Paper 79. London 1992.
Werner, O.: Metallurgische Untersuchungen von Benin-Bronzen. Baessler Archiv 18: 71–153. Berlin 1970.
–: Metallurgische Untersuchungen an indischen Bronzen. Leiden 1972.

5. Bearbeitung von Holz, Rinde und Kalebassen

In Anbetracht der großen Zahl von Studien über Holzschnitzwerke und auch Holzarchitektur mag es erstaunen, daß monographische Untersuchungen technologischer Natur kaum vorliegen. Die Techniken und Hilfsmittel waren für den Betrachter offenbar so selbstverständlich, daß ein gesonderter Hinweis überflüssig erschien. Das weitgehende Fehlen exakter technologische Angaben ist um so erstaunlicher, als kaum ein anderes Rohmaterial – im Hinblick auf die zur Verfügung stehenden Werkzeuge und Techniken – schwieriger zu gewinnen war.

5.1. Materialkunde

5.1.1. Holz

Die große Bedeutung von Holz in fast allen Bereichen der materiellen Ausstattung von Kulturen erklärt sich aus seinen für bestimmte Zwecke unübertrefflichen Eigenschaften (leichte Bearbeitbarkeit, geringe Wärmeleitfähigkeit) und seine weite Verbreitung in mengenmäßig großem Vorkommen.

Holz ist kein homogenes Material. Bei mikroskopischer Betrachtung zeigt es einen Aufbau aus vielen langgestreckten, dickwandigen Zellen (Holzfasern, Gefäße), die in annähernd parallelen Mantelschichten angeordnet sind. Im Baum dient das Holz der Festigung, Stoffleitung und Stoffspeicherung. Obwohl verschiedene Holzarten in Aufbau, Härte oder Dichte beträchtliche Unterschiede aufweisen, ist die Elementarzusammensetzung wasserfreier Hölzer jedoch ziemlich ähnlich und beträgt etwa 50% Kohlenstoff, 6% Wasserstoff, 43% Sauerstoff, 0,3% Stickstoff und 0,5% Asche. Die Hauptbestandteile sind Zellulose und Ligninsubstanzen. Frisches, grünes Holz enthält 40–60%, lufttrockenes 10–20% Wasser.

Hölzer können nach verschiedenen Gesichtspunkten eingeteilt werden, so nach ihrem anatomischen Bau (Nadelhölzer, Laubhölzer, Palmen), nach Härte, Eigengewicht, Dauerhaftigkeit, Spaltbarkeit usw. Ihre Bestimmung erfolgt vorwiegend mikroskopisch.

Zu den technischen Eigenschaften des Holzes zählen Festigkeit, Haltbarkeit, Biegsamkeit und Elastizität. Die Festigkeit ist davon die bedeutendste und umfaßt Widerstand gegen Zug-, Druck-, Biege- (Knick-) und Schubbeanspruchung. Härte und spezifisches Gewicht spielen dabei eine bedeutende Rolle. Dem spezifischen Gewicht des

Holzes entspricht annähernd seine Härte und Festigkeit, deren Variation durch anatomischen Bau, Standort, Wachstumserscheinungen und gewisse Entwicklungsbedingungen bestimmt wird. Allgemein ist beim Holz die Zugfestigkeit am größten, gefolgt von der Druckfestigkeit.

Biegsamkeit und Elastizität verleihen dem Holz besondere Verwendungsmöglichkeiten. Feuchtigkeit vermehrt bei den meisten Hölzern die Biegsamkeit, verringert aber gleichzeitig die Elastizität. Feucht erwärmtes oder gar gekochtes Holz läßt sich sehr leicht biegen (Anwendung etwa im Bootsbau, Wagenbau, Biegen von Schlittenkufen). Holz zeichnet sich durch relativ gute Haltbarkeit und Dauerhaftigkeit aus, wenn auch die Wetterbeständigkeit vor allem bei ungünstigen Witterungsbedingungen nicht immer groß ist (Vermoderung unter Einfluß schimmelartiger Pilze). Unter Luftabschluß, wie in Sümpfen und Mooren, und auch in völliger Trockenheit hält sich Holz lange und gut.

Von ästhetischem Wert sind Färbung, Zeichnung, Tönung und Textur der Hölzer. Hierbei sind Laubhölzer besonders durch Farbigkeit in verschiedenster Art und Weise gekennzeichnet, während Nadelhölzer meist keine besondere Farbigkeit aufweisen. Eine technisch verwendete Eigenschaft des Holzes ist auch seine strukturbedingte Spaltbarkeit, die manchmal allerdings unerwünscht sein kann.

Als Baustoff eignen sich Hölzer wegen ihrer Härte (z.B. Eiche, Lärche), Festigkeit, Tragkraft (Fichte), Elastizität, guten Belastbarkeit, langen Lebensdauer (Eiche, Lärche, Kiefer), geringen Wärmeleitfähigkeit und Schalldämpfung. Als Heizmaterial verfügt Holz wegen seines hohen Sauerstoffgehaltes über einen geringen Heizwert (15500 kj/kg). Lufttrockenes Holz erreicht bei gewöhnlichem Feuer eine Verbrennungstemperatur von höchstens 1000°C. Seine hohe Brenn- und Flammbarkeit wird beim Feuermachen genutzt.

Technisch verwertet wird auch die Rinde von Bäumen mit wenig ausgeprägter Borke. Die Verwendung reicht von der Herstellung von Booten (Australien, Feuerland, Nordamerika) über die als Baumaterial (als Wand- und Dachhaut) und als Material für gefaltete und genähte Gefäße (insbesondere die Rinde von Birke und Vogelkirsche) hin zu den Rindengürteln Melanesiens. Auch als Material für Seilerei, Flechterei und Weberei kommt Rinde vor.

5.1.2. Bambus

Bambus ist eine Gattung tropischer Gräser (*Bambusae*), die in etwa 50 Arten über die ganze Tropenzone verbreitet ist. Unter diesen Gräsern gibt es große, oft riesige, ausdauernde Gewächse, die eine Höhe von 30 m erreichen können; sie sind holzig und – abgesehen von den gleichmäßig wiederkehrenden Wachstumsknoten – innen hohl. Oft bedecken sie weite Landstriche mit dichtem Wald. Besonders in der Jugend wachsen sie rasch und stark. Die verschiedenen Größen- und Dickenausbildungen machen den Bambus außerordentlich vielseitig verwendbar, ebenso seine große Härte, die durch Silikathaltigkeit bewirkt wird.

Bambus wird in tropischen Regionen zum Bauen von Häusern, Brücken, Zäunen, Wasserleitungen usw. überall da verwendet, wo er den statischen Anforderungen genügt. Die dünnen Halme des Bambusrohrs, in schmale Streifen geschnitten, eignen sich zufolge ihrer Elastizität ausgezeichnet zur Herstellung von Stangen, Mastbäumen, für Bogen, Pfeile, Angelruten. Ferner verfertigt man daraus Blasrohre und diverse Gefäße (Pfeilköcher); auch beim Musikinstrumentenbau spielt Bambus eine große Rolle. Aus Bambusfasern werden Stricke, Matten und andere Flechtarbeiten hergestellt. Vor allem in China wurden sie zur Papierherstellung herangezogen. Auch Bambusblätter werden zum Flechten verwendet.

5.1.3. Fruchtschalen

An pflanzlichen Rohstoffen anderer Art sind schließlich noch die in mannigfaltiger Weise genutzten Fruchtschalen zu nennen. An erster Stelle stehen hier die als Kalebassen bekannten Schalen von Feld- und Baumkürbissen, gefolgt von der Schale der Kokosnuß und ähnlichen Gewächsen. Fruchtkerne werden als Schmuckmaterial und Rasselkörper verwendet, ihre technische Bedeutung ist jedoch bescheiden.

5.2. Baumfällen und -spalten

Einen Baum mit der eisernen Axt zu fällen – von einer Säge ganz zu schweigen – bietet wenig Schwierigkeiten. In zahlreichen Erdgebieten standen Eisengeräte aber nicht zur Verfügung. Allein die Eskimo und andere arktische Völker deckten ihren Bedarf fast ausschließlich mit Treibholz, überall sonst war man aber mit dem Problem des Baumfällens konfrontiert. Man hat es auf verschiedenste Art und Weise gelöst, immer war damit jedoch ein großer Zeitaufwand verbunden.

Die feuerländischen Yamana stellten die Schäfte ihrer Harpunen aus Buchenholz her. Ein gerader Baum von geringem Umfang wurde aus-

Abb. 36 Baumfällen und Herstellung eines Einbaums mittels Feuer: North Carolina Algonquian (Nordamerika)

gesucht, und mit einer geschärften Muschelschale (als Messer geschäftet oder ungeschäftet) entfernte man wenig über dem Boden eine Handbreit Rinde. Mit demselben Werkzeug wurde eine Holzfaserschicht nach der anderen abgeschabt (der Ausnützung der Faserrichtung bei der Holzbearbeitung begegnen wir überall). Erachtete man die Kerbe für tief genug, so warf man eine Schlinge aus einem langen Lederriemen über einen oder mehrere möglichst hochstehende Zweige, und ein Mann hing sich mit all seinem Körpergewicht daran, bis der Stamm brach. Um die Baumkrone abzutrennen, verfuhr man ähnlich.[38] Dieselbe Vorgangsweise wird von indigenen Kaliforniern berichtet.

Im südöstlichen und nordwestlichen Nordamerika brauchte man für die Einbäume Stämme von beträchtlich größerer Stärke. Man zog zuerst unten am Stamm einen großen Rindenstreifen ab und ließ den Baum absterben und damit austrocknen. Hatte man sehr viel Zeit, so wartete man, bis der Stamm so morsch war, daß er auch den Steinbeilen keinen größeren Widerstand entgegensetzte. Rascher kam man mit Hilfe des Feuers weiter (Abb. 36).

Die Neukaledonier (Melanesien) unterhielten so lange rund um den Baumstamm ein Feuer und entfernten das angekohlte Holz durch Schaben, bis der Baum fiel. Auch die Amhara (Äthiopien) benutzten – obwohl sie Eisen kannten – eine ähnliche Methode. Durch ein Reisigfeuer wurde der Stamm angebrannt und blieb dann längere Zeit stehen. War er trocken genug, um selbst die Flammen zu nähren, entfachte man wieder ringsum ein Feuer, das am Stamm fortglomm und ihn nach einigen Tagen ununterbrochenen Brandes zu Fall brachte.[39]

In Australien hieb man kleine Stämme mit unbearbeiteten scharfkantigen Steinen um. In Nordamerika teilten sich manchmal auch die Geschlechter in die Arbeit. Die Männer hieben mit großen Steinäxten zwei Rillen rund um den Baum, das Holz dazwischen wurde von Frauen mit kleineren Werkzeugen so lange entfernt, bis der Stamm fiel.[40]

Die Äste wurden ebenfalls entweder abgebrannt oder mit Äxten abgeschlagen. Kannte man Eisen, verwendete man für diese Tätigkeit oft spezialisierte Hack- oder Haumesser. Das Entrinden bot keine großen Schwierigkeiten, um so mehr jedoch das Herstellen von Balken bzw. Brettern oder das Aushöhlen des Stammes, um einen Einbaum herzustellen. Vielfach konnte man nur durch mühsames und kleinweises Abhacken (mit Axt, Dechsel, Haumesser) aus einem Stamm jeweils ein Brett herstellen.

Die Yamana spalteten ihren Buchenstamm, dessen Fällen bereits geschildert wurde, mit einem Keil aus einer Walrippe, den sie mit einem Schlagstein einschlugen. So wurde ein brauchbarer Harpunenschaft zwischen dem Mark des Baumes und der Bastschicht herausgearbeitet. Auch die rohe Form ihrer Stechpaddel spalteten sie aus einem ca. 20 cm dicken Buchenstamm mit Keil und Schlagstein. Als Werkzeug für die Feinbearbeitung diente einzig und allein eine geschliffene Muschelschale.[41] In Nordamerika verwendete man Keile aus Geweihknochen, um Bretter abzuspalten.

Zum Aushöhlen von Baumstämmen bediente man sich meist wieder des Feuers. Der Stamm wurde im allgemeinen aufgebockt, das Feuer darunter entfacht, sorgfältig geschürt und beobachtet, um ein unerwünschtes Übergreifen der Flammen zu vermeiden. Wie beim Fällen, schlug oder schabte man die angekohlten Schichten zwischendurch ab.

5.3. Techniken der Bearbeitung

5.3.1. Bearbeitung mit Steinwerkzeugen und Glättmitteln

Die vollständigen Herstellungsprozesse einer Speerschleuder (*womera*) der Pitjendadjara (Südostaustralien) und eines Pfeilschaftes der Selk'nam (Feuerland) machen beispielhaft einfache Methoden der Holzbearbeitung deutlich.[42]

Der Pitjendadjara-Mann wählt einen mulga-Baum von etwa 20 cm Durchmesser aus und schlägt ungefähr einen Meter oberhalb des Bodens mit einem unbearbeiteten, scharfkantigen Stein (ca. 3½ kg), den er mit beiden Händen führt, eine waagrechte Kerbe. Senkrecht zum

Stamm geführte Schläge an dessen Basis holen weiteres Material heraus. Um die Kerbe die erforderlichen 4 cm in den Stamm einzutiefen, benötigt der Arbeiter mehr als eine Stunde.

Durch Schlagen gegen den Stamm oberhalb der Kerbe entsteht ein Sprung in Richtung der Faser, in den man einen Holzkeil treibt, bis sich ein Scheit vom Stamm abspaltet. Dieses Scheit wird zunächst entrindet und dann mit demselben Stein grob zur charakteristischen Lanzettform zubehauen. Die Höhlung der konvexkonkaven Speerschleuder schlägt man zuerst mit einem kleineren Stein (etwa 1½ kg) aus, wobei die Schläge senkrecht zur Faserrichtung geführt werden. Zur feineren Bearbeitung verwendet man einen Steinschaber, der am Griffende einer Speerschleuder festgekittet ist. Dabei wird das Werkstück zuerst waagrecht, dann senkrecht gehalten. Beim Schaben setzt man die Klinge in einem Winkel von etwa 30° an und führt sie abwärts. Die abgehobenen Späne sind durchschnittlich mindestens 10 cm lang. In dieser Art wird das Werkstück so lange bearbeitet, bis seine Dicke nur wenig mehr als 1,5 mm beträgt. Der Querschnitt der Speerschleuder hat nun die Form einer zarten Mondsichel. Am Oberende wird ein Zapfen, am Unterende eine Steinklinge festgekittet, und das Stück ist fertig. Es erfüllt den Zweck einer Speerschleuder, eines Messers oder Schabers, man kann es als flachen Teller und auch zum Feuersägen (vgl. S. 266–267) verwenden.

Die Selk'nam verwendeten für ihre Pfeilschäfte Zweige der *Berberis ilicifolia*, die man nach dem Abbrechen einige Tage in der Hütte trocknen ließ, ehe man sie entrindete. Der am Erdboden sitzende Hersteller legte den Stab auf den ausgestreckten Oberschenkel und schabte ihn unter dauerndem Drehen mit einer Muschelschale oder einem Quarzsplitter. Zwischendurch mußte dieses Werkzeug wiederholt auf einem rauhen Sandstein geschliffen werden. Um den Schaft gerade zu biegen, wurde er mehrmals über einer Glut erwärmt, der Breite nach in den Mund gesteckt, mit den Zähnen leicht gefaßt und Stück für Stück unter ständigem korrigierendem Biegen durch den Mund geschoben. Der Schaft wurde durch das fortdauernde Schaben vollkommen rund, sein größter Durchmesser betrug in der Mitte etwa 9 mm.

Nun faßte man, um ihm besseren Halt zu geben, den Schaft mit einem rauhen Lederfleck und schliff ihn auf einem Sandsteinblock. Das dabei abfallende feine Pulver fing man mit einem Lederlappen auf. Zum Weiterglätten wurde ein Bimsstein verwendet und schließlich polierte man mit dem Sandsteinpulver und Lederlappen. Genügend lange Lagerung ließ die Schäfte trocknen. Durch Schleifen mit einem Steinmesser oder mit einer Sandsteinraspel kerbte man das untere Schaftende halbrund und das obere winklig (zum Einsetzen der Spitze) ein.

5.3.2. Bearbeitung mit Dechsel und Messer

Dechsel und Messer sind selbst dort, wo Eisen bekannt ist, meist auch die einzigen Werkzeuge zur Holzbearbeitung. Mit der Dechsel („Querbeil“) gibt man dem Stück die Rohform; sie eignet sich (besonders mit gekrümmter Schneide) auch bestens zum Aushöhlen von Schüsseln usw. (Abb. 37). Mit dem Messer (Abb. 38) werden die Flächen geebnet und auch die Details feiner Schnitzarbeiten lassen sich damit ausführen.

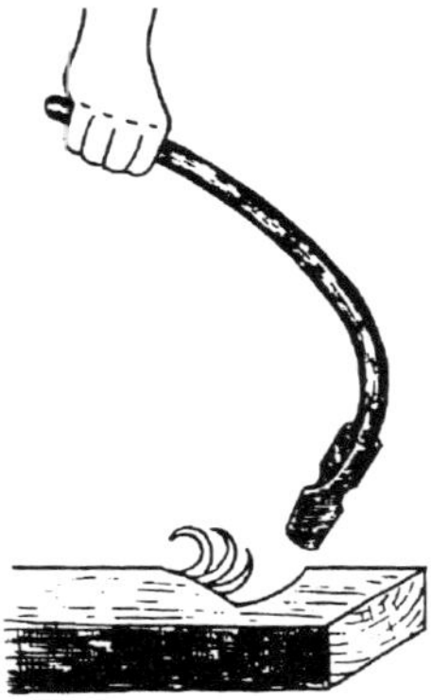

Abb. 37 Dechsel in Anwendung

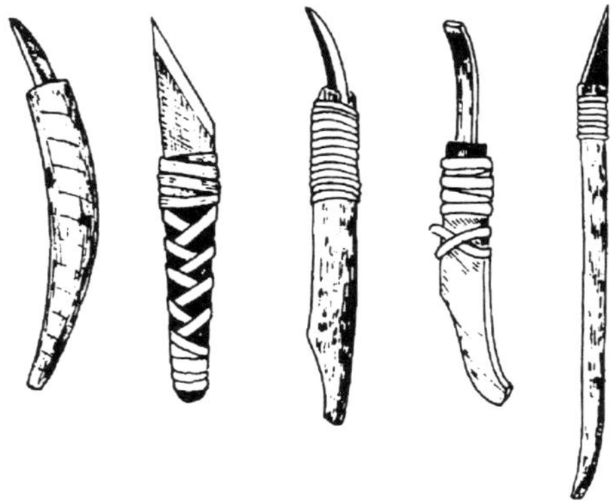

Abb. 38 Schnitzmesser: Ainu, Japan, Tlingit (Alaska), Montagnais (Quebec), Labador-Eskimo

Die Kombination dieser beiden Werkzeuge demonstriert deutlich die wechselseitige Ergänzung von Schwungperkussion (Dechsel: große Kraft, geringe Genauigkeit) und Druckperkussion (Messer: geringe Kraft, große Genauigkeit) bei der Bearbeitung eines Materials.

Dritter elementarer Behelf für die Holzbearbeitung sind die verschiedenen Glätt- und Poliermittel und -werkzeuge – das einprägsame Beispiel der Selk'nam hat dies ja schon gezeigt. Neben den Schleifsteinen, dem Sand, den verschiedenen Schabern und Kratzern, die schon erwähnt wurden, wären noch z.B. die Raspeln aus Rochenhaut Melanesiens (vgl. Abb. 108) und die Schneckenhobel Südamerikas hinzuzufügen.[43]

Holzschüsseln von der Nordwestküste Nordamerikas, an den sichtbaren Stellen mit Reliefschnitzerei verziert, bemalt und feinstens poliert, zeigen auf der Unterseite deutlich die charakteristischen Spuren der Dechsel. An den asiatischen und amerikanischen Küsten des nordpazifischen Raums findet sich ein hochspezialisiertes Schnitzmesser mit kurzer, gebogener Eisenklinge und langem, handlichem Griff.[44]

5.3.3. Biegen und Härten

Grünes Holz von geringer Stärke läßt sich leicht auch mit der Hand biegen. Fixiert man gebogene dünne Stäbe oder Bretter und läßt sie austrocknen, so behalten sie ihre Form.

Die Bevölkerung Sibiriens, Japans und Nordwestamerikas sowie die Eskimo stellten so Spanschachteln her. Holzbrettchen wurden rund oder oval gebogen, so daß die Kanten übereinander zu liegen kamen, durch Schnürung oder Holzknebel (zwei Leisten, die man miteinander verknotet) fixiert (Abb. 39) und dem Trocknen überlassen. Durch Lochen mit Pfriemen und Durchnähen mit Rindenstreifen wurden sie nach dem Trocknen in ihrer Form festgehalten.

In den schneereichen Gebieten Japans schneidet man im Frühjahr Zweige ab, läßt sie einige Zeit hindurch in Wasser weichen, biegt sie mit den Händen U-förmig zurecht und steckt die Enden in den Erdboden. Nach dem Trocknen verbindet man zwei solcher Stücke durch Schnüre zu einem ovalen Rahmen für Schneeschuhe (vgl. Band 2, Abb. 2).

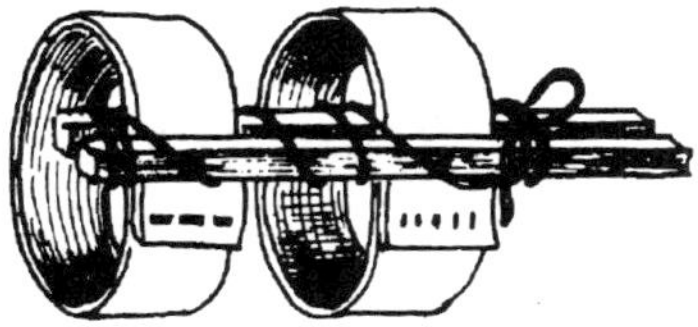

Abb. 39 Fixieren einer Spanschachtel: Japan

Abb. 40 Biegen eines Schildes über Feuer: Neuguinea

Größere Stücke wurden über mäßigem Feuer erhitzt, in asiatischen Hochkulturen auch über Wasserdampf, um sie leichter biegen zu können. Manche Schilde wurden in Neuguinea so gebogen. Man fixierte das Werkstück an einer Schmalseite zwischen Steinen fest am Erdboden, so daß es von diesem in einem Winkel von etwa 45° abstand. Um das andere Ende legte man ein Seil und fachte unter dem Brett ein Feuer an. War das Holz erwärmt, zog man das freie Ende des Seils abwärts und befestigte es an einem liegenden Baumstamm oder fixierte es sonst irgendwie am Erdboden. Man nährte das Feuer weiter und bog das Brett, indem man von Zeit zu Zeit an dem Seil zog und es wieder festband, bis die gewünschte Krümmung erreicht war (Abb. 40).

Als Alternative zum Biegen kerbte man an der Nordwestküste Nordamerikas bei der Herstellung von Holzschachteln das vorbereitete Brett, das alle vier Wände bilden sollte, an den drei vorgesehenen Bugstellen V-förmig ein. An diesen Stellen bog man es dann im rechten Winkel ab. Bei exakt gearbeiteten Stücken schließen die Ränder und Seiten der Kerben so dicht, daß an den Innenkanten keine Fugen bleiben. Nahtstelle und Boden wurden mit Holznägeln fixiert (Abb. 41).

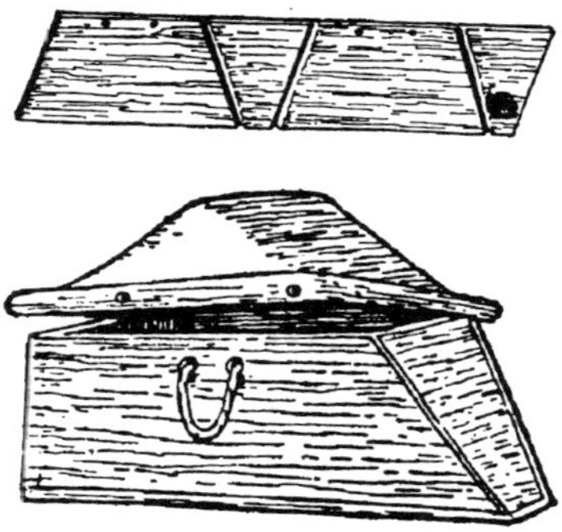

Abb. 41 Gekerfte Schachtel: Kwakiutl

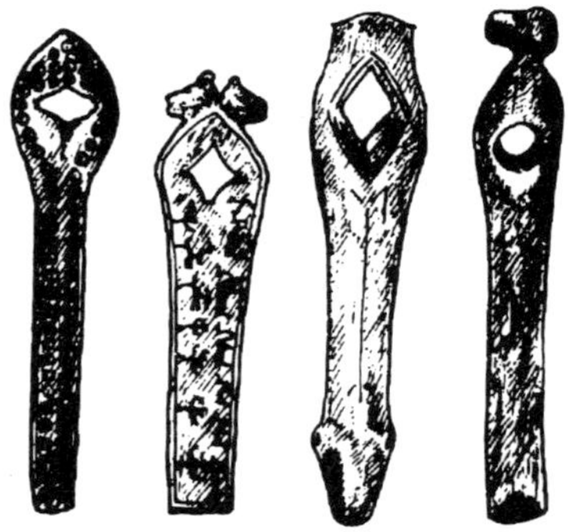

Abb. 42 Pfeilstrecker: Eskimo

Zur Begradigung von Pfeilschäften benutzten die Eskimo und andere Völker „Pfeilstrecker“ (Abb. 42). Das sind Hebel, meist aus Bein oder Knochen, mit einem dorchbohrten Kopf. Der Pfeilschaft wird durch das Loch gezogen und durch Hebeldruck mit dem Strecker begradigt. Ähnlich einfache kompliziertere Hebelvorrichtungen verwendete man zum Biegen von Bogenstäben, Schlittenkufen usw.

Auch zum Härten des Holzes bediente man sich des Feuers. In einem Teil Australiens härtete man die Spitzen von Speeren, indem man sie ins Feuer hielt. Die Maori Neuseelands tränkten Holzgegenstände in Öl, ehe sie sie im Feuer härteten.

5.3.4. Spezialisierte Werkzeuge

Neben Dechsel und Messer stehen natürlich auch andere Werkzeuge zur Holzbearbeitung im Gebrauch. So kennt man z.B. aus Neuguinea Grabstichel mit Steinklingen, aus Nord- und Südamerika solche aus geschäfteten Nagetierzähnen (vgl. Abb. 107). In der Tat wurden Stichel und Meißel mit verschieden geformten Schneiden auch sonst häufig neben dem Messer für Schnitzarbeiten verwendet.

Abb. 43 Sägen: Korea

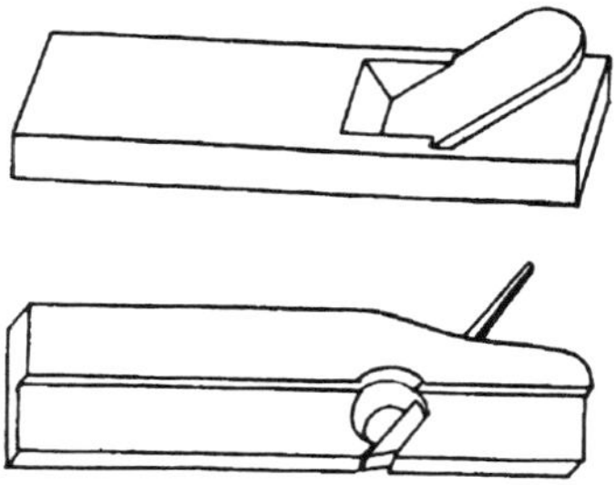

Abb. 44 Schlicht- und Simshobel: Japan

Stahlsägen mit einer geschränkten Zahnreihe sind nur in den asiatischen Hochkulturen verbreitet (Abb. 43). Das Baumfällen und die Herstellung von Balken oder Brettern wird durch den Gebrauch einer solchen Säge natürlich sehr erleichtert. Auch echte Hobel – schräg gestellte Klingen in Kastenschäftung – finden sich nur in den genannten Hochkulturen, dort jedoch in hochspezialisierten Varianten (neben dem Schlichthobel auch Simshobel, Wangenhobel usw.) (Abb. 44).

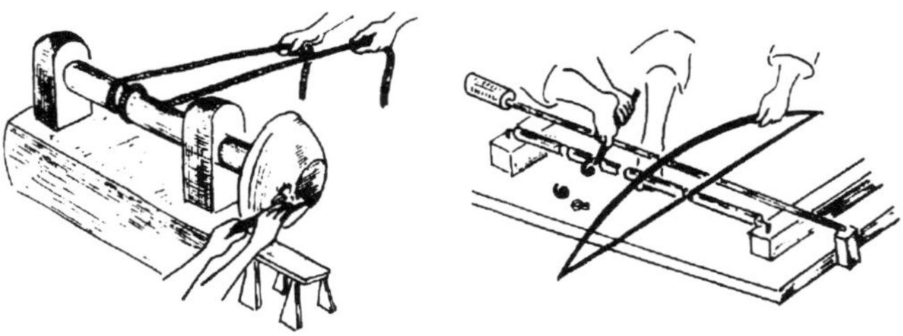

Abb. 45 Drehstühle: Indien, Japan

Bohrer verschiedener Form (vgl. S. 164–166; keine spezialisierten Holzwerkzeuge) waren universell bekannt; oft zog man jedoch das Brennen von Löchern vor. In dünnes Holz kann man Löcher auch mit einem Pfriem stoßen. Zum Bohren von größeren Höhlungen und zum Abdrehen kannte man von Japan bis Nordafrika den Drehstuhl (Abb. 45).

Nur jene Variante, bei der das Werkstück selbst zwischen den Stehern eingespannt und mit einem Bogen bewegt wurde, ist ein spezialisiertes Drechslerwerkzeug. Die Drehspindel, auf die das Werkstück aufgesteckt wird, kann auch zum Abdrehen von Metallgefäßen verwendet werden.

5.4. Techniken des Holzverbindens

Die einfachste und manchmal einzige Methode (z.B. in Teilen Ozeaniens), zwei oder mehrere Bauteile zusammenzufügen, ist das Schnüren (Abb. 46). Das Nähen (Abb. 47) wurde – am Beispiel der Spanschachteln – schon erwähnt, aber auch die Freiborde der Boote der Ainu z.B. hat man an den Bootskörpern „angenäht".

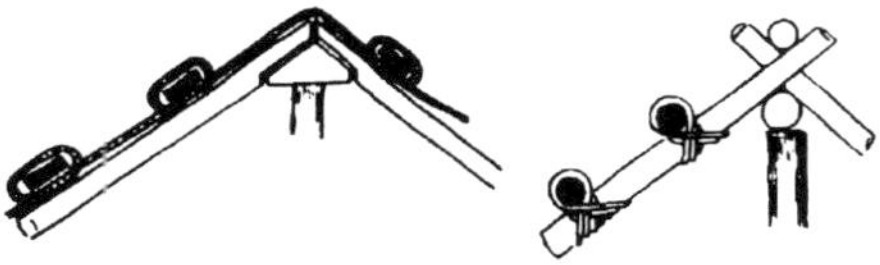

Abb. 46 Schnüren: Maori (Neuseeland)

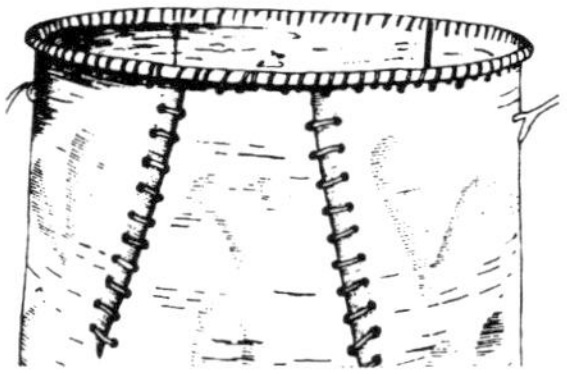

Abb. 47 Nähen von Rinde: Algonquin (Quebec)

Das Schnüren wandte man, ebenso wie das Kitten (Abb. 48) auch zum Verbinden von Holz mit anderen Materialien an. Beides findet man oft kombiniert, so an vielen indonesischen Speeren und Pfeilen, wo die Spitzen festgebunden sind und die Umschnürung mit einem Klebestoff fixiert ist. Pflanzenkitt allein hielt die Spitzen australischer und auch mancher ozeanischer Speere fest am Schaft.

Abb. 48 Kitten: Steinbeil, Australien

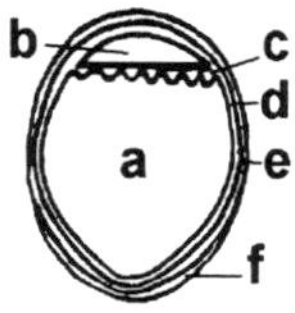

Abb. 49 Leimen von Holz: Querschnitt eines Reflexbogens, Indien: a Holz, b Horn, c Klebemittel, d, f Sehnenauflagen, e Lack und Sehnen

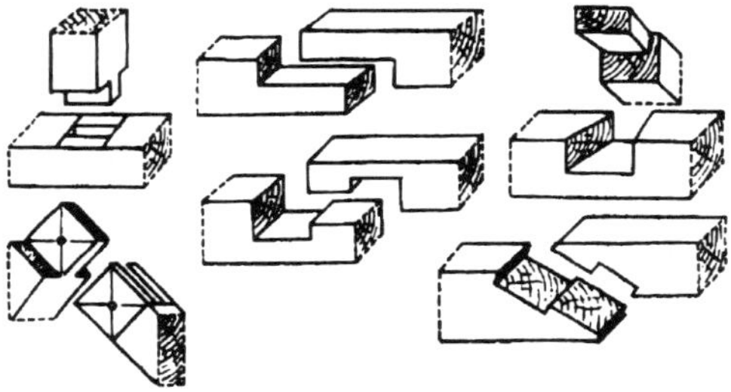

Abb. 50 Verzapfen von Holz

Beispiele höchstentwickelten Leimens sind die aus mehreren Schichten bestehenden Reflexbogen (Abb. 49). In Ostasien verwendete man dafür Fischleim. Zum Kalfatern von Booten dienten vor allem pflanzliche Klebestoffe.

Während Schnüren und Kitten (Leimen) allgemein verbreitete Methoden der Verbindung von Holz sind, findet sich das Verzapfen (Abb. 50) (oder Einstecken bzw. -dornen in Verbindung mit anderen Materialien) weniger häufig. Immer in Verbindung mit Verzapfen oder Einstecken tritt das Verkeilen auf. Auch von europäischen Zimmerleuten und Tischlern unübertroffene Meister in den kompliziertesten Arten von Verzapfen, Überblattung und Versatz sind die japanischen Holzhandwerker. Noch seltener ist das Nageln; wo Eisen bekannt war, verwendete man im allgemeinen auch Nägel aus diesem Material. Die Eskimo und ihnen benachbarte Völker Nordamerikas gebrauchten Holznägel, die sie in sorgfältig vorgebohrte Löcher schlugen.

5.5. Techniken der Holzverzierung

Auch bei Holz ist eingetiefte oder erhabene (spanabhebende) Musterung von solcher durch Überziehen oder Auftragen zu unterscheiden. Mit Messern oder mit Sticheln bzw. Meißeln verschiedener Schneidenform kerbt oder graviert man die Oberfläche. Die Kerben der sogenannten Kerbschnittornamente sind immer mit Messern gemacht und durch einen V-förmigen Querschnitt gekennzeichnet. Sie entstehen durch parallel geführte Schnitte mit dem schräg angesetzten Messer, wobei Späne mit dreieckigem Querschnitt abfallen.

Sind aus dem Holz großflächige Muster herausgearbeitet, spricht man von Reliefdekor. Ein Relief („plastisches Bildwerk auf einer Fläche") ist flach, wenn die Fläche des Musters mit den Rändern in einer Ebene liegt, es ist eingetieft, wenn das Muster tiefer liegt als die Oberfläche, und erhaben, wenn es über diese hinausragt. Halbrunde und Dreiviertelreliefs zeigen zunehmende Plastizität und können typologisch als Übergang zur Voll- oder Rundplastik angesehen werden.

Überaus häufig ist die Verzierung von Holz durch eingebrannte Linien oder Flächen. Für Einlegearbeiten (Intarsien) verwendet man vor allem Muschelschalen (in erster Linie die der Perlmuttermuscheln), Bein, Stein oder andersfarbiges Holz. Intarsierte Kassetten des persisch-indischen Raumes sind die technisch hochstehendsten Beispiele dafür.

Das Bemalen von Holz mit den verschiedensten Farben oder Farbstoffen ist universell verbreitet. Vielfach bediente man sich auch der Färberbeizen, um die Haltbarkeit zu vergrößern. Das Lackieren ist in den asiatischen Hochkulturen häufig angewendet worden. Meister der Lacktechnik sind die Japaner, bei denen sich dieser Handwerkszweig hochspezialisiert hat. Dutzende verschiedener Techniken wurden entwickelt. Das verwendete Rohmaterial ist ein Naturlack – der Saft des Lackbaumes *Rhus vernicifera*.

5.6. Rinde

Rinde wird ausschließlich durch Biegen geformt. Als einzige Werkzeuge benötigt man Messer, um das Werkstück in die entsprechende Grundform zu schneiden, und Pfrieme. Gebogene Rindenkörper, vor allem Gefäße, in Sibirien auch Hüte usw., wurden allein durch Nähen mit einander verbunden bzw. in Form gehalten. Die größten Erzeugnisse aus Rinde sind die Boote der nordamerikanischen Subarktis, australischer Stämme und der Feuerländer. Das Beispiel einer Rindenbootherstellung bei den Yamana demonstriert die Technik.[45]

Man wählt die Zeit zwischen Mitte September und Ende Oktober, wenn der Stoffwechsel der Bäume besonders lebhaft und der Druck des Zellsaftes auf die Zellwand besonders hoch ist. Der für diesen Zweck geeignete Stamm der antarktischen Buche (meist *Nothofagus betuloides*) muß in einer Länge von 5 m gerade und vollkommen frei von Ästen und Narbenwülsten sein. Um einen höher stehenden Ast wirft man einen Riemen aus Seehundhaut, so daß beide Enden zum Erdboden reichen. Aus einem Ende wird eine Schlinge geformt, die sich ein Mann um die Hüfte legt. Mit Unterstützung eines Helfers, der am freien Ende des Riemens zieht, klettert er den Stamm hoch.

Zunächst wird die Rinde senkrecht von oben nach unten

eingeschnitten, nach dem zweiten Hochklettern ringförmig um den gesamten Umfang des Stammes, zuletzt wird unten ein ebensolcher Einschnitt gemacht. Als Werkzeug dient eine geschliffene Muschelschale, ein Muschelmesser (mit Griff), am häufigsten jedoch ein etwa 35 cm langer Meißel aus einer Walrippe und ein Schlagstein.

Mit demselben Meißel oder einem 60 cm langen, flachen Ablöser – ebenfalls aus einer Walrippe – beginnt von oben her das Lockern der Rinde. Ist genügend Rinde abgelöst, setzt der Bootsbauer seine Füße zwischen diese und den Stamm und unter Mitwirkung des Körpergewichts wird die Rinde bis unten hin gelöst. Zuletzt arbeitet der Mann mit dem Rücken zum Stamm zwischen diesem und der Rinde. Die abgelöste Rinde wird, mit Steinen beschwert, in Wasser gelegt. Die Bastschicht entfernt man durch Schaben, ebenso die groben Borkenteile an der Außenseite. Über einem kleinen Feuer mit gleichmäßiger Holzkohlenglut wird die Rinde nun durch langsames Verschieben und oftmaliges Wenden biegsam gemacht. Die fünf erforderlichen Bauteile (zwei für die Seiten, einer für den Boden und zwei kleinere für Bug und Heck) werden nun zugeschnitten und der eigentliche Bootbau beginnt.

5.7. Kalebassen

Unter diesem Begriff versteht man in der Hauptsache getrocknete Kürbisschalen, mitunter werden aber auch andere Fruchtschalen mit einbezogen. Schalen verschiedener Feld- und Baumkürbisarten finden, vor allem als Behälter, weltweit Verwendung. Von der Verarbeitung her stellen sie keine große Herausforderung dar.

„Flaschenkürbisse“ (in ganz Asien oft in Keramik und Metall nachgeahmt) kann man durch Abbinden während des Wachstums formen (Abb. 51). Durch komplizierteres Umwickeln oder mit Hilfe von Formen kann man eine reichere Gliederung der Oberfläche erzielen. Das Aufschneiden und Ausräumen der reifen Frucht bietet bei Gefäßen mit weiter Öffnung kein Problem. Will man die Kürbisschale als Flasche verwenden, so gießt man entweder Wasser ein, um den Fäulnisprozeß zu beschleunigen oder man trocknet die Frucht an der Sonne oder über dem Feuer. Das verfaulte bzw. getrocknete Fruchtfleisch und die Kerne werden ausgeleert, das Innere durch Einfüllen und Schütteln von Sand und Steinchen gereinigt. Den bitteren Geschmack mancher Kürbisschalen beseitigt man durch genügend langes Auslaugen mit Wasser.

Um die nun trockenen Kalebassen aufhängen oder besser tragen zu können, umgibt man sie mit einem Netz oder Geflecht. Sehr häufig

Abb. 51 Eingeschnürte Kalebassen: Turkestan

werden Kalebassen durch Bemalen, Ritzen, Gravieren, Entfernen von Hautpartien, Inkrustieren oder Durchbrechung des Randes verziert. Gute Beispiele für minutiöse Dekoration sind die kleinen Mundtabakkalebassen Vorder- und Mittelasiens.

Weiterführende Literatur:

Austin, Robert and Koichiro Ueda: Bamboo. New York 1970.
Becker, M.: Werkstoff Holz im Kunstwerk. Holzkunde. Berlin 1971.
Berns, Marla C. und Barbara Rubin Hudson: The Essential Gourd. Art and History in Northeastern Nigeria. Los Angeles 1986.
Dagan, Esther A.: When Art Shares Nature's Gift. The African Calabash. Montreal 1988.
Dodge, E. S.: Gourd Growers of the South Seas. An Introduction to the Study of the Lagenaria Gourd in the Culture of the Polynesians. Boston 1943.
Heiser, Charles B., Jr.: The Gourd Book. Norman 1979.
Herberts, K.: Das Buch der ostasiatischen Lackkunst. Düsseldorf 1959.
Jenkins, Irving: The Hawaiian Calabash. Honolulu 1989.
Leechman, D.: Aboriginal Tree-Felling. Bulletin of the National Museum of Canada 48: 44–49. Ottawa 1950.
McClure, F. A.: The Bamboos. Washington 1993.
Schwankl, A.: Welches Holz ist das? Stuttgart 1953.
Speck, Frank G.: Gourds of the Southeastern Indians. Boston 1941.
Spörry, H.: Die Verwendung des Bambus in Japan. Mitteilungen der Deutschen Gesellschaft für Natur- und Völkerkunde Ostasiens 9: 119–145. Berlin 1902-1903.

6. Bearbeitung von Knochen, Elfenbein und Horn

Von diesen Materialien, die in ihren Bearbeitungsmöglichkeiten Holz relativ ähnlich sind, werden Knochen und Geweihe in größerem Ausmaß zur Herstellung von Werkzeugen (Schaber, Pfrieme, Nadeln, Pfeilstrecker) und Waffen (Projektilspitzen, Dolche, Keulen) und Wirtschaftsgeräten (Angelhaken, Hacken, Spaten) verwendet. Aus Horn und Zahnmaterial verfertigt man in der Hauptsache Schmuck- und Ziergegenstände. Eine Ausnahme stellen jene Völker dar, die nur beschränkten Zugang zu Holz hatten (wie die Eskimo oder die Bewohner der nordamerikanischen Plains).

6.1. Materialkunde

Knochen bestehen aus anorganischen und organischen Bestandteilen. Die Mineralsubstanz, die den Knochen ihre Härte verleiht, macht dabei etwa 50–60% (vor allem Hydroxylapatit) aus, rund 25% der Masse sind organische Knochenknorpel (gelatinartige Kollagene), des Rest besteht aus Fett und Wasser. Unterschiede in der Zusammensetzung gibt es zwischen Tierarten, aber auch nach dem Alter der Tiere. Langknochen sind innen hohl, wobei der Kanal für das Mark von schwammigem Knochengewebe gebildet wird, die darüber liegende Schicht ist besonders hart und wird ihrerseits von einer festen Membran umgeben. Im Vergleich zu Holz überwiegt die Festigkeit die Biegsamkeit.

Zähne sind knochenähnliche Organe, bestehend aus einer mit dem sogenannten Zahnschmelz bedeckten Krone. Die harte Schmelzschicht (H=7) besteht zu 96–97% aus Hydroxylapatit mit geringen Mengen eingelagerter organischer Substanzen. Die Hauptmasse des Zahnes bildet das Zahnbein (Dentin) sowie der Zahnzement.

Elfenbein im engeren Sinn ist die Beinmasse der Stoßzähne des Elefanten. Man bezieht aber auch Walroßzahn, die Zähne von Pott- und Narwal sowie die des Nilpferdes mit ein. Frisch fast weiß, wird es bei Alterung allmählich gelbbräunlich. Elfenbein besteht aus 60% phosphorsaurem Kalk und 40% Knorpel neben Wasser. Ausgezeichnet wird es durch hohe Elastizität und Politurfähigkeit. Seine Oberfläche läßt sich gut ätzen, beizen, färben, bemalen, vergolden und intarsieren. Echtes Elfenbein (Elefantenzahn) ist am rautenförmigen Liniennetz des Querschnittes erkennbar. Eine Unterscheidung von Knochen und Elfenbein ist nicht immer leicht, da beide Materialien die gleichen chemischen Hauptbestandteile aufweisen.

Vegetabilisches Elfenbein (Stein-, Tagua- oder Elfenbeinnüsse) nennt man die harten Samen andiner und westafrikanischer Elfenbeinpalmen. Die aus dem faulen Fruchtfleisch ausgelesenen Samen sind unregelmäßig, 5–8 cm lang, oberflächlich braun, netzartig geadert, innen aber weiß und hornähnlich hart. Sie bestehen größtenteils aus Zellstoff. Sie dienten zur Herstellung kleinerer Schnitzereien. Auch die Nüsse der afrikanischen Dumpalme liefern einen ähnlichen Stoff.

Horn ist ein durch Einlagerung von Keratin verhorntes und abgestorbenes tierisches Zellgewebe. Es ist hart aber gleichzeitig sehr elastisch und dient als schützender Panzer bei Kriechtieren, als Waffe (Krallen, Schnabel) und als Gliedmaßenschutz (Klaue, Huf) bei Wirbeltieren. Das Keratin ist elastisch und erweicht im Wasserdampf. Vor allem das Horn der Horntiere (Büffel, Schaf, Ziege usw.) wird sehr geschätzt. Weit verbreitet ist auch die Verwendung von Schildpatt, dem Panzer verschiedener Schildkröten. Das Horn des Nashornvogelschnabels ist in Südostasien ein beliebter Werkstoff.

Als *Geweih* bezeichnet man die bei männlichen Hirscharten – beim Ren bei beiden Geschlechtern – verästelten Knochenauswüchse, die auf Zapfen des Stirnbeins aufsitzen. Auch Geweihe haben gewöhnlich ein schwammiges Zentralgewebe, das von einer Rinde umhüllt ist.

6.2. Bearbeitung

Knochen, die ihrer Härte wegen zu Geräten verarbeitet werden, lassen sich zwar durch Schlag zertrümmern, aber kaum schneiden oder schnitzen. Aus diesem Grund stellten die Yamana ihre knöchernen Harpunen, Meißel usw. ausschließlich durch Schleifen und Polieren mit Sand- und Bimsstein her.[46]

Zur Bearbeitung der Geweihe des Ren gebrauchten die Netsilik-Eskimo der zentralen Arktis überwiegend die schon bei der Holzbearbeitung genannten Werkzeuge: Dechsel, Schnitzmesser, Bohrer und in jüngerer Zeit auch improvisierte Blechsägen nach europäischem Vorbild. Dazu kam eine Art Grabstichel (Abb. 107), mit dem man Längsrillen in den Geweihknochen kratzte, entlang derer man die Werkstücke aufspaltete. Die Dechsel wurde, gemeinsam mit dem Messer, zur Abrundung der scharfen Kanten verwendet. Zur Begradigung verwendete man den Pfeilstreckern entsprechende Geräte, nachdem man die Geweihteile durch Erwärmung geschmeidiger gemacht hatte. Zur Herstellung längerer Geräte wurden Geweihteile an schrägen Schnittstellen mittels Knochennägeln oder Kupferstiften vernietet und umwickelt.[47]

Die Verformbarkeit von Horn in allen seinen Spielarten (Büffelhörner, Schildpatt, Klauen, Vogelschnäbel) unter Hitzeeinwirkung hat man sich vielerorts zu Nutze gemacht. Die Pawnee-Frauen der nordamerikanischen Plains stellten Löffel aus Bisonhorn her, indem sie die Hörner in die Nähe eines Feuers legten, wobei die unteren Enden an der Glut ankamen. Das erweichte Material konnte mit den Füssen breitgetreten werden. Dann wurde die Spitze des Horns gekerbt und abgeschabt und der Löffel eingefettet. In drei Stunden konnte man so vier Hornlöffel herstellen.[48] Anderswo wurde die Verformung durch heißen Dampf oder kochendes Wasser vorbereitet.

Mit glühender Holzkohle oder anderer direkter Anwendung von Hitze kann man Hornteile auch miteinander verschweißen. Die erstaunlichsten Produkte dieser Technik sind die geschweißten Hornbogen, die man aus Indonesien und Teilen Nordamerikas kennt.

Weiterführende Literatur:

Camman, S.: Account of Hornbill Ivory. University Museum Bulletin 15(4). Philadelphia 1950.

Loebèr, J. A.: Been-, Hoorn- en Schildpadbewerking en het Vlechtwerk in Nederlandsch Indië. Amsterdam 1916.

MacGregor, Arthur: Bone, Antler, Ivory, and Horn. The Technology of Skeletal Materials Since the Roman Period. London, Sydney 1985.

Penniman, T. K.: Pictures of Ivory and Other Animal Teeth, Bone and Antler. With a Brief Commentary of their Use in Identification. Pitt Rivers Museum, Occasional Papers on Technology 5. Oxford 1952.

Rohrer, E. F.: Die Bearbeitung von Holz, Horn und Elfenbein bei den Amharas in Abessinien. Jahresbericht über die ethnographischen Sammlungen in Bern 1929: 46–58.

7. Bast, Papier und Filz

Bei Bast, Papier und Filz handelt es sich um flächige, stoffähnliche Produkte, die aus pflanzlichen, bzw. tierischen Fasern ohne Zuhilfenahme textiler Techniken – also ohne die Bildung von Fäden – hergestellt werden.

Als Bast bezeichnet man die faserige Unterlage der Rinde an Baumstämmen und Pflanzenstengeln. Die Bastschicht wird nach innen vom Holz begrenzt. Sie besteht aus den parallel senkrecht aneinandergereihten Saftröhren, ihr Gefüge ist faserig, zuweilen maschig. Die geradlinigen Bastfasern sind sehr zugfest. Die häufig im gesamten Umfang eines Baumes abgelöste Bastschicht ist das Material der Baststoffe. Häufigste Lieferanten für diese Verwertung sind Moraceen (Papiermaulbeerbaum, Seidenmaulbeerbaum, Brotfruchtbaum, Ficus) und Malvaceen (Pappeln), in Afrika vor allem Raphia.

Daneben findet noch der Bast zahlreicher anderer Pflanzen, in Streifen geschnitten oder aufgefasert, Verwendung in der Papiererzeugung. Bekannt ist die Verwendung von Bast des *Cyperus papyrus*, eines mediterranen Riedgrasgewächses, zur Herstellung des Papyrus.

Die zur Filzherstellung verwendeten Wollhaare entsprechen jenen, die auch zu Fäden und Textilien weiterverarbeitet werden.

7.1. Herstellung von Baststoffen

Kerngebiet der Baststofferzeugung ist Ozeanien und dort wieder Polynesien. Zu den anderen größeren Verbreitungsgebieten zählen Südamerika (Amazonasgebiet), Indonesien (vor allem Sulawesi) und Teile Schwarzafrikas. In Polynesien und auf Sulawesi wurde die dazu gebrauchte Rohstoffpflanze (vornehmlich *Broussonetia papyrifera*) kultiviert. Für Baststoffe hat sich auch die samoanische Bezeichnung *tapa* eingebürgert. Die alte Benennung „Rindenstoffe" ist pflanzenphysiologisch falsch.

Das Material gestattet keine großen Variationsmöglichkeiten in den Herstellungstechniken. Eine einfache Beschreibung des Arbeitsprozesses und der verwendeten Geräte mag daher in diesem Fall genügen.

Der Baumstamm, dessen Rinde abgezogen werden soll, wird nicht immer gefällt. Bisweilen entfernte man Rindenstreifen vom stehenden Stamm. Neben dem Schälen mit kantigen Werkzeugen, die nicht zu scharf sein dürfen, um das Verletzen der Rinde zu vermeiden, trennt man die Rinde auch durch Klopfen vom Stamm. Der durch das Klopfen gelöste und auch etwas gedehnte Rindenschlauch kann durch einen Längsschnitt entfernt werden. So ist die Gefahr einer Verletzung der Rinde weit geringer und man erhält obendrein großflächigere Stücke.

Zur Vorbereitung der Trennung von Bast- und Borkenschicht ließ man die Rinde in Wasser weichen, brachte sie in einer Blatthülle zum Gären oder kochte sie. Die Toradja (Sulawesi) kombinierten Weichen oder Kochen mit anschließendem Gären. Die schleimige Borke ließ sich dann leicht durch Kratzen und Schaben entfernen. Die Holzseite des Bastes wurde von allenfalls noch anhaftenden Holzfasern befreit. Vor der mechanischen Weiterbehandlung durch Klopfen hat man den Bast meist noch in fließendem Wasser ausgelaugt.

Das Klopfen des Bastes bewirkt ein Verfilzen der Fasern, verbunden mit einer gleichzeitigen Ausdehnung der Oberfläche. Der Vorgang erfordert eine harte und ebene Unterlage (Holzbrett, Baumstamm, Stein) und mindestens einen Schlegel. Die Baststoffklopfer (Abb. 52) sind im allgemeinen an der Schlagseite gerillt oder (z.B. auf Hawaii) gemustert. Man verwendet auch Serien von Klopfern mit Rillen zunehmend feinerer Feinheitsgrade. In Ozeanien bestanden die Klopfer durchwegs aus Holz, in Indonesien und in Südamerika kannte man daneben solche aus Stein, die Pygmäen des Kongo und die Völker der Nordwestküste Nordamerikas verwendeten gerillte Beinklopfer.

Meist löste man nur schmale Rindenstreifen vom Stamm, und verband die entsprechenden Baststreifen danach zu Flächen von verwertbarer Größe. Die eleganteste Methode bestand darin, die Streifen an den Kanten übereinanderzulegen und miteinander zu verklopfen. Andere Methoden waren das Zusammenkleben (manchmal mit dem Verklopfen kombiniert) und das Zusammennähen der Streifen. Bisweilen imprägnierte man die fertiggeklopften Baststoffe mit Pflanzensäften (Sulawesi: *Strychnos ligustrina*).

Die gelbliche bis bräunliche Naturfarbe des Baststoffes konnte man durch Bleichen an der Sonne in ein relativ reines Weiß überführen. Flächendeckendes Färben (Tauchen oder einseitiges Aufreiben der Farbe), Bemalen, Bedrucken und Durchreiben waren die häufigsten Verzierungstechniken.

Zum Bedrucken bediente man sich einfacher (Hawaii: Holzkämme für Punktreihen; Abb. 53) oder im Muster geschnittener Holzstempel.

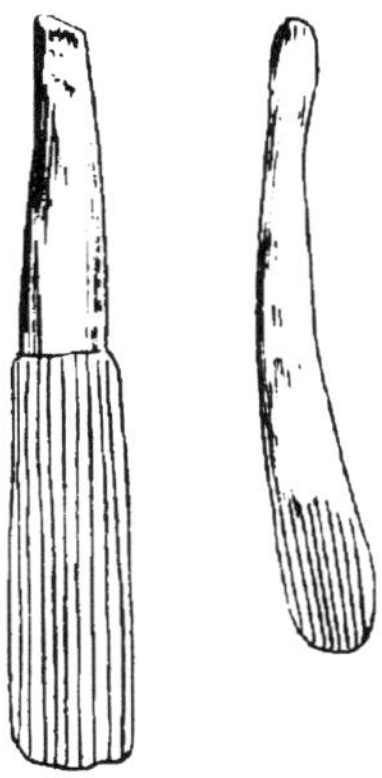

Abb. 52 Baststoffklopfer: Hawaii

Abb. 53 Holzstempel zur Baststoffverzierung: Hawaii

Abb. 54 Druckstöcke für Baststoffe: Samoa

Auf den Fidschiinseln trug man kontinuierliche Muster mit Druckwalzen auf, auf Tahiti benutzte man in Farbe getauchte Blätter, Blüten usw.

Um Muster durchzureiben, legte man die Stoffe auf große Stempel (Westpolynesien). Diese waren entweder große Hartholzplatten mit ausgehobenen Mustern oder zusammengenähte Pandanusblätter mit aufgenähten Blattrippen (Abb. 54). Letztere wurden mit Ösen auf glatten Holzbrettern befestigt, um eine ebenmäßige Spannung während des Farbauftrags zu garantieren. Mit einem farbgetränkten Baststoffbausch wurde das Muster auf den Stoff durchgerieben. Die verwendeten Stempel sind weder Matrizen noch Schablonen, sondern Druckstöcke. Beim ostasiatischen Buchdruck verfährt man ähnlich wie in Westpolynesien mit den Baststoffen. Allerdings wird dort die Druckerschwärze auf die Platte aufgetragen, deren Relief sich durch Druck von hinten auf die Vorderseite des Papiers überträgt.

7.2. Papiererzeugung

Bei den Otomí von San Pablito (Mexiko) hat sich bis heute eine Technik der Erzeugung von Amatepapier erhalten, die schon in vorkolumbischer Zeit zur Herstellung des Schreibgrunds für einige der Bilderhandschriften angewandt wurde. Rohstoff ist der Bast von Papiermaulbeer- und Feigenbaum. Die Produktion dieses Papiers entspricht im wesentlichen der von Baststoffen. Der wesentlichste Unterschied zum Baststoff besteht darin, daß das Papier geleimt wird.

Das Leimen verhindert bei jedem Papier das Zerfließen des Schreibmittels. Dem einfachsten Faserpapier, das wir kennen, fehlt dieser Vorteil.

Die Meau im nördlichen Thailand stellen (wie übrigens auch die Otomí) Papier für sakrale Zwecke her. Etwa 15 cm lange und 5 cm breite Bambusstücke, von denen man zunächst die Außenhaut und anhaftende Markreste entfernt hat, werden zusammen mit Holzasche (im Verhältnis 5:1) etwa zwölf Stunden gekocht. Die erweichten Stücke werden dann zu einem Brei zerschlagen, der unter Zusatz von zerriebener Lianenrinde im selben Absud weitergekocht wird. Der Brei wird schließlich auf einem, in einen Rahmen gespannten Baumwolltuch gleichmäßig verteilt. Nach dem Trocknen ist das Papier fertig und wird mit gestanzten Mustern versehen.[49]

Etwas komplexer ist der Prozeß der Papierherstellung bei den Bhutya (östlicher Himalaja).[50] Als Ausgangsmaterial dient hier die in schmale Streifen geschnittene Rinde des Papiermaulbeerbaumes. Zunächst wird die Asche von Eichenholz in ein engmaschiges Sieb geschüttet und mit Wasser übergossen. Der abtropfende dunkelrote Extrakt wird in einer Tonschüssel aufgefangen und in einem Metallkessel zum Sieden gebracht. Beim ersten Aufwallen wirft man so viele Baststreifen hinein, daß sie nach etwa halbstündigem langsamem Kochen den Aschenextrakt fast vollständig absorbiert haben.

Der Bast ist nun weich genug, um in einem Steinmörser zerstampft zu werden. Der entstandene Papierbrei wird in einem flachen Gefäß etwa zehn Minuten gequirlt, um die Fasern gleichmäßig zu verteilen. Mit einem Sieb holt man den Papierbrei aus dem Gefäß und stellt ihn zusammen mit diesem auf den hölzernen Schöpfrahmen, dessen Boden aus einem engmaschigen Gewebe das Wasser durchläßt, den Papierbrei jedoch festhält.

Man hält den Rahmen samt dem Sieb in eine Tonne mit klarem Wasser. Durch Schütteln gelangt der Papierbrei vom Sieb, das die gröberen Fasern zurückhält, auf den Schöpfrahmen und wird auf diesem regelmäßig verteilt. Der Rahmen kommt aus dem Wasser, wird in Feuernähe abgestellt und nach wenigen Minuten kann der getrocknete und fertige Papierbogen abgehoben werden. Manchmal wird dieser noch auf einem Brett geglättet. Für kleinere Bögen verwendet man eine Muschelschale, für größere einen Glätter aus Hartholz.

Die Grundzüge der Faserpapierherstellung sind in dieser Beschreibung enthalten. In verschiedenen Gebieten Asiens finden sich jedoch mehr oder weniger bedeutsame Methoden zur Rationalisierung des Arbeitsvorganges oder zur Verbesserung der Papierqualität.

In Ostasien hat man größere Mengen stark wäßrigen Papierbreis in einen großen Trog (Bütte) gegossen und das Papier mit dem Rahmen aus diesem geschöpft (Abb. 55). Der Boden des Rahmens war ein geschmeidiges Geflecht, das man nach dem Schöpfen herauslösen konnte. Von dieser „Schöpfform“ wurde der Papierbogen abgerollt. Die feuchten Bögen strich man auf schräg gestellte Bretter (Abb. 56), von denen sie sich selbst lösten, sobald sie trocken waren. Durch Zusetzen von Stärkekleister (aus Mehl), Kleister aus Flechten oder anderer Bindemittel (Säfte der Wurzeln von *Amorphophalius konjak* oder *Hibiscus manihot* in Japan) erreichte man eine entscheidende Verbesserung der Qualität. Eine solche erhoffte man sich auch durch Mischen von Fasern verschiedener Pflanzen.

Neben Baumbastfasern von Moraceen und Malvaceen sowie Hanf verwendete man in Ostasien auch die Stengelfasern von Ramie (*Boehmeria tenacissima*), Chinagras (*Boehmeria nivea*), Bambusfasern (*Phyllostachys edulis*) und andere (*Aralia*, *Fatsia* etc. *papyrifera*; sog. „Reispapier“).

Bambus mußte monatelang in Gruben eingeweicht werden, ehe man die Bastschicht – mechanisch – von der Rinde trennen konnte. Die Fasern von Reisstroh wurden auf chemischem Weg durch einen Mazerationsprozeß aufgeschlossen. Das Stroh wurde auf gelöschten Kalk gelegt und man ließ es von Ochsen durchtreten und anschließend faulen. Nach einiger Zeit wurde es gewendet und nochmals durchgetreten. In Säcken wusch man die Fasern in fließendem Wasser aus und preßte sie. In der Bütte versetzte man den Brei mit frischem Wasser und konnte mit dem Schöpfen beginnen.

Abb. 55 Schöpfen aus der Bütte: Japan

Abb. 56 Aufstreichen des Papiers auf Bretter: Japan

7.3. Filzherstellung

Ausgangsmaterial sind gereinigte Wollfasern vor allem von Schaf, Ziege und Kamel (in Nordafghanistan alle drei Arten vermischt). Die Fasern werden durch Schlagen mit Stäbchen oder durch Zupfen mit einem Bogen (vgl. Abb. 59) aufgelockert.

Als Unterlage für das Walken dient ein alter Filz, eine Gras- oder Schilfmatte bzw. ein Gewebe (in Zentralafghanistan: Zeltstoff aus dunkelbraunem Ziegenhaar). Darauf wird die Wolle gleichmäßig verteilt, und zwar in mehreren Lagen (auch verschiedener Qualität) übereinander. Jede Lage wird sorgfältig mit Wasser besprüht, ehe man die nächstfolgende auflegt. Das Verfilzen der Fasern erreicht man durch das Walken, bei dem sie zusammen mit der Unterlage eingerollt und im allgemeinen allein mit den Händen und Unterarmen – unter starkem Druck – während längerer Zeit hin und her gerollt werden. Vereinfacht und verkürzt wird der Prozeß durch die Verwendung eines Seiles zum Rollen (analog dem Prinzip des Schnurbohrers; vgl. S. 164), wobei auch Pferde die Betriebskraft liefern können. Eine weitere Verbesserung ist das Walken mit einer Holzwalze als Kern.

In Nordafghanistan wird die Unterlage mit den Fasern jeweils mit den Füßen zusammengerollt, wieder aufgerollt und in die Gegenrichtung gewalkt. Die Herstellung eines Filzgrundes dauert vier bis fünf Stunden. Das Stück wird gewaschen, getrocknet und neuerlich auf die Unterlage gebreitet. Verschiedenfarbig naturfarbene (weiß bis dunkelbraun) und gefärbte Wollfasern werden im Muster aufgebreitet und der Vorgang des Walkens wird – im selben Zeitausmaß – wiederholt.

Kerngebiet der Filzherstellung ist Zentralasien, wo er von Nomaden hauptsächlich als Zeltabdeckung und Fußbodenbelag verwendet wird.

Weiterführende Literatur:

Adriani, N. und Kruyt, A. C.: Geklopte boomschors als kleedingstof op Midden-Celebes en bare geographische verspreiding in Indonesië. Internationales Archiv für Ethnographie 14: 132–191. Leiden 1910.

Bell, L. A.: Papyrus, Tapa, Amate & Rice Paper. Papermaking in Africa, the Pacific, Latin America & Southeast Asia. McMinnville 1983.

Burkett, M. E.: The Art of the Feltmaker. Kendal 1979.

Hambruch, P.: Oceanische Rindenstoffe. Oldenburg 1926.

Hunter, D.: Paper-Making. New York 1947.

Laufer, B.: The Early History of Felt. American Anthropologist 32 (1930): 1–18.

Lenz, H.: Mexican Indian Paper. Its History and Survival. Mexico City 1961.

Kaeppler, A.: The Fabrics of Hawaii: Bark Cloth. World's Heritage of Woven Fabrics 14. Leigh-on-Sea 1975.
Kooijman, S.: Ornamented Bark-Cloth in Indonesia. Mededelingen van het Rijksmuseum voor Volkenkunde 16. Leiden 1963.
–: Tapa in Polynesia. B.P. Bishop Museum Bulletin 234. Honolulu 1977.
Neich, Roger und Mick Pendergast: Traditional Tapa Textiles of the Pacific. London 1997.
Pritchard, Mary J.: Siapo - Bark Cloth Art of Samoa. American Samoa 1984.
Renker A.: Papier und Druck im Fernen Osten. Mainz 1936.
Róna-Tas, A.: Felt-Making in Mongolia. Acta Orientalia 16: 199–215. 1963.
Trier, Jesper: Ancient Paper of Nepal. Jutland Archaeological Society Publications 10. Copenhagen 1972.

8. Textile Techniken

Die technisch bedingte Systemhaftigkeit der textilen Techniken hat dazu geführt, daß dieser Bereich oder einzelne seiner Teile im Verlauf der letzten hundert Jahre immer wieder Gegenstand systematischer Darstellungen waren. Das folgende Kapitel folgt in groben Zügen und in notgedrungen verkürzter Form der „Basler Systematik", die seit 1948 auf der Grundlage einheitlicher Prinzipien konsequent weiterentwickelt worden ist[51] und eine wesentliche Grundlage der ethnographischen Textilkunde darstellt.

Unter textilen Techniken versteht man allgemein die Verfahren der Stoffbildung aus Fäden und vergleichbaren Ausgangsmaterialien, aber auch die Herstellung der Fäden und die Weiterverarbeitung und Verzierung der Stoffe.

8.1. Materialkunde

Als *Fasern* werden alle pflanzlichen und tierischen Rohstoffe bezeichnet, die hauptsächlich zur Fadenbildung (aber auch zur Herstellung von Papier und Filz) verwendt werden. In der vorliegenden Darstellung sind mineralische (Asbest-, Glas-) und Chemiefasern ausgeklammert, weil ihre Herstellung auf moderne Industriegesellschaften beschränkt ist. Allen Fasern gemeinsam ist der Aufbau aus langgestreckten Zellen oder Zellverbänden. Unter *Faden* werden in der ethnologischen Textilkunde alle Ausgangsmaterialien zur Stoffbildung verstanden, auch wenn es sich (wie bei Astruten oder Holzspänen) nicht um „Fäden" im umgangssprachlichen Sinn handelt.

8.1.1. Pflanzliche Rohstoffe

Von den weit über 2000 bekannten Faserpflanzen haben nur wenige größere technische Bedeutung erlangt; dennoch übersteigt ihre Vielfalt das Maß der hier möglichen Darstellung. Allein für Nordamerika weist eine ältere Arbeit 98 verschiedene pflanzliche Rohstoffe für die Korbflechterei nach.[52]

Tatsächlich ist die Bandbreite der Materialien für die Flechterei und Seilerei weit größer als jener, die als Textilfasern in der Weberei Anwendung finden. Gelegentlich dienen aber auch typische Flechtmaterialien, wie zu schmalen Streifen geschnittener Baumbast, in der Weberei Verwendung, wie die Ulmen- und Lindenbaststreifen, aus denen die Ainu ihre Gewänder webten.

In der Seilerei finden nicht nur die unten erwähnten Textilfasern Verwendung, sondern neben Bast und Bambusstreifen – eines der häufigsten Materialien der Flechterei – verschiedene Palmfasern (in Südjapan und Südchina auch für Besen, Bürsten, geflochtene Gurte), Stroh, Gras usw. Unter den weit verbreiteten Flechtmaterialien sei hier nur auf Rotang, Raphiafasern, alle Arten von Stroh, verschiedenste Gräser und Blätter sowie Ruten in ungeschältem, geschältem, gespaltenem Zustand hingewiesen.

Baumwolle ist die bekannteste und weitverbreitetste unter den sogenannten „Samenfasern". Die Baumwollpflanze (*Gossypium*), eine Malvenart, gedeiht in Ländern mit heißem oder gemäßigtem Klima bei genügender Feuchtigkeit. Diese Staude ist hauptsächlich auf den Inseln und in den Küstengebieten der Tropen heimisch, hat sich aber als Kulturpflanze bis zum 40. Breitengrad beiderseits des Äquators ausgebreitet. Die Faser wird aus dem Haarbesatz der Samenkörner gewonnen. Die Naturfarbe der Baumwollfaser ist je nach der Art rohweiß mit einem Stich ins Gelblichgraue. Sie besteht zum Hauptteil aus Zellulose (ca. 90%) neben Wasser (ca. 7%) und geringen Mengen von Wachsen, Fetten, Eiweißstoffen und Mineralbestandteilen. Die Faser läßt sich infolge ihrer Feinheit und kräuseligen Struktur besonders gut verspinnen (Aufnahme hoher Spinndrehungen) und zeichnet sich überdies durch gute Reißfestigkeit aus. Baumwollstoffe sind deshalb außerordentlich strapazierfähig, trotzdem aber nicht steif. Mit dieser Faser lassen sich dichte, warmhaltende Stoffe herstellen; bemerkenswert ist auch die gute Farbstoffaufnahme.

Neben der Baumwolle seien noch folgende Samenfasern untergeordneter Bedeutung angeführt: *Kapok*, die spezifisch sehr leichten glänzenden Fasern des Kapokbaums (Asien, Ostafrika, Brasilien, Karibik);

Akon- oder *Asklepias*faser mit nur mäßiger Spinnfähigkeit; *Bombax*wolle und Graswollen (Wollgras-, Pappel-, Rohrkolbenwolle).

In der Gruppe der „Bastfasern" besitzt *Flachs* (Lein) unter den „Stengelfasern" die größte Bedeutung. Die in verschiedenen Arten wildwachsende und kultivierte Flachspflanze zählt zur Gattung *Linum* und ist die hauptsächlichste Faserpflanze der gemäßigten und subtropischen Zone. Sie erreicht bei den für die Fasergewinnung erwünschten langstieligen Sorten eine Höhe von ca. 1–1,5 m. Flachsstroh enthält in lufttrockenem Zustand etwa 25% Bast, in dem die einzelnen Fasern durch klebrige, leimartige Substanzen (Pektine) untereinander und mit dem verholzten Kern und der Rinde der Stengel verbunden sind. In speziellen Aufbereitungsprozessen (Rösten, Brechen, Schwingen) wird nach dem Hecheln die Flachsfaser gewonnen. Sie ist von weißlich-hellblonder bis stahlgrauer Farbe, weich, glatt und schmiegsam, letzteres jedoch nicht so stark wie die Baumwolle, von der sie sich außerdem durch größere Faserlänge unterscheidet. Der gehechelte Flachs enthält etwa 70–80% Zellulose (der Rest besteht aus Fett, Wachs, Mineralsubstanzen, Gummi, usw.). Die Reißfestigkeit der rohen Flachsfaser ist 100% höher als die der Baumwolle. Der Flachsstengel wurde wegen seiner Festigkeit und Biegsamkeit für Flechtarbeiten sehr geschätzt.

Ebenfalls den Bastfasern zugerechnet wird die Faser der *Hanf*pflanze (*Cannabis sativa* und Verwandte), die ebenfalls seit alten Zeiten in gemäßigten und subtropischen Gebieten angebaut bzw. genutzt wurde. Die Farbe der Faser ist silbergrau, grünlich oder gelblich-weiß. Sie besitzt die größte Festigkeit aller pflanzlichen Fasern. In südlichen Zonen nimmt der Bastfasergehalt der Pflanze ab, dafür liefert sie desto mehr narkotische Stoffe, die als Genußmittel und Rauschgift (Haschisch) besonders im Vorderen Orient eine große Rolle spielen.

Neben Flachs und Hanf ist die *Jute* als wichtigste Bastfaser zu erwähnen. Sie liefert in erster Linie mittlere und grobe Garne. Ihre Heimat ist Indien; außerdem wird sie in China, Japan, Südostasien und Nordafrika angebaut. Sie wird etwa 3–5 m hoch. Die Verwendung von Fasern verschiedener Nesselarten (*Urtica spp.*) wird aus dem nördlichen Eurasien und Nordamerika berichtet. In Europa wächst die Brennessel wild, doch kann auch feldmäßiger Anbau betrieben werden.

Unter den Stengelfasern zeichnen sich *Ramie* (*Boehmeria tenacissima*) und Chinagras (*B. nivea*) durch große Festigkeit und besondere Widerstandsfähigkeit gegenüber Feuchtigkeit aus. Sie besitzen eine helle Naturfarbe, hohen Glanz und bestehen zu etwa 75% aus reiner Zellulose. In tropischen Gegenden heimisch, erstreckt sich ihr Vorkommen über China, Indien, Sumatra, Nordafrika und Südamerika.

Einige tropische Pflanzen besitzen großformatige Blätter, deren Stützen die sogenannten „Blattfasern" abgeben. Es sind dies vor allem der in Mittel- und Südamerika vorkommende Sisalhanf, Mauritiushanf, aus der Agave gewonnene Aloe- und Tampikofasern, die Caroáfaser sowie die Yuccafaser aus dem südlichen Nord- und Mittelamerika; ferner der auf den Philippinen heimische Manilahanf (Bananenhanf) und der neuseeländische Hanf.

Die einzige als Textilrohstoff bedeutende „Fruchtfaser" ist die *Kokosfaser*. Sie stammt von der Frucht der Kokospalme (*Cocos nucifera*), die in fast allen Tropenländern heimisch ist, besonders auf den Südseeinseln, in Sri Lanka und Vorderindien. Die Kokosnüsse sind mit einer dichten, 8 cm starken Umhüllung aus Fasern umgeben. Sie besitzt rostbraunes Aussehen, gute Festigkeit, Widerstandsfähigkeit gegenüber mechanischer Abnutzung und ist unempfindlich gegen Feuchtigkeit.

8.1.2. Tierische Rohstoffe

So wie gelegentlich Baststreifen zur Herstellung von Stoffen verwendet werden, kann man auch Streifen aus Fell oder Leder als „Fäden" gebrauchen. Im westlichen Nordamerika bediente man sich z.B. gedrehter Streifen aus Kaninchenfell.[53]

Als *Wolle* bezeichnet man die spinnfähigen, geschuppten, elastischen, gut wärmeisolierenden Flaum- und Wollhaare bestimmter Tiere, vor allem von Schafrassen. Zum Unterschied von den gerade wachsenden, markhaltigen Stichel- und Grannenhaaren, Borsten und Stacheln, sind die Wollen gekräuselt und besitzen Filzfähigkeit. Flaum- und Wollhaare sind dünn, meist gekrümmt und markfrei. Die Substanzfestigkeit des Wollhaares – das ist jenes Gewicht, das ein einzelnes Haar zu tragen vermag – ist sehr hoch, besonders bei gröberen Sorten. Ferner ist die sehr gute Schmiegsamkeit bei feinen Wollen hervorzuheben, verbunden mit einer guten Elastizität. Wolle läßt sich durch Druck bei feuchter Wärme in gewünschte Formen bringen, die sie nach dem Erkalten beibehält. Wolle ist hygroskopisch, und der Wassergehalt von 17 bis 18 % ist für ihre Qualitätseigenschaften unentbehrlich. Die reine Wollfaser besteht aus Keratinen (schwefel- und stickstoffhaltige Gerüsteiweißkörper), die den Keratinen des Horns, der Federn usw. verwandt sind. Der Schwefelgehalt aller tierischen Haare unterscheidet sie von den Seiden und Pflanzenfasern und kann zu ihrer raschen Identifizierung dienen. Unter den verschiedenen Wollen ist die Schafwolle die wichtigste. Daneben sind von Bedeutung einige Ziegenwollen, das Haar der Angoraziege (Mohair), die Tibet- oder Kaschmirwolle, die Wollhaare verschiedener Schafkamele sowie Kamelhaare. In Südamerika liefern die Haustiere Lama und Alpaka und die Wildtiere Guanako und Vicuña, in Nordamerika der Bison und (an der Nordwestküste) eine speziell gezüchtete Hundeart, in bestimmten Teilen Ozeaniens große Fledermäuse den wolligen Rohstoff.

Naturseiden sind Ausscheidungsprodukte der Spinndrüsen von Raupen einiger Nachtschmetterlinge vor ihrer Verpuppung. Sie bilden an der Luft einen sehr dünnen Faden, der von der Raupe in mehreren Schichten als Schutzhülle (Kokon) für die Puppe gelegt wird. In frischem Zustand sind die Fäden klebrig und hängen als Häutchen zusammen, das allmählich fest und pergamentartig wird. Als Seidenfasern sind die Produkte von nur wenigen Schmetterlingsarten geeignet.

Die wichtigste Seide liefert der in China beheimatete und gezüchtete Maulbeerspinner (*Bombyx mori*), dessen Raupen sich von den frischen Blättern des weißen Maulbeerbaumes (*Morus alba*) ernähren. Der Kokon dieser Raupen besteht aus einem etwa 3000 m langen, sehr dünnen (0,013–0,026 mm) Faden, von dem sich 300 bis 900 m abhaspeln lassen. 14 bis 20 Tage nach der Verpuppung kriecht die Raupe als Schmetterling aus, wobei der Faden beschädigt wird. Deshalb werden die Raupen in den Kokons von den Züchtern mittels trockener Hitze oder heißen Wasserdampfes abgetötet.

Der abgehaspelte Seidenfaden besteht aus einem Doppelfaden Seidenfibroin, das nach Austritt aus der Spinndrüse an der Luft sofort erstarrt. Fibroin ist die eigentliche Seidensubstanz (70–76%), durchsichtig, glänzend und rein weiß. Dieser Doppelfaden wird von Sericin als Kittsubstanz umgeben und verklebt. Sericin, der Seidenbast, ist mehr oder minder gefärbt und verleiht der unentbasteten Rohseide ihre gelbe, orange, grünliche oder auch leicht rötliche Tönung. Die Faser selbst zeichnet sich durch außerordentlich hohe Reißfestigkeit, hohe Elastizität und gutes Wärmespeichervermögen aus.

Außer den echten Seiden werden noch einige von wilden Insekten gebildete Fasern verwendet, wie z. B. die des Tussahspinners (Japan, China, Indien). Die Fäden der wilden Seiden sind meist dicker und dunkler als jene der echten Maulbeerseide. Die wilde Seide rauht sich bei Verwendung sehr leicht auf und wird faserig. Der in großen Schwärmen auftretende afrikanische Familienspinner (*Anaphe*) ist ein Schmetterling, dessen Raupen sich zu Hunderten gemeinsam kürbisgroße Nester spinnen, in denen jede noch einen kleinen Kokon um sich selbst spinnt. Auch eine tropische Spinnenart, die Seidenspinne (*Nephila madagascariensis*), liefert verspinnbare Seidenfäden.

8.2. Aufbereitung des Faser- und natürlichen Fadenmaterials

Eine Reihe von unterschiedlichen Prozessen ist erforderlich, um die Fasern zur Fadenbildung vorzubereiten.

Die Fasern von Flachs (Lein), Hanf, Jute usw. müssen in einem mehrstufigen Prozeß aus den Stengeln der Pflanzen aufgeschlossen werden. Von der geschnittenen Pflanze werden die Samenkapseln entfernt (*Riffeln*), die Stengel anschließend getrocknet. Das sogenannte *Rösten* (Erhitzen, auch über Wasserdampf: Japan; tagelanges Weichen in Wasser = „Wasserröste“: Australien) löst die leimartige Substanz, die die Fasern bindet. *Brechen* und *Schwingen* (Schlagen, Quetschen) dienen der Trennung der Faserbündel vom Holz der Stengel (Abb. 57, 58). Das abschließende *Hecheln* (Auskämmen) separiert die Fasern und entfernt gleichzeitig die Kurzfasern (Werg) und noch anhaftende Holzteile.

Die Vorbereitung der Baumwollfaser ist weitaus einfacher. Die Trennung der Samenhaare von den Kernen („Entkernen“) geschieht in Afrika durch Überrollen mit einem Holz- oder Metallstift auf einem Brett oder flachen Stein, in Asien mit einem speziellen Baumwollentkerner (Abb. 60) aus zwei parallel gelagerten Walzen mit Kurbelantrieb, zwischen denen das Rohmaterial durchgepreßt wird. In beiden Fällen werden die Kerne von den Fasern abgequetscht. Zur Lockerung werden die Faserbündel vor der Fadenbildung meist noch geschlagen. Dazu verwendet man häufig einen Bogen, dessen Sehne man auf die Fasern schnellen läßt (Abb. 59). Die Sehne wird entweder gezupft oder mit einem Holzstab geschlagen.

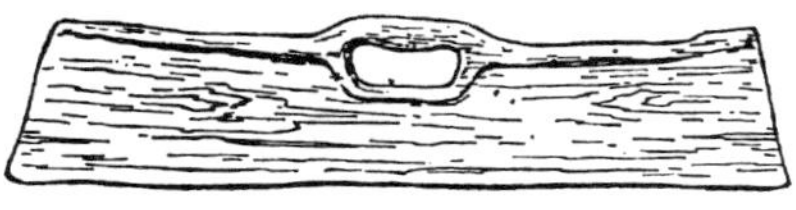

Abb. 57 Faserbrecher: Kwakiutl

Abb. 58 Wollschläger: Pamir-Tadschiken

Abb. 59 Bogen zum Baumwollzupfen: Tadschikistan

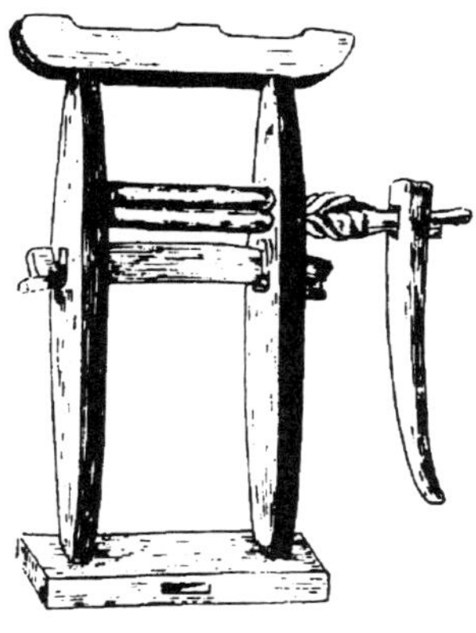

Abb. 60 Baumwollentkerner: Südasien

Den geringsten Aufwand erfordern Wollfasern. Nur Viehzüchter gewinnen diese durch Scheren des lebenden Tieres. Die Tlingit (Nordwestküste Nordamerikas) hingegen rollen die abgezogene Haut der auf der Jagd erlegten wilden Bergziege zusammen, lassen sie „schwitzen“ und rupfen die dadurch gelockerten Haare büschelweise aus. Die Vorbereitung zur Fadenbildung besteht – keineswegs immer – im Waschen und Schlagen der Wolle.

Das natürliche Fadenmaterial (Ruten, Rohr, Stengel, Sehnen usw.) bedarf nur minimaler Vorbereitung, um zur Stoffbildung verwendet werden zu können: Schälen, Spalten, Schaben, Weichen. Um Baumbastfäden zu erhalten, stellen die Ainu (Nordjapan, Sachalin) allerdings zuerst in mühseliger Arbeit Baststoff (vgl. S. 106) her und schneiden diesen dann in gleichmäßig schmale Streifen. Auf Borneo und Sulawesi verwenden einige Völker Bambusfäden zum Weben. Junge Bambusrohre werden in den Knoten zerteilt, zwei bis drei Tage in Wasser gelegt und dann aufgespalten. Die Lamellen werden von Außenrinde und innerer Haut befreit, in der Wandrichtung zerteilt und weiter in schmale Streifen geschnitten. Diese werden nun gekaut und zum Trocknen aufgehängt. Zuletzt trennt man sie in Fäden, die man durch Schaben in gleichmäßige Stärke und Dicke bringt.[54]

8.3. Techniken der Fadenbildung

Durch das Verdrehen pflanzlicher und tierischer Textilfasern erhält man Fäden, die zur Bildung von Stoffen, aber auch für deren weitere Bearbeitung (Nähen, Sticken) verwendet werden. Sowohl Drillen als auch Spinnen zerfallen bei näherer Betrachtung in das Parallelisieren und Strecken (Geraderichten) der Fasern, das gegenseitige Verdrehen und das Verdrehen mit den angefügten Fasern. Bei gedrilltem, gesponnenem und gezwirntem Material ist die Drehrichtung zu beachten (S- bzw. Z-Drehung, je nach Faserverlauf bei senkrecht gehaltenem Faden).

Drillen (Abb. 61) bezeichnet das Verdrehen vor allem langfasriger Fasern zwischen den Handflächen oder mit der flachen Hand auf einer ebenen Unterlage, meist auf dem Oberschenkel.

Spinnen: Das Verdrehen insbesondere kurzfasriger Fasern erfolgt unter Zuhilfenahme besonderer Geräte, wie Spindeln oder Spinnräder, auf die man die Drehbewegung überträgt und zugleich verstärkt. Gesponnene Fäden werden als Garne bezeichnet.

Abb. 61 Drillen eines Fadens: Korea

Die *Spindel* besteht aus dem Spindelstab und dem aufgesteckten Spinnwirtel (Abb. 62). Der Spinnwirtel aus Ton, Stein, Holz usw. hat am häufigsten scheibenförmige, kugelige, faßförmige, konische oder bikonische Form. Hölzerne Wirtel bestehen häufig aus zwei kreuzförmig verbundenen Balken. Beim Spinnen bereitet die eine Hand das Verdrehen der Faser vor, die andere hält die Spindel, die am Faden zum Erdboden hängt, in langsamer kontinuierlicher Bewegung. Dabei wirkt der Spinnwirtel gleichzeitig als Schwungmasse und Zuggewicht. Zum Spinnen wählt man meist eine erhöhte Position, damit eine größere Fadenlänge gebildet werden kann. So sitzen die Hazarafrauen in Zentralafghanistan auf dem flachen Dach des Hauses und lassen die Spindel durch das Rauchloch hinabhängen.

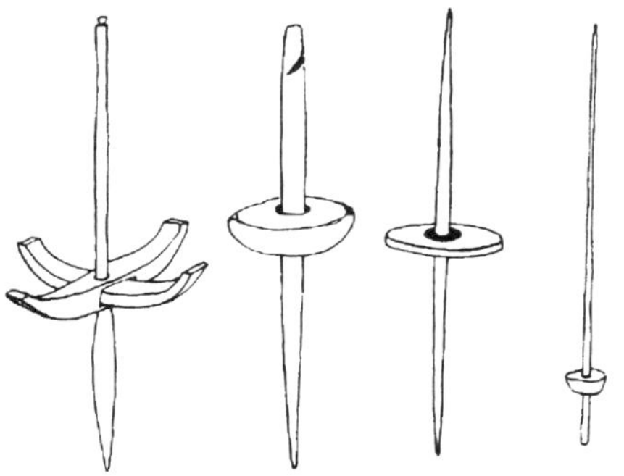

Abb. 62 Spindeln: Turkmenen, Kirgisen, Kwakiutl, Mataco (Chaco)

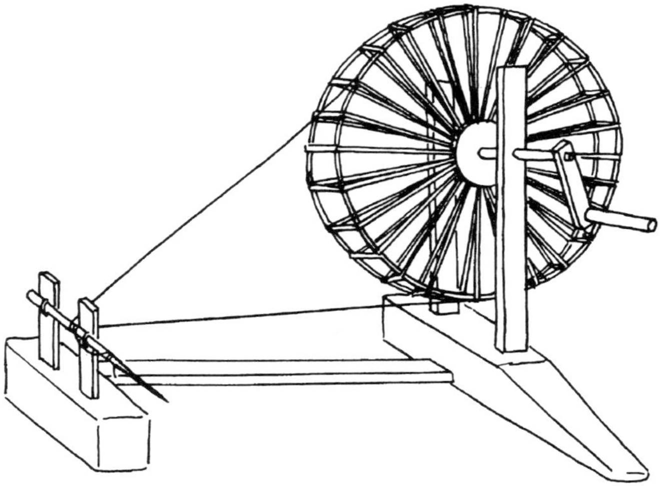

Abb. 63 Spinnrad: Japan

Der fertig versponnene Faden wird um den Spinnwirtel gewickelt. In Teilen Amerikas versetzt man die Spindel in einer Tonschale in Bewegung und läßt sie rotieren. Manche Völker (z.B. zentralasiatische Nomaden) verwenden zum Spinnen Wirteln allein (vor allem Holzkreuze).

Beim *Spinnrad* (Abb. 63) wird die Spindel, die sich in Lagern dreht, durch Riemenantrieb in Bewegung versetzt. Neben dem Spinnprozeß wird hier der Faden gleichzeitig auf die Spindel gewickelt. Häufig ist dieser eine Spule (Webspule) aufgesteckt, so daß der Faden unmittelbar beim Weben als Eintrag verwendet werden kann. Durch die große Übersetzung zwischen dem Rad, das in Asien und Nordafrika mit einer Kurbel angetrieben wird, und der Spindel, dreht sich diese wesentlich schneller als das Rad. Das Spinnrad hat auch den Vorteil der größeren und völlig kontrollierbaren Bewegungskontinuität.

Zwirnen: Zwei oder mehrere gedrillte oder gesponnene Fäden werden ineinander gedreht, und zwar fast ausschließlich gegen ihre ursprüngliche Drehrichtung. Man erhält Fadenmaterial, das stärker ist als solches, das man durch Drillen oder Spinnen herstellen kann. Bisweilen verwendet man dazu Zwirnspindeln, für denselben Prozeß in der Seilerei auch einfache Hebel- und Drehvorrichtungen. Einfach gezwirnte Garne bezeichnet man als Zwirne, Zwirne aus lediglich gedrillten Fäden als Schnüre, mehrfach gezwirnte als Seile.

8.4. Techniken der Stoffbildung

Stoffe sind die Produkte textiler Techniken, die auf der Bindung von Fäden oder Fädengruppen beruhen, wobei „Bindung" den Verlauf der verbundenen Fäden zueinander bezeichnet. Die Verbindung der Fäden ist eine rein mechanische. (Baststoffe und Filze sind in diesem Sinn keine „Stoffe", weil ihre Grundelemente keine Fäden sind und ihre Gestalt nicht das Resultat von Bindungen darstellt.) Die „Basler Systematik" der stoffbildenden Techniken beruht auf einer Ordnung nach Herstellungsverfahren und Bindungsformen.[55]

8.4.1. Primäre stoffbildende Techniken

Im Unterschied zu den höheren stoffbildenden Techniken kommen die primären meist ohne Behelfe aus. Wenn solche verwendet werden, sind sie ganz einfacher Natur (Stäbchen, Nadeln usw.). Höhere Techniken setzen zumindest eine Spannvorrichtung (für die Kette) voraus.

8.4.1.1. Maschenstoffe

Maschenstoffe bestehen aus einem fortlaufenden Faden, der in einem sich regelmäßig wiederholendem Verlauf Maschen bildet, die als Bindungselemente dienen. Die Anordnung der nebeneinander liegenden Maschen wird als Reihe bezeichnet, wenn sich die Arbeitsrichtung am Ende der Reihe umkehrt; als Runde (oder Tour) bezeichnet man sie, wenn sie ununterbrochen in einer Richtung zirkulär oder spiralförmig verläuft.

8.4.1.1.1. mit endlichem Faden

Als endlichen Faden bezeichnet man einen solchen von begrenzter Länge, die es ermöglich, mit dem Fadenende voran zu arbeiten, das heißt, den Faden in voller Länge durch jede neugebildete Masche zu ziehen. Die Verwendung von Netznadeln (Abb. 64), auf denen längere Fäden aufgewickelt sind, ermöglicht bei genügender Maschenbreite die

Abb. 64 Netznadel: Nanticoke (Delaware, USA)

Arbeit mit längeren „endlichen“ Fäden. Öhrnadeln werden gelegentlich zur Herstellung besonders feiner Maschenstoffe und für komplizierte Bindungen gebraucht.

Das verwendete Fadenmaterial (Schnüre) ist in der Hauptsache ein gezwirnter Faden aus zwei gedrillten Fasersträngen. Die Techniken dieser Gruppe sind in Ozeanien und Amerika am weitesten und häufigsten verbreitet, treten vor allem in Asien, aber auch in Afrika weitgehend gegenüber höheren stoffbildenden Techniken zurück.

Die Maschenstoffbildung mit endlichem Faden erfolgt in drei verschiedenen Formen: Beim *Einhängen* (Abb. 65) werden die Fäden der nächsten Reihe oder Runde über die herabhängenden Bogen der vorhergehenden geführt. Beim *Verschlingen* (Abb. 65) vollzieht der Faden bei jeder Bindung eine Richtungsänderung um 360°, erzeugt also schlingenförmige Maschen. Beim *Verknoten* (Abb. 66) erfolgt die Bindung durch Knoten, das sind straff angezogene Verschlingungen, bei denen neben der Schlingenbildung auch eine Volldrehung um die eigene Achse erfolgt. Die Variationsbreite, insbesondere bei Verschlingen und Verknoten, ist so groß, daß hier nicht darauf eingegangen werden kann.

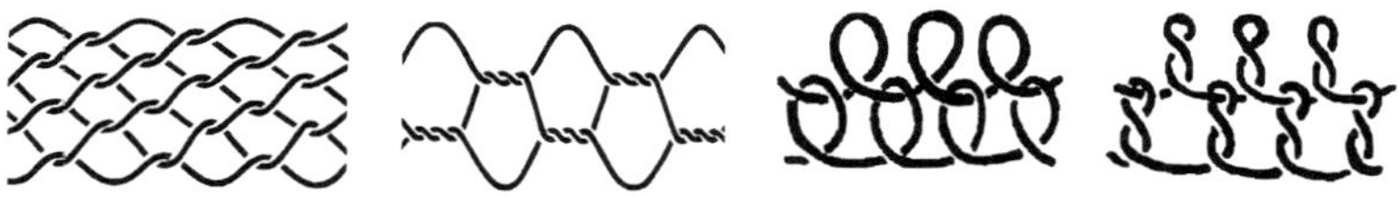

Abb. 65 Einhängen (einfach, dreifach), Verschlingen (einfach, zweifach)

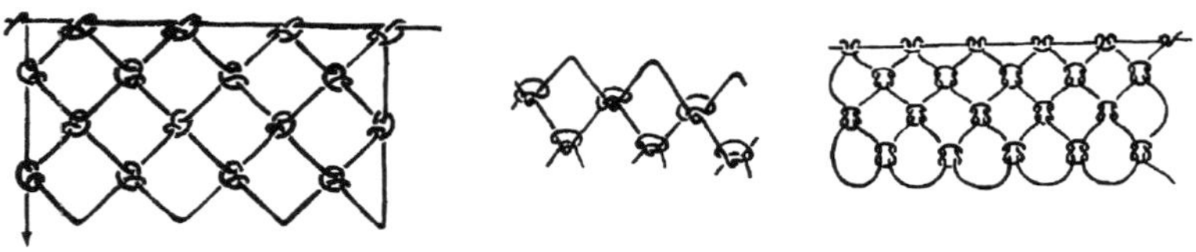

Abb. 66 Verknoten: Pfahlbauknoten, Filetknoten, symmetrischer Knoten

8.4.1.1.2. mit endlosem Faden

„Endlose“ Fäden sind solche von beliebiger Länge, bei denen die Maschen im Verlauf des Fadens, nämlich im unmittelbaren Anschluß an die vorhergehende Masche, gebildet werden. Der Faden muß also nicht in voller Länge durch die Masche gezogen werden. Dafür ist die

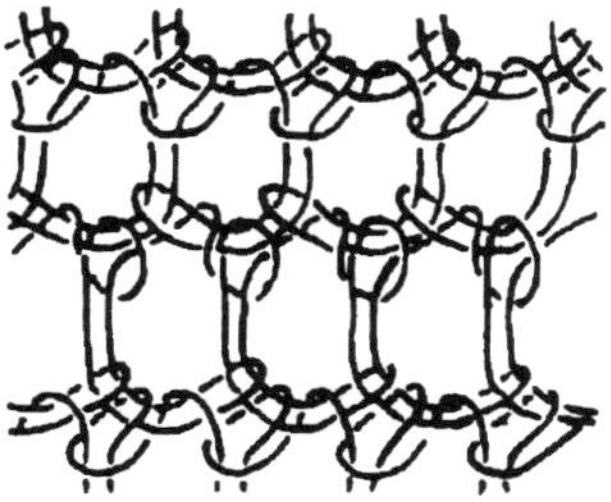

Abb. 67 Häkeln (Rosenstich)

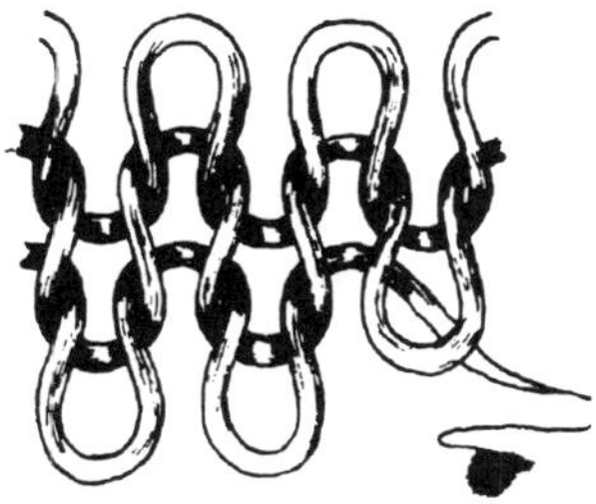

Abb. 68 Stricken (rechte Masche)

Verwendung von einfachen Geräten Voraussetzung. Maschenstoffe mit endlichem Faden finden sich hauptsächlich in den Hochkulturen der Alten und der Neuen Welt.

Beim *Häkeln* (Abb. 67) erfolgt eine Verbindung der Maschen sowohl zu jenen der vorhergehenden Reihe, als auch den seitlich benachbarten Maschen unter Verwendung hakenförmiger Häkelnadeln. Beim *Stricken* (Abb. 68) sind die Maschen nur mit jenen der vorhergehenden Reihe verbunden und müssen daher einzeln mittels Hilfsgeräten fixiert werden (vor allem Stricknadeln und -gabeln; Abb. 69).

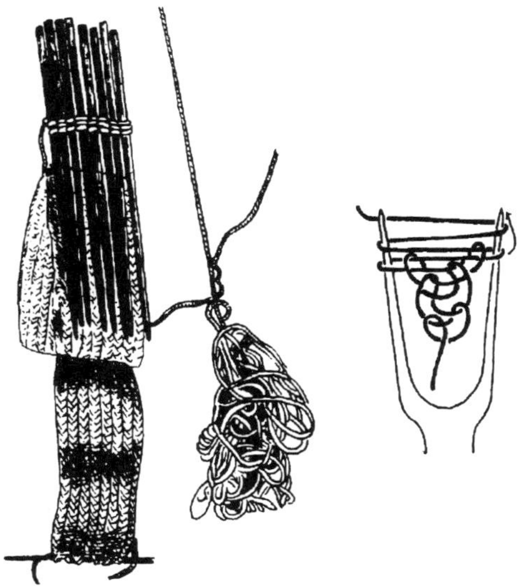

Abb. 69 Strickgerät: Taulipang (Venezuela); Stricken auf der Gabel

8.4.1.2. Stoffbildung mit Fadensystemen

Bei diesen primären stoffbildenenden Techniken werden gleichzeitig wenigstens zwei Fäden oder Fadensysteme miteinander verbunden. Wenn alle Fadensysteme gleichberechtigt an der Bindung beteiligt (aktiv) sind, spricht man von „(echtem) Flechten"; beim Zusammenwirken von aktiven und passiven Systemen von „Halbflechten".[56]

8.4.1.2.1. Halbflechten

Beim Halbflechten wird ein aktiver Faden (bzw. ein Fadensystem) zur Fixierung eines passiven Faden(system)s verwendet. Das dem Nähen verwandte *Durchstechen* verbindet relativ breite (dicke) passive Systeme, indem sie von linear verlaufenden aktiven Fäden durchstochen werden. Beim *Wickeln* bildet das aktive System einfache oder mehrfache Schlingen oder Knoten um die passiven Fäden oder Fadengruppen. Unter *Binden* versteht man die Verbindung zweier einander überkreuzender passiver Systeme durch Bindungen, die dem Einhängen, Verschlingen und Verknoten entsprechen. *Zwirnbinden* liegt vor, wenn zwei oder mehr aktive Fäden ein oder zwei (überkreuzte) passive Systeme dadurch verbinden, daß sie nach Kreuzen der passiven Fäden zwirnartig (in S- oder Z-Drehung) gegeneinander verdreht werden. Beim *Wulsthalbflechten* verlaufen die aktiven Fäden in der selben Richtung wie die passiven und verbinden diese durch Umwickeln, Einhängen, Verschlingen oder Verknoten, wobei sie die passiven Fäden entweder nur umfassen oder aber durchstechen (Abb. 70). Zum Durchstechen verwendet man Nadeln oder Ahlen.

Zum Zwirnbinden (vor allem von Matten) bedient man sich in weiten Teilen Asiens eines einfachen Geräts aus einem auf Ständern

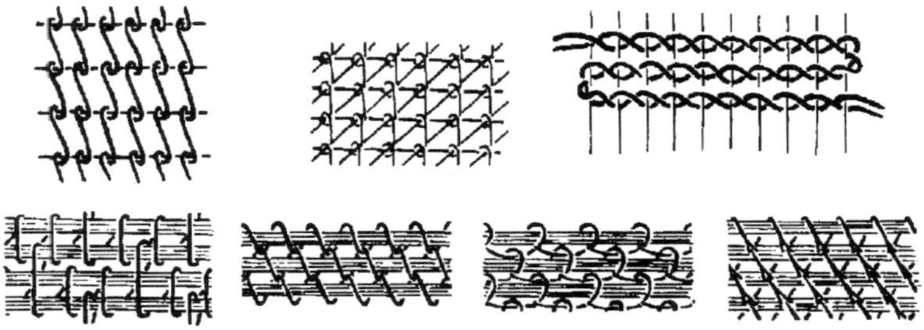

Abb. 70 Halbflechten: Wickeln, Binden, Zwirnbinden; Wulsthalbflechten: umwickelnd, einhängend, einfach verschlingend, durchstechend

Abb. 71 Zwirnbindegerät, Korea

ruhenden oder aufgehängten gekerbten Stab. In jeder Kerbe liegt ein Faden, dessen Enden jeweils an einem Stein befestigt sind. Man legt das passive Element ein und kreuzt die Fäden durch Überwerfen der Steinchen. Diese binden durch ihr Gewicht die Elemente auch fest aneinander (Abb. 71).

8.4.1.1.2. Echtes Flechten

Beim echten Flechten werden Stoffe durch Bindungen auf der Grundlage des Verkreuzens der Elemente von zwei oder mehreren gleichberechtigten aktiven Fadensystemen gebildet. (Beim „Stakenflechten" ist ein System zwar starr und „passiv", erfüllt aber die gleichen Bindungsfunktionen wie das „aktive".) Nach der Zahl der beteiligten Fadensysteme unterscheidet man Flechten in zwei und in mehreren Richtungen.

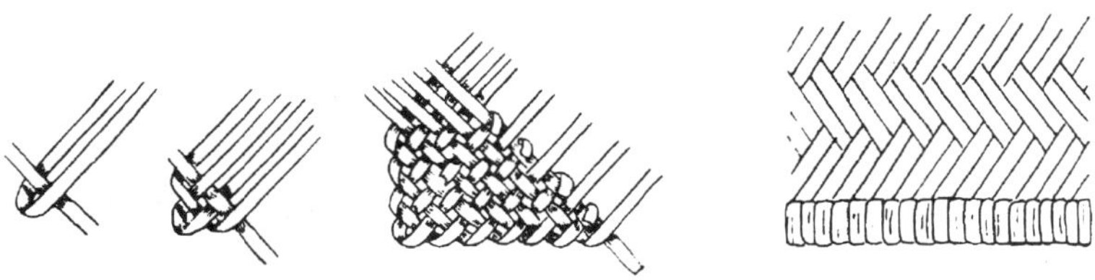

Abb. 72 Diagonalflechten (Leinwandbindung, Köperbindung)

Abb. 73 Randparalleles Flechten (Leinwandbindung): Abenaki (Quebec)

Abb. 74 Zopfflechten: gewöhnlicher und flacher Zopf aus 4 Streifen, Zopf aus 20 Streifen

Flechten in zwei Richtungen: Die Bindungsformen (Leinwand-, Köper- und Atlasbindung) entsprechen jenen der Weberei (vgl. S. 134–136). Die beiden Flechtrichtungen des *randparallelen Flechtens* (Abb. 73) verlaufen parallel bzw. senkrecht zu den Rändern (eines rechteckigen Geflechts); beim *Diagonalflechten* (Abb. 72) verlaufen sie hingegen zu den Rändern des fertigen Stückes in Winkeln von ca. 45°. Die Produkte des *Schlauch-* und *Zopfflechtens* (Abb. 74) – überwiegend schmale Diagonalgeflechte – sind ebenfalls als „Stoffe" anzusprechen, werden aber ihrerseits häufig als Fadenmaterial weiterverarbeitet. Beim *Zwirnflechten* wird das Prinzip der Zwirnbindung mit dem zweier gleichberechtigter Systeme verbunden. Bei *Zwirnspalten* besteht die Bindung in der Ineinanderverzwirnung gezwirnter Fäden.

Flechten in drei und mehr Richtungen: Diese vorwiegend in Ost- und Südostasien verbreitete Technik erlaubt nur eine beschränkte Variation der Bindungsarten, setzt aber zum Teil (wie die höheren stoffbildenden Techniken) die Fixierung einzelner Systeme voraus (Abb. 75).

Abb. 75 Flechten in drei Richtungen: Mohawk (Quebec); in vier Richtungen: Kayabí (Brasilien)

8.4.2. Höhere stoffbildende Techniken

Die passiven Fadenelemente („Kette“) sind auf einen Rahmen oder eine andere Vorrichtung gespannt (Abb. 76). Sie werden von den aktiven Elementen („Eintrag“, „Schuß“) einzeln oder in Gruppen umflochten. Eine „endlose Kette“ ist in einer Schraubenlinie aufgewickelt, bei der „endlichen“ werden Kettfäden von begrenzter Länge verwendet. Sind endliche Ketten in einer Schraubenlinie oder in parallelen Schlingen um die Spannvorrichtung gewickelt, werden beide Kettenebenen beim Arbeitsvorgang zu einer vereinigt. Endlose Ketten ergeben schlauchförmige Stoffe (gewebt z.B. Sarong).

8.4.2.1. Kettenstoffherstellung

8.4.2.1.1. mit passiver Kette

Beim *Wickeln des Eintrags* der „soumakartigen Kettenstoffe“ werden die Kettfäden vom Eintrag einzeln umwickelt (Abb. 77). Die Art der Bindung entspricht dem Wickeln in der Halbflechterei. Die namengebenden Soumakstoffe sind im Kaukasus beheimatet.

Zwirnbinden des Eintrags: Die Art der Bindung entspricht hier dem Zwirnbinden des Halbflechtens. Eintragspaare werden vor und nach jedem Kettfaden miteinander verdreht (Abb. 78).

Flechten des Eintrags (Kettenflechten): Wie beim echten Flechten sind auch hier diagonales und randparalleles Kettenflechten zu unterscheiden. Im Unterschied zum Flechten ist hier nur ein Fadensystem (Eintrag) aktiv. Meist werden so nur schmale Bänder hergestellt.

Abb. 76 Kettrahmen: Salish (Washington)

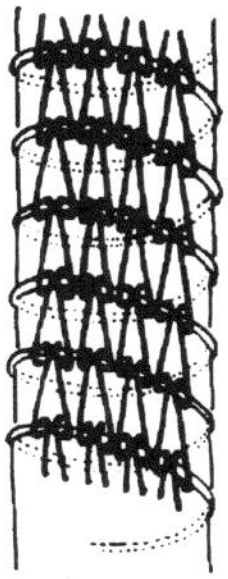

Abb. 77 Soumakartiger Kettstoff

Abb. 78 Zwirnbindiger Kettstoff: Salish

Wirken: Kettenstoffherstellung, ausschließlich in Leinwandbindung, mit verschiedenfarbigen aktiven Fäden. Diese führt man quer über einen Teil der Kettfäden, schlingt sie um einen Faden und kehrt um. So entstehen verschiedenfarbige Flächen nebeneinander, die im allgemeinen durch Schlitze gegenseitig abgesetzt sind. Es gibt jedoch verschiedene Möglichkeiten, die Schlitzbildung zu vermeiden. Der Eintrag kann auch – dem Muster folgend – von der üblichen senkrechten Führung zur Kette abweichen. Geschlossene Farbflächen erzielt man durch die „Eintragreps" genannte Variante der Leinwandbindung (vgl. Abb. 92), bei der die Kettfäden vollkommen verdeckt sind. Orientalische Kelims, Gobelins usw. sind derartige gewirkte Kettenstoffe (Abb. 79). Koptische, altislamische und altperuanische Stoffe sind häufig in dieser Technik angefertigt. Wirkerei[57] kann auch in Kombination mit mechanischer Fachbildung auftreten.

Abb. 79 Wirken

8.4.2.1.2. mit aktiver Kette

Das „passive Fadensystem" Kette ist insofern aktiv, als seine Fäden miteinander verschlungen oder verkreuzt werden.

Sprang (Abb. 80): Die Bindung erfolgt ohne Eintrag durch alleiniges Verkreuzen und Verdrehen der Kettfäden. Weil jede Verschiebung der Kettfäden gegeneinander an einem Ende sich von selbst symmetrisch am anderen Ende ergibt, arbeitet man von beiden Enden der Kette zur Mitte hin und benutzt Hilfsstäbchen als provisorische Einträge. Sie verhindern das Auflösen der Bindung. In der Mitte muß die Kette abschließend durch eine andere Bindungsart fixiert werden.

Zwirnbinden der Kette (Abb. 81): Die bei der Sprangbildung benutzten Hilfsstäbchen werden hier nach jeder Verdrehung der Kette durch Einträge ersetzt. Ist die Kette an einem Ende beweglich, kann man den Eintrag einfach nach jeder Verdrehung der Kette durchlaufen lassen. Am fertigen Stoff ist der Eintrag meist unsichtbar.

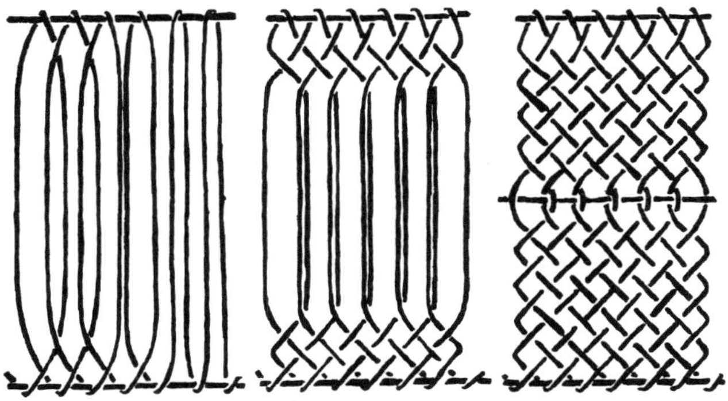

Abb. 80 Sprang mit verkreuzten Kettfäden: Drei Stadien der Arbeit

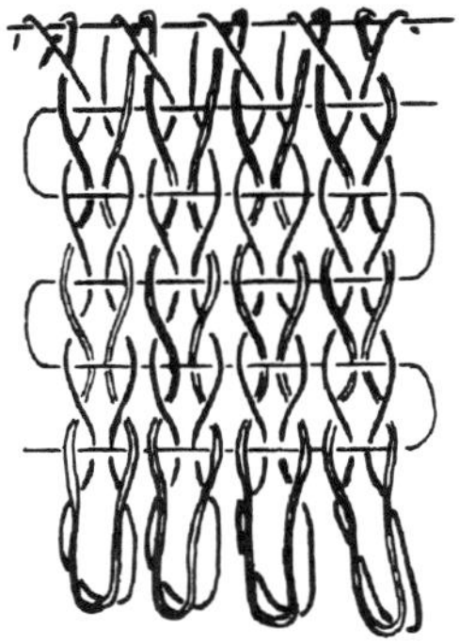

Abb. 81 Zwirnbinden der Kette

8.4.2.2. Halbweberei

Für die *alternierende Halbweberei* ist ein sehr einfaches Gerät charakteristisch, das zusätzlich zur Spannvorrichtung für die Kettfäden einen Trennstab verwendet. Da der Litzenstab fehlt, kann nur ein Fach automatisch gebildet werden (vgl. unten „Weberei"). Jeder zweite Eintrag wird „durchgeschossen", der erste, dritte usw. muß jedoch – wie bei den Kettenstoffen – durchgeflochten werden. Ein solches Halbwebgerät ist nur von den Salomonen bekannt.

Daneben kennt man noch die *reservierende Halbweberei*, bei der kompliziertere Bindungsformen möglich sind. Die Technik ähnelt der Kettenstoffherstellung, nur daß bei der manuellen Fachbildung die am anderen Ende der gespannten Kette entstehenden spiegelbildlichen Gegenfächer mittels Stäbchen „reserviert" werden.

8.4.2.3. Weberei

Von der Kettenstoffherstellung unterscheidet sich die Weberei als technischer Prozeß durch die mechanische Fachbildung. Ein sekundäres Merkmal ist die Verwendung eines fortlaufenden Eintrags. Wie in den anderen höheren stoffbildenden Techniken kann die Kette passiv oder aktiv sein. Bei der Fachbildung werden obere und untere Fäden abwechselnd parallel gelegt (erstes oder natürliches Fach) und gekreuzt (zweites, künstliches oder Gegenfach). Die Art des verwendeten Webgerätes kann am fertigen Stoff im allgemeinen nicht festgestellt werden, eine Einteilung der Stoffe ist daher nur nach den Arten der Bindung (Kreuzung von Kett- und Eintragsfäden) möglich.

8.4.2.3.1. Weberei mit aktiver Kette

Diese der Halbweberei (insbesondere dem Zwirnbinden der Kette) verwandten Techniken eigen sich nur zur Herstellung schmaler Bänder. Bei der *Fingerweberei* erfolgt die Fachbildung ohne Gerätschaften, aber unter Beteiligung zweier Personen, von denen eine die in Schlaufen gelegte Kette an den Fingern beider Hände befestigt sind, während die zweite den Eintrag führt. Durch abwechselndes Übertragen der Schlingen von der einen auf die andere Hand entstehen Fach und Gegenfach und im Ergebnis ein Band mit zwirnbindiger Kette.

Bei der *Brettchenweberei* werden meist quadratische „Brettchen" oder „Karten" aus Holz, Leder, Knochen usw. verwendet, die meist an den Ecken mit Löchern versehen sind. Durch jedes der Löcher führt ein Kettfaden. Die gesamte Kette ist durch mehrere derartige Brettchen geführt, die schräg (fast parallel) zum Fadenverlauf eng aneinanderliegen. Zur Fachbildung umfaßt man die Brettchen mit der Hand und dreht sie (Abb. 82).

8.4.2.3.2. Weberei mit passiver Kette

Im technisch einfachsten Fall erfolgt die Fachbildung mit Hilfe des

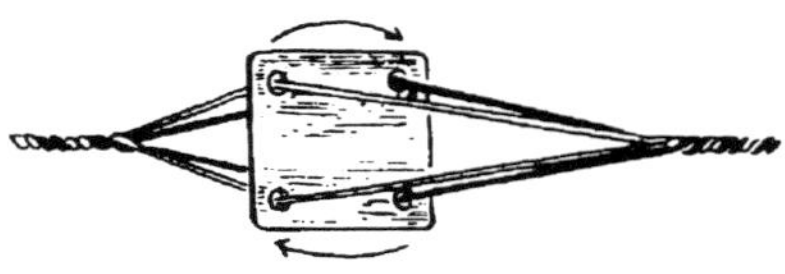

Abb. 82 Brettchenweberei (Schema)

Webgitters. Zumeist sind dies Holzbrettchen mit parallelen Schlitzen in senkrechter Richtung, zwischen denen jeweils ein kreisrundes Loch liegt (Abb. 83). Die gespannten Kettfäden sind durch die Schlitze und Löcher geführt. Durch Heben und Senken des Gitters werden die durch Löcher laufenden Fäden bewegt und bilden mit den in den Schlitzen gleitenden das obere bzw. untere Fach. In Japan verwendet man zur Anfertigung von Matten Webgitter größerer Breite. Die Kette ist in diesem Fall vertikal aufgespannt (Abb. 84).

Bei der *Litzenstabweberei* erfolgt die Fachbildung durch Trenn- und Litzenstab. Die Kette ist zwischen Brust- und Kettbaum gespannt, obere und untere Fäden werden vom Trennstab zunächst auseinandergehalten. Zwischen Trennstab und Brustbaum liegt quer über die oberen Fäden der Litzenstab, der die Schnurlitzen trägt, die zwischen den oberen Fäden hindurchgehen und jeweils den darunterliegenden fassen. Zieht man den Trennstab an den Litzenstab heran, so liegen obere und untere Fäden parallel (natürliches Fach). Durch Wegschieben des Trennstabes (in Richtung Kettbaum) und Hochziehen des Litzen-

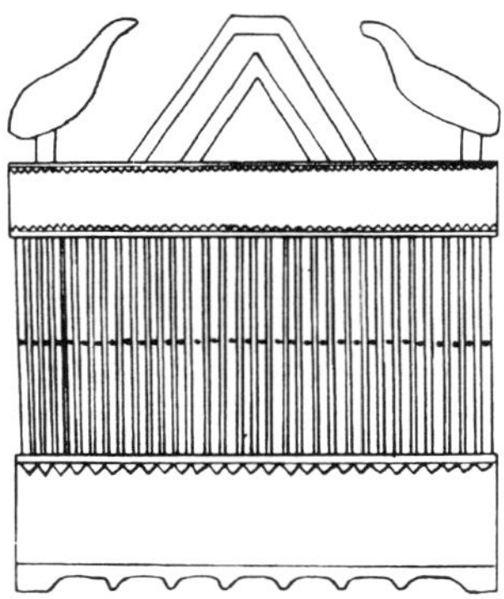

Abb. 83 Webgitter: Menominee (Wisconsin, USA)

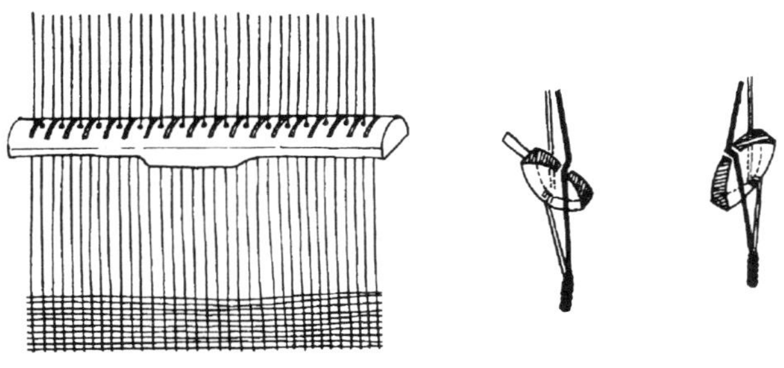

Abb. 84 Webgitter: Japan

stabes werden die unteren mit den oberen Fäden gekreuzt (künstliches Fach). Nach jeder solchen Fachbildung wird der Eintrag als Knäuel oder um einen Stab („Schützen“) gewickelt durchgeschossen. Um den Eintragsfaden an den vorhergehenden möglichst dicht anzuschließen, bedient man sich des Schwerts oder eines Anschlagkamms. Das Schwert hat auch die Funktion, das Fach zu erweitern: stellt man es hochkant, wird das Durchschießen des Eintrags erleichtert (Abb. 85).

Weitere Behelfe verhüten ein Verwirren der Kette („Kreuz“ oder „Kamm“) oder verhindern beim vorgeschrittenen Weben das Schmälerwerden derselben (Spannstab). Durch Litzenreihen an zwei oder mehr Litzenstäben kann eine entsprechend größere Zahl von Fächern gebildet werden. Dies ermöglicht kompliziertere Bindungsarten.

Zur Vorbereitung der Kette bedient man sich oft der *Haspel* (Abb. 86), einem großen Rad mit Kurbelantrieb, dessen Achse meist horizontal gelagert ist. Von der Spindel oder Spule wird der Faden auf das Rad der Haspel gewickelt und von dort als Strähne abgenommen. Auch zum Färben des Fadens bildet man solche Strähnen. Um derartige Strähnen wieder auf Webspulen zu bringen, bedient man sich des *Drehkreuzes* (Abb. 87), dessen Achse meist vertikal ist. Sowohl Haspel als auch Drehkreuz finden sich nur in den asiatischen Hochkulturen und im islamischen Nordafrika.

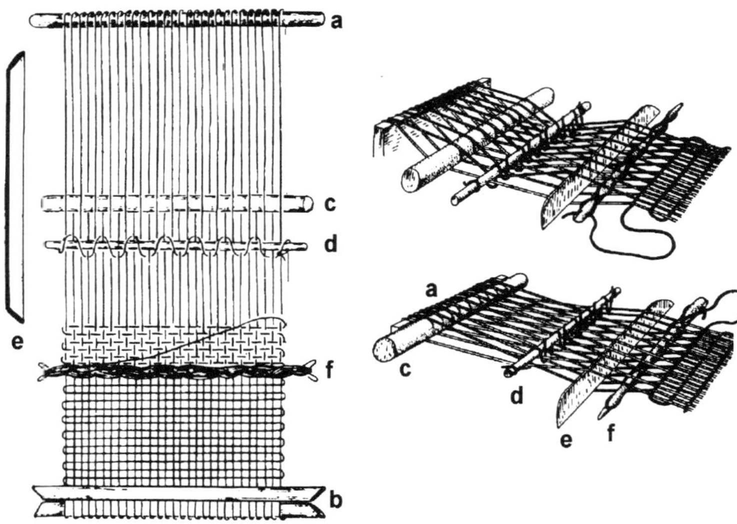

Abb. 85 Webstuhl: a Kettbaum, b Brustbaum, c Trennstab, d Litzenstab, e Schwert, f Schützen. Rechts: Mechanische Fachbildung.

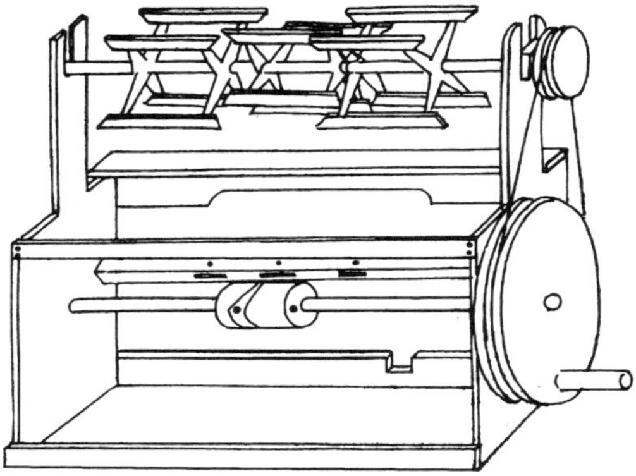

Abb. 86 Haspel

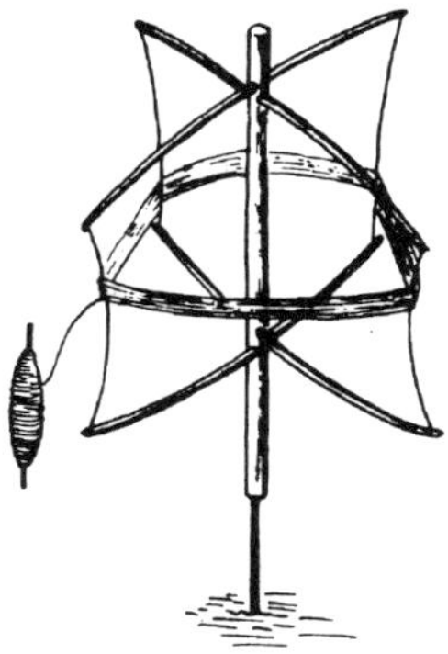

Abb. 87 Drehkreuz, Äthiopien

Die Webgeräte sind in der „Basler Systematik" primär in horizontale und vertikale eingeteilt. Bei den vertikalen wird das *Gewichtwebgerät*, bei dem die Kette von einem Querbaum hängt und mit Gewichten gespannt wird, vom *Gobelinwebgerät* unterschieden, dessen Kette zwischen zwei horizontalen „Bäumen" gespannt ist. Die Bandbreite horizontaler Webstühle reicht vom *liegenden Webgerät*, bei dem Kett- und Brustbaum mit Pflöcken am Boden fixiert sind, über das *Joch- oder Gürtelwebgerät*, bei dem der Brustbaum mit einem Gürtel am Körper der Weberin (des Webers) befestigt ist, zur Gruppe der *Schaftwebstühle* (Abb. 88), bei denen alle der Fachbildung dienenden Teile (Trennstab, Litzenstab) in „Schäften" vereinigt sind. Die Schäfte – immer mindestens zwei –

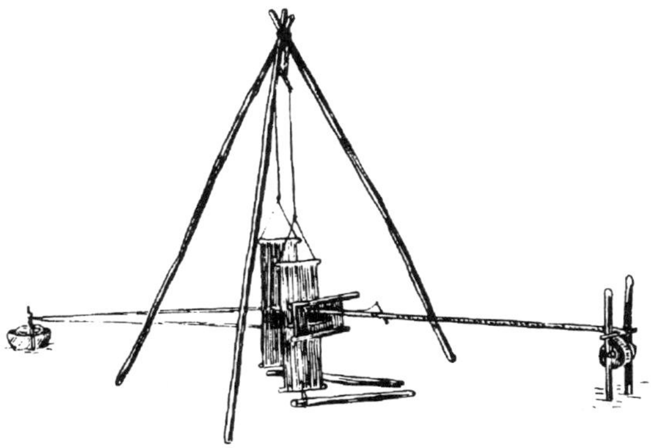

Abb. 88 Schaftwebstuhl: Sudan

bilden zusammen das „Geschirr", das durch Zug- („Schaftarm") oder Trittvorrichtungen (Pedal) betätigt wird. Der Kamm ist meist beweglich in einer „Lade" gelagert und dient auch zum Anschlagen. Diese Ausbildung bezeichnet man als „Ried". Kettbaum und Brustbaum können oft um ihre Achse gedreht werden und ermöglichen so die Herstellung langer Stoffbahnen, die am Brustbaum oder auf einem zusätzlichen Zeugbaum aufgerollt werden. Alle Teile des Schaftwebstuhls sind in ein festes Gestell eingebaut. Zum Durchschießen des Fadens bedient man sich eines entwickelten Schützens, des sogenannten „Schiffchens" (Abb. 89). Dieses besteht aus einem Rahmen, in dem die Webspule gelagert ist. Von der Spule läuft der Faden durch eine Durchbrechung der Wand des Schiffchens („Schützenauge") und kann sich so beim Durchschießen automatisch abspulen.

Aus den drei *Grundbindungen* Leinwand-, Köper- und Atlasbindung können zahlreiche andere abgeleitet werden („abgeleitete Bindungen"). Die Leinwandbindung findet man oft – zurückgehend auf das verwendete Material – auch als Taft- (Seide), Tuch- (Wolle) oder Kattunbindung (Baumwolle) bezeichnet, die Atlas- auch als Satinbindung.

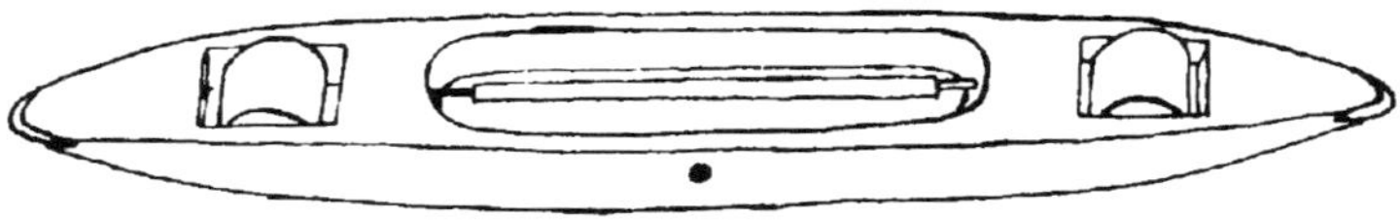

Abb. 89 Schiffchen: Japan

Leinwandbindung (Abb. 90): Der Faden des Eintrages geht abwechselnd über einen Kettfaden hinweg, unter dem nächsten hindurch, kommt beim folgenden wieder oben zu liegen usw. Sind zwischen den einzelnen Kett- und Eintragsfäden große Abstände, spricht man von *Stramin*, wird der Faden beider Systeme jeweils paarig oder mehrfach geführt von *Würfelbindung* (Abb. 91). Beim *Reps* (Abb. 92) ist nur ein Fadensystem sichtbar (Eintrag-, Schuß- oder Querreps bzw. Ketten- oder Längsreps). Läßt man den Eintrag zwischen den Kettfäden in Schlingen oder Noppen vorstehen, spricht man von *Noppenstoff*. Die Noppen können auch zu einem Flor aufgeschnitten werden (vgl. S. 138).

Köperbindung (Abb. 93): Im einfachsten Fall geht jeder Eintragsfaden über zwei Kettfäden hinweg und unter einem hindurch (oder umgekehrt). Von Eintrag zu Eintrag sind die Bindungsstellen jeweils

Abb. 90 Leinwandbindung

Abb. 91 Würfelbindung

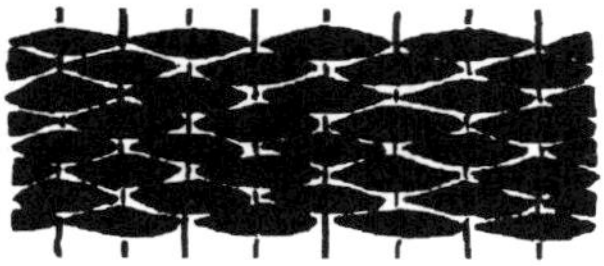

Abb. 92 Reps (Eintragreps)

um einen Kettfaden seitlich verschoben. In diesem Fall spricht man von „dreibindigem" Köper, da dieselbe Position des Eintrags bei jedem dritten Kettfaden wiederkehrt. Bei einer anderen Form des Köpers geht der Eintrag regelmäßig über zwei Kettfäden hinweg und unter den zwei folgenden hindurch. Im Unterschied zur Würfelbindung tritt auch hier eine seitliche Verschiebung der Bindungsstellen ein. Je nachdem, ob auf der rechten (beim Weben: oberen) Stoffseite die Eintrags- oder Kettfäden stärker zur Geltung kommen, spricht man von Schuß- bzw. Kettköper.

Abb. 93 Köperbindung

Abb. 94 Atlasbindung

Atlasbindung (Abb. 94): Eine größere Zahl von Fäden – mindestens vier – wird übersprungen, die Bindungspunkte verschieben sich seitlich in der Eintragsrichtung um mindestens zwei Kettfäden. Die Kreuzungsstellen von Kett- und Eintragsfäden berühren sich nie. Auch hier ist zwischen Schuß- und Kettenatlas zu unterscheiden.

Gemusterte Stoffe erzielt man durch abgeleitete Bindungen. An der Musterbildung können Kette und Eintrag gleichzeitig beteiligt sein, oder es wird nur eines der beiden Fadensysteme zur Musterung benutzt (*Ketten-* und *Eintragstechniken*). Bei *Doppelgeweben* sind Kette oder Eintrag zwei- oder mehrfach geführt. Doppelstoffe zeigen auf beiden Stoffseiten dasselbe Muster, jedoch in vertauschten Farben.

Bei den bisher genannten abgeleiteten Bindungen sind sämtliche Kett- und Eintragfäden an der Stoffbildung beteiligt. Es kann hier schon vorkommen, daß Fäden des einen oder anderen Systems auf der linken Stoffseite streckenweise flottant geführt werden. Dieses Flottantführen ist aber vor allem das Charakteristikum von Geweben, bei denen zusätzliche Zierfäden verwendet werden, die nicht an der Stoffbildung beteiligt sind. Man unterscheidet auch hier zwischen *Zierketten-* und *Ziereintragstechniken.* Auch Kombinationen der beiden treten auf. Die Gewebe mit zusätzlichen Zierfäden im Eintrag faßt man allgemein als „Brokate" zusammen. Es treten dabei jedoch zwei verschiedene Prinzipien auf, die auseinanderzuhalten sind. Beim *Lancieren* werden die Zierfäden von Webkante zu Webkante geführt. Der fortlaufende Faden wird in den Abständen zwischen den Mustern flottant geführt. Beim echten *Brochieren* führt man die Fäden nur in der Breite des Musters.

Dreherbindung: Paare oder Gruppen von Kettfäden werden alternierend und unvollständig miteinander verdreht (aktive Kette) und in dieser Stellung durch den Eintrag fixiert. Die Verdrehung der Kettfäden kann mechanisch durch besondere Führung der Litzen erfolgen. Wegen der Festigkeit der Dreherbindung stellt man damit vor allem lockere Gewebe (*Gaze*) her.

8.5. Techniken der Stoffzusammensetzung

Die typischen Techniken der Stoffzusammensetzung sind Zusammenknüpfen, Nähen und Verriegeln. Vor allem bei der Verbindung von Maschenstoffen bedient man sich häufig derselben Technik, die auch zur Stoffbildung selbst angewandt wurde.

Zusammenknüpfen: Zwei Stoffstücke werden an den Rändern an- oder übereinandergelegt. In kurzen Abständen zieht man Fadenstücke schlingenförmig durch und verknüpft deren Enden.

Nähen: Stoffteile werden durch einen beliebigen, fortlaufenden Faden verbunden. Man setzt Stiche in gewünschter bzw. erforderlicher Reihenfolge und Form und bildet so die Naht. Wird der Faden per Hand durchgeführt, so benötigt man im allgemeinen (wie auch beim Zusammenknüpfen) einen Pfriem zum Stechen des Loches. Häufiger bedient man sich einer Nadel. Das Nähen ist natürlich – wie schon hingewiesen wurde – auch auf andere Materialien anwendbar (Blätter, Baststoffe, Filz, Leder, Holz, Blech usw.).

Verriegeln: Maschen-, Kettenstoffe oder Gewebe können verbunden werden, indem man die an den Rändern zweier Stoffe von umkehrenden Fäden gebildeten Schlingen gegeneinander ausrichtet und auf einen gemeinsamen Faden aufzieht.

Für die Herstellung von Gebilden komplizierter Form, insbesondere von Kleidungsstücken, ist es erforderlich, den Stoff zuzuschneiden. Die Schere ist außerhalb Eurasiens kaum verbreitet. Man bediente sich meist eines Messers, für wenig komplizierte „Schnitte" kann der Stoff aber auch in einer der Fadenrichtungen durch Reißen zerteilt werden.

8.6. Techniken der Stoffverzierung

Jenseits der strukturellen Musterung von Stoffen durch die Formen der Bindung (einschließlich des Broschierens) und die Verwendung unterschiedlich gefärbter Fäden, können Textilien durch Einfügung von

Zierelementen während der Stoffbildung oder mittels fester oder flüssiger Materialien nach der Stoffbildung verziert werden. Eine Übergangsstellung nehmen die Randabschlüsse und Fransen ein, auf die hier nicht weiter eingegangen wird.

8.6.1. Stoffverzierung während der Stoffbildung

8.6.1.1. Florstoffe

Im Zuge der Stoffbildung werden Federn, Fäden, Fasern und andere Materialien so fixiert, daß sie am fertigen Textil einen Flor bilden. Ihre Hinzufügung trägt nicht zur Stoffbildung selbst bei, hat also rein dekorativen Charakter. Florstoffe können auf der Grundlage von Maschenstoffen, Geflechten, Kettenstoffen, Halbgeweben oder Geweben gebildet werden. Fäden oder Fasern werden dabei meist in der Mitte ihrer Länge im stoffbildenden Fadensystem fixiert, Federn meist an ihrem Kielende, das oft angeschnitten und/oder umgebogen ist.

Die Verbindung der Florbildung mit dem Wirken bezeichnet man als *Teppichknüpferei*. Die kurzen, florbildenden Ziereinträge, die oft mit Hilfe einer hakenförmigen „Nadel“ an die Kettfäden „geknüpft“ werden, schert man nach beendetem Knüpfen zu einem Flor von gleichmäßiger Höhe. Die charakteristische Neigung der Florfäden bei größeren Knüpfteppichen ist eine Folge des Arbeitens an der vertikal gespannten Kette: die Fäden hängen in die Richtung jener Schmalseite, an der mit dem Knüpfen begonnen wurde (am Spannrahmen also nach unten). Hauptformen der Teppichknoten sind der symmetrische (Ghiordes-) und der asymmetrische (Senné-) Knoten (Abb. 95). Weitere Unterscheidungen der Knüpfteppiche trifft man nach Anordnung der Kettfäden in einer oder zwei Ebenen, nach der Zahl der durchgehenden Einträge nach jeder Knotenreihe und nach der Form der Knoten. Die Qualität wird nach der Feinheit der Knoten (Anzahl je Quadratzentimeter) beurteilt.

8.6.1.2. Perlenstoffe

Auch Perlenstoffe kommen im Zusammenhang mit den unterschiedlichen stoffbildenden Techniken vor; dabei sind aber die perforierten Perlen aus Muschelschalen, Glas, Samen, Holz, Metall usw. auf den Fäden aufgereiht oder können selbst als Bindungselemente dienen, wenn mehrere Fäden (oder ein Faden mehrfach) durch dieselbe Perle

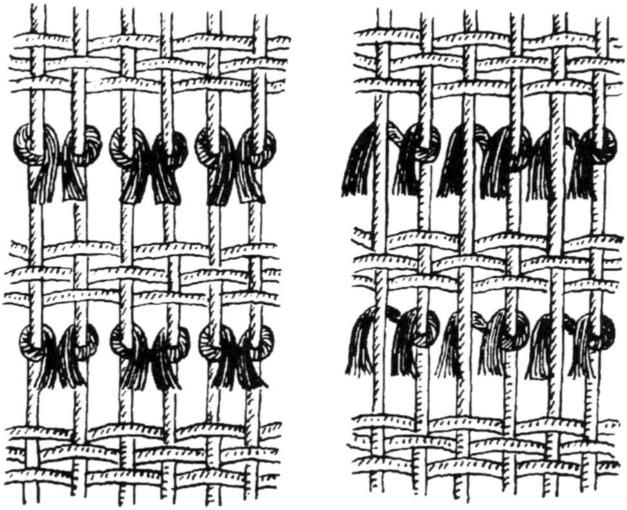

Abb. 95 Teppichknüpferei: symmetrische und asymmetrische Knoten

gezogen sind. Im letzteren Fall tritt zur dekorativen auch eine stoffbildende Funktion.

8.6.2. Stoffverzierung nach der Stoffbildung

8.6.2.1. mit festem Material

Applikation: Auf der Stoffunterlage werden – fast ausschließlich durch Nähen – fremde Körper befestigt. Es kann sich dabei um andersfarbige Stoffstücke, Borten, Fäden, Tierhaare, Stücke von Leder, Glas, Holz, Muschelschale oder Stein usw. handeln. Auch die sogenannte „Perlenstickerei"[58] ist eine Applikationstechnik. Die Fadenführung der mit Applikation verbundenen Näharbeit hat meist selbst Ziercharakter. Eine Sonderform ist die Fixierung von Blattgold oder Goldpulver mit Hilfe eines Klebstoffes (Süd- und Südostasien).

Stickerei: Verzieren von Stoff mit Faden, meist mit Hilfe der Nadel. Der verwendete Faden dient dem Dekor und gleichzeitig seiner Fixierung auf der Unterlage (im Gegensatz zu applizierten Fäden). Die Klassifizierung erfolgt nach Stichformen (Abb. 96). Eine typologische Arbeit unterscheidet davon sechs Gruppen, mit zusammen 62 Varianten.[59]

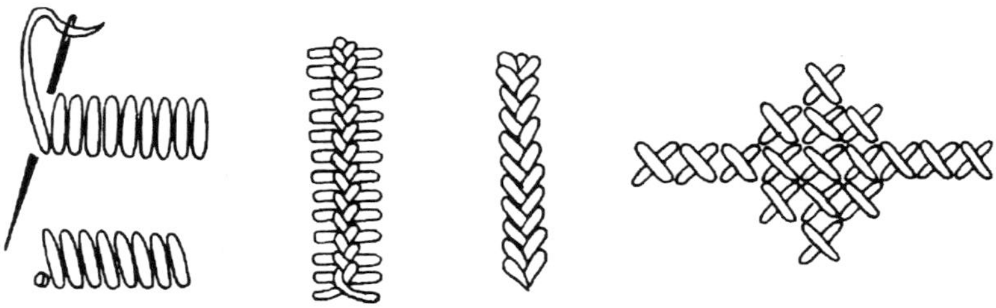

Abb. 96 Stickerei: Satin-Stich, zwei Flechtstiche, Kreuzstich

8.6.2.2. Stoffverzierung mit Farben

8.6.2.2.1. Bemalen, Bedrucken, direkte Anbringung von Farbe

Die direkte Anbringung farbiger Muster kann durch Bemalen und Bedrucken mit Stempeln erfolgen. Einfaches Färben im Tauchverfahren führt zu einfarbigen Stoffen; einfache Muster lassen sich durch partielles Eintauchen in unterschiedliche Farbbäder erzielen.

8.6.2.2.2. Reservemusterung

Mit Techniken der Reservemusterung wird der Farbauftrag zumeist über die Festlegung der nicht zu färbenden Flächen negativ bestimmt.
Schablonen (Abb. 97): Die Farbe (oder eine Reserve) wird über der dem Stoff aufgelegten Schablone aufgetragen. Mit erhabenen, paarig oder in Sätzen aufeinander abgestimmten Schablonen kann man auch im Tauchbad färben, wenn sie entsprechend miteinander verklemmt werden.

Abb. 97 Schablonenreservierung

Faltreserven: Der Stoff wird in bestimmter Form gefaltet und so zusammengehalten (Abb. 98). Beim Färben kann die Farbe nur an den Kanten angreifen.
Abbindreserven (Abb. 99): Das *Plangi*-Verfahren besteht aus der Um-

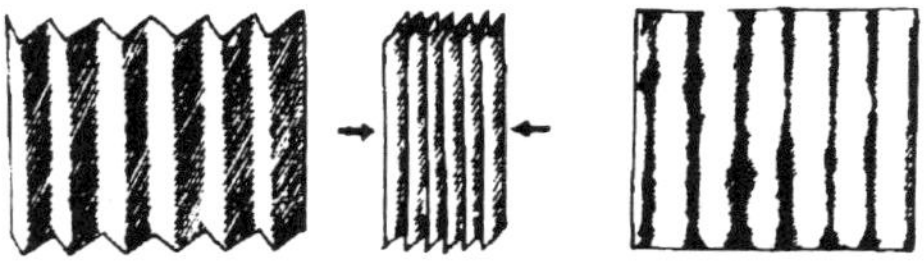

Abb. 98 Faltreservierung

Abb. 99 Abbindreservierung

wicklung ungefähr kreisförmiger Partien eines Stoffs mit Reserven. Beim *Tritik*-Verfahren werden stärkere Fäden in gewünschten Linien oder Figuren mit der Nadel in den Stoff eingezogen und der Stoff auf den Fäden möglichst eng zusammengeschoben. Abbindreserven können mit Nähreserven verbunden sein. Beide Bezeichnungen sind malaiischen Ursprungs.

Flüssige Reserven (malaiisch: *Batik*): Vor allem Wachs oder Reiskleister werden per Hand (mit Federn oder Gießbüchsen [Abb. 100]) oder mit Hilfe von Stempeln auf den Stoff aufgetragen. Nach dem Färben kann die Reserve ausgeklopft oder mit heißem Wasser entfernt werden.

Beizreserven: Im Gegensatz zur vorigen Methode, die Stoffpartien vor der Farbe schützt, trägt man hier Beizen auf, die eine Bildung von Farblack ermöglichen, während der Stoff selbst als Reserve dient.

Fadenreservierung (malaiisch: *Ikat*): Die Fäden werden *vor* dem Weben im Muster eingefärbt. Man spannt sie auf Rahmen und reserviert durch bündelweises Umwickeln. Je nachdem, ob Kett- oder Eintragsfäden bzw. beide Fadensysteme so behandelt wurden, spricht man von Ketten-, Eintrags- oder Doppelikat.

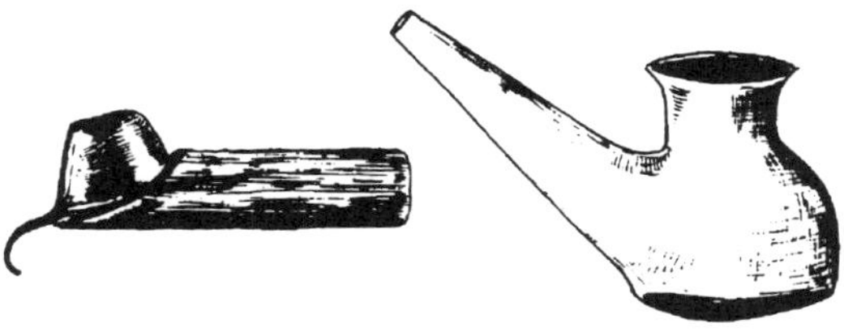

Abb. 100 Gießbüchsen für Batik: Java, Schanghai

Weiterführende Literatur:

Adovasio, J. M.: Basketry Technology. Chicago 1977.

Adovasio, J. M. und Robert F. Maslowski: Cordage, Basketry, and Textiles. Studies in Archaeology 39: 253–290.

Amsden, Charles A.: Navaho Weaving: Its Technic and History. Santa Barbara 1934.

Ashley, C. W.: The Ashley Book of Knots. London 1957.

Baker, Patricia L.: Islamic Textiles. London 1995.

Balfet, Helène: La vannerie. Essai de classification. L'Anthropologie 56: 259–280. Paris 1952.

Boser, Renée: Stickerei. Systematik der Stichformen. Basel 1969.

Boser-Sarivaxevanis, Renée: Le tissus de l'Afrique Occidental. Basler Beiträge zur Ethnologie 13. Basel 1972.

Brandt, A. v.: Fischnetzknoten. Schriften der Bundesforschungsanstalt für Fischerei/Hamburg 2. Berlin 1957.

Broudy, Eric: The Book of Looms. New York 1979.

Bühler, Alfred: Ikat Batik Plangi. 3 Bände. Basel 1972.

Bühler, Alfred und Eberhard Fischer: Press-Schablonen. Basler Beiträge zur Ethnologie 16. Basel 1974.

Burnham, Dorothy K.: Warp and Weft. A Textile Terminology. Toronto 1980.

Collingwood, Peter: The Techniques of Rug Weaving. London 1968.

-: Textile Strukturen. Eine Systematik der Techniken aus aller Welt. Bern 1988.

Crockett, Candace: Card Weaving. Loveland 1991.

d'Harcourt, René: Textiles of Ancient Peru and their Techniques. Washington 1962.

Emery, Irene: The Primary Structures of Fabrics. An Illustrated Classification. Washington 1969.

Fraser, David W.: A Guide to Weft Twining and Related Structures with Interacting Wefts. Philadelphia 1989.

Gisbert, Teresa: Arte textil y mundo andino. La Paz 1987.

Gräbner, E.: Die Weberei. Leipzig 1954.

Gustafson, Paula: Salish Weaving. Vancouver, Seattle 1980.

Hecht, Ann: The Art of the Loom. Weaving, Spinning and Dyeing Across the World. London 1989.

Hinderling, Paul: Stoffbildendes Schnurverschlingen. Baessler-Archiv, N.F. 7 : 1–79. Berlin 1959.

-: Schnüre und Seile. Methode zur technischen Bestimmung von Fäden für den völkerkundlichen Gebrauch. Bulletin der Schweizerischen Gesellschaft für Anthropologie und Ethnologie 1959/60: 1–13.

Hünlich, R.: Textile Rohstoffkunde. Berlin 1968.

–: Textilienprüfung. Berlin o. J.

Idiens, Dale und K. G. Ponting (Hg.): Textiles of Africa. Bath 1980.

Jardner, Heidrun: Eingefangene Fäden. Textile Verzierungstechniken in West-Timor, Indonesien. Hamburg 1995.

Jasper, J. E. und M. Pirngadie: De inlandsche kunstnijverheid in Nederlandsch

Indië. I: Het vlechtwerk, II: De weefkunst, III: De batikkunst. Leiden 1912–1916.
Keppel, Sylvia: Primaire textiele technieken van de Mentawei Eilanden. Systematiek van het lus- an vlechtwerk. Amsterdam 1984.
Kent, Kate Peck: The Cultivation and Weaving of Cotton in the Prehistoric Southwestern United States. Transactions of the American Philosophical Society 47: 457–732. Philadelphia 1957.
Kosswig, L.: Über Brettchenweberei, insbesondere in Anatolien. Baessler-Archiv, N.F. 15: 71–133. Berlin 1967.
Lamb, Venice: West African Weaving. London 1975.
Larsen, Jack Lenor et al.: The Dyer's Art. Ikat, Batik, Plangi. New York 1976.
Lehmann, J.: Systematik und geographische Verbreitung der Geflechtsarten; mit Anhang: Die hauptsächlichsten Arten von Knoten. Abhandlungen und Berichte des Königlichen Zoologischen und Anthropologisch-Ethnographischen Museums zu Dresden 11. Dresden 1907.
Leigh-Theisen, Heide und Reinhard Mittersakschmöller: Lebensmuster. Textilien in Indonesien. Wien 1995.
Lettenmair, J. G.: Das große Orientteppichbuch. 6. Aufl. Wels–München 1977.
Mason, Otis T.: Indian Basketry. Studies in a Textile Art Without Machinery. 2 Bände. New York 1904.
Maxwell, Royba: Textiles of Southeast Asia. Traditions, Trade and Transformation. Oxford 1990.
Menzel, Brigitte: Textilien aus Westafrika I-III. Veröffentlichungen des Museums für Völkerkunde Berlin, N.F. 26. Berlin 1972–1973.
Montell, Gösta: Spinning Tools and Spinning Methods in Asia. Report from the Scientific Expedition to the North-Western Provinces of China under the Leadership of Dr. Sven Hedin, Publication 15. Stockholm 1941.
Morrell, Anne: The Techiques of Indian Embroidery. London 1994.
Moser, Reinhard-Johannes: Die Ikattechnik in Aleppo. Basler Beiträge zur Ethnologie 15. Basel 1974.
Nabholz-Kartaschoff: Ikatgewebe aus Nord- und Südeuropa. Basler Beiträge zur Ethnologie 15. Basel 1974.
Nevermann, Hans: Die indo-ozeanische Weberei. Mitteilungen aus dem Hamburgischen Museum für Völkerkunde 20. Hamburg 1938.
Oppenheim, K.: Die primären textilen Techniken der Neu-Kaledonier und Loyalty-Insulaner. Internationales Archiv für Ethnographie, Supplement zu Band 41. Leiden 1942.
Picton, John und John Mack: African Textiles. London 1979.
Ribeiro, Berta G.: Basdes para uma classificação dos adornos plumarios dos índios do Brasil. Suma Etnológica Brasileira 3: 189–226. Petrópolis 1986.
Roth, H. Ling: Studies in Primitive Looms. Bankfield Museum Notes. Halifax 1934.
Rowe, Ann Pollard: Warp-Patterned Weaves of the Andes. Washington 1977.
Samuel, Cheryl: The Chilkat Dancing Blanket. Norman, London 1982.
Schevill, Margot Blum (Hg.): Textile Traditions of Mesoamerica and the Andes. New York 1991.

Seiler-Baldinger, Annemarie: Maschenstoffe in Süd- und Mittelamerika. Basler Beiträge zur Ethnologie 9. Basel 1971.
–: Systematik der textilen Techniken. Erweiterte Neuauflage. Basler Beiträge zur Ethnologie 32. Basel 1991.
Sturtevant, William C.: The Hole-and-Slot Heddle. In: I. Emery und P. Fiske (Hg.): Ethnographic Textiles of the Western Hemisphere, 325–355. Washington 1977.
Wendrich, Willemina: Who is Afraid of Basketry. A Guide to Recording Basketry and Cordage for Archaeologists and Ethnographers. CNWS Publications 6. Leiden 1991.

9. Fellbearbeitung

Bei der Behandlung von Tierhäuten (Fellen),[60] die zu Leder oder Pelz verarbeitet werden, sind die drei Stufen des Reinigens, Gerbens und Zurichtens zu unterscheiden.

Die häufigste Verwendung dieses Materials ist aus einsichtigen Gründen bei Völkern der Arktis und Subarktis und bei Jägervölkern anzutreffen sowie bei Nomaden, die vor allem Behälter aus Leder herstellen. Diese sind leicht und unzerbrechlich und daher bei den Wanderungen am einfachsten mitzuführen. Sehr geringe Bedeutung hat die Fellbearbeitung in Australien, Ozeanien und im tropischen Südamerika.

9.1. Materialkunde

Als Haut bezeichnet man die den Körper eines Organismus umkleidende Schutzhülle. Anatomisch gliedert sich die Haut der höheren Tiere in Oberhaut (Epidermis), Lederhaut (Corium) und Unterhaut (Subcutis). Technisch verwertet wird allein die mechanisch und chemisch isolierte Lederhaut. Ihre Faserbündel setzen sich hauptsächlich aus Kollagenen (Eiweißstoffen) zusammen. Frisch abgezogene Haut hat einen Wassergehalt von 65–70%. Beim Trocknen der Haut verdunstet der Wasseranteil und die Faserbündel kleben zusammen: die Haut wird brüchig. Die Kollagene quellen in kaltem und verleimen in heißem Wasser. Die Gerbung zielt auf die Beseitigung dieser für eine technische Nutzung nachteiligen Eigenschaften hin. Von Bedeutung für die Verwertung von Häuten ist auch die unterschiedliche Dehnbarkeit der Lederhaut. Am Kopf, Rückenkern und Schild sind ihre elastischen Fasern kurz und laufen gitterartig zwischen den Bindegewebsbalken hindurch – die Haut ist an diesen Stellen wenig beweglich. Am dehnbarsten sind die langen Fasern der Ellbogengegend, auf Vorder- und Hinterklaue.

Die technische Nutzung von Säugerhäuten ist universell; weitverbreitet ist auch die von Reptilienhäuten. Lokal beschränkt ist die Verwertung von Fischhäuten (Arktis, Subarktis) und Vogelhäuten. Die am häufigsten genutzten hautähnlichen Materialien sind die Blasen größerer Tiere sowie die Därme. Sehnen bieten sich wegen ihrer großen Reißfestigkeit und Elastizität als Näh- und Bindematerialien an, insbesondere aber auch als Bogensehnen.

9.2. Reinigen der Häute

Zweck der Reinigung ist die Entfernung der gegen Fäulnis besonders anfälligen Ober- und Unterhautschichten. Dies kann auf mechanischem Weg oder durch einen chemischen Prozeß (Mazeration) erfolgen.

Die Innenseite der Felle wird durch Schaben mit scharfkantigen Werkzeugen von anhaftenden Fett- und Muskelresten befreit (Muschelschalen, geschliffene Knochen, „Frauenmesser" der Eskimo[61] [Abb. 106], spezielle Fettschaber [Abb. 101]). Der Gebrauch gekerbter Schaber (*grainer*, Abb. 106) bereitet den Fellgrund besser für die Aufnahme des Gerbmittels vor, als der von Schabern mit glatter Arbeitskante. Diese Arbeit wird im allgemeinen unmittelbar nach dem Abziehen der Haut ausgeführt. Getrocknete Felle müssen für das Schaben ausreichend befeuchtet bzw. eingeweicht werden. Die Feuerländer lassen die Felle der

Abb. 101 Fellschaber: Galla, Zulu, Crow, Eskimo (Alaska)

Guanako zwei bis drei Wochen, auf einen Rahmen gespannt, an der Luft trocknen, ehe sie mit dem Reinigen beginnen.[62]

Das Entfernen der Haare von der Außenseite des Fells wird durch einen Fermentations- oder Mazerationsprozeß vorbereitet. Die natürliche Fäulnis begünstigt man am einfachsten durch „Schwitzenlassen" des Felles. Die Feuerländer legen es unter die Schlafstelle und bedecken es mit feuchter Erde und Gras oder Moos. Körperwärme und Bodenfeuchtigkeit begünstigen den Fäulnisprozeß. Ähnlich verfahren die Eskimo, die aber auch Häute, von denen das Fett nicht völlig entfernt wurde, zusammenrollen und der Sonnenbestrahlung aussetzen. Die Naskapi (Labrador) häufen die ebenfalls von Fett nicht gereinigten Felle auf und lassen sie so liegen. Blackfoot, Crow und andere Plainsstämme Nordamerikas bedecken sie mit einem Brei aus Asche und Wasser. Eine weitere Methode ist das Aufbewahren in gedeckten Erdgruben. Die Malemiut-Eskimo bestreichen Robbenfelle mit fermentiertem Rogen.

Ein chemisches Aufschließen der Faser (Mazeration) erreichen die Eskimo durch längeres Weichen (zwei bis drei Tage) der Felle im Urinfaß. Die Feuerländer reiben das Fell manchmal mit Urin ein, ehe sie es unter die Lagerstatt legen. Der Prozeß wird dadurch wesentlich begünstigt. Um die fäulnisbeschleunigende Wirkung der Fettschicht auszunützen, läßt man die frischen Felle oft zuerst „schwitzen" und läßt Schaben und Enthaaren unmittelbar aufeinanderfolgen.

Von der fermentierten oder mazerierten Haut lassen sich die Haare mit der Hand oder mit einfachen – stumpfen – Werkzeugen abstreichen. Das Resultat dieser Behandlung – die nun isolierte Lederhaut – bezeichnet man als „Blöße".

Dem Enthaaren folgt im allgemeinen ein ausgiebiges Wässern, das die Poren erweitert und dadurch die Aufnahme des Gerbmittels und auch das Ausquetschen der Haarzwiebel und Drüsenbälge erleichtert. Letzteres geht meist Hand in Hand mit dem Zurichten. Die Navajo (südwestliche USA) erreichen diesen Zweck durch ein an das Wässern unmittelbar anschließendes kraftvolles Auswringen (mit Hilfe eines Hebels); die Blöße muß in diesem Fall vor der weiteren Bearbeitung gestreckt werden, da sie durch das Wringen stark geschrumpft ist.

Durch entsprechend langes Schaben beider Fellseiten – vor allem aber der Innenseite – kann man sehr dünnes Leder herstellen. Bei Fellen, die man zu Pelzen weiterverarbeiten will, fällt das Fermentieren und Enthaaren natürlich aus. Die Eskimo legen Robbenhäute jedoch auch in diesem Fall kurzfristig (24 Stunden) in das Urinfaß, um das Fett zu extrahieren.

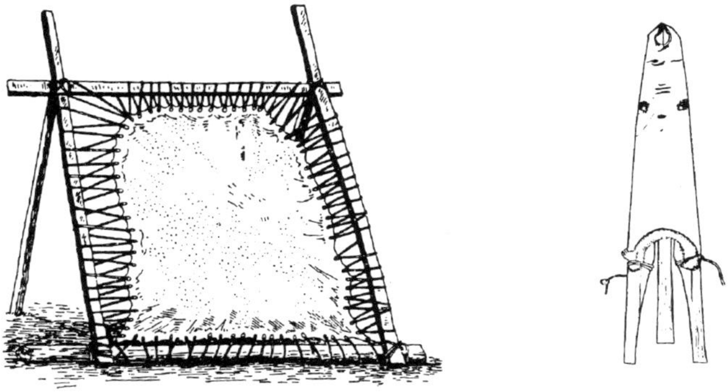

Abb. 102 Trockengestell für Fell, Tschuktschen (Nordostsibirien); Spannvorrichtung für kleine Tierfelle, Algonquin (Quebec)

Nicht immer war weiches Leder gefragt. Zur Herstellung von Falttaschen (Parfleche), aber auch für die Sohlen von Mokassins stellten die Völker der nordamerikanischen Plains ungegerbte „Rohhaut" her. Dazu wurden die an der Innenseite gereinigten Felle von Bison oder Wapiti in feuchtem Zustand mit Pflöcken am Erdboden aufgespannt, nochmals mit einem Absud aus Yucca-Wurzeln gewaschen und etwa zwei Wochen lang trocknen gelassen. Erst nach erfolgter Bemalung wurden die Haare durch Schläge mit einem flachen Stein in Strichrichtung und in spitzem Winkel entfernt und die gewünschte Form aus der getrockneten Blöße geschnitten. Ein Gerben erfolgte nicht.

9.3. Gerben

Nach den verwendeten Gerbstoffen unterscheidet man in der Hauptsache Fett-, Loh- und Alaungerben. Durch die Wirkung der Gerbstoffe verlieren die Häute die Quellbarkeit, sie werden resistent gegen Fäulnis, das Verkleben der Faser beim Trocknen und unerwünschte Härtung werden verhindert.

Fettgerben (Sämischgerben): Die Blöße wird mit unterschiedlichen Fetten eingerieben. Die Eskimo verwenden dazu Tran, nordamerikanische Völker vor allem Hirn und Leber, daneben Fleischbrühen, die Itelmen (Kamtschatka) Lachsrogen, andere sibirische Völker Knochenmark, die Tibeter saure Milch und die meisten Schwarzafrikaner Butter oder Öl. An das Einfetten schließt sich wieder ein Wässern an.

Lohgerben (Rotgerben): Als Gerbstoff dient zerstoßene Rinde. Die

Eskimo kauen für bestimmte Verwendungszwecke (Beutel usw.) die Haut zusammen mit Rinde von Nadelholzwurzeln und arbeiten mit den Zähnen den Gerbstoff ein; dabei wird die Blöße gleichzeitig zugerichtet und rot gefärbt. Die Tschuktschen versetzen körperwarmen Urin mit gestoßener Rinde und reiben ihn in die Blöße ein. In Nordamerika verwendete man gelegentlich die Rinde der Sykomore, in China die des Granatapfelbaumes als Gerbstoff.

Alaungerben: Das Rezept für den Gerbstoff lautet in Kandahar (Südafghanistan) für je 100 Schaffelle: 18 Pfund getrocknete Granatapfelschalen, 4 Pfund pulverisiertes Alaun und 8 Unzen Rötel. Diese Bestandteile werden gemeinsam gemahlen und gut vermischt. Um sie gut streichfähig zu machen, versetzt man das Ganze mit ca. 2 Liter Sesamöl. Der Rötel – sekundär auch die Granatapfelschalen – ergeben die gewünschte gelbe Farbe der Felle. In anderen Landesteilen wird Alaun mit weißer Tonerde vermischt.

Kombiniertes Gerben: Die Naskapi reiben fettgegerbte Häute mit Mehl, Knochenmehl oder kalkhaltiger Erde ein – eine Kombination zwischen Fett- und einfacher Alaungerbung. Eine ebenso simple Alaungerbung (hier ohne vorhergehendes Fettgerben) ist das Einsalzen von Blößen, die als Kajakbespannung verwendet werden sollen (Eskimo).

In Nordamerika wurde im Anschluß an das Fettgerben das Leder vielfach noch geräuchert. Entweder trocknete man die gegerbte Haut unter kontinuierlichem Ziehen über einem stark qualmenden Feuer (Columbia River) oder man räucherte sie unter weitgehendem Luftabschluß (Blackfoot, Crow). Das so behandelte Leder ist besonders resistent gegen Feuchtigkeit und wird auch durch oftmaliges Naßwerden nicht steif (Rauchgerbung).

9.4. Zurichten

Im Gerbereigewerbe versteht man unter Zurichten das Geschmeidigmachen der Häute. Dies geschieht fast ausschließlich auf mechanischem Wege, durch langdauerndes – und sehr anstrengendes – Kneten, Reiben, Walken und Schlagen der Felle. Das hauptsächliche Werkzeug ist dabei meist die Hand des Arbeiters bzw. der Arbeiterin. In Teilen Nordamerikas zieht man die Haut über quergespannten Sehnenstricken oder Ästen hin und her. Denselben Zweck erreicht man anderswo mit Glättsteinen (vor allem Bimsstein) oder spezialisierten Glätt- bzw. Reibwerkzeugen („Streicher“), die bei den Eskimo am höchsten entwickelt sind („Fellhobel“ [Abb. 103]).

Abb. 103 Fellhobel: Eskimo (Alaska); Streicher: Tschuktschen, Crow; Zurichten mit dem Streicher: Tschuktschen

Das Zurichten schließt oft – unter Auslassung des Gerbens – direkt an das Reinigen der Felle an. Sollen gereinigte Felle zu Pelzkleidung verarbeitet werden, waschen sie die Eskimo durch Rollen und Reiben auf Schnee und richten sie zu. Auch die Anoraks dieses Volkes aus dünn geschabter Robbenhaut oder aus Fischhaut werden nicht gegerbt. Nur zugerichtete – und nicht gegerbte – Leder- und Pelzwaren verlieren sehr rasch ihre Geschmeidigkeit.

Das mit dem Zurichten verbundene „Krispeln" (Geschmeidigmachen von Narben) geschieht meist mit den Zähnen. Auch zusätzlich zu anderen Methoden des Geschmeidigmachens bedient man sich häufig dieses „natürlichen Werkzeugs".

In Schwarzafrika wird das Zurichten meist mit dem Fettgerben verbunden. Man bestreicht die Blöße mit Fett und reibt es mit Händen und Steinen ein. Dieser Prozeß zerfällt in mehrere Arbeitsgänge. Dabei wurde das Werkstück immer wieder getrocknet wird und neuerlich eingefettet. Durch das langanhaltende und wiederholte Einreiben des Fetts wird die Haut gleichzeitig geschmeidig gemacht.

9.5. Zusammensetzung und Verzierung

Die Weiterverarbeitung erfolgt wie bei den Textilien (vgl. S. 137) durch Zuschneiden und Nähen; dabei wird der Faden oft nur durch die oberen Schichten des Leders geführt. Eine Färbung des Leders kann man nicht nur durch direkten Farbauftrag erzielen. So trocknen die

Shoshone (Nordamerika) zugerichtetes Leder über einem Feuer aus dürrem Weidenholz, dessen Rauch dem Leder eine gelbe Färbung gibt. Grünes Weidenholz färbt mit derselben Methode braun. Ähnlich erzielten die Blackfoot die dunkelbraune Farbe des Leders für ihre Leggings und Mokassins, der sie ihre Stammesbezeichnung verdanken.

Eine für Leder charakteristische Dekortechnik ist die in Nordamerika häufig angewandte Applikation mit Stachelschweinborsten, Federkielen oder Elchhaar.[63] Daneben sind insbesondere Techniken der Glasperlenapplikation zu nennen (vgl. S. 138).

Weiterführende Literatur:

Belitz, Larry: Step-by-Step Brain Tanning the Sioux Way. Pine Ridge 1973.

Binford, Lewis R.: Smudge Pits and Hide Smoking: The Use of Analogy in Archaeological Reasoning. American Antiquity 32(1): 1–12. Washington 1967.

Frank, Barbara E.: Mande Potters and Leatherworkers. Washington 1988.

Kühlhorn, Friedrich: Die Verwendung der Feder und des Vogelbalges bei den Naturvölkern. Beiträge zur allgemeinen und praktischen Gefiederkunde 4. Leipzig 1937.

Mason, Otis T.: Aboriginal Skindressing. Annual Report of the U.S. National Museum for 1889: 553–590. Washington 1891.

Morrow, Mabel: Indian Rawhide. Norman 1975.

Pax, F. und W. Arndt (Hg.): Die Rohstoffe des Tierreiches 1(1). Berlin 1929–1933: 209–868.

Pistorius, E.: Frühformen der Gerbtechnik. Ledertechnische Rundschau 12(22). Berlin 1920.

Speck, Frank G.: Analysis of Eskimo and Indian Skin-Dressing Methods in Labrador. Ethnos 2: 345–353. Stockholm 1937.

Vaughan-Kirby, F.: Skin Dressing, A Description of the Process of Converting the Raw Hides of Game or Domestic Cattle into Articles of Native Wearing Apparel (Zululand). Man 18: 36–40. London 1919.

10. Bindemittel, Klebstoffe, Pigmente

Neben spanabhebenden (subtraktiven) und verformenden Techniken kommt den additiven Techniken, bei denen gleiche oder verschiedene Werkstoffe miteinander zu Geräten verbunden werden, allgemein große Bedeutung zu. Einige davon, wie Verzargen, Nageln oder Nähen, sind bereits im Zusammenhang mit spezifischen Technologien besprochen worden. Hier soll nun in gebotener Kürze ein Überblick über die Verwendung von Bindemitteln und Klebstoffen gegeben werden, an den sich Bemerkungen über Pigmente anschließen, die vor allem in der Form von Farben ebenfalls additiv sind, weil sie auf Werkstücke aufgetragen werden.

10.1. Bindemittel und Klebstoffe

10.1.1. Anorganische Stoffe

Zur Verbindung von Bausteinen und zum Verputzen des Mauerwerks verwendet man die sogenannten Mörtel. Es sind dies breiige Gemenge aus Sand und Wasser mit einem Bindemittel wie Kalk, Zement oder Gips, die entweder an der Luft (Luftmörtel) oder unter Wasser (hydraulisch) erstarren. Bis zur Entwicklung der Zementindustrie vor etwa 200 Jahren dominierte als Bausteinkitt der Luft-(Kalk-)mörtel, der an freier Luft allmählich durch chemische Bindung der Luftkohlensäure und Wasserabgabe erstarrt.

Kalkmörtel bestehen aus unterhalb der Sintergrenze bei etwa 1300°C gebranntem Kalk (Branntkalk), den man mit Wasser löscht (Löschkalk), und Sand, der dazu gerührt wird. Aus rein weißem Kalk hergestellte Mörtel sind weiß (Weißkalk); enthalten sie auch Dolomitkalk und tonige Beimengungen, sind sie grau (Graukalk).

Naturzement kann geologisch entstehen, wenn eine Mischung von kalk- und tonreichen Materialien bei 1400–1500° bis zur Sinterung erhitzt wird. So wurden etwa beim Bau der Chinesischen Mauer lange vor ihrer industriuellen Fertigung zementartige Bindemittel benutzt.

Gipsmörtel ist gebrannter Gips und gehört ebenfalls zu den Mörtelstoffen, da er, mit Wasser angerührt, je nach Brenntemperatur mehr oder minder rasch durch Bindung des Wassers erhärtet.

10.1.2. Organische Stoffe

Bitumen (Erdharz, Erdpech) sind dunkelfarbige, halbfest-viskose bis harte, schmelzbare Kohlenwasserstoff-Gemische, die in einer öligen Grundmasse dunkle, harz- bis kohlenartige Partikelchen enthalten. Ihre vorzüglich genutzten Eigenschaften sind hohe Beständigkeit gegen chemische Einflüsse, Luft- und Wasserundurchlässigkeit bzw. wasserabstoßende Wirkung, und Klebekraft. Zum Bitumen im weitesten Sinn gehören Erdöle, Erdwachse, Erdharze (Bernstein, Kopal) und auch Asphalt (Mischungen mit mineralischen Substanzen). Die Verwendung von Bitumen ist in mehreren Kulturen belegt.[64] Zu den bekanntesten

Beispielen zählen die mit Asphalt beschichteten Flechtwerkwandboote des Zweistromlands. In Mesoamerika reicht die Verwendung von Asphalt weit in voreuropäische Zeit zurück.

Weitere Verwendung für den handwerklichen Gebrauch besaßen klebend wirkende *Harze*, wie sie in zahlreichen Arten in der Natur vorkommen. Vor allem sind zu erwähnen die pflanzlichen Gummi und Harze (Mastix, Kopal, Balsam usw.), mit denen z. B. in Südamerika Bambusröhren für Blasrohre verkittet oder Mundstücke angesetzt wurden. Obwohl Harze von Natur aus klebrig sind, werden sie meist vor Verwendung als Klebstoff noch weiter verarbeitet. *Leime* entstehen überhaupt erst durch Kochen aus pflanzlichen oder tierischen Substanzen wie Sehnen, Knochen, Horn oder Fischeier, aber auch Stärke. Die südwestlichen Chippewa in Minnesota entfernten das Rückenmark des Hechts, zerschnitten es in Stücke und „rösteten" es in einer Pfanne. In warmem Zustand wickelte man die klebrige Masse um das Ende eines Holzstabs, den man bei Bedarf nur erwärmen mußte, um fertigen Klebstoff zur Verfügung zu haben.[65] In Nordwestmexiko kochte man die zerstoßene Wurzel der *Nolina matapensis* zur Herstellung eines Adhesivs, mit dem man Holz, Kalebassen, aber auch Keramik klebte. Bei den Netsilik-Eskimo gebrauchte man getrocknetes und im Mund wieder verflüssigtes Blut zum Kleben von Holzstangen; die Verbindung war so stark, daß sie keiner zusätzlichen Umwicklung bedurfte.[66]

10.2. Farben und Farbstoffe

Farbe ist ein Anzeichen dafür, daß das sichtbare Licht in Wechselwirkung mit dem uns farbig erscheinenden Stoff tritt, indem Farbpigmente gewisse Spektralbereiche des Lichts absorbieren. Nach Art und Anwendung ist zwischen Farben und Farbstoffen zu unterscheiden.

Farben werden in zerkleinerter, pulverisierter Form mit einem flüssigen, zumeist auch klebenden Bindemittel, in dem sie unlöslich sind, angerieben und auf die zu färbende Fläche aufgetragen. Die Verwendung dieser Farben erfolgt in aufgeschlemmter Weise, höchstens emulgiert, nie aber echt gelöst. Zufolge ihrer größeren oder geringeren Deckkraft verdecken sie die ursprüngliche Oberfläche meist vollkommen. Die hierbei entstehende Schicht ist leicht abzieh-, abschab- und abkratzbar, da sie nicht in die Tiefe dringt und nach Verdunstung des Lösungs- bzw. Bindemittels oft nur lose aufliegt. Die Farben sind zum überwiegenden Teil anorganischer Natur, der Schwerpunkt ihrer Verwendung liegt in jeglicher Art und Form der Malerei.

An der nordamerikanischen Nordwestküste wurden organische und anorganische Pigmente zu Farben verarbeitet, indem man in Zedernbast gehüllten getrockneten Laich des Lachs kaute und die entstehende Mischung aus Speichel und Öl mit den Pigmenten vermengte. Die Basthülle diente dazu, die Häutchen des Laich aus der Farbe fernzuhalten.[67] Die indigenen Bevölkerungen Nordwestbrasiliens mischten von Kochtöpfen geschabten Ruß oder die Samen des Urucústrauchs mit dem Milchsaft jenes Baums, von dem der Bast abgelöst wurde, den man mit den so hergestellten Farben bemalte.[68]

Farbstoffe werden zumeist in echt gelöstem Zustand (z.B. als Flotte) in der Färberei angewendet. Als Tränkfarben dringen sie tief in den Färbegrund ein und färben nicht nur die Oberfläche, wie dies bei den Farben der Fall ist. Da sie, besonders bei Fasern und Textilien, noch dazu oft in eine Verbindung mit dem Färbegrund eingehen, sind sie nur sehr schwer, wenn überhaupt, zu entfernen. Farbstoffe sind im allgemeinen farbkräftiger als Farben. Sie vermögen schon in einer äußerst dünnen Schicht leuchtende Farbwirkungen hervorzurufen. Farbstoffe sind zumeist organischen Ursprungs. Ihre chemischen Struktur macht sie in vielem empfindlicher (z.B. gegen Licht) als die anorganischen Pigmente. Das Hauptgebiet ihrer Verwendung stellt die Textilfärberei dar. Farbstoffe, die nur in Verbindung mit sogenannten Färberbeizen Fasern zu färben vermögen, nennt man adjektiv färbende oder *Beizenfarbstoffe*. Als Beizen verwendet man Alaune, Oxalsäure oder Tonerde.

Für die Malerei nehmen die in der Natur sehr häufigen und leicht zugänglichen *anorganischen Farbpigmente* eine dominierende Stellung ein. Als weiße Pigmente kommen in Frage: Kreide, Kaolin (rein weißer Ton), Gips, Bleiweiß und Talk. Schwarze Farben bestehen zumeist aus bei der Verbrennung organischer Stoffe entstehendem Kohlenstoff (Holzkohle, Ruß, Flamm-, Kienruß-, und Lampenschwarz, Knochenkohle, Elfenbeinabfälle, Bitumen). Schwarze Farben mineralischen Ursprungs sind Mangandioxid von braunschwarzer Farbe aus dem Mineral Pyrolusit und das tiefschwarze, intensiv färbende Eisenoxidschwarz. Natürliche Ocker liefern gelbe bis braune Farbtönungen, die je nach Beimengungen, Mahlfeinheit, Brenntemperatur und Präparierung variieren und oft ins Braune und Rote übergehen. Unter den roten Farben verdienen hervorgehoben zu werden: Eisenrot, ein Eisenoxid oder verschiedene Eisenhydroxide, mit braunroten Färbungen in verschiedenen Nuancen, meist in Ockerform vermischt mit wechselnden Mengen Kalk, Ton und anderen Verwitterungsprodukten (roter Ocker, roter Bolus usw.); der feurig rote Zinnober, die rote Modifikation des Quecksilbersulfids, sowie Mennige (ein Bleioxid), das rot bis orange färbt. Blaue und grüne Farben finden sich im Mineralreich nur relativ selten und werden deshalb besonders geschätzt; viele verdanken ihre Färbung ihrem Kupfergehalt (z.B. Grünspan, Malachit, Azurit).

Die wesentlichsten aus der Pflanzen- und Tierwelt gewonnenen *organischen Farbstoffe* sind: Indigo, der blaue Farbstoff aus dem tropischen Strauch *Indigo tinctoria* und verwandten Arten; Purpur, gewonnen aus dem Saft verschiedener Purpurschnecken; Gelbkraut, das mit Tonerdehydrat "echt" gelb färbt; der aus der Gelbwurzel gewonnene Farbstoff Curcuma; Safran; Krapp, der rote Farbstoff der Krappwurzel; sowie Lackmus und Henna, Flechtenfarbstoffe, die rot bzw. blau färben. Unter den organischen Farbstoffen der Neuen Welt sind erwähnenswert: Blauholz, ein nach Veilchen riechender blauroter Farbstoff aus Mittelamerika; Gelbholz (gelbes Brasilienholz); Rotholz, ebenfalls aus Brasilien; Cochenille, der in Wasser sich rot färbende Farbstoff der Schildlaus *Coccus cacti*; *Bixa orellana* (*achiote* in Peru, *urucú* in Brasilien), ein roter Farbstoff aus den Früchten dieses Baumes. Die Zahl der organischen Farbstoffe ist so groß, daß eine vollständige Aufzählung hier unmöglich ist.

Eine verbreitete Methode der Gewinnung von Farbstoffen durch Völker außerhalb der Industriegesellschaften bestand im Auskochen von gefärbten Textilien. So gewannen die Tlingit in Alaska das Blau zur Färbung ihrer Chilkatdecken aus abgekochten Decken der Hudson Bay Company, nachdem die alte Rezeptur (vier Monate lang in Urin eingelegtes Kupfer) zwar eine tiefblaue Flotte, am getrockneten Faden jedoch nur ein stumpfes Grün ergeben hatte.[69]

Weiterführende Literatur

Eibner, A.: Entwicklung der Werkstoffe der Wandmalerei. München 1970.
Gettens, R. J. und Stout, G. L.: Painting Materials. New York 1966.
Hofenk, J. H. de Graaff: Natural Dyestuffs. Amsterdam 1969.
Masschelein-Kleiner, Liliane: Liants, vernis et adhésifs anciens. Bruxelles 1992.
Schweppe, Helmut: Handbuch der Naturfarbstoffe. Landsberg 1992.
Pax, F. und P. Arndt: Die Rohstoffe des Tierreiches. Berlin 1929–1932.
Wiesner, J. v.: Die Rohstoffe des Pflanzenreiches. Leipzig 1927–1928.

Anmerkungen Technologie

1 S. R. Mitchell: Stone-Age Craftsmen. Melbourne 1949: 9.
2 S. R. Mitchell: Stone-Age Craftsmen. Melbourne 1949: 11–13.
3 F. W. Hodge (Hg.): Handbook of American Indians North of Mexico. Bulletin of the Bureau of American Ethnology 30. 2 Bände. Washington 1907–1910: 1: 217–219.
4 J. W. Powell: Exploration of the Colorado River of the West and its Territories. Washington 1875: 27–28.
5 W. Adrian: Die Frage der norddeutschen Eolithen. Veröffentlichungen der Altertumskommission im Provinzialinstitut für westfälische Landes- und Volkskunde. Paderborn 1948. F. Felgenhauer: Willendorf in der Wachau. Mitteilungen der prähistorischen Kommission der österreichischen Akademie der Wissenschaften 8–9. Wien 1956–1959.
6 Monarquia Indiana, zitiert bei S. A. Semenov: Prehistoric Technology. London 1964: 46.
7 S. A. Semenov Prehistoric Technology. London 1964: 46 (nach G. E. Sellers).
8 K. P. Oakley: Man the Tool-Maker. London 1963: 29 (nach D. S. Davidson).
9 M. Gusinde: Die Feuerlandindianer. 3 Bände. Mödling 1931–1939: 1: 237f.
10 M. Gusinde: Die Feuerlandindianer. 3 Bände. Mödling 1931–1939: 2: 467.
11 S. R. Mitchell: Stone-Age Craftsmen. Melbourne 1949: 80 (nach W. E. Roth).
12 Mensch und Handwerk. Basel 1963: 21f.
13 K. Birket-Smith: An Ethnological Sketch of Rennell Island. Det Kongelige Danske Videnskabernes Selskab, Historisk-filologiske Meddelelser 35(3). Kopenhagen 1956: 93.
14 L. Pfeiffer: Die steinzeitliche Muscheltechnik. Jena 1914: 30.
15 Mensch und Handwerk. Basel 1963: 22f.
16 S. Passarge: Die Buschmänner der Kalahari. Berlin 1907: 84–86.
17 H. S. Gladwin et al., Excavations at Snaketown: Material Culture. Medallion Papers 25. Globe 1937: 148–151.
18 Belege für dieses und für die folgenden Beispiele finden sich im Literaturverzeichnis, ferner in J. Yde: Material Culture of the Waiwái (Nationalmuseets Skrifter, Etnografiske Raekke 10. Kopenhagen 1965): 170–184, und in den folgenden Einheiten der Encyclopaedia Cinematographica, Göttingen: Azera: E 184; Baga: E 381; Nalu: E 337.
19 Eines der wichtigsten Baumaterialien sind die luftgetrockneten ungebrannten Ziegel (Adobe).
20 W. Bray: The Gold of El Dorado. London 1978: 24–25, fig. 7.
21 R. Stern: Die Gewinnung des Eisens: Überlieferungen bei den -Nyamwezi, in: F. Stuhlmann: Handwerk und Industrie in Ostafrika. Abhandlungen des Hamburgischen Kolonialinstituts 1. Hamburg 1910: 152–153.
22 L. Frobenius: Erithräa. Berlin–Zürich 1931: 277–293.
23 W. Bray: The Gold of El Dorado. London 1978: 24.
24 F. Luschan: Eisentechnik in Afrika. Zeitschrift für Ethnologie 41: 22–59. Berlin 1909.

[25] F. Stuhlmann: Handwerk und Industrie in Ostafrika. Hamburg 1910: 50.

[26] R. Stern: Die Gewinnung des Eisens: Überlieferungen bei den Nyamwezi, in: Stuhlmann: Handwerk und Industrie in Ostafrika. Hamburg 1910: 155.

[27] Hans Peter Hahn: Eisentechniken in Nord-Togo. Kulturanthropologische Studien 21. Münster 1993.

[28] N. Barnard: Bronze Casting and Bronze Alloys in Ancient China. Canberra 1961:39f.

[29] N. Barnard: Bronze Casting and Bronze Alloys in Ancient China. Canberra 1961: 42 und Abb.

[30] P. Staudinger: Zinnschmelzen afrikanischer Eingeborener. Zeitschrift für Ethnologie 43: 147ff. Berlin 1911.

[31] N. Barnard: Bronze Casting and Bronze Alloys in Ancient China. Canberra 1961: 110–168.

[32] L. Malleret: La fonte à Hanoi d'une statue de Bouddha. Bulletin de l'École Française d'Extrème Orient 46: 641ff. Paris 1954.

[33] P. Staudinger: Über Bronzeguß in Togo. Zeitschrift für Ethnologie 41: 855ff. Berlin 1910.

[34] Beschreibungen u. a. bei: J. Gronemann: Der Kris der Javaner. Internationales Archiv für Ethnographie 19. Leiden 1910; B. W. Robinson: The Art of the Japanese Sword. London 1961: 25ff.

[35] Auch „Pamoreisen" oder „Pamorstahl" ist ein Schweißstahl. Das Wort „Pamor" bedeutet wörtlich „Vermengen ohne völliges Zusammenschmelzen", also nichts anderes als Schweißen. Mißverständlich versteht man darunter auch das Meteoreisen von Prambanan auf Java, das wegen seines Nickelgehalts besonders geschätzt wurde, aber nur in geringen Mengen verfügbar war, und bei der Herstellung indonesischer Schweißstahlklingen nur einen sehr kleinen Raum einnahm). Vgl. A. Janata: „Damaststahl" und „Pamoreisen". Versuch einer Begriffsklärung. Annals of the Naprstek Museum 5: 33–39. Prag 1966.

[36] R. Stern: Die Gewinnung des Eisens: Überlieferungen bei den Nyamwezi, in: Stuhlmann: Handwerk und Industrie in Ostafrika, Hamburg 1910: 157.

[37] Zum Bohren von Gewehrläufen: W. Egerton: An Illustrated Handbook of Indian Arms. London 1880: 60f.

[38] M. Gusinde: Die Feuerlandindianer. 3 Bände. Mödling 1931–1939: 2: 470.

[39] E. F. Rohrer: Die Bearbeitung von Holz, Horn und Elfenbein bei den Amharas in Abessinien. Jahresbericht über die ethnographische Sammlung in Bern, 1929: 47f.

[40] Zitiert nach L. Pfeiffer: Die steinzeitliche Technik, Jena 1912: 234.

[41] M. Gusinde: Die Feuerlandindianer. 3 Bände. Mödling 1931–1939: 2: 470, 448f.

[42] M. Gusinde: Die Feuerlandindianer. 3 Bände. Mödling 1931–1939: 1: 234f. S. R. Mitchell :Stone-Age Craftsmen. Melbourne 1949: 12f.

[43] F. Sarasin: Über Hobelschnecken. Zeitschrift für Ethnologie 64: 181–190. Berlin 1933.

[44] O. T. Mason: The Man's Knife among the North American Indians. A Study in the Collections of the U.S. National Museum. Report of the U.S. National Museum for 1896/97: 727–745.

[45] M. Gusinde: Die Feuerlandindianer. 3 Bände. Mödling 1931–1939: 2: 440ff.
[46] M. Gusinde: Die Feuerlandindianer. 3 Bände. Mödling 1931–1939: 2: 472.
[47] A. Balikci: The Netsilik Eskimo. New York 1970: 15–18.
[48] G. Weltfish: The Lost Universe. Pawnee Life and Culture. New York 1965: 384.
[49] H. A. Bernatzik: Akha und Meau. Innsbruck 1947: 410f.
[50] B. H. Hodgson: On the Native Method of Making the Paper, denominated in Hindustan, Nipalese. Journal of the Asiatic Society of Bengal 1: 8–11. Calcutta 1832.
[51] A. Bühler und K. Bühler-Oppenheim: Die Textiliensammlung Fritz Iklé-Huber .... Grundlage zur Systematik der gesamten textilen Techniken. Zürich 1948. A. Seiler-Baldinger: Systematik der textilen Techniken, Basler Beiträge zur Ethnologie 14, Basel 1973; Systematik der textilen Techniken (völlig überarbeitete und erweiterte Neuauflage). Basler Beiträge zur Ethnologie 32. Basel 1991. Zu weiteren einschlägige Veröffentlichungen aus dem Basler Museum der Kulturen vgl. die Liste weiterführender Literatur.
[52] F. V. Coville, Plants Used in Basketry, in: O. T. Mason: Indian Basketry. New York 1904: 19–43.
[53] F. J. Dockstader: Weaving Arts of the North American Indian. Revised ed. New York 1993: 125–128, figs. 68–69.
[54] E. Kratzsch: Bambus als Flecht- und Papierfaserstoff. Faserforschung 10(3): 195. Leipzig 1933.
[55] Der „Basler Systematik" ist hier im Rahmen der Behandlung von Technologien auch deshalb der Vorzug gegeben worden, weil sie den Techniken der Herstellung Vorrang in der Klassifikation einräumt. Die zweite vergleichbare Systematik (Irene Emery, The Primary Structures of Fabrics, New York 1966) beruht primär auf der Analyse der Bindungsformen, beschreibt daher einheitlich Produkte unterschiedlicher Herstellungsweise und ist dort vorzuziehen, wo eine Kenntnis der stoffbildenden Technik fehlt.
[56] Die Vielfalt der Flechttechniken hat zu zahlreichen Versuchen der Klassifikation geführt, die teils an mangelnder Konsequenz (Vermischung technischer und optischer Kriterien), teils an in der Praxis kaum anwendbarer Übersystematisierung leiden. Vgl. z.B. O. T. Mason: Indian Basketry. Washington 1905; J. Lehmann: Systematik und geographische Verbreitung der Geflechtsarten. Abhandlungen und Berichte des Königlichen Zoologischen und Anthropologisch-Ethnographischen Museums zu Dresden 9. Dresden 1907; H. Balfet: La Vannerie. L'Anthropologie 56:259–280. Paris 1952.
[57] „Wirkwaren" bezeichnet in der modernen Textiltechnologie Schlauch- oder Flächengewebe in Maschenbindung, die ausschließlich maschinell aus einem fortlaufenden Faden hergestellt werden. Da eine Verwechslungsmöglichkeit aber nicht besteht, wird auch hier von Wirken gesprochen. Begriffe, wie Gobelin- oder Bildwirkerei bzw. Tapisserie sowie Kelimgewebe sind als umfassende Bezeichnung zu eng. Beim Wirken im hier gebrauchten Sinn entstehen Schlitze, die vernäht bzw. auf verschiedene Art verhängt werden. Da die Schlitze technisch bedingt, aber kein angestrebter Effekt sind, ist auch der Terminus „Schlitzwirkerei" abzulehnen.

[58] Vgl. Georg J. Barth: Techniken der indianischen Perlenstickerei. Freiburg i.Br. 1989; H. C. Beck: Classification and Nomenclature of Beads and Pendants. York 1973; M.-F. Delarozière: Les Perles de Mauretanie. Aix-en-Provence 1985. W. Fagg: Yoruba Beadwork. London 1980; K. E. und M. A. Kidd: A Classification System for Glass Beads for the Use of Field Archaeologists. Canadian Historic Sites: Occasional Papers in Archaeology and History 1: 45–89. Ottawa 1970. J. A. Loebèr: Het schelpen- en kralenwerk in Nederlandsch-Indië. Bulletin van het Koloniaal Museum te Harlem 51. Amsterdam 1913; J. Morris und E. Preston-Whyte: Speaking with Beads. Zulu Art from South Africa. London 1994; W. C. Orchard: Beads and Beadwork of the American Indians. Contributions from the Museum of the American Indian 11. New York 1929; Eng-Lee Seok Chee: Festive Expressions. Nonya Beadwork and Embroidery. Singapore 1989; W. G. N. van der Sleen: A Handbook on Beads. Liège 1973.

[59] N. V. Wade: The Basic Stitches of Embroidery. London 1960.

[60] Vgl. allgemein K. Weule: Chemische Technologie der Naturvölker. Stuttgart 1922: 23–28; L. Pfeiffer: Die steinzeitliche Technik. Jena 1912: 289–306.

[61] O. T. Mason: The Ulu, or Woman's Knife, of the Eskimo. Report of the U.S. National Museum for 1890: 411–416. Washington 1891.

[62] Die Beispiele sind den im Literaturanhang angeführten Arbeiten entnommen sowie M. Gusinde: Die Feuerlandindianer. Mödling 1931–1939, 1: 231f. und 2: 412f.; C. M. MacGregor: Central Asia. Calcutta 1871, 2: 48f.

[63] W. C. Orchard: The Technique of Porcupine-Quill Decoration among the North American Indians. Contributions from the Museum of the American Indians, Heye Foundation 11(1), New York 1916; G. Turner: Hair Embroidery in Sibiria and North America. Pitt Rivers Museum, Occasional Papers on Technology 7. Oxford 1955.

[64] Vgl. auch T. Hudson und T. C. Blackburn: The Material Culture of the Chumash Interaction Sphere. 5 Bände. Ballena Press Anthropological Papers 25, 27, 28, 30, 31. Menlo Park 1982–1986: 5: 163–166.

[65] F. Densmore: Chippewa Customs. Bulletin of the Bureau of American Ethnology 86. Washington 1929: 165

[66] A. Balikci: The Netsilik Eskimo. New York 1970: 19.

[67] B. Holm: Northwest Coast Indian Art. Seattle 1967: 26, 28.

[68] T. Koch-Grünberg: Zwei Jahre bei den Indianern Nordwest-Brasiliens. Stuttgart 1921: 73.

[69] C. Samuel: The Chilkat Dancing Blanket. Norman, London 1982: 68–69.

ERGOLOGIE

1. Werkzeuge

Werkzeuge sind Geräte zur Herstellung anderer Geräte und zur Extraktion der dazu erforderlichen Rohstoffe durch Formveränderung und Verformung (spanabhebende und nicht-spanabhebende Perkussion) sowie durch Formung. Dieser Definition folgt auch die Gliederung des folgenden Kapitels, wobei die auf Perkussion beruhenden Werkzeuge in solche mit Druck-, Schwung- und kombinierter Perkussion unterteilt werden können. Die Anwendung der Perkussionswerkzeuge erfolgt senkrecht oder schräg; ihre Wirkung kann punktförmig, linear oder flächig sein. Aus diesen Voraussetzungen ergeben sich verschiedene Werkzeughaltungen und in der Folge auch Konstruktionseigenheiten. Spezialwerkzeuge für bestimmte Techniken sind in den entsprechenden Kapiteln der Technologie bereits beschrieben worden, so daß hier nur auf die grundlegenden Werkzeugtypen näher eingegangen werden muß.

1.1. Formveränderungswerkzeuge

Als Geräte mit spanabhebender Perkussion besitzen alle Formveränderungswerkzeuge einen keilförmigen Arbeitsteil, der zur besseren Handhabung meist geschäftet ist.

1.1.1. Formveränderungswerkzeuge mit Druckperkussion

1.1.1.1. Messer

Das *Messer* ist ein Druckperkussionswerkzeug zum Schneiden, bei dem die Kraft im rechten Winkel zur Achse wirkt. Seine Anwendung ist senkrecht oder schräg, seine Wirkung kann sowohl linear als auch flächig sein. Es besteht aus einer einschneidigen, im allgemeinen geschäfteten Klinge. Die Klinge besteht aus einem einfachen, sehr flachen Keil, dessen Kante (Schneide) als *Schärfe* bezeichnet wird, während die gegenüberliegende Seite *Rücken* heißt. Eine Spitze kann, muß aber nicht vorhanden sein und dient gegebenenfalls zum besseren Eindringen in das Werkstück. Die *Basis* ist der an den Griffteil anstoßende Teil der Klinge, der als *Polster* verdickt sein kann (Abb. 104).

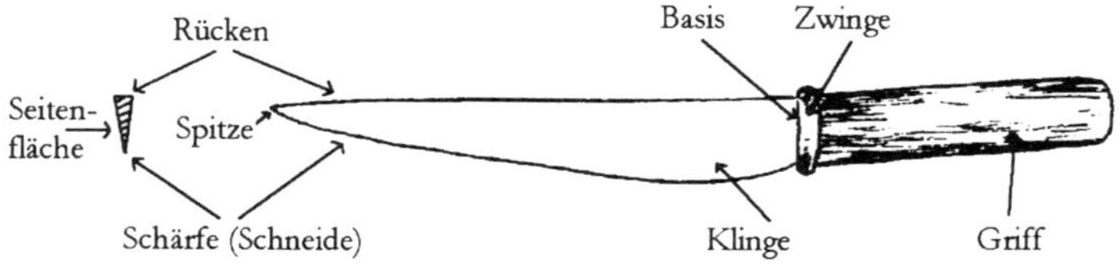

Abb. 104 Messer: Terminologie

Die Basis kann, sofern sie nicht unmittelbar in den Griff eingelassen ist, unterschiedliche Fortsätze zur Schäftung besitzen: den *Dorn*, eine lange Spitze, die in den Griff eingesteckt wird; die *Angel*, ein Dorn, der durch den Griff durchgesteckt und an der Gegenseite vernietet ist; und die *Griffzunge*, eine flache, meist zur Befestigung durch Nägel oder Schrauben durchlochte Verlängerung der Klinge. Bei der Schäftung wird manchmal das Griffende durch eine *Zwinge* (Manschette) gegen Aufsplitterung geschützt.

Messer für bestimmte Verwendungszwecke variieren vor allem in der Form der Klinge, wie etwa die vorne gekrümmten Schnitzmesser (Männermesser) von Nordasien und dem nordwestlichen Nordamerika (Abb. 38), bei denen die flächige Wirkung im Vordergrund steht. Als Materialien für die Klinge kommen neben Stein und Eisen vor allem Knochen, Konchylien, Hartholz und Bambus in Betracht (Abb. 105).

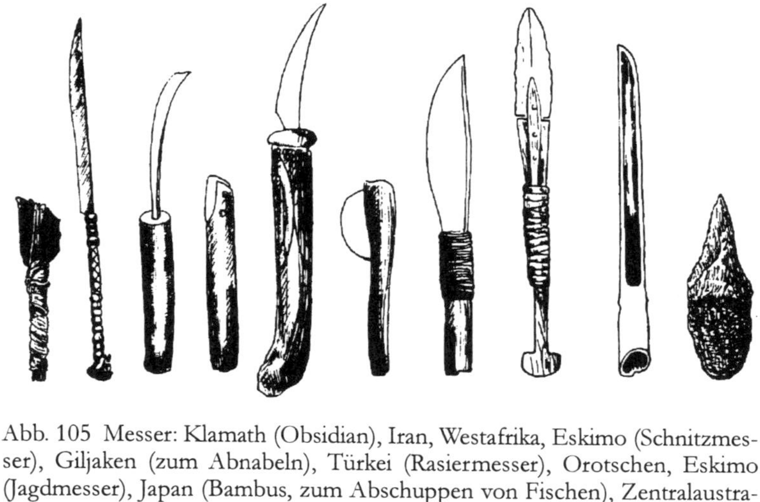

Abb. 105 Messer: Klamath (Obsidian), Iran, Westafrika, Eskimo (Schnitzmesser), Giljaken (zum Abnabeln), Türkei (Rasiermesser), Orotschen, Eskimo (Jagdmesser), Japan (Bambus, zum Abschuppen von Fischen), Zentralaustralien (Steinklinge mit Griff aus Harz)

1.1.1.2. Schaber

Der Schaber ist ein Druckperkussionswerkzeug mit flächig abscherender Wirkung und schräger Anwendung, bei dem die Kraft in Richtung der Achse wirkt. Der Übergang zum Messer ist fließend, da auch Messer zum Abscheren und manche Schaber zum Schneiden benutzt werden. Die querschneidige Klinge ist entweder, wie z.B. beim *ulu* (oder Frauen-„messer“) der Eskimo, das u.a. zur Fellbearbeitung verwendet wird (Abb. 106), mit ihrem Rücken in einen Griffteil eingelassen, kann aber auch ähnlich einer Dechsel (vgl. S. 166 unten) an einem Kniestiel geschäftet sein (vgl. Abb. 103). Sonderformen sind das *Schabeisen* mit konvexer Klinge und Griffen an beiden Enden, der eskimoische Fellhobel (Abb. 103), diverse „Naturhobel“ aus Schneckenschalen, Kieferknochen usw. und der *Hobel*, dessen Klinge in einem Kasten fixiert ist (Abb. 44).

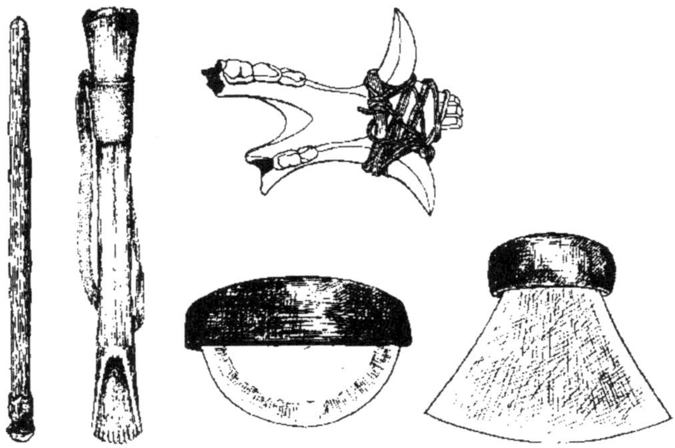

Abb. 106 Schaber: Westaustralien (geschäftete Steinspitze), Nordamerika (gezahnte Knochenspitze); „Hobel“ aus Wildschweinkiefer: Waika (Venezuela); zwei „Frauenmesser“: Eskimo (Schiefer- bzw. Eisenklinge)

1.1.1.3. Stichel und Grabstichel

Wie der Schaber sind Stichel und Grabstichel Werkzeuge, deren Kraft in der Achsenrichtung wirkt. Auch ihre Anwendung ist schräg, aber der Arbeitsteil ist spitz (Stichel) oder querschneidig und manchmal konkav (Grabstichel) und in der Wirkung schneidend. Die Klinge kann am Ende eines Griffs geschäftet sein, aber auch seitlich von ihm abstehend

Abb. 107 Stichel: Tonga (geschäfteter Haizahn); Grabstichel: Kayabí (geschäfteter Agutizahn), Netsilik-Eskimo (Eisenklinge an Geweihknochen)

(Abb. 107). Stichel dienen zum Gravieren und Treiben von Metall, aber ebenso wie Grabstichel auch zum Ritzen und anderen feineren Arbeiten in Holz und ähnlichen Materialien. Dabei erzeugt der Grabstichel breitere und tiefere Rillen.

1.1.1.4. Raspel und Feile

Die flächige Wirkung dieser schräg angewendeten Druckwerkzeuge zur Glättung von Werkstücken ergibt sich aus der zusammengesetzten Wirkung der einzelnen Buckel, aus denen ihr Arbeitsteil besteht. Zur Herstellung eines solchen Werkzeugs bieten sich bestimmte poröse Steinarten (wie Bimsstein) an. Ferner werden stark gerauhte Tierhäute (z.B. Rochenhaut) auf Holzkernen befestigt (Abb. 108). Von *Raspeln* spricht man bei Werkzeugen mit kornartigen Einzelbuckeln, von *Feilen* bei solchen, die parallel oder kreuzweise gehauene Furchen aufweisen; Feilen werden zumeist aus Metall gefertigt.

Abb. 108 Raspel aus Rochenhaut: Neuguinea; Bimsstein: Feuerland

Abb. 109 Säge aus Holz mit Haizähnen: Santa Cruz

1.1.1.5. Säge

Sägen sind spezialisierte Druckwerkzeuge zum Schneiden (Abb. 43). Wie bei der Raspel setzt sich auch die Wirkung der Säge aus der einzelner kleiner Keile (hier: Sägezähne) zusammen, die in einer Reihe hintereinander angeordnet sind und linear wirken. Einfache Sägen können aus an Holzschäften angekitteten Steinsplittern bzw. scharfen Zähnen (Abb. 109; vgl. Abb. 6) oder aus gedrillten Halmen einer kieselsäurereichen Bambusart bestehen. In letzterem Fall wirken die quer zur Längsrichtung verlaufenden Faserteile als Sägezähne.

1.1.1.6. Schere

Die *Schere* als linear schneidendes Druckwerkzeug besteht aus zwei messerartigen, durchwegs metallenen Klingen, die mit ihren Schneiden aneinander vorbei bewegt werden und dabei abscherende Wirkung entfalten. Die uns geläufige Form mit im Auge beweglich miteinander verbundenen Schenkeln, bei der die Wirkung zweiarmiger Hebel genutzt wird, findet sich selbst im Bereich der asiatischen Hochkulturen nicht durchwegs. Ein einfacher Typus ist aus einem Stück gearbeitet, bei dem die beiden Schenkel gegeneinander federn (Abb. 110). Eine in Asien zur Schafschur weit verbreitete Schere besteht aus zwei losen Schenkeln mit Ösen an den oberen Enden. Bei Gebrauch wird in die Ösen eine Achse (zylindrischer Holzstab usw.) eingefügt. Die Schenkel müssen bei der Arbeit ständig mit einer Hand am Verbindungsstück zusammengedrückt werden, während die zweite die Schneiden überkreuzt.

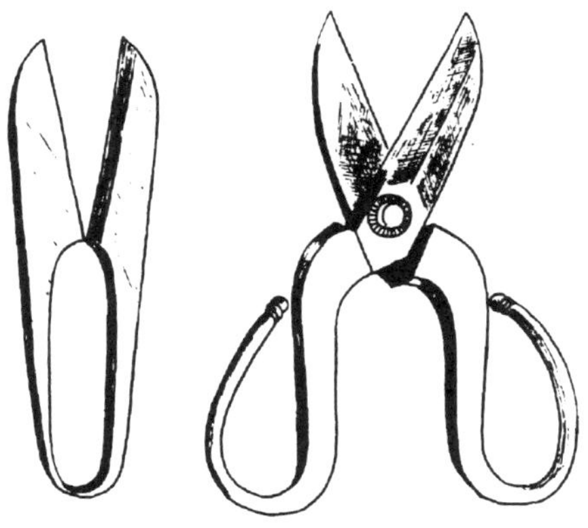

Abb. 110 Scheren: Japan

1.1.1.7. Bohrer

Zur Herstellung von Löchern mittels spanabhebender Druckperkussion dient der Bohrer, bei dem zwei Kräfte gemeinsam zur Anwendung gelangen. Die eine wirkt als Druck senkrecht auf das Werkstück in Richtung der Achse der *Bohrspindel*, an deren unterem Ende der eigentliche *Bohrkopf* angebracht ist, dessen keilförmige Kanten durch Drehung der Achse ihre Wirkung entfalten.

Der Bohrkopf kann Schneiden für eine oder zwei Drehrichtungen aufweisen; im ersten Fall ist er nur in einer Drehrichtung wirksam. Dienen die schrägen Seiten der Bohrerspitze als Schneiden, spricht man von einem *Vollbohrer*, der zur Erzielung meist konischer Löcher verwendet wird (Abb. 111). Beim *Kronenbohrer* besteht die Spitze aus einem Hohlzylinder (meist aus einem Holz-, Bambus- oder Knochenrohr), dessen untere Mantelkanten als Schneiden ausgebildet sind; bei Anwendung dieses Bohrers bleibt im Bohrzylinder ein Kern stehen, der erst bei vollständiger Durchbohrung herausfällt (vgl. oben S. 33).

Ferner unterscheidet man die Bohrer nach der Art und Weise, in der die Spindeln in Drehung versetzt werden. Diese Formen werden (mit einer Ausnahme) auch beim Feuerbohren verwendet (vgl. unten S. 266), wobei die Spindeln in diesem Fall keine Bohrerspitze aufweisen.

Stangenbohrer: Die Spindel hat an oder nahe ihrem oberen Ende einen im rechten Winkel angebrachten Griff, an dem sie unter Druckanwendung gedreht wird (Abb. 112). Durch das notwendige Umgreifen ist die Drehbewegung intermittierend, verläuft aber immer in dieselbe Richtung. Dieser Bohrer eignet sich nicht zum Feuerbohren, hingegen sehr gut zur Anfertigung langer, zylindrischer Bohrungen.

Quirlbohrer: Die Spindel besteht aus einem geraden Stab, der zwischen den Handflächen unter gleichzeitigem Druck nach unten hin und her gedreht wird. Die Hände rutschen während des Drehvorgangs am Stab entlang herunter und werden dann mit einer schnellen Bewegung wieder nach oben geführt (Abb. 113).

Schnurbohrer: Eine um die gerade Spindel gewickelte Schnur oder ein Riemen wird an beiden Enden gehalten und abwechselnd nach der einen und anderen Seite gezogen. Häufig ist an der Spindel eine Führungsrille für den Strick vorhanden. Der senkrechte Druck erfolgt über die „Bohrmütze", einen Aufsatz am oberen Ende der Spindel, der entweder mit dem Mund oder von einem Helfer gehalten wird (Abb. 114).

Bogenbohrer: Der Bogenbohrer stellt eine Verbesserung des Schnurbohrers dar, indem die beiden Schnurenden durch einen meist bogenförmig gekrümmten Stab verbunden sind, der nur von einer Hand

Abb. 111 Steinspitze eines Vollbohrers: Neuirland

Abb. 112 Stangenbohrer zum Muschelbohren: Neuguinea

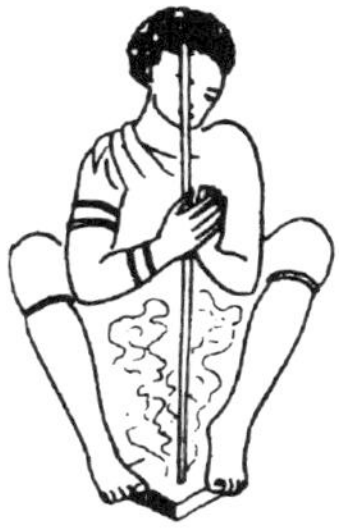

Abb. 113 Quirlbohrer zum Feuerbohren: Buschmann

gehalten werden muß, während die andere Hand den Druck auf die Bohrmütze ausüben kann. Gelegentlich ist der Griffteil des Stabs mit einer Spannvorrichtung für den Strick versehen (Abb. 115). Die Betriebsweisen von Schnur- und Bogenbohrer finden sich auch bei einfachen Drehbänken, bei denen allerdings die Spindel in einem Lager läuft und damit die Voraussetzungen für eine technische Drehbewegung gegeben sind (vgl. Abb. 45).

Pumpenbohrer (Rennspindel): Eine Schnur ist in ihrer Mitte an der Spindel und an ihren Enden an einem Querholz befestigt und um die Spindel gewickelt; durch Zug am Querholz nach unten wird die Schnur abgewickelt und versetzt die Spindel in Rotation. Eine an der Spindel angebrachte Schwungmasse bewirkt durch ihre Trägheitsbewegung ein Wiederaufwickeln der Schnur in der verkehrten Richtung, wonach sich der Vorgang beliebig oft wiederholen kann (Abb. 116). Wie beim Quirl-, Schnur- und Bogenbohrer ist die Drehung intermittierend und mit einem Richtungswechsel verbunden.

Abb. 114 Schnurbohrer: Eskimo (Alaska)

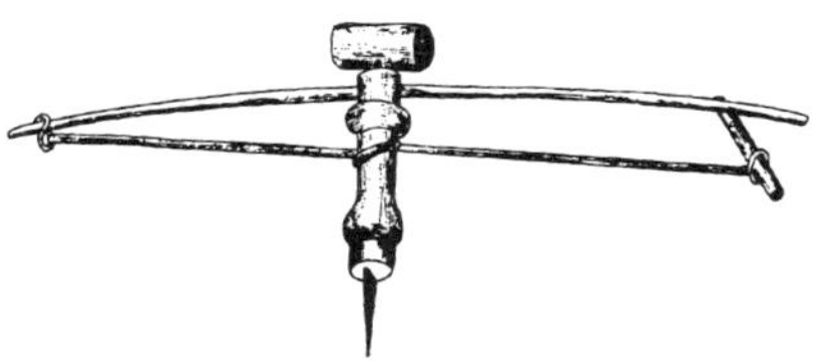

Abb. 115 Bogenbohrer mit Spannvorrichtung für Sehne: Boir Ahmad (Iran)

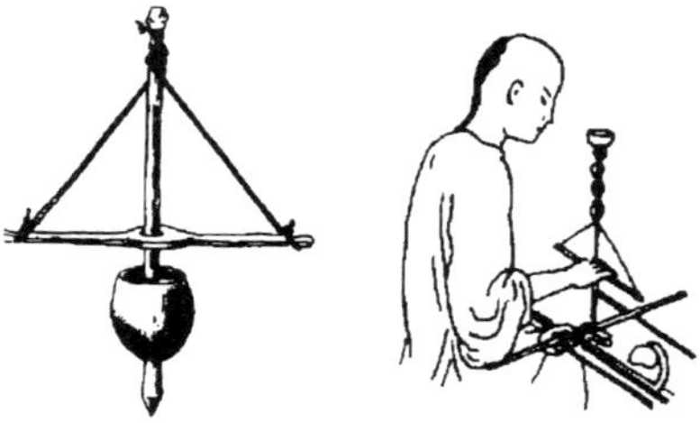
Abb. 116 Pumpenbohrer: Nias, China

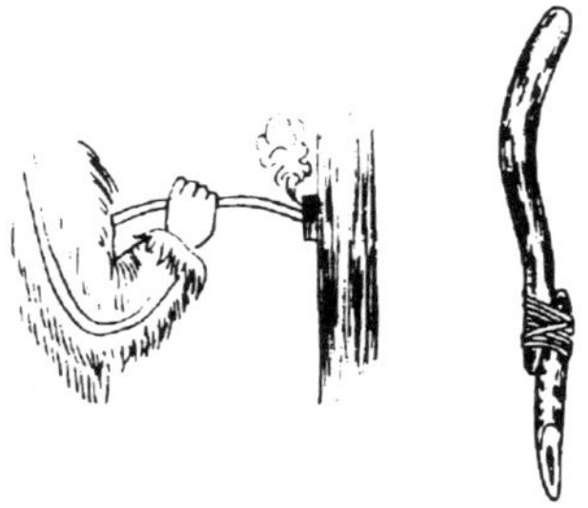
Abb. 117 Kurbelbohrer: Brasilien

Kurbelbohrer: Die Spindel ist leicht gekrümmt, wird am Scheitel der Krümmung von der einen, an ihrem Oberende von der anderen Hand umfaßt. Die obere Hand (oder die Brust) übt den vertikalen Druck aus, während die andere Hand mit der gekrümmten Stabmitte eine kreisförmige Bewegung beschreibt (Abb. 117).[2] Im Gegensatz zu den bisher genannten Formen ist die Rotation beim Kurbelbohrer ununterbrochen und verläuft stets in der gleichen Drehrichtung. Gemeinsam mit der aktiven Hand bildet der Kurbelbohrer ein einfaches Pleuelgetriebe.

1.1.2. Formveränderungswerkzeuge mit Schwungperkussion

Axt und Dechsel beruhen auf der Schwungperkussion. Während sich bei der *Axt* die Schneide der Klinge in der Ebene des Schafts befindet, steht sie bei der *Dechsel* (oder Querbeil) quer zu dieser. Mit dem Ausdruck *Beil* bezeichnet man sowohl eine kleine Axt als auch die Klinge von Axt und Dechsel. Die Klinge der Dechsel kann gerade oder hohl geschliffen sein; ihre Anwendung ist schräg, die Wirkung linear oder flächig (Abb. 118). Auch das *Haumesser*, dessen Klinge in Verlängerung des Schafts messerartig geschäftet ist, findet als Werkzeug mit Schwungperkussion Verwendung, wie z.B. der *dao* des nördlichen Hinterindien, der zur Holzbearbeitung verwendet wird (Abb. 119).[3]

Äxte und Dechsel unterscheiden sich in der Art der Klinge, der Form des Schafts und der Art der Schäftung. Als Material für die *Klinge* kommen neben Stein und Metall vor allem Knochen und Konchylien in Frage, letztere besonders für Dechsel, da sie sich von Natur aus gut als Hohlklingen eignen. Je nach Querschnitt der Klinge spricht man von *Flachbeilen*, *Vierkantbeilen*, *Walzenbeilen*. Nach der Form des der Schneide gegenüberliegenden Nackens differenziert man *spitz-*, *rund-* und *breitnackige* Klingen; ferner *Schulterbeile* mit schmalem Nacken und abgesetz-

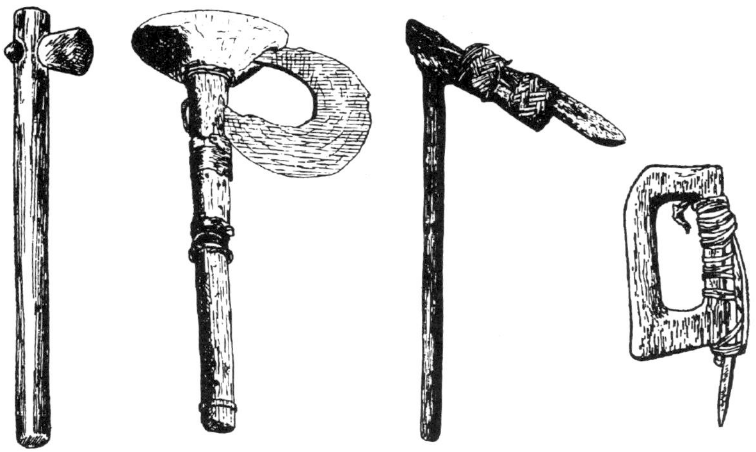

Abb. 118 Axt: mit Steinklinge, Kayabí (Brasilien); mit Eisenklinge: Gurma (Togo); Dechsel mit Muschelklinge: Mortlockinseln; mit Eisenklinge: Kwakiutl

ten Schultern sowie *Ärmchenbeile* mit breitem Nacken und verjüngt abgesetzter Klinge. Andere Formen weisen eigene Vorrichtungen zur Schäftung auf: *Lochbeile* sind parallel oder senkrecht zur Schneide perforiert; *Rillenbeile* haben eine furchenartige Vertiefung an einer, mehreren oder allen Seiten; *Lappenbeile* sind mit lappenförmig umgeschlagenen Seitenkanten, *Tüllenbeile* mit einer Schäftungstülle versehen (Abb. 120).

Als Material für den *Schaft* kommt vor allem Holz in Frage; andere Rohstoffe finden sich fast nur bei zusammengesetzten Schäften. Der Form nach unterscheidet man den *geraden* (oder leicht gekrümmten)

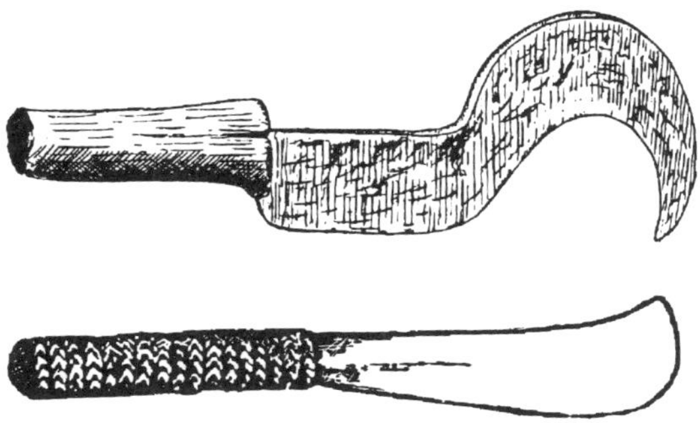

Abb. 119 Haumesser: Rwanda, Akha (Thailand)

Abb. 120 Klingenformen: Flachbeil (rundnackig), Vierkantbeil (breitnackig), Walzenbeil (spitznackig), Walzenbeil (rundnackig), Schulterbeil, Ärmchenbeil, Tüllenbeil

Schaft, der gelegentlich am Vorderende keulenförmig verdickt ist, und den *Kniestiel*, bei dem ein zweiter Schaftast recht- oder spitzwinkelig am Vorderende angesetzt ist; bilden die beiden Äste eine T-Form, spricht man von einem *Krückstock*. Kniestiel- oder Krückstockschäfte können aus einem Stück (z.B. Astgabel, Geweihknochen) bestehen oder aus zwei Teilen zusammengesetzt sein. Der an der Hauptachse des zusammengesetzten Schafts durch Loch-, Stielloch- oder Endschäftung befestigte Teil, an dem seinerseits die Klinge geschäftet ist,[4] wird auch als „Zwischenfutter" bezeichnet. Besondere Vorrichtungen am Stiel zur leichteren Schäftung – besonders bei geraden Schäften – sind die längs verlaufende Nut, das Stielloch, das als Klemme ausgebildete Ende und die Schlinge. Eine solche Schlinge kann bei entsprechender Stärke auch

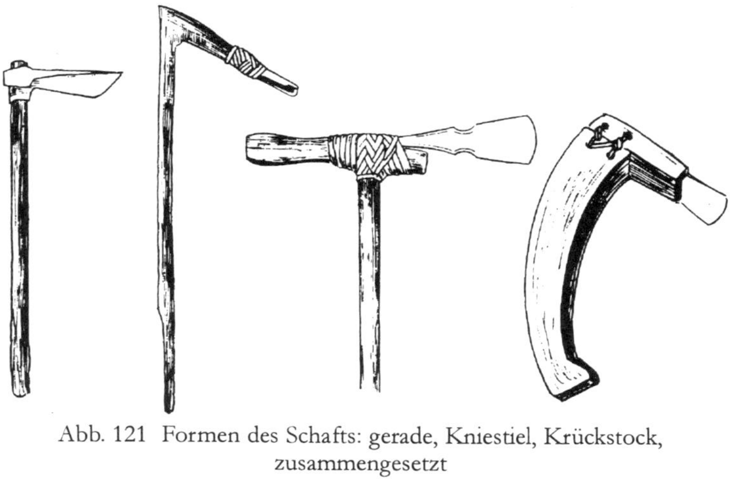

Abb. 121 Formen des Schafts: gerade, Kniestiel, Krückstock, zusammengesetzt

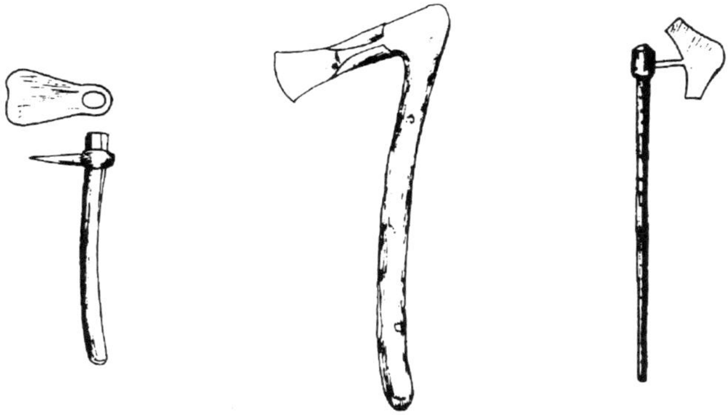

Abb. 122 Beillochschäftung (Dechsel): Ostsudan; Lappenschäftung auf Kniestiel: Galla (Äthiopien); Dornschäftung: Streitaxt der Basuto (Südafrika)

den ganzen Schaft ersetzen, wie dies bei einigen australischen Formen der Fall ist; sie kann aber auch nur am Schaft aufgebunden sein. Häufig ist nahe dem Schaftende ein Griffteil ausgebildet (Abb. 121).

Unter *Schäftung* versteht man das Verhältnis von Klinge und Schaft in befestigtem Zustand. Die Arten der Schäftung benennt man nach den an Schaft oder Klinge angebrachten Vorrichtungen, die der Halterung dienen. Bei der *Beillochschäftung* (auch Loch-, Öhr- oder Ringschäftung) wird der Schaft durch ein Loch in der Klinge durchgesteckt und verklemmt. Die *Tüllenschäftung* und *Lappenschäftung* bestehen im Aufstecken der Tülle oder des Lappens der Klinge auf den Schaft. Beide Formen kommen nur bei Metallklingen vor. Besitzt die Klinge am Nacken einen dornförmigen Fortsatz, der in den Stiel versenkt wird, spricht man von

Abb. 123 Fahnenschäftung (Axt): Conibo (Peru); Endschäftung: Eskimo (Alaska); Schlingenschäftung: Australien

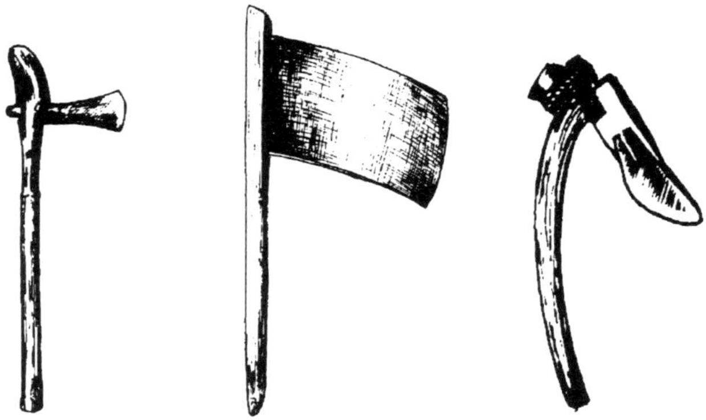

Abb. 124 Stiellochschäftung: Neuguinea; Nutschäftung: Insel Matty; Klemmschäftung, Dagomba (Ghana)

Dornschäftung (Abb. 122). Bei der *Fahnenschäftung*[5] ruht der Nacken eines Ärmchenbeils am Schaft und wird durch Anbinden der Ärmchen dortselbst fixiert. Liegt die Klinge seitlich am Schaft, spricht man von *Seitenschäftung*, liegt sie am abgeflachten oberen Ende, von *Endschäftung*. Bei der *Schlingenschäftung* (auch Band- oder Zweigschlingenschäftung) wird eine mit dem Stiel verbundene Schlinge um die Klinge gelegt; diese Methode wird zumeist beim Rillenbeil verwendet, wo die Furchen als Führungsrillen für die Schlinge dienen (Abb. 123). Als *Stiellochschäftung* bezeichnet man das Ein- oder Durchstecken einer Klinge ohne besondere Vorrichtungen durch ein Loch im Schaft. Bei der *Nutschäftung* liegt die Klinge wie bei der *Fahnenschäftung* am Stiel, nur daß hier ihr Nacken in eine Nut am Schaft einrastet.[6] Bei der *Klemmschäftung* wird die Klinge in das aufgespaltene oder mit drei Zungen versehene Schaftende eingesteckt (Abb. 124).[7]

Die *Befestigung* der geschäfteten Klinge erfolgt bei vielen Schäftungsarten durch die Reibung (Beilloch-, Stielloch-, Tüllen-, Lappen- und Dornschäftung), doch treten dabei auch zusätzliche Befestigungen auf, die sonst bei anderen Schäftungsmethoden verwendet werden. Durch zusätzliches *Verkeilen* kann die Sicherheit der Halterung verbessert werden. Das *Ankleben* stellt etwa bei einfachen Zweigschlingenschäftungen die einzige Befestigung dar, wird als Verstärkung aber auch bei vielen anderen Typen angewandt. Beim *Anbinden* haben sowohl Klinge als auch Schaft manchmal kleine Löcher zur Aufnahme der Bindungen. Zum Anbinden zählen auch das Aufschieben von Flechtringen und das Umflechten von Teilen von Klinge und Stiel, das in vielen Varianten vorkommt.[8]

1.1.3. Formveränderungswerkzeuge mit kombinierter Perkussion

Werkzeuge, die auf dem Prinzip der kombinierten Perkussion beruhen, bestehen aus einem Arbeitsteil, der am Werkstück angesetzt wird, und einem *Schlegel*, der mit Schwung auf den Arbeitsteil schlägt, den dieser als Druck weitergibt (Abb. 125). So kann große Kraft an einem genau kontrollierbaren Punkt angewendet werden. Der Schlegel ist aus einem Stück gefertigt oder hat wenigstens Schlagteil und Griff aus demselben Material (zumeist Holz; bei steinernen Schlegeln spricht man von *Schlagstein*). Hämmer können auch als Schlegel eingesetzt werden.

Abb. 125 Holzschlegel: Indonesien; Schlagstein: Kwakiutl

Zu den hierher gehörigen Arbeitsteilen zählen: *Keile* zum Spalten von Material, *Meißel* mit gerader und *Hohlmeißel* mit gewölbter Schneide (Abb. 126), *Punzen* und *Buckeleisen* zur Metallbearbeitung sowie die dornartigen *Locheisen*. Die Arbeitsteile sind vielfach geschäftet, doch braucht der Schaft nicht in der Längsachse zu liegen, sondern kann auch im rechten Winkel dazu angebracht sein. Er dient hier nur zum Halten des Arbeitsteils und nicht zu dessen Bewegung.

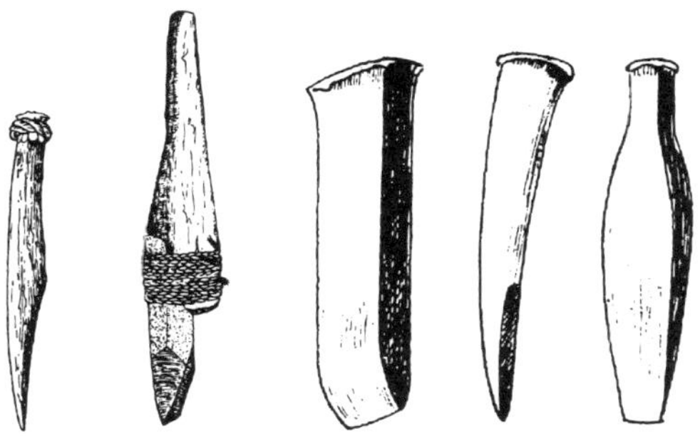

Abb. 126 Keil aus Geweihknochen: Kwakiutl; geschäfteter Steinmeißel: Polynesien; drei eiserne Meißel: Zaïre

1.2. Verformungswerkzeuge

1.2.1. mit Druckperkussion

Von *Ahle* oder *Pfriem* spricht man bei Verformungswerkzeugen mit Druckperkussion von meist senkrechter Anwendung und punktförmiger Wirkung, die zur Herstellung von Löchern in einem verformbaren Werkstück dienen. Die Spitze, die aus Knochen, Horn, Hartholz oder Eisen bestehen kann, ist dornförmig gestaltet und kann ähnlich einem Messer geschäftet sein (Abb. 127).

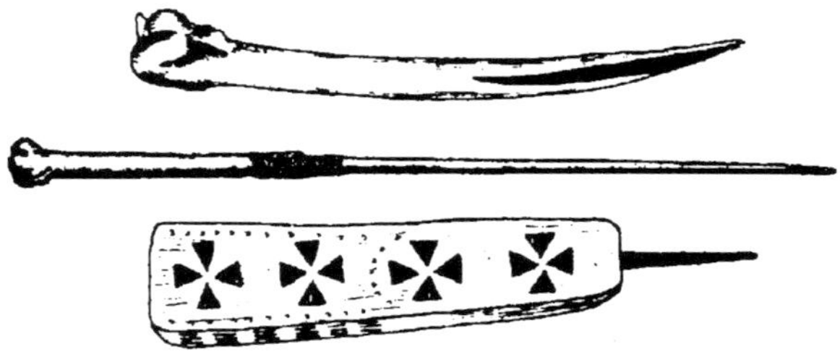

Abb. 127 Ahlen: Vogelkochen, Eskimo (Alaska); Fischknochen mit Griff aus Vogelknochen, Yamana; Eisen mit Griff aus Geweihknochen, Omaha

Nadeln sind Ahlen mit einer Vorrichtung zur Aufnahme eines Fadens, bestehend aus einer rundum laufenden Kerbe (Eskimo), einem in Längsrichtung verlaufenden Kanal (Kurilen, Alaska) oder einem Öhr (Abb. 128). Nadeln mit Kanal sind durchweg aus dünnen Röhrenknochen hergestellt. Netz„nadeln" und Weberschiffchen (Abb. 64, 89) verfügen zwar über Fadenhalter, wirken aber nicht als Verformungswerkzeuge.

Dem *Zieheisen* zum Drahtziehen (Abb. 34) verwandt sind die *Pfeilstrecker*, bei denen Pfeilschäfte oder andere Werkstücke durch ein Loch am Ende eines Hebels gezogen werden, um sie zu begradigen (Abb. 42).

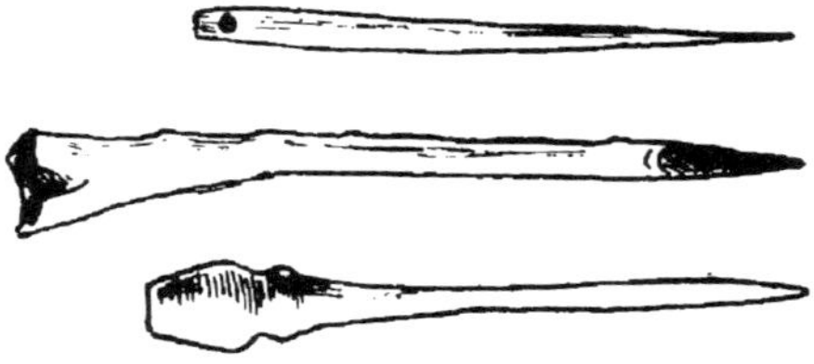

Abb. 128 Nadeln mit Öhr, Kanal und Kerbe: Eskimo (Alaska)

Ebenfalls in diese Gruppe fallen Model zur Formung von Ton (Abb. 16), wobei es unerheblich ist, ob der Ton in die als Widerlager dienende Form gedrückt wird, oder der Druck auf die Form selbst erfolgt.

1.2.2. mit Schwungperkussion

Das wichtigste Verformungswerkzeug mit Schwungperkussion vor allem bei der Metallbearbeitung ist der *Hammer*. Sein Schlagteil kann als flache *Bahn*, keilförmige *Finne* , oder als Kombination dieser beiden Formen gestaltet sein. Eiserne Hämmer sind häufig mittels Lochschäftung am *Auge* geschäftet. Steinhämmer sind wie Beile geschäftet, oft mittels Schlingenschäftung (Abb. 129; vgl. Abb. 30, 32). Der als Widerlager dienende Amboß hat einen wesentlichen Anteil an der Verformung.

Der Hammer ist ein Mehrzweckgerät, der auch als Schlagteil bei kombinierten Formungswerkzeugen den Schlegel ersetzen kann, der aber auch (etwa als ungeschäfteter Hammerstein) als spanabhebendes Werkzeug oder Gerät etwa zum Aufschlagen von Fruchtschalen oder als Abschrothammer (vgl. S. 75) eingesetzt wird.

Zu den Verformungswerkzeugen im Rahmen der keramischen Techniken zählen Widerlager und Schlegel („paddle“ und „anvil“; Abb. 12).

Als Greif- oder Haltegeräte, die mittels Hebelwirkung die Greiffunktion der menschlichen Hand verbessern, können *Zangen* auch bei der manuellen Verformung von Werkstücken durch Biegen verwendet werden; ihre Hebelkraft macht sie aber auch selbst zu möglichen Verformungswerkzeugen (vgl. Abb. 31).

Abb. 129 Hammer: Tschuktschen (Sibirien)

1.2.3. Verformungswerkzeuge mit kombinierter Perkussion

Derartige Werkzeuge treten vor allem bei der Metallbearbeitung in Erscheinung. Hier werden z.B. Punzen und Meißel zum Punzen, Ziselieren oder Treiben, Matrizen und Patrizen zum Stanzen und Prägen verwendet. Als Schlegel dienen zumeist Hämmer (vgl. S. 82–83).

1.3. Formungswerkzeuge

Der Vollständigkeit halber sei kurz auf diese Werkzeuggruppe verwiesen, zu der alle Gußformen, wie sie vor allem in der Metallverarbeitung verwendet werden, zählen (vgl. S. 71–72).

Weiterführende Literatur:
(siehe auch unter den einzelnen Techniken)

Davidson, D. S.: Stone Axes of Western Australia. American Anthropologist 40: 38–48. Menasha 1938.

Dickson, F. P.: Australian Stone Hatchets. A Study in Design and Dynamics. Sydney 1981.

Exner, W. F.: Die Werkzeuge des Schreiners in China und Japan. Die k.k. österreichisch-ungarische Expedition nach Indien, China, Siam und Japan 1868–1871, Anhang: 320-339. 2. Aufl. Stuttgart 1873.

Horwitz, Hugo Th.: Die Entwicklung der Drehbewegung. Beiträge zur Geschichte der Technik und Industrie, Jahrbuch des Vereins der Ingenieure 10: 179–195. Berlin 1920.

Martin, P. S.: The Bow-Drill in North America. American Anthropologist 36: 94–97. Menasha 1934.

Mason, Otis T.: The Ulu or Woman's Knife of the Eskimo. Report of the United States National Museum for 1890, part 2: 411–416. Washington 1891.

–: The Man's Knife among the North American Indians. Report of the United States National Museum for 1897, part 1: 725–745. Washington 1899.

M'Guire, J. D.: The Stone Hammer and its Various Uses. American Anthropologist, o.s. 4: 301–312. Washington 1891.

–: A Study of the Primitive Methods of Drilling. Report of the United States National Museum for 1894: 623–756. Washington 1896.

Pfeiffer, Ludwig: Die steinzeitliche Technik. Jena 1912.

Seyffert, Carl A.: Das Messer. Archiv für Anthropologie, N.F. 10: 91–150. Braunschweig 1911.

Wistrand, C. G.: African Axes. Studia Ethnographica Upsaliensia 15. Lund 1958.

2. Wirtschaftsgeräte zur Jagd und Fischerei (einschließlich Kriegswaffen)

Eine große Gruppe von Geräten, Behelfen und Vorrichtungen dient dem Menschen zur Aneignung tierischer Rohstoffe, die für ihn als Nahrungsmittel und Grundstoffe zur Herstellung von Kleidung, Schmuck, Geräten und Werkzeugen gleichermaßen von Bedeutung sind. Unabhängig von der gejagten Tierart richtet sich die Form der dabei benutzten Geräte nach ihrer mit der jeweiligen Jagdmethode zusammenhängenden Wirkungsweise.

Danach unterscheidet man: *Waffen*, die der aktiven Jagd dienen; *Fallen*, welche ohne aktive Beteiligung des Menschen den Fang herbeiführen; und *Fanggeräte*, die in wechselndem Ausmaß Eigenschaften der aktiven und passiven Jagdgeräte in sich enthalten.

Die Waffen (seltener Fanggeräte und Fallen), die für die Kriegsführung oder andere gewaltsame Formen zwischenmenschlicher Konfliktregelung gebraucht werden, beruhen auf den gleichen Prinzipien wie die Wirtschaftsgeräte zur Jagd und Fischerei. Bei der meist wenig ausgeprägten Spezialisierung, welche man in Gesellschaften geringer technischer Komplexität antrifft, sind sie oft sogar formal gleichartig oder identisch. Sie werden daher in diesem Abschnitt ebenso behandelt, wie manche nahe verwandte Spielformen.

2.1. Waffen

Alle Jagd- und Kriegswaffen beruhen auf dem Prinzip der Schwungperkussion, also auf der durch Beschleunigung erzielten Kraftwirkung, und zielen auf unmittelbare Verletzung oder Tötung von Lebewesen ab. Die Richtung der Kraftwirkung im Verhältnis zur Längsachse der Waffe ist ein Kriterium, das eine eindeutige Klassifikation und eine leichte Erklärung ihrer Funktionsweise ermöglicht. Wirkt dabei die Kraft senkrecht zur Längsachse der Waffe (die sich dann wie ein einarmiger Hebel verhält), spricht man von *Schlagwaffen;* wirkt sie in der Längsachsenrichtung, dann handelt es sich um *Stich-* oder *Stoßwaffen.*

Unabhängig von der Kraftrichtung besteht ein weit verbreitetes Bedürfnis nach Verbesserung der Wirkung und Vergrößerung der Reichweite. Abgesehen von der Verwendung von Materialien, bei denen ein eventueller Energieverlust durch Verformung möglichst gering ist, wird die Wirkung einer Waffe besonders durch die Anbringung von *keilartigen Armierungen* vergrößert. Dazu zählen *Klingen* (flache Keile mit einer

Schneide oder Schärfe), *Spitzen* (zweischneidige spitze Klingen) und *Dorne* (Spitzen mit rundem oder eckigem Querschnitt). In dieser Reihenfolge ergibt sich auch eine zunehmende Konzentrierung der Kraftwirkung.

Die Reichweite kann einfach vergrößert werden durch *Verlängerung* der Waffe, der dort Grenzen gesetzt sind, wo die Handlichkeit leidet. Eine zweite Möglichkeit besteht im *Wurf* der Waffe. Gegenüber einer Anwendung in der Hand leidet dabei die Zielgenauigkeit; außerdem müssen gute Flugeigenschaften gegeben sein. Da bei den *Wurfwaffen* die Kraft senkrecht zur Achse wirkt, dreht sich die Waffe im Flug um ihren Schwerpunkt. Bei *Projektilen* wirkt hingegen die Kraft in der Achsenrichtung, und die Waffe fliegt ohne Rotation. Nur bei Projektilen können Hilfsgeräte zur Beschleunigung in Anspruch genommen werden: Dabei dienen *Schleudervorrichtungen* vornehmlich zur Verlängerung des Hebelarms, während *Schußvorrichtungen* auf Energiespeicherung durch elastische Verformung oder Gasdruck beruhen.

2.1.1. Schlagwaffen

2.1.1.1. Schlagringe

Schlagringe sind mit kurzen keilartigen Vorrichtungen armierte Reifen, die an den Fingern oder am Armgelenk getragen werden, wobei der Arm als Hebel dient. Es handelt sich dabei um reine Kampfwaffen, die für die Jagd bedeutungslos sind. Die Schlagringe können nach der Art ihrer Armierung unterschieden.

Der sogenannte „*Turkanaschlagring*“, der in einem eng begrenzten Gebiet Ostafrikas vorkommt, besteht aus einem flachen Eisenreifen, der rundum als Schneide ausgebildet ist. Er wird am Armgelenk getragen, und seine Schneide ist – solange er nicht gebraucht wird – von einer schmalen Lederscheide umgeben. Eine entsprechende Waffe wurde im Kaukasus als Fingerschlagring verwendet.

Eine andere Gruppe von Schlagringen, die am Armgelenk, an der Faust oder an den Fingern getragen werden, ist mit mehr oder weniger langen Dornen bestückt. Diese bis zu 7 cm langen Spitzen können gekrümmt („*Klauen*“), gerade (*Stachelschlagring*) oder auch ganz kurz sein; in letzterem Fall bewirken sie kaum mehr als eine Verstärkung des Faustschlages. Die meisten dieser Schlagringe sind aus Eisen; zu den Ausnahmen zählen die Holzgriffe mit Haizahnarmierung aus Polynesien. Formen mit Dornen bewirken tiefe Fleischwunden (Abb. 130).

Abb. 130 Fingerschlagring: Dinka; Turkanaschlagring mit Scheide: Latuga; Armschlagring: Danakil; Faustschlagring: Polynesien

2.1.1.2. Keulen

Der Ausdruck „*Keulen*" dient als Oberbegriff für eine Anzahl verschiedener Schlagwaffen für den Nahkampf, die aus einem Hebelarm (*Kolben*) bestehen, der über Vorrichtungen zur Verbesserung der Schlagwirkung und der Handhabung verfügen kann. Die Schlagwirkung kann durch Verlagerung des Schwerpunkts und durch Armierung mit Keilen, Spitzen und Dornen verbessert werden.

Eine Schwerpunktverlagerung nach vorne durch Vergrößerung der Materialfülle oder durch Anbringung schwereren Materials am vorderen Ende verbessert die Schlagwirkung der Keule, solange die Vordergewichtigkeit nicht die Handlichkeit beeinträchtigt. Die Mehrheit der Keulenformen verbreitert sich gegen das Vorderende zu mehr oder weniger kontinuierlich oder weist am Ende eine abgesetzte Verdickung auf (z.B. die *Wurzelstockkeulen,* bei denen ein Wurzelknollen als Schlagteil dient) (Abb. 131). Häufiger als Einlagen (z.B. von Blei bei manchen nordamerikanischen Keulen) im vorderen Kolbenteil wurde

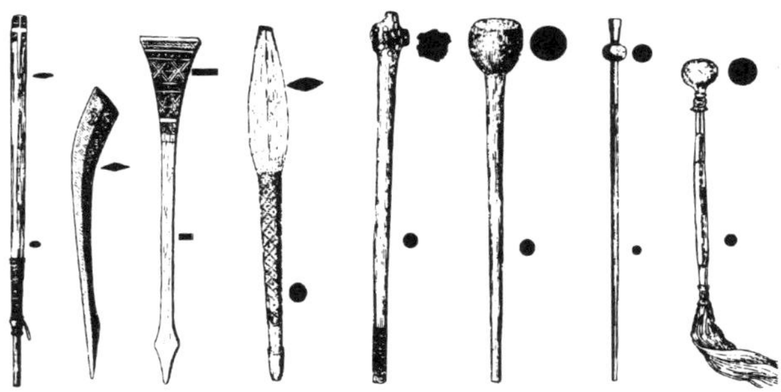

Abb. 131 Lattenkeule: Neuguinea; Säbelkeule: Ostkanada; Vierkantkeule: Nordbrasilien; Ruderkeule: Südbrasilien; Wurzelstockkeule: Fidschiinseln; Tassenkopfkeule: Choroti (Paraguay); Steinkopfkeulen: Baining (Neubritannien), zentrales Nordamerika

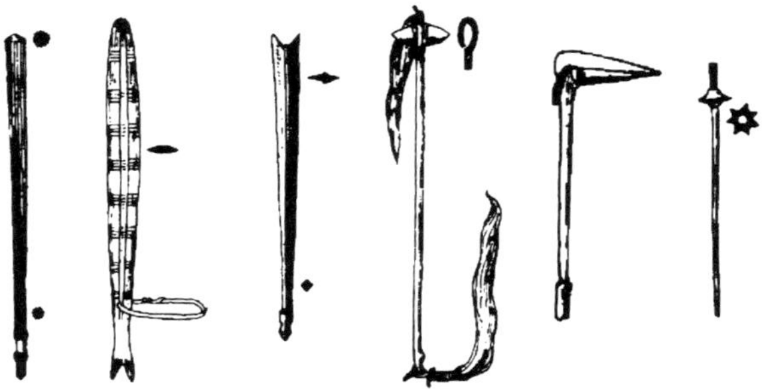

Abb. 132 Kanellierte Stabkeule: Karajá; Paddelkeule: Thompson (British Columbia); Schwertkeule: oberer Amazonas; Steinhammerkeule: Blackfoot; Hakenkeule: Neukaledonien; Morgenstern: Peru

ein Schlagteil aus schwererem Material (zumeist Stein) am Kolben befestigt. Die dabei verwendeten Schäftungs- und Befestigungsarten entsprechen jenen von Werkzeugen mit Schwungperkussion (vgl. S. 166–167). Bei den *Steinkopfkeulen* werden durchlochte Steinkugeln von unten auf den nach oben verdickten Kolben aufgeschoben, in Nordamerika nähte man runde Steine zusammen mit dem oft biegsamen Kolben in Lederhüllen (Abb. 131).

Die Verbesserung der Schlagwirkung durch Armierung mit keilartigen Vorrichtungen erfolgt grundsätzlich entweder durch *Verteilung* der Wirkung auf eine *Schlagkante* oder durch *Konzentrierung* der Wirkung in eine *Spitze*. Im einen Fall wird wenigstens eine Längsseite des Kolbens als keilförmige Kante ausgebildet, auf welcher sich die Schlagwirkung verteilt. Während die *Säbelkeulen* eine leichte Krümmung des Kolbens aufweisen, sind z.B. *Lattenkeulen, Flachkeulen* oder *Paddelkeulen* symmetrisch und besitzen Schlagkanten an beiden Seiten. Zusätzlich kann eine sägeartige Zahnung der Kante vorhanden sein. Die *kanellierte Stabkeule* der Karajá und Kayapó (Ostbrasilien) ist im Querschnitt rund, doch ist ihre Oberfläche in seichte Längsrillen und -kanten gegliedert, die als Keile wirken.

Eine gewisse Konzentrierung der Schlagwirkung entsteht allein schon durch Verdickung des Kolbens oder Anbringung von Fremdmaterial am Vorderende. Beim Vorhandensein eigener Spitzen können diese aus dem Material des Kolbens gearbeitet sein wie z.B. bei manchen der *Hakenkeulen* Melanesiens, die am Ende nach vorne abgewinkelt sind, oder bei den nordwestamerikanischen *Geweihkeulen*, deren Kolben und Schlagteil aus einer Geweihgabel geschnitzt wurden. Meist aber sind senkrecht zur Kolbenachse Spitzen, Dorne oder Klingen angebracht, in denen die Wirkung konzentriert ist. Bei kranz- oder büschelförmiger Anordnung der Spitzen oder Dorne um die Kolbenachse spricht man von *Morgensternen* (Abb. 132).

Der Verbesserung der Handhabung von Keulen dienen Griffe mit Umwicklungen aus rauhem Material (Leder, Fell, Reptilienhaut), Aufrauhung durch seichte Ritzungen, Griffschlingen, die um das Armgelenk gelegt werden können, sowie am Kolben angeschnitzte Griffteile. So sollen Verdickungen am hinteren Ende und gegen die Mitte ein Abrutschen beim Schlag verhindern.

2.1.1.3. Streitaxt

Die Streitaxt stellt eine Sonderform der Keule dar, bei der die Konzentrierung der Schlagwirkung in einer geschäfteten Beil- oder Axtklinge erfolgt. Oft ist dadurch eine Mehrzweckverwendung als Waffe und Werkzeug möglich. Da Äxte mit Steinklingen meist zu wenig handlich sind, um als Waffe Verwendung zu finden, finden in diesem Zusammenhang vorwiegend Eisenklingen Verwendung.

Von den eingeborenen Völkern Nordamerikas wurden die durch Europäer importierten Eisenäxte als Streitäxte verwendet, die unter der Bezeichnung *Tomahawk* bekannt geworden sind. In ihrer Form vermischen sich die Traditionen europäischer Werkzeuge und Stangenwaffen sowie einheimischer Keulenformen. Für spätere Formen charakteristisch ist die Kombination mit Tabakpfeifen zum *Pfeifentomahawk* (Abb. 133).

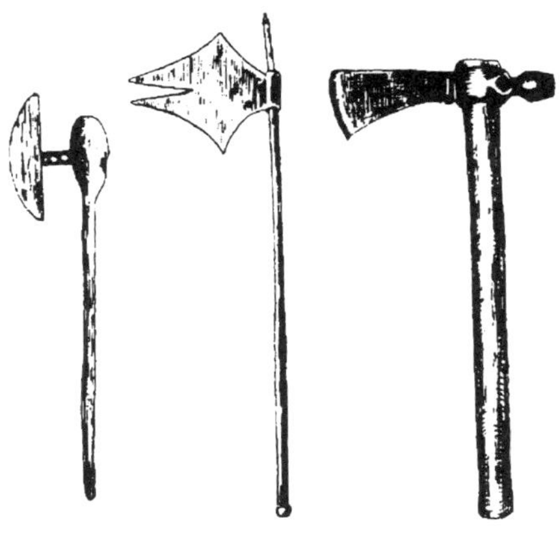

Abb. 133 Streitäxte: Zulu, Indien; Pfeifentomahawk: Miami (Indiana, USA)

2.1.1.4. Säbel und Schwert

Säbel und Schwert sind „Blankwaffen", also Waffen mit einer schneidenden Klinge aus Metall. Als solche sind sie Sonderformen von Keulen mit diffuser Verteilung der Wirkung auf einer extrem flachen Schlagkante. Sofern sie spitz enden, dienen sie auch als Stichwaffen.

Der *Säbel* kann als „Haumesser mit gekrümmter, schmaler und gleichmäßig spitz zulaufender Klinge, bei der die Schneide auf der Außenseite der Krümmung liegt", verstanden werden.[9] Der Griffteil ist klarer abgesetzt als bei der Keule, und der Schwerpunkt liegt hier zumeist im unteren Drittel der Klinge (Abb. 134).

Abb. 134 Säbel: Indien

Das *Schwert* entspricht den oft als "Holzschwertern" bezeichneten symmetrischen Keulen mit zwei Schlagkanten. Seine Klinge ist gerade und meist mit parallelen oder konvexen Seiten und einer Spitze versehen, entspricht also formal der Dolchklinge. Bedingt durch die größere Länge steht jedoch seine Verwendung als Schlagwaffe gegenüber jener als Stichwaffe im Vordergrund (Abb. 135).

Abb. 135 Schwert: Massai (Kenia)

2.1.1.5. Stangenwaffen

Der Vollständigkeit halber seien kurz die für den eurasiatischen Bereich typischen *Stangenwaffen* erwähnt. Es handelt sich dabei um an langen Schäften befestigte Klingen mit kombinierten Schlag- und Stoßteilen (z.B. Hellebarden). Im Zustand der Degeneration als Waffe macht sich eine wuchernde Formenvielfalt bemerkbar, auf die hier einzugehen nicht der Platz ist.

2.1.2. Wurfwaffen

Wurfwaffen sind alle Fernwaffen, bei denen die Kraft wie bei den Schlagwaffen senkrecht zur Längsachse wirkt, wodurch die Längsachse beim Flug um ihren Schwerpunkt rotiert. Die meisten Wurfwaffen weisen gegenüber den entsprechenden Schlagwaffen kaum Veränderungen auf und werden oft auch als solche verwendet. Eine Verbesserung der Flugeigenschaften kann durch Querschnittsänderungen bewirkt werden, der wesentlichste Beitrag zur Flugsicherung liegt jedoch in der Rotation beim Flug. Zur Erhöhung der Treffwahrscheinlichkeit kann die Schlagkante verlängert werden.

2.1.2.1. Wurfknüppel, Wurfstock und Wurfkeulen

Gelegentlich finden nicht weiter bearbeitete Holzstücke als *Wurfknüppel* Verwendung. Sie sind nur für den einmaligen Gebrauch bestimmt und entsprechen den zum Schlag verwendeten Knüppeln. Bei den Yurok Nordkaliforniens gibt es keine organisierte Jagd auf Enten oder Kleinwild. Trifft man auf ein solches Tier, rafft man passende Holzstücke auf und versucht damit das Tier zu töten oder zu betäuben.[10]

Der *Wurfstock* ist ein gerader Holzstab, der an beiden Enden zugespitzt ist und im Flug rotiert. Obwohl die Wirkung der Spitzen gering ist, da sie senkrecht zur Kraftwirkung der Drehbewegung stehen, werden Wurfstöcke zur Jagd in verschiedenen Teilen der Welt verwendet.[11]

Den Keulen mit Vergrößerung der Materialfülle am vorderen Ende entspricht unter den Wurfwaffen die *Wurfkeule,* die in mehreren Varianten vorkommt. Häufig sind vor allem Verdickungen an einem Ende, in denen der Drehpunkt der Rotation liegt und die zugleich den Schlagteil bilden. Eine Armierung mit Spitzen kommt praktisch nicht vor, da die Treffwahrscheinlichkeit dadurch eher verringert wird.

2.1.2.2. Wurfholz und Bumerang

Die eigentlichen *Wurfhölzer* (Abb. 136) sind besser den Erfordernissen von Wurfwaffen angepaßt. Als Schlagwaffen sind ihnen die Keulen mit diffuser Schlagkante vergleichbar, die sich beim Wurfholz über die ganze Längsausdehnung erstreckt. Die meisten Wurfhölzer sind gleichmäßig gekrümmt oder asymmetrisch abgewinkelt und brettartig abgeflacht, wobei die Schmalseiten als keilförmige Schlagkanten ausgebildet sein können. Eine australische Sonderform ist das *Schnabelwurfholz,* das an einem Ende einen hakenförmigen Fortsatz entgegen der Normal-

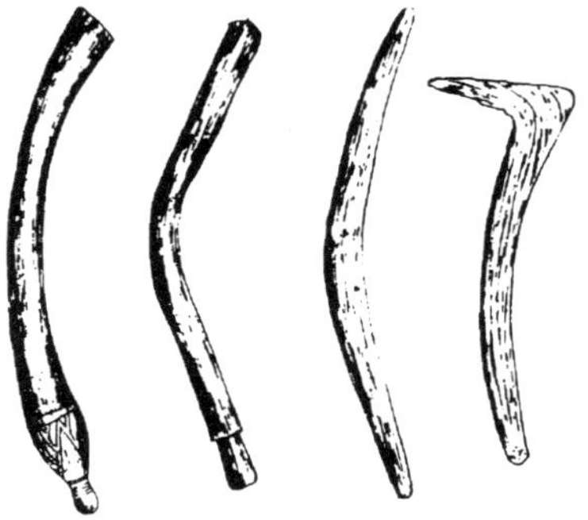

Abb. 136 Wurfhölzer: Ägypten, Hopi (Arizona, USA), Aranda (Australien); Schnabelwurfholz: Westaustralien

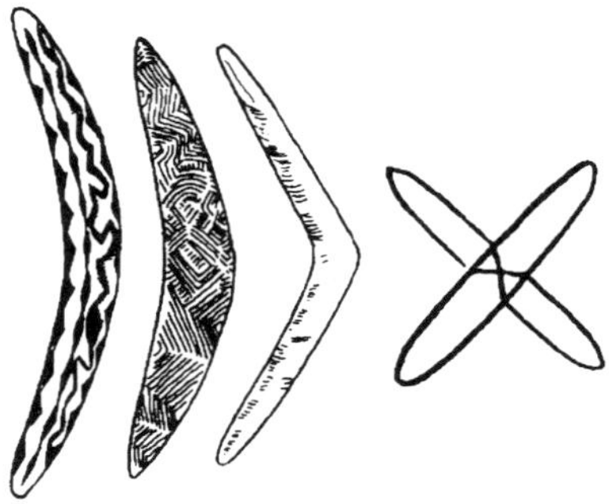

Abb. 137 Bumerange: Australien; Kreuzbumerang: Queensland (Australien)

krümmung aufweist, der als Drehpunkt zur Umgehung von Hindernissen (z.B. von Schilden[12]) dient. Das Schnabelwurfholz fand nur als Kriegswaffe Verwendung.

In Australien bezeichnet man alle heimischen Wurfhölzer als "Bumerang", obwohl nur manche Formen die Eigenheit besitzen, eine Flugbahn einzuschlagen, die zum Werfer zurückführt. Die Rückkehrfähigkeit wird im wesentlichen durch eine leichte Verdrehung der beiden plankonvexen oder asymmetrisch bikonvexen Arme bewirkt und kann durch Verwerfung des Holzes verloren gehen. Die Rückflugfähigkeit wird ausschließlich zu Spiel und Sport benutzt. In der Ergologie werden nur rückflugfähige Wurfholztypen als *Bumerang* bezeichnet. Sie sind nicht auf Australien beschränkt und können auch gänzlich anders geformt sein, wie z.B. der *Kreuzbumerang*, der aus zwei miteinander verbundenen geraden Brettchen besteht und aus Zentralcelebes und Nordqueenslands bekannt ist (Abb. 137).

2.1.2.3. Wurfscheiben

Wie der Turkanaschlagring besteht die *Wurfscheibe* aus einer eisernen Scheibe, deren Kante eine Schneide bildet. Der *chakram* der Sikh (Nordindien) besitzt in der Mitte einen kreisförmigen Ausschnitt, in dem ein Finger der Hand die Scheibe in Drehung versetzt und dann fort schleudert Diese Waffe kann tödliche Schnittverletzungen hervorrufen. Als Spielform zählt der *Diskus* ebenfalls zu den Wurfscheiben.

Abb. 138 Wurfeisen: Dinka, Fan, Bagirmi, Giri, Zande, Mbum, Zande

2.1.2.4. Wurfeisen

Für einen nur in Afrika auftretenden Wurfwaffentyp hat sich neben der Bezeichnung *Wurfeisen* der Ausdruck „Wurfmesser" eingeführt (Abb. 138). Trotz gewisser Ähnlichkeiten zu Haumessern handelt es sich hier aber um eine formal viel komplexere Waffe, die ausschließlich aus Metall gefertigt wurde. Von einem kurzen Griff geht eine gerade oder leicht gekrümmte Längsachse aus, aus der eine wechselnde Anzahl messer-, dolch-, sichel- und säbelartiger Klingen entspringt. Unter den zahlreichen Formvarianten finden sich: der *Vogelkopftyp* mit am vorderen Ende querstehender, breiter Klinge, deren eines Ende zumeist spitz, deren anderes abgerundet ist; der *F-förmige Typ* mit vorne umgebogener Spitze und darunter einer parallelen dolchartigen Klinge; *geflügelte Typen,* deren Spitze sich in zwei divergierende Äste aufteilt. Weitere Unterscheidungskriterien sind Anzahl und Richtung der senkrecht zur Längsachse angebrachten seitlichen „*Haken*". Diese Unterschiede der Gestalt beeinflussen Schwerpunkt und Wirkungsweise des Wurfeisens, leiten jedoch gleichzeitig ins rein Dekorative über. Während die Waffe im Tschadseegebiet und in Tibesti in weniger komplizierten Formen tatsächlich im Gebrauch steht, hat sie im Kongo regelrechte Formwucherungen durchgemacht und dient hier nur noch als Prunk- und Drohwaffe. In dieser wie auch in formaler Hinsicht ähnelt das Wurfeisen den eurasiatischen Stangenwaffen.

2.1.2.5. Wurfbeile

Immer wieder wurden im Verlauf der Zeit Beile als Wurfwaffen verwendet, ohne daß es dabei zu wesentlichen Formänderungen oder gar stabilen, spezialisierten Formen gekommen wäre. Beispiele sind die bei den Streitäxten erwähnten Tomahawks und die von den Franken zur Völkerwanderungszeit verwendete *Franziska,* die einen leicht gebogenen Holzstiel besaß.

2.1.3. Stich- und Stoßwaffen

In der Hand geführte Waffen für den Nahkampf, bei denen die Richtung der Kraftwirkung mit der Längsachse zusammenfällt, werden als Stich- oder Stoßwaffen bezeichnet. Es handelt sich zumeist um spitze Klingen, die mit einer Haltevorrichtung versehen sind. Nach der Länge der Achse bzw. dem daraus folgenden Verhältnis von Klingen- und Schaftlänge unterscheidet man *Dolche* und *Lanzen.*

2.1.3.1. Dolch

Der Dolch ist eine kurze Stichwaffe, deren meist spitze, zweischneidige Klinge (seltener auch ein Dorn) länger ist als der dazugehörige Griffteil. Es gibt zahlreiche Übergänge vom Dolch zum Messer; aber abgesehen davon, daß das Messer grundsätzlich einschneidig ist, liegt der Unterschied in der Wirkungsweise: die des Dolchs beruht – wie die aller Waffen – auf der Schwungperkussion, die des Messers auf der Druckperkussion. Selbstverständlich kann man mit manchen Dolchen auch schneiden, ebenso wie sich spitze, einschneidige Messer auch als Dolch gebrauchen lassen. Beabsichtigt ist die Mehrzweckverwendbarkeit beim *Dolchmesser,* dessen Klinge nur im vorderen Drittel zweischneidig ist.

Einfache Dolche sind aus einem Materialstück gefertigt, wie jene aus Kasuarknochen, die auf Neuguinea verwendet werden. Aus Nordwestamerika kennt man geschliffene Steindolche mit schmaler, querschneidiger Klinge. Die Sherente Ostbrasiliens gebrauchen 30 cm lange Dolche aus Bambus- und Hirschhornsplittern, die in einem Holzschaft eingedornt sind. Andere südamerikanische Völker besitzen Bambusdolche mit einem Stück eines Internodiums als Griff. In Australien kommen spitze Holzstäbe neben Steindolchen mit einem aus kittartiger Masse geformtem Griff vor, während man auf den Admiralitätsinseln Obsidianklingen an Holzgriffen ankittete (Abb. 139).[13]

Dolche mit Eisenklingen werden nach der Klingenform (gerade, gekrümmt: *Krummdolche*) und der Art des Griffteils unterschieden. So gibt es in Westafrika und Indien gerade oder leicht gebogene Dolche mit ringförmigem Griff, durch den die Hand durchgreift *(Ringdolche).* In Indien verwendete man einen Dolch mit gerader dreieckiger Klinge, dessen rahmenförmiger Griff an zwei Querstreben gehalten wurde *(Katar* oder *Kuttar*). Die Schneiden des indonesischen *Kris* besitzen häufig eine wellenförmige („geflammte") Kontur (Abb. 139).

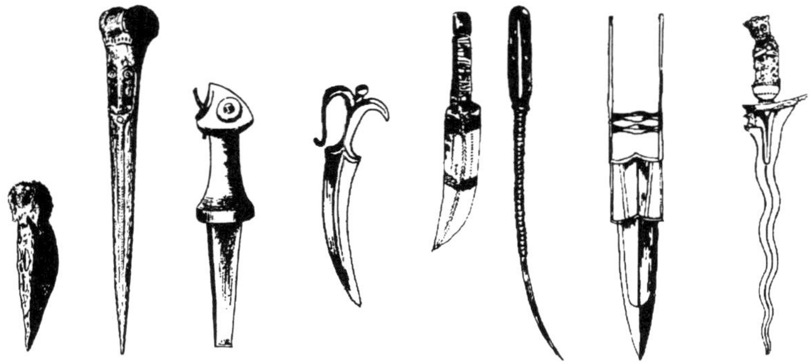

Abb. 139 Dolche: Steindolch mit Kittgriff, Australien; Knochendolch, Neuguinea; querschneidiger Steindolch, Nootka; Krummdolch, Indien; Ringdolche, Moba Dapong, Bassari; Kuttar, Indien; Kris, Java

2.1.3.2. Lanze

Die *Lanze* (Abb. 140) ist eine lange Stich- oder Stoßwaffe, deren Spitze wesentlich kürzer ist als der Schaft, an dem sie befestigt ist Da der Schaft beim Gebrauch zum Teil starken Druckbeanspruchungen ausgesetzt wird, ist er meist ziemlich stabil gebaut, von starkem Querschnitt und wenig elastisch. Diese durch die Art der Anwendung bedingten Eigenschaften bilden auch den Hauptunterschied zu den Projektilen Pfeil und Speer. In bezug auf Schäftung und Befestigung der Spitze gibt es jedoch keine prinzipiellen Unterschiede. Die Armierung kann durch einfaches Zuspitzen des Schaftes erfolgen oder in geschäfteten Spitzen bestehen. Vorschaftkonstruktionen, die bei den Projektilen im wesentlichen der Flugsicherung dienen, fehlen bei den Lanzen.

Abb. 140 Lanze: Matabele (Südafrika)

2.1.4. Projektile

Nach dem Verhältnis der Länge eines Projektils zu seinem Durchmesser unterscheidet man Kugeln und kugelähnliche Geschosse von Pfeilen und Speeren. Bei letzteren ist der Durchmesser gegenüber der Länge unbedeutend, bei ersteren gleich oder fast gleich groß.

2.1.4.1. Kugeln und kugelähnliche Geschosse

Der unbearbeitete Stein – als Kiesel durch Wasserkraft bereits gerundet – stellt das am einfachsten zu erlangende Geschoß dar. Mit der freien Hand geworfen, war er eine weitverbreitete Schleuderwaffe. Die Algonquinvölker im nordamerikanischen Seengebiet trachteten bei Kämpfen von Booten aus mittels handgeschleuderter Steine die dünnen Rindenkanuwände ihrer Gegner zu durchlöchern.[14]

Besonders bei der Verwendung von Schleudervorrichtungen zur Beschleunigung von Kugeln erreicht man bessere Flugeigenschaften durch gleichmäßige Bearbeitung und Glättung von Steinen. Bei solchen spezifischen Schleudersteinen wird sowohl der Luftwiderstand verringert als auch der Schwerpunkt zentriert (Vermeidung von Trudelbewegungen). So verwendete man etwa in Neukaledonien Schleudersteine, die an beiden Enden zugespitzt waren; diese Spitzen dienten zusätzlich als einfache Armierung zur Verbesserung der Wirkung.[15]

Für Blasrohre bedarf es sehr exakt geformter Kugeln, die dem Rohrquerschnitt so angepaßt sein müssen, daß möglichst wenig Luftdruck verlorengeht. Die meisten Blasrohrkugeln sind daher mittels Formen aus Lehm gebildete und getrocknete Geschosse. Die Verwendung von Früchten und Fruchtkernen als Blasrohrmunition ist auf Spielformen beschränkt. Als Projektile für den Kugelbogen finden Steine und Tonkugeln gleichermaßen Verwendung.

2.1.4.2. Speere und Pfeile

Den Lanzen als Stichwaffen entsprechen die Speere und Pfeile als Projektile. Mit Speer verbindet man meist größere Länge, Wurf mit der Hand oder Schleudervorrichtungen und Fehlen einer Befiederung, mit Pfeil hingegen kleinere Länge, Beschleunigung durch Schußvorrichtungen und Befiederung. Eine Unterscheidung nach der Handhabung ist am sinnvollsten, zumal auch Lanze und Speer nach der Art des Gebrauchs unterschieden werden: *Speere* werden mit der Hand oder mit einer Schleudervorrichtung geworfen, *Pfeile* mit einer Schußvorrichtung beschleunigt. In Gestalt und Wirkung sind die beiden Projektilformen so ähnlich, daß sie im folgenden gemeinsam besprochen werden können.

An Speeren und Pfeilen unterscheidet man den Schaft (die Längsachse), die Spitze und das Ende sowie die Art der Flugsicherung, die das eigentliche Charakteristikum dieser Projektile ist.

Flugsicherung:

Die ballistischen Eigenschaften eines Pfeils oder Speers können vor allem auf zwei Arten verbessert werden: durch Verlagerung des Schwerpunkts nach vorne und durch Anbringung einer leitwerkartigen Befiederung am hinteren Schaftende.

Eine Schwerpunktverlagerung, die auch bei fast allen befiederten Projektilen zusätzlich vorhanden ist, kann bewirkt werden durch mehr oder weniger starke Verdickung des Schafts im vorderen Teil, durch Vorschaftkonstruktionen (siehe unten) sowie durch Verwendung einer schweren Spitze.

Die *Fiederung* erfolgt durch Vogelfedern, Blätter oder Lederstücke. Die Anzahl der Fiederteile ist regional verschieden und schwankt meist zwischen zwei und vier. Sie können am Schaft parallel zur Achse oder in Spiralform befestigt sein. Letzteres mag bisweilen eine Rotation des Schaftes beim Flug – und damit eine zusätzliche Stabilisierung – hervorrufen, oft wird aber von den Herstellern eines Pfeils kein bewußter Unterschied zwischen paralleler und spiraliger Fixierung gemacht.[16]

Unabhängig davon kann man nach der Lage der Fiederteile in bezug auf den Schaftumfang zwei Befiederungsarten (Abb. 141) unterscheiden: bildet die Fiederung zum Schaftumfang eine Tangentialebene, spricht man von Tangentialbefiederung; steht sie im Sinne des Radius vom Schaft ab, wird sie als Radialbefiederung bezeichnet. Bei Verwendung von Federn zur Radialbefiederung werden diese fast immer im Kiel halbiert (Halbfedern).

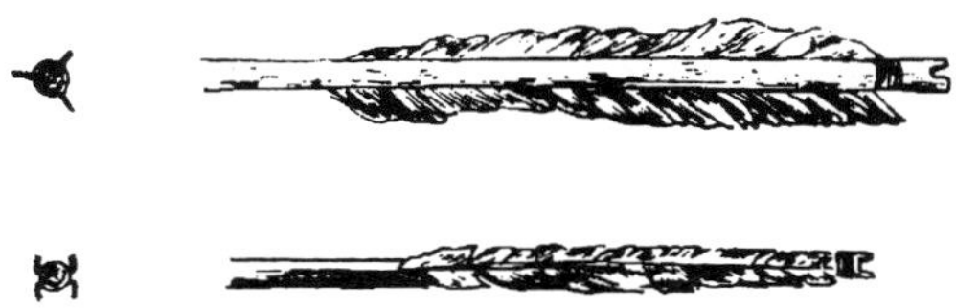

Abb. 141 Radialbefiederung (Klebbefestigung): Tschuktschen; Tangentialbefiederung (Stegbefestigung): Samagirn

Ein weiteres Unterscheidungsmerkmal bilden die *Befestigungsmethoden* (Abb. 142) der Fiederteile am Schaft. Bei der *Klebbefestigung* werden Federn (tangential) oder Halbfedern (radial) am Kiel, Lederstreifen (radial) an einem Falz am Schaft angeklebt. Die *Wickelbefestigung* besteht im Anwickeln einer Feder über ihre ganze Länge, während bei der *Stegbefestigung* nur die beiden von der Federfahne befreiten Kielenden

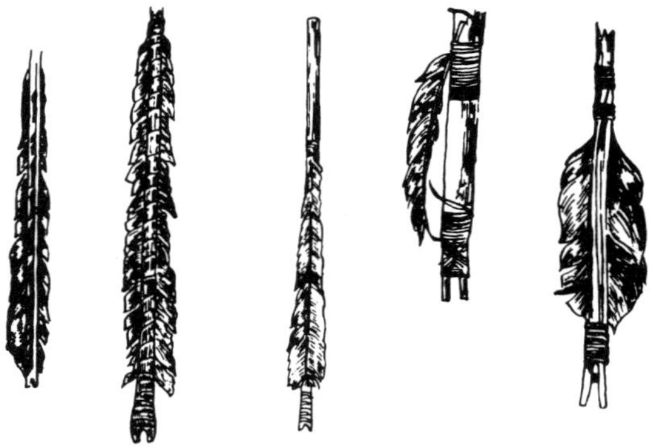

Abb. 142 Fiederbefestigungen: Klebbefestigung, Wickelbefestigung, Stegbefestigung, Bügelbefestigung, Schlitzbefestigung

umwickelt werden; die vordere Umwicklung kann auch durch Einstecken des zugespitzten Kiels in den Schaft ersetzt werden. Bei der *Bügelbefestigung* wird zuerst die Spitze der mit dem hinteren Ende über das Schaftende abstehenden Feder durch Umwicklung befestigt und dann das hintere Federende nach vorne umgebogen und ebenfalls angewickelt. Wird im hinteren Ende des Pfeilschafts ein horizontaler Schlitz eingeschnitten, durch den eine Feder, ein Blatt oder ein Lederstreifen als Befiederung gesteckt wird, spricht man von *Schlitzbefestigung*. Bei der Schlitzbefestigung steht die Fiederung immer radial ab.

Art des Schafts:

Besteht der Schaft des Projektils aus einem einzigen Materialstück, spricht man von einem *einfachen Schaft*. Manche Schäfte bestehen aber aus zwei Teilen, die in der Längsrichtung miteinander verbunden sind. Ist diese Verbindung fixiert, dann dient der meist aus schwererem Material (Holz, Knochen) verfertigte vordere Teil *(Vorschaft)* zum Schutz des leichteren Ried- oder Rohrschafts, in den er eingedornt und verklebt ist (Abb. 143). Außerdem wird dadurch der Schwerpunkt nach vorne verlagert. Der Vorschaft kann aber auch leicht ablösbar angebracht sein. In diesem Fall sind Schaft und Vorschaft aus dem gleichen

Abb. 143 Vorschaftkonstruktion (Rohrschaft, Hartholzvorschaft, Obsidianspitze): Yurok (Nordwestkalifornien)

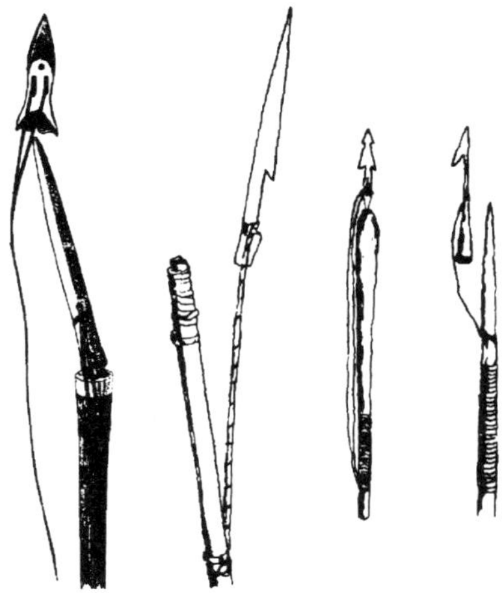

Abb. 144 Harpunen: Westgrönland-Eskimo (Knebelspitze), Yamana (Bartspitze); Harpunenpfeile: Pazifik-Eskimo, Liberia

Material. Die Yurok in Kalifornien verwendeten Pfeile mit ablösbaren Vorschäften als Kriegswaffe; versuchte der getroffene Feind den Pfeil aus der Wunde zu ziehen, löste er den hinteren Teil, während Spitze und Vorschaft in der Wunde blieben.[17] Einem ähnlichen Zweck dienen im vorderen Drittel gekerbte Schäfte, die beim Aufprall abbrechen.

Ist ein ablösbarer Vorschaft (oder eine ablösbare Spitze) durch eine Schnur mit dem Schaft verbunden, spricht man von einer *Harpune* (Abb. 144). Wird ein Tier von einer Harpune getroffen, löst es durch seine Eigenbewegung die in ihm festsitzende Spitze vom Schaft, und der Zug an der Verbindungsschnur stellt den Schaft quer. Dadurch wird das Entkommen des Tiers verzögert. Bei den Spitzen unterscheidet man *Bart-* und *Knebelspitzen*: Während Bartspitzen sich durch Widerhaken in der Beute festhaken, stellen sich Knebelspitzen nach Eindringen in die Beute quer. Harpunen werden als Lanzen gestoßen, als Speere geworfen, aber auch mit dem Bogen und in Südindien sogar mit dem Blasrohr geschossen (vgl. Abb. 147).

Form des Schafts:

Der Schaft ist gerade und meist von rundem Querschnitt. Seine Dickenverhältnisse bestimmen mit den Schwerpunkt. Ist bei einem einfachen Schaft keine oder nur eine leichte Spitze vorhanden, muß der Schaft vorne dicker sein als hinten; ist die Spitze hingegen schwer, ver-

Abb. 145 Pfeilschaftenden: ohne besondere Vorrichtung, verdickt, nackte U-Kerbe, durchwickelte V-Kerbe, angeschuhte Kerbe

jüngt sich der Schaft nach vorne, um eine zu starke Vordergewichtigkeit auszugleichen. Eine Verdickung gegen das Vorderende ist besonders charakteristisch für Projektile ohne Befiederung, also für die meisten Speere und einige Pfeile.

Soweit die Spitze nicht direkt aus dem Schaft geschnitzt ist, sind an dessen Vorderende oft Schäftungshilfen, wie Kerben oder Schlitze, angebracht.

Das hintere Schaftende zeigt einen großen Formenreichtum, da dort die meisten Schleuder- und Schußvorrichtungen ansetzen (Abb. 145). Bei Projektilen für Verwendung mit Dorn- oder kombinierter Schleuder ist oft eine kleine Ausnehmung am Ende vorhanden. Das Hinterende von Bogenpfeilen trägt der Art der Sehne Rechnung: häufig ist es verdickt (zur Auflage auf breiten Bambus- oder Rotangsehnen) oder gekerbt. Die *Kerben* unterscheidet man nach ihrer Form (U-Form, V-Form), ferner danach, ob sie aus einem verdickten oder unverdickten Ende geschnitten sind oder durch ein oder zwei seitlich angebundene Stäbchen (angeschuhte Kerbe) gebildet werden, und ob sie durch Fadenumwicklung gegen weiteres Aufsplittern gesichert sind.

An der Seite mancher Speerschäfte befinden sich Kerben oder zapfenartige Fortsätze, die als Halterung für Mulden-, Knoten- oder Peitschenschleudern dienen.

Die sogenannten *Heulpfeile* (Abb. 146) kommen in Nordasien, China, bei den Eskimo und in Südamerika vor. Unmittelbar hinter ihrer Spitze ist auf den Schaft eine kugelige Gefäßflöte aufgesetzt, die beim Flug durch den Luftstrom „angeblasen“ wird. Das durch den Ton irritierte Tier bleibt stehen und kann daher sicherer getroffen werden.

Blasrohrpfeile (Abb. 147), die im Rohr dicht schließend gleiten sollen, sind am Hinterende entweder mit Fasermaterial (z.B. Baumwolle) oder

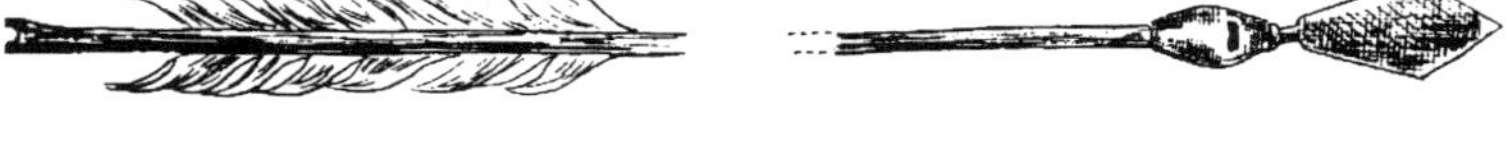

Abb. 146 Heulpfeil: Burjäten

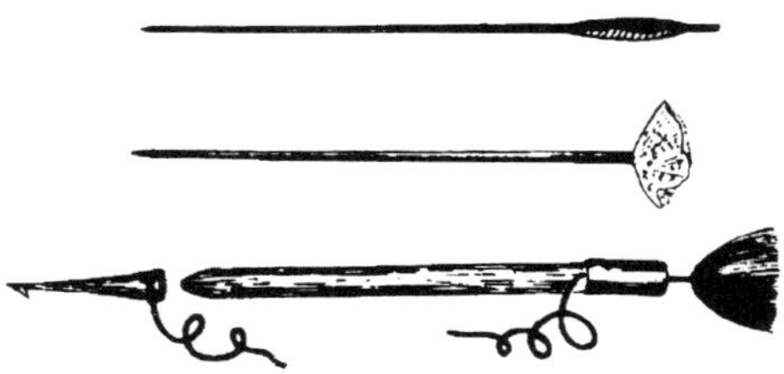

Abb. 147 Blasrohrpfeile: Südamerika, Südindien;
Blasrohrharpunenpfeil: Südindien

Federflaum umwickelt oder mit einem konischen Pflanzenmarkpfropfen versehen. Andere Dichtungsformen bestehen aus gerollten Blättern oder Textilstücken.

Form der Spitze:

Die Form der Spitze ist wesentlich von Verwendungszweck und Material abhängig. Grundsätzlich unterscheidet man *stumpfe Pfeile,* die das Tier nur betäuben oder erschlagen, *einfache Spitzen,* die das Tier verletzen oder töten, *Widerhaken,* die sich im Tier verankern, und *mehrfache Spitzen,* die die Treffwahrscheinlichkeit vergrößern.

Bei den stumpfen "Vogelpfeilen" (die meist zur Vogeljagd verwendet werden, bei welcher der kostbare Balg nicht durch Blut beschmutzt werden soll) fehlen keilartige Armierungen (Abb. 148). Statt dessen wird die Stoßfläche des vorderen Pfeilendes vergrößert. Dies kann durch Anbringung eines zylindrischen oder konischen Kolbens aus Holz, Knochen oder Horn erfolgen (wobei zusätzlich eine starke Schwerpunktverlagerung eintritt und eine Befiederung meist fehlt)

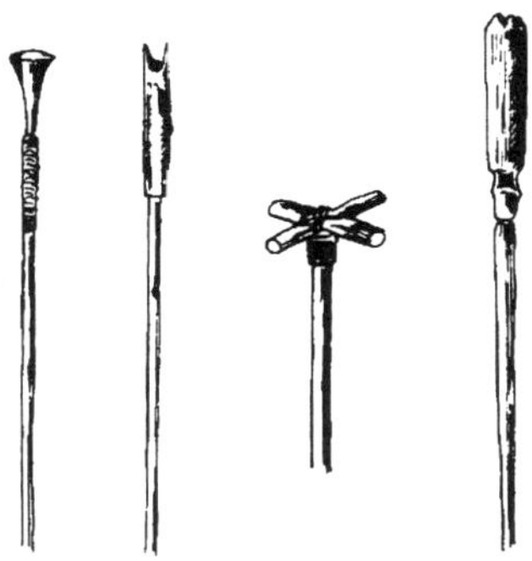

Abb. 148 Stumpfe Pfeile: Neue Hebriden, Eskimo, Urubú, Ainu

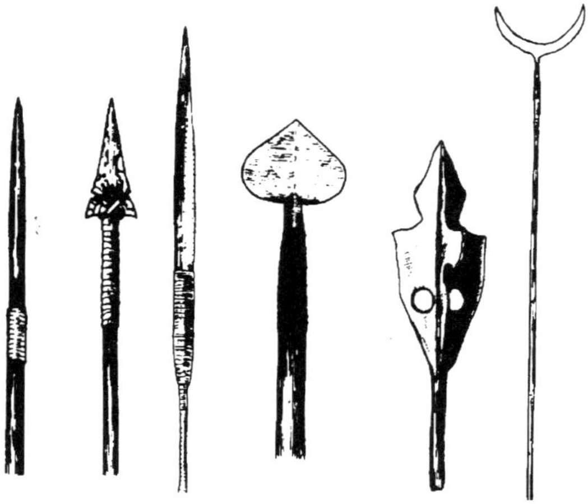

Abb. 149 Projektilspitzen: dornförmig, dreieckig, lanzettlich, blattförmig, dreiflügelig, querschneidig

oder, wie in verschiedenen Teilen Südamerikas, durch kreuzweises Anbinden zweier oder mehrerer Stäbchen quer zum Schaftende.

Die *einfachen Spitzen* (Abb. 149) kommen in allen drei Formen der keilartigen Armierung vor: als Dorn- oder Pfriemspitzen, als Spitzen im engeren Sinn und als querschneidige Klingen. Die eigentlichen Spitzen werden ihrer Form nach unterschieden in dreieckige, lanzettliche, blattförmige und dreiflügelige Spitzen. Bei den Formen sind gewisse Materialabhängigkeiten zu erkennen: Dornspitzen sind meist aus Horn oder Holz, blattförmige vorwiegend aus Knochen und Bambus, dreieckige aus Stein oder Holz. Lediglich in Metall sind alle Formen gleichermaßen gut herstellbar.

Widerhaken (Abb. 150) treten mit allen erwähnten Spitzenformen sowie als seitliche Armierung des Schafts auf. Man kann sie nach Form, Anordnung und Befestigung unterscheiden.[18] Als Formen sind zu erwähnen: gerade, gekrümmte und gedrehte Widerhaken. Sie können einzeln, einreihig oder mehrreihig, gegenständig, alternierend oder in Abschnitten alternierend angeordnet sein. Bei mehrreihig gegenständiger Anbringung spricht man auch von kranzförmig angeordneten Widerhaken. Wenn sie nicht aus dem Material von Schaft oder Spitze ausgeschnitten oder in dieses eingeschnitten sind, erfolgt ihre Befestigung durch Ankleben, Anbinden oder indirekte Befestigung über aufgebundene Hilfsstege. Als Material werden vor allem Zähne, Knochen-, Muschel-, Holz- und Bambusstücke und Dornen verwendet.

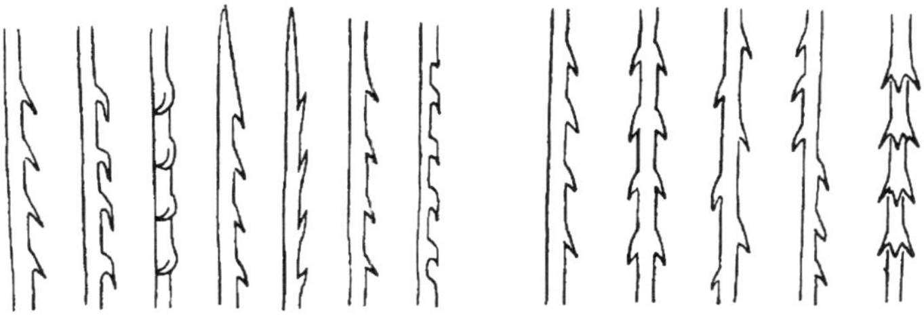

Abb. 150 Form und Stellung der Widerhaken: gerade, gekrümmt, gedreht, rückweisend, vorweisend, ausgeschnitten, eingeschnitten; Anordnung der Widerhaken: einreihig, zweireihig, abwechselnd, in Abschnitten abwechselnd, kranzförmig

Die Anbringung *mehrfacher*, am vorderen Schaftende gabelförmig angeordneter Spitzen bei Speeren und Pfeilen dient der größeren Treffwahrscheinlichkeit beim Schuß auf Fische und Vögel (Abb. 151). Die Spitzen sind fast immer mit Widerhaken besetzt.

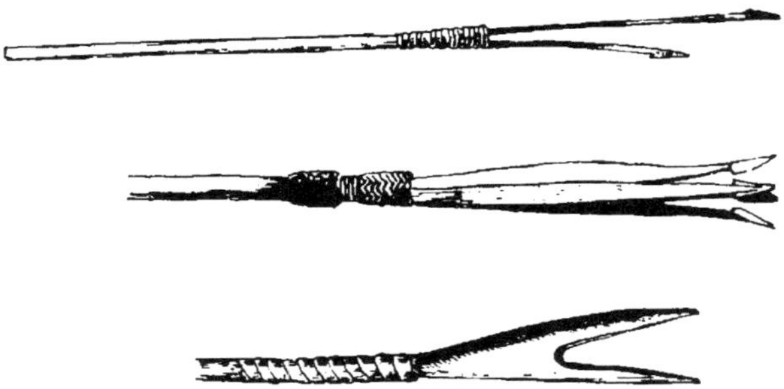

Abb. 151 Mehrfache Spitzen: Makah, Neuguinea, Samojeden

Schäftung und Befestigung der Spitze:

Für die *Schäftung* (Abb. 152) der Spitze gibt es folgende Möglichkeiten: Sie kann am Vorderende des Schafts aufliegen (und muß dann gesondert befestigt werden), sie kann seitlich am Schaft fixiert sein, in den Schaft eingreifen (Klemm- und Dornschäftung) oder dem Ende aufgesetzt sein (Tüllenschäftung).

Die *Befestigung* der geschäfteten Spitze erfolgt durch Ankleben (besonders bei Endschäftung) oder Anbinden (vor allem bei Seitenschäftung), wenn die Spitze nicht allein durch die Reibung festgehalten wird

Abb. 152 Schäftung und Befestigung der Spitze: Endschäftung (angebunden), Nordamerika; Endschäftung (angebunden und verklebt), Australien; Seitenschäftung (angebunden), Afrika; Klemmschäftung, Eskimo; Dornschäftung, Nordamerika; Tüllenschäftung, Afrika

(Dorn-, Klemm-, Tüllenschäftung). In letzterem Fall können Ankleben und Anbinden zur zusätzlichen Sicherung verwendet werden.

Fixierte Schleudervorrichtungen:

Der besseren Handhabung beim Wurf mit der Hand dienen Vorrichtungen, die unlösbar mit dem Speerschaft verbunden sind. Es sind dies vor allem flexible Teile, die etwa in Schwerpunkthöhe verankert sind und der Hand Halt gewähren. Sind beide Enden der Haltevorrichtung am selben Punkt fixiert, spricht man von *Wurfschlaufe,* sind sie bügelartig fixiert, nennt man das einen *Wurfriemen* (Abb. 153). Das von den römischen Leichtbewaffneten verwendete *ammentum* war ein langer Wurfriemen, der um den Schaft gewickelt wurde und ihn beim Wurf in Rotation versetzte. Die Wurfriemen und -schlaufen dürfen nicht mit den gleich zu besprechenden eigentlichen Schleudervorrichtungen verwechselt werden.

Abb. 153 Wurfschlaufe, Wurfriemen

2.1.5. Schleudervorrichtungen

Unter Schleudervorrichtungen versteht man alle starren oder flexiblen Behelfe, die der Unterstützung des Wurfs von Projektilen unter Nutzung der Hebelwirkung dienen. Abgesehen von der *Schleuder* (im engeren Sinn), bei der die Beschleunigung des Projektils an einem rotierenden Hebelarm erfolgt, sind alle Schleudervorrichtungen Verlängerungen des menschlichen Arms. Die *Speerschleudern* bilden unter ihnen die bedeutendste Gruppe.

2.1.5.1. Speerschleudern und andere einfache Hebelschleudern

Die einfachen Hebelschleudern bestehen aus einem Hebelarm aus starrem oder flexiblem Material, an dessen Ende eine Vorrichtung angebracht ist, die der selbsttätigen Lösung des Projektils von der Schleuder zum Zeitpunkt der größten Beschleunigung dient. Diese Halterungsvorrichtungen sind so konstruiert, daß sie jede in der Längsachse wirkende Beschleunigung dem Projektil weitergeben, andererseits dessen Masseträgheitsbewegungen nach vorne möglichst wenig behindern. Diese Halterungen sind der Dorn, die Mulde, die Kombination aus Dorn und Mulde, die Knotenschnur, die Gabelklemme und das bewegliche Lager. Sie bilden auch das Kriterium der weiteren Unterscheidung der einfachen Hebelschleudern.

Abb. 154 Handhabung der Speerschleuder: Muldenschleuder, Neuguinea

Während die Halterung am hinteren Ende der Vorrichtung mit dem Projektil in lösbarer Verbindung steht, wird das vordere Ende oft gemeinsam mit dem Projektil von der Hand umfaßt. Besonders bei den Dorn-, Mulden- und Kombinationschleudern (den starren Speerschleudern) finden sich besondere Griffgestaltungen durch Anbringung von Verdickungen, Grifflöchern, Schlingen, Kerben und Stäbchen zur Lagerung der Finger.

Dornschleuder:
Am hinteren Ende der Dornschleuder (Abb. 155) ist ein schräg nach vorne abstehender Dorn angebracht, der entweder einfach als Gegen-

Abb. 155 Dornschleudern: Australien, Xingú-Gebiet (Brasilien)

lager für das Speerende dient oder daselbst in einer Ausnehmung einrastet. Im einfachsten Fall bestehen Dorn und Schleuderbrett aus einem Stück, z.B. einer Astgabel, doch kommen auch angebundene, angekittete und eingesteckte Dorne vor. Eine Rille zur Führung des Speerschafts fehlt bei der Dornschleuder.

Muldenschleuder:

Die Muldenschleuder (Abb. 156) verfügt über eine Ausnehmung am hinteren Brettende, in die entweder das Ende des Projektils oder ein vom Schaft schräg nach hinten und unten weisender Zapfen eingreift. Die Mulde kann vom unveränderten Ende einer Führungsrille gebildet werden oder durch eine zylindrische bis konische Tülle, die entweder aus dem Vollen geschnitzt oder (vor allem bei Tüllen aus flexiblem Material) angebunden sein kann (Abb. 154). Bei den Grönland-Eskimo gibt es auch Muldenschleudern, die schräg nach hinten und unten durchbohrt sind, um als Lager für einen gleichgerichteten Zapfen, der knapp hinter dem Projektilschwerpunkt montiert ist, zu dienen. Meist sind die Muldenschleudern mit Längsrillen zur Führung ausgestattet.

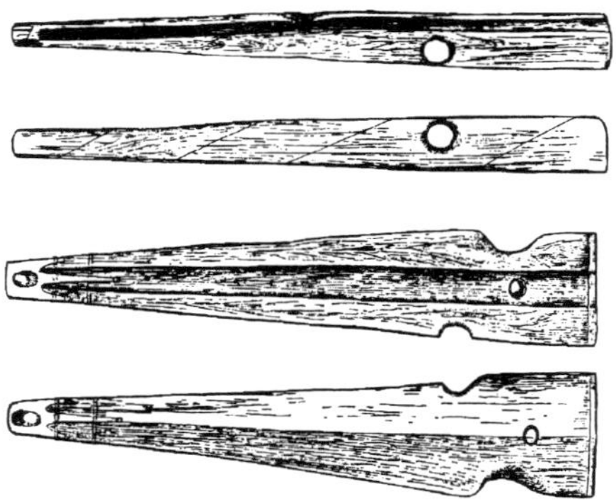

Abb. 156 Muldenschleudern: Alaska-Eskimo, Grönland-Eskimo

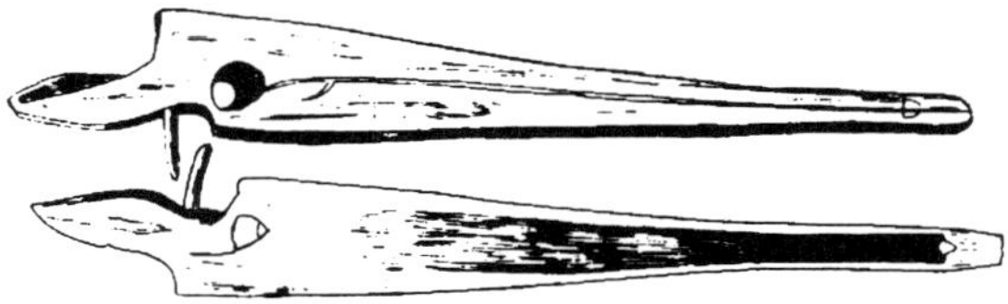

Abb. 157 Kombinationsschleuder: Alaska-Eskimo

Kombinationsschleuder:

Bei der Kombinationsschleuder (Abb. 157) besteht die Halterung aus der Kombination einer Rillenmulde und einem Dorn, welcher der Auflage des Projektils eine zusätzliche Sicherheit verleiht. Bei allen Dorn-Muldenschleudern ist eine Rille zur Führung vorhanden.

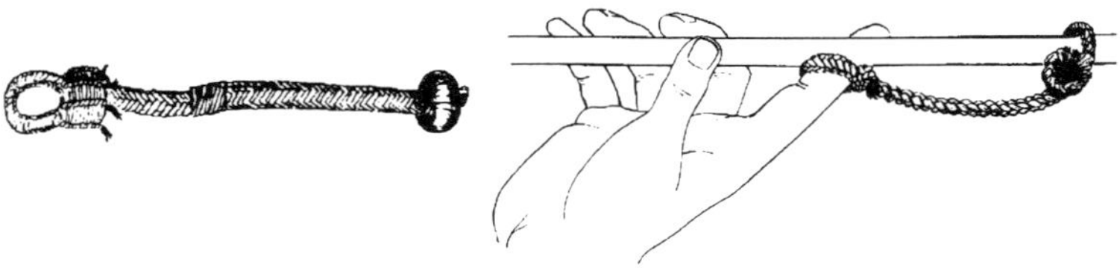

Abb. 158 Knotenschleuder und Anwendung: Neukaledonien

Knotenschleuder:

Die Knotenschleuder (Abb. 158) unterscheidet sich nicht nur im Material von den bisher besprochenen Formen. Ähnlich manchen Muldenschleudern setzt die Kraft knapp hinter dem Projektilschwerpunkt an. Dabei wird eine Schnur, die in einem Knoten endet, so um den Projektilschaft gelegt, daß bei Zug des freien Schnurendes nach vorn der Knoten ein Rutschen entlang des Schafts verhindert. Nach Ende der Beschleunigung löst sich die Schnur leicht ab, da der Knoten nur ein Vorrutschen verhindert. Eine Rotation des Projektils um die Achse erfolgt bei Verwendung der Knotenschleuder nicht. Am freien Ende der Knotenschleuder ist zumeist eine Halteschlaufe angebracht.

Die *Peitschenschleuder* ist nichts anderes als eine lange Knotenschleuder, an deren freiem Ende ein starrer Hebelarm befestigt ist. Manchmal ist am Projektil eine Kerbe zur Halterung des Knotens angebracht. Die Reichweite der mit Peitschenschleudern geworfenen Pfeile ist zwar sehr groß, die Zielgenauigkeit hingegen gering, da eine wirksame Kontrolle der Schußrichtung nicht möglich ist. Deshalb dient diese Vorrichtung

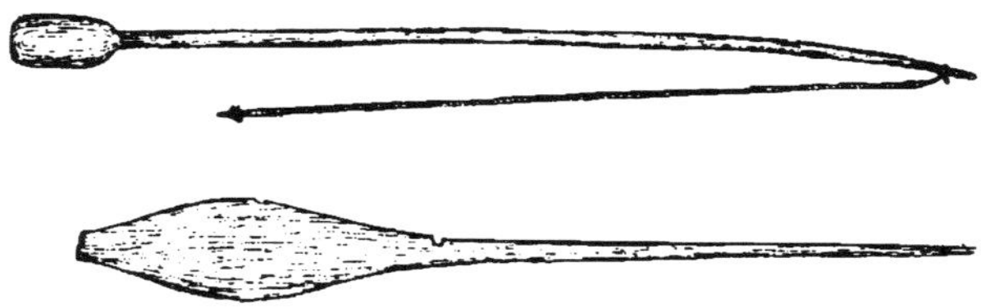

Abb. 159 Peitschenschleuder und Vogelpfeil mit seitlicher Kerbe zur Aufnahme des Knotens: Dolganen (Sibirien)

meist als Spiel- oder Sportgerät oder – wie die *kotaha* der Maori Neuseelands – auch zum Abschuß von Brandpfeilen, bei deren Verwendung kleinere Richtungsabweichungen keine Rolle spielen.

Gabelklemmschleuder:
Bei der Gabelklemmschleuder wird ein Projektil (meist ein Stein) in das gegabelte Hinterende eines Stocks geklemmt, aus dem es sich nach einer ruckartigen Hebelbewegung nach vorn löst. Ein solches Gerät stand etwa bei den Hirtenjungen Nordchinas und bei den Athapasken der kanadischen Subarktis in Verwendung.[19]

Lagerschleuder:
Die Lagerschleuder (auch Stockschleuder) trägt am oberen Ende ein bewegliches Lager aus flexiblem Material ähnlich der Schleuder im engeren Sinn (siehe unten). In dieses beutelartige Lager wurden Steine, im Europa des 16. Jh. auch Granaten, gelegt und durch Hebelwirkung geschleudert. Die Wirkung war beträchtlich, da beide Hände zum Wurf verwendet werden konnten.

2.1.5.2. Schleudern im engeren Sinn (Rotationsschleudern)

Schleudern sind Hebelarme aus flexiblem Material, an deren Ende ein Lager für ein Projektil angebracht ist. Das Gerät kann als einfache Hebelschleuder verwendet werden, durch Rotation des Hebels ist es aber möglich, die Beschleunigungsdauer beliebig zu verlängern. Wird das Projektil aus seiner Halterung gelöst, schlägt es zufolge der Masseträgheit eine Bahn tangential zur Drehbewegung ein.

Die Schleuder besteht daher aus einem Hebel und einer Auflage mit lösbarer Halterung für das Projektil. Der Hebel ist doppelt ausgeführt, d.h. er besteht aus zwei Schnüren oder Bändern, die zugleich als Halterung der Auflage (*Lager* oder Mulde) dienen (Abb. 160). Die Freigabe

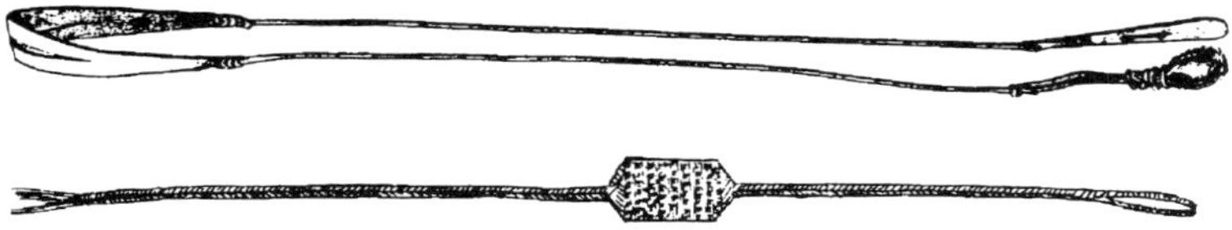

Abb. 160 Rotationsschleudern: Tschuktschen (Leder), Karolinen (Geflecht)

des Projektils erfolgt durch Loslassen einer der Schnüre, die durch die auf sie wirkenden Kräfte nach außen gezogen wird und dem Geschoß freie Bahn gibt. Der in der Hand verbleibende Hebelteil ist zur Sicherung der Griffe bei fast allen Schleudern mit einer Schlinge oder einem Knoten versehen. Als Projektile kommen bei der Schleuder nur Kugeln oder kugelähnliche Geschosse in Frage.

Nach der Art der Auflage können Schleudern in solche ohne und solche mit Lager unterteilt werden. In den wenigen Fällen, wo kein Lager vorhanden ist, die Schleuder also nur aus einer Schnur besteht, muß die Auflage in Form einer Rille am Projektil angebracht sein. Im Regelfall ist hingegen an der Schleuder ein Lager ausgebildet, das im allgemeinen breiter als der Hebelarm ist. Von der Konstruktion her unterscheidet man Formen, bei denen Lager und Hebel aus einem Stück gearbeitet (z.B. geflochten) sind, von Schleudern, deren Lager aus einem anderen Material besteht, an dem die flexiblen Hebelteile befestigt sind.

2.1.6. Schußvorrichtungen

Schußvorrichtungen dienen zur Beschleunigung von Projektilen ohne Nutzung der Hebelwirkung des Arms. Die zwei dabei zur Anwendung gelangenden Prinzipien sind elastische Verformung und Luftdruck. Bei *Bogen* und *Armbrust* wird Kraft zeitweise in einem elastisch verformbaren Stab gespeichert und über eine an beiden Stabenden fixierte Sehne – mit deren Hilfe auch die Biegung des Stabes erfolgt – freigegeben. Bei *Gummischleuder* und *Bogenschleuder* (beides keine Schleudern im eben beschriebenen Sinn) wirkt die bei der Rückdeformation eines gespannten Gummibands oder Stäbchens frei werdende Kraft unmittelbar auf das Projektil. Beim *Blasrohr* erfolgt die Beschleunigung durch Erhöhung des Luftdrucks in einer vorne offenen Röhre. (Das als Spielzeug weit verbreitete *Stempelrohr* nutzt an Stelle des Mundluftdrucks die komprimierende Wirkung eines eingepaßten Stempels.)

2.1.6.1. Bogen

Der Bogen kann zum Schuß sowohl von Kugeln *(Kugelbogen)* als auch von Pfeilen verwendet werden. Die grundlegenden Unterscheidungsmerkmale beziehen sich jedoch auf seine konstruktiven Eigenheiten: Material, Art und Form des Bogenstabs, Material der Sehne, Art der Befestigung und Besehnung. Bezüglich der Handhabung sind die verschiedenen Spannmethoden zu erwähnen.

Material des Bogenstabs:
Zur Herstellung eines Bogenstabs kommen in erster Linie Materialien in Betracht, die starken Biegebeanspruchungen gewachsen sind und gute Rückdeformationseigenschaften besitzen. Dazu zählen vor allem harte Hölzer wie Palmholz, Mangrovearten, Eibe oder Hickory, ferner Bambus und Horn. Knochen sind weniger geeignet, werden aber bei den Eskimo der Zentralarktis mangels anderer verfügbarer Rohstoffe ebenfalls verwendet. Zur Verstärkung und in Zusammensetzungen dienen neben den erwähnten Materialien auch Sehnen und pflanzliche Faserstoffe und -produkte (Rinde, Schnüre, Gewebe).

Art des Bogenstabs:
Die Art oder Konstruktion des Bogenstabes ist das wichtigste Unterscheidungsmerkmal der Bogenformen. Man unterscheidet einfache, gestückte, verstärkte, zusammengesetzte und doppelte Bogenstäbe.

Der *einfache* Bogenstab besteht aus einem einzigen Materialstück und ist – abgesehen von Verzierungen – auch in keiner Weise mit anderen Stoffen zusammen verarbeitet. Beim *gestückten* (Abb. 161) Bogen hingegen reicht kein durchgehendes Materialstück von einem Ende zum anderen. Beispiele bilden die aus kleinen Knochenstücken zusammengesetzten Eskimobogen oder jene Bogen aus Java, deren Horn- oder Holzschultern beiderseits des Griffteils befestigt sind. Letztere Form (die in Varianten auch in Teilen Nord- und Südamerikas vorkommt) ergibt sich von selbst, wenn ein Horn zu zwei Bogenschultern gespalten wird (vgl. auch Abb. 168).

Eine *Verstärkung* (Abb. 162) des Bogenstabs dient in erster Linie der

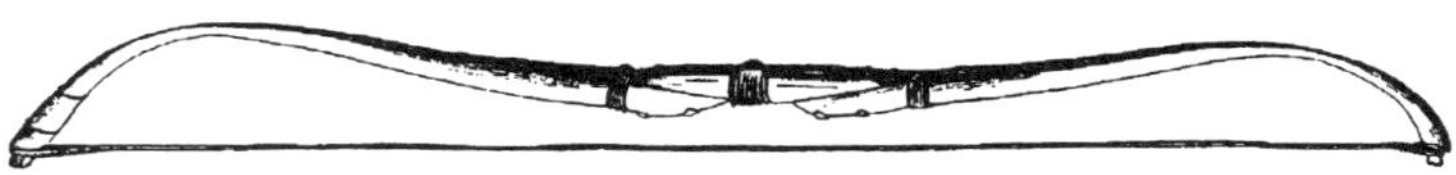

Abb. 161 Gestückter Bogenstab: Eskimo (Alaska)

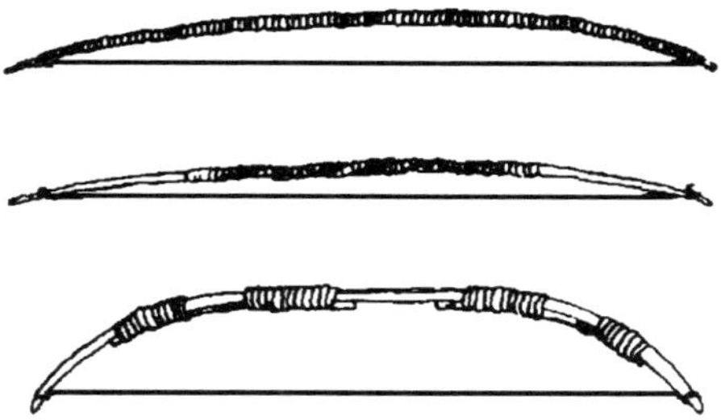

Abb. 162 Verstärkte Bogenstäbe

Sicherung besonders beanspruchter Bogenteile sowie einer Vergrößerung der Spannkraft von einfachen und gestückten Bogenstäben. So sind fast alle Kugelbogen am Griffteil verstärkt, da hier der Griff einen besonders sicheren Halt gewähren muß. Eine Verstärkung kann durch Auflagen in der Längsrichtung des Stabs oder durch Umwicklung erfolgen. Bei den Auflagen kann es sich um kleine Holz- oder Hornstückchen handeln, die am Scheitel oder an den Enden des Stabs befestigt sind, um Schnüre, die am Rücken des Bogens von Stabende zu Stabende verlaufen, oder auch um angeklebte Sehnenauflagen Zur Umwicklung dienen Baststreifen, Schnüre aus pflanzlichen und tierischen Fasern, gelegentlich auch Draht und Blech.

Der *zusammengesetzte* (Abb. 163) Bogenstab, der für den asiatischen Bereich typisch ist, setzt sich aus mehreren, mehr oder weniger durchgehenden Längselementen zusammen, die ein integrales Ganzes bilden. Eine Entfernung der Verstärkung vom Bogenstab bewirkt zwar möglicherweise eine Verschlechterung der Leistung, ein auseinandergenommener zusammengesetzter Stab ist jedoch funktionsunfähig. Manche der Bogen Nordasiens bestehen aus einer Holzschicht, die durch eine Lage Sehnen oder Leinen mit einer zweiten Schicht aus

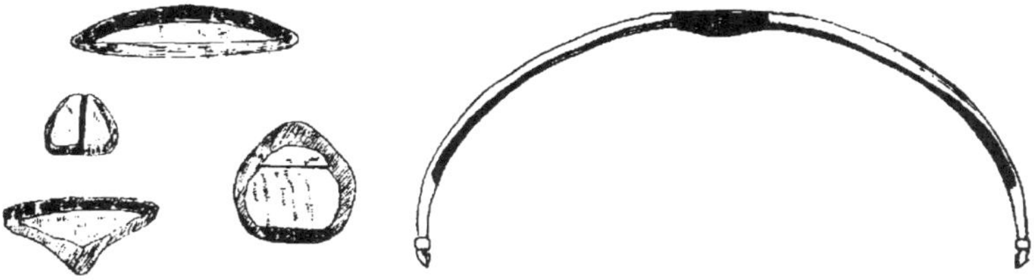

Abb. 163 Zusammengesetzter Bogenstab (Reflexbogen) und Querschnitte: Iran

Holz, Kuh-, Büffel- oder fossilem Rhinozeroshorn verbunden, an manchen Stellen mit Knochen verstärkt und mit Birkenrinde umwikkelt ist. Häufig findet sich bei zusammengesetzten Bogen eine Schutzschicht aus Lack, die ein Aufquellen und Verziehen der einzelnen Bestandteile verhindern soll.

Der *doppelte* (Abb. 164) Bogenstab kommt nur bei manchen Kugelbogen vor. Der Stab besteht aus zwei über die volle Länge reichenden Teilen, die an den Enden verbunden sind und in der Mitte durch Querstreben auseinandergehalten werden. Die Kugel fliegt beim Schuß zwischen den beiden Stäben hindurch.

Abb. 164 Kugelbogen mit doppeltem Bogenstab: Thailand

Form des Bogenstabs:

Die Terminologie, die auf den Bogenstab Anwendung findet, ist aus Abb. 165 zu ersehen. Dem Scheitel als Griffteil und den Enden als Befestigungsstellen der Sehne kommt dabei erhöhte Bedeutung zu.

Die Ausgestaltung des *Scheitels* als Griffteil erfolgt im allgemeinen durch Querschnittänderung, oft in Form einer Verjüngung der Breite nach, bei gleichzeitiger Vergrößerung der Dicke. Insbesondere bei flachen Bogen sind „prominente Schultern“ das Ergebnis einer solchen Verengung. Besseren Halt gewähren Umwicklungen verschiedenster Art oder festgebundene oder -geklebte Leder- und Textilstücke.

Am *Stabende* (Abb. 166) muß Vorsorge zur Fixierung der Sehne getroffen werden. Die einfachste Form ist das gleichmäßige Auslaufen der Enden in eine konische Spitze (a, b), die aber auch mit als Sehnen-

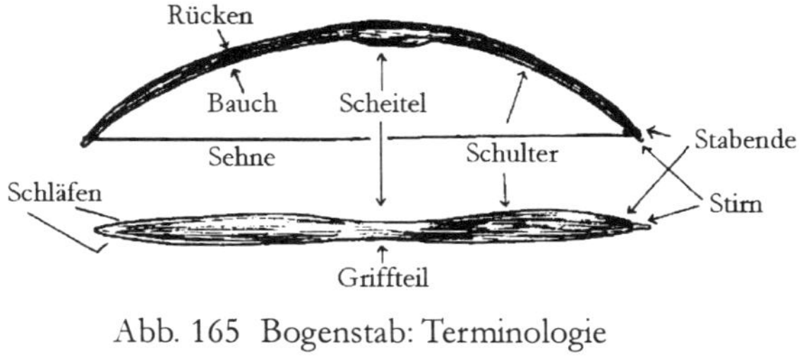

Abb. 165 Bogenstab: Terminologie

Abb. 166 Formen des Bogenstabendes

lager dienenden Schultern vom Stab abgesetzt sein kann (c–e). Kerben sind zumeist beidseitig angebracht (f), können allerdings gegeneinander versetzt sein. Die dritte Art der Anbringung von Sehnenlagern ist die durch Verdickung des Stabes; eine solche kugel-, knoten- oder scheibenartige Verdickung kann angeschnitzt oder aufgesteckt sein (g). Letztlich ist die Durchbohrung der Enden zu nennen, die vom Bauch zum Rücken erfolgt (i). Bisweilen sind am Bauch kurz vor dem Stabende blockförmige Lager angebracht (h), über welche die Sehne vor der Befestigung führt; sie haben unter anderem die Aufgabe, ein Aufschlagen der stabnahen Sehnenabschnitte auf den Bogenstab zu verhindern.

Der *Querschnitt* des Bogens ist vielfach an mehreren Stellen des Stabs verschieden und weist starke Materialabhängigkeiten auf. So entstehen die Rinnen der konkavkonvexen Stäbe aus Mangrovenluftwurzeln und ähnlichen Materialien durch die Entfernung des in ihnen gelagerten Marks. Die wichtigsten Querschnitte sind: rund, halbrund (plankonvex, konkavkonvex), flach (rechteckig, oval), dreieckig, kreissektorenartig (plankonvex + dreieckig).

Die *Länge* des Stabs (die in besehntem Zustand gemessen wird) schwankt erheblich. Abgesehen von Miniaturformen, wie die nur zu magischen Zwecken gebrauchten „Buschmannrevolver", reicht die Skala von den knapp meterlangen Bogen der Pygmäen bis zu den gegen 3 m langen Stäben der Sirionó Ostboliviens.

Für die Beschreibung von Interesse ist die Form der *Krümmung* (Abb. 167) des Stabs. Von Normalkrümmung spricht man, wenn der Bogen annähernd einem Kreisbogen entspricht. Liegt die Hauptkrümmung im Scheitel und fallen die Schultern gerade ab, entsteht ein Dreieckbogen. Beim Senkendbogen ist umgekehrt die Krümmung eines sonst fast geraden Stabs auf die Enden beschränkt. Analog dazu hat der Steigendbogen Enden mit Gegenkrümmung. Der Scheitelsenkbogen hat eine solche Gegenkrümmung in der Mitte. Der starre Bogenstab besteht aus einem krümmungsfreien Stab; die Sehne ist hier spannungslos befestigt, muß weit ausgezogen werden und klatscht dann auf

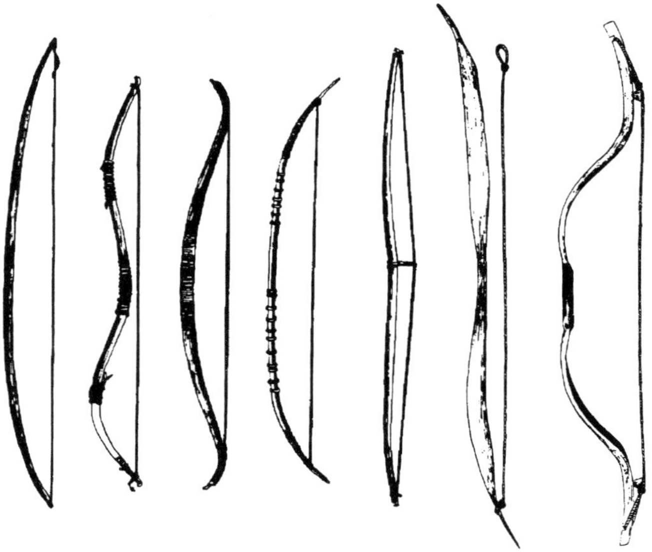

Abb. 167 Krümmung des Bogenstabes: Normalkrümmung, Kalifornien; Scheitelsenkbogen, Gros Ventre; Steigendbogen, Kalifornien; Senkendbogen, Ostafrika; starrer Bogenstab, Kutchin; Halbreflexbogen, Andamanen; Reflexbogen, China

den Stab zurück, wenn nicht eine eigene Vorrichtung am Stab befestigt ist, welche die Sehne zurückhält. Solche Auffangvorrichtungen finden sich auch auf anderen, schwach gekrümmten Stabformen.

Bei zwei Bogenformen wird der Stab ganz oder teilweise entgegen der Krümmung im entspannten Zustand gespannt, in die er nach jeder Entspannung wieder zurückkehrt. Der *Halbreflexbogen* (der nur von den Kleinen Andamanen, den nördlichen Neuen Hebriden und Formosa bekannt ist) zeigt in Ruhekrümmung eine flache S-Form. Bei der Spannung wird der nach vorn weisende Teil zurückgebogen. Der *Reflexbogen* wird mit beiden Schultern gegen die Normalkrümmung gespannt. Die erhöhte Elastizität, die für diese Spannungsart nötig ist, wird – vor allem im asiatischen Bereich – durch zusammengesetzte Stäbe ermöglicht. Die kalifornischen Reflexbogen besitzen nur eine Sehnenauflage am Rücken (Abb. 167).

Material und Art der Sehne:

Als Material für die Bogensehne kommen alle mehr oder weniger biegsamen, in Fadenform festen Rohstoffe in Frage, deren Wahl in erster Linie von der Verfügbarkeit bestimmt wird. An pflanzlichen Materialien sind erwähnenswert: Schlingpflanzen, gedrehte Faserschnüre, Bambus und Rotang. Unter den tierischen Rohstoffen kommen in Betracht: Darm, gedrehte oder geflochtene Sehnen, Lederschnüre. Gelegentlich wird auch Draht verwendet.

Besonders bei pflanzlichen Bogensehnen treten bisweilen zusätzliche Präparierungen auf. So das Einreiben mit Fetten und Ölen, um die Geschmeidigkeit zu erhöhen, sowie die Umwicklung oder Umflechtung mit Fäden als Verstärkung. Nur selten finden sich bei Sehnen von Pfeilbogen spezielle Verstärkungen des Auflagebereichs. In solchen Fällen handelt es sich dann um Zusatzumwicklungen.

Eigene Konstruktionen erfordern Sehnen zum Abschuß von Kugeln. Entweder ist die Sehne (meist aus pflanzlichen Fasern) doppelt ausgeführt, wird an einer oder zwei Stellen von kleinen Querstreben auseinandergehalten und trägt in der Mitte – ähnlich einer Schleuder – eine flexible Mulde. Andernfalls ist zwischen zwei „starren" Bambussehnen eine ebenfalls starre Mulde gelenkig montiert (Abb. 168).

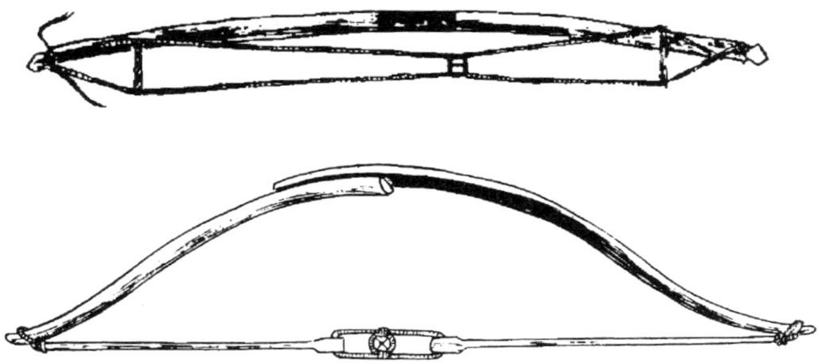

Abb. 168 Kugelbogen: Brasilien, China (mit zusammenklappbarem Stab)

Besehnung und Befestigung der Sehne:

Unter *Besehnung* versteht man die relative Lage der Sehne zum Bogenstab in bespanntem Zustand, unter *Befestigung* die Art der Verbindung zwischen Stab und Sehne. Besehnung und Befestigung treten in zahlreichen Kombinationen miteinander auf, die auch an den beiden Enden desselben Bogens verschieden sein können. Daher ist es immer nur möglich, über die Verhältnisse an einem Stabende zu sprechen.

Ein Bogen ist *frontal* besehnt, wenn die Sehne in der Ebene der Stablängsachse liegt; dabei sind vier Typen zu unterscheiden: bei der *Normalbesehnung* läuft die Sehne auf einen endnahen Teil des Bogen-

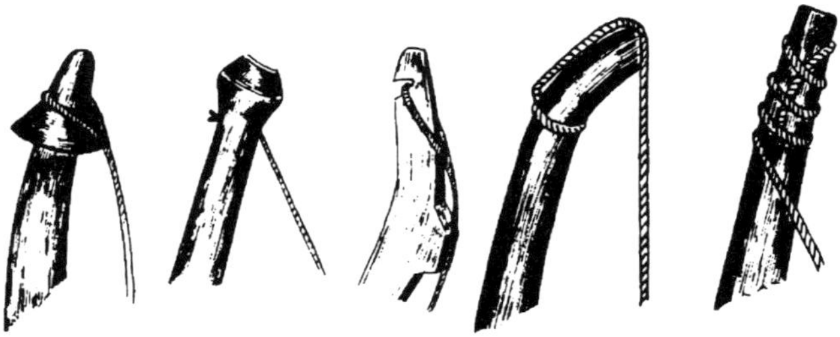

Abb. 169 Bogenbesehnung: frontal – Normalbesehnung, Lochbesehnung, Lagerbesehnung, Stirnbesehnung; temporal – Schläfenbesehnung

bauchs zu und wird dort auf irgendeine Weise um den Stab fixiert; bei der *Lochbesehnung* durchquert die Sehne den Stab in einem Loch. Führt die Sehne vor ihrer Befestigung über ein Lager, spricht man von *Lagerbesehnung*. Die vierte Form ist die *Stirnbesehnung* (auch frontale Besehnung im engeren Sinn), bei der die Sehne vor ihrer Befestigung über eine Kerbe an der Stirn des Stabes läuft.

Im Gegensatz zu den frontalen Besehnungsarten verläuft bei der *Schläfenbesehnung* (auch *temporale* Besehnung) die Sehne nicht in der Achsenebene, sondern seitlich am Stab vorbei. Oft wird ihre Führung durch eine Kerbe gesichert (Abb. 169).

Die Befestigung (Abb. 170) ist nur teilweise von der Besehnungsart bestimmt. Wesentlicher ist, daß die Befestigung an einem Ende möglichst leicht ablösbar angelegt sein soll, um ein rasches Entspannen des Stabs nach Gebrauch zu ermöglichen. Auch spielen Materialeigenschaften eine Rolle, da etwa Sehnen aus Bambus nicht oder ungenügend knüpf- und knotbar sind. In diesen Fällen muß die Befestigung *indirekt* erfolgen; sonst spricht man von *direkter* Befestigung.

Am leichtesten ablösbar ist eine Schlaufe *(Schlaufbefestigung)*, die um das Stabende gelegt und eventuell in Kerben oder an Verdickungen gelagert ist. Um die entspannte Sehne am Stab festzuhalten, ist bei manchen Exemplaren (vor allem in Afrika) an der Befestigungsschlaufe eine Halteschlaufe angebracht, die nach Entspannen in die Sehnenhalterung gelegt wird.

Die *Knotenbefestigung* erfolgt durch einen einfachen Schlingenknoten, der so viel Kraft besitzt, um auch an einem lediglich verjüngten Stabende nicht abzurutschen. Bei dieser wie bei der vorhergehenden Befestigungsart ist eine Stirn- oder Lochbesehnung unmöglich. Die *Wickelbefestigung* besteht lediglich in der Umwicklung des Stabendes mit dem Rest der Sehne. Normalbesehnung ist dabei schlecht möglich.

Abb. 170 Befestigung der Bogensehne: Schlaufbesehnung, Entspannungshilfsschlaufe, Knotenbefestigung, Wickelbefestigung, Bindebefestigung, angeknotet und festgeklebt, indirekte Befestigung mittels Hilfsschlaufe, Spleißbefestigung

Während die drei genannten Befestigungsarten relativ leicht lösbar sind, gibt es zwei direkte Befestigungen, die dauerhaft mit dem Stab verbunden bleiben. Bei der *Bindebefestigung* wird die Sehne so fixiert, daß sie erst nach Aufknüpfen eines oder mehrerer Knoten ablösbar ist. Bei Stirnbesehnung bildet diese Befestigung jedoch eine Schleife um die Bogenstirn, die seitlich abgelöst werden kann. Eine noch dauerhaftere Verbindung von Stab und Sehne stellt die *Klebbefestigung* dar, bei der eine der beschriebenen Befestigungsarten zusätzlich mit harz- oder gummiartigen Substanzen verschmiert wird. Auf den Salomonen wird z.B. die Sehne schlingen- oder knotenförmig um den Stab gelegt und die Verbindung mit einem Klebstoff verstärkt. Der entstehende dicke Knoten dient gleichzeitig als erhöhtes Sehnenlager.[20]

Auch starre Sehnen werden – allerdings indirekt – mit Schlaufen befestigt. Man unterscheidet an der starren Sehne angebundene Hilfsschlaufen aus flexiblem Material (Leder, Faserschnüre) und Doppelschlaufen in 8-Form, die an der Sehne von einer nodialen Verdickung gehalten werden. Bei der indirekten Befestigung durch Spleißen wird im Sehnenende ein Längsschnitt angebracht, durch den flexibles Material gewickelt oder geflochten wird, das seinerseits auf eine der oben beschriebenen Arten am Stab befestigt ist.

Spannmethoden:

Kurz erwähnt werden sollen die fünf bekannt gewordenen Bogenspannmethoden, die zum Teil typische Verbreitungsgebiete besitzen (Abb. 171). Beim *primären Typ* wird die Spannung des Bogens durch Zug am Pfeilende mit Daumen und gekrümmtem Zeigefinger bewirkt. In Gebieten, wo diese Methode typisch ist, sind die Pfeilenden oft verdickt gestaltet. Der *sekundäre Typ*, der nur in Teilen Nordamerikas vorkommt, besteht im kombinierten Zug an Pfeil und Sehne: zusätzlich

Abb. 171 Bogenspannmethoden: primärer, sekundärer, tertiärer Typ, Mittelmeertyp, mongolischer Typ

zur Haltung beim primären Typ ziehen noch Mittel- und Ringfinger an der Sehne. Beim *tertiären Typ* bewirken Zeige- und Mittelfinger den Zug an der Sehne, während der Daumen mit einem Teil des Zeigefingers ein Abrutschen des Pfeils verhindert. Der *Mittelmeertyp* wird charakterisiert durch Fehlen der Beteiligung des Daumens; der Zeigefinger spannt die Sehne oberhalb, Mittel- und Ringfinger unterhalb des Pfeilschaftendes. Im Gegensatz dazu zieht beim *mongolischen Typ* lediglich der stark gekrümmte Daumen an der Sehne. Hierzu werden sowohl in Asien als auch in Afrika Spannringe am Daumen getragen.

Das Spannen des Kugelbogens erfolgt in einer Art von primärem Typ durch Zug an der Mulde, in der das Projektil ruht. Soweit kein doppelter Bogenstab vorhanden ist, durch den die Kugel fliegt, muß die Doppelsehne beim Schuß leicht gegen den Stab verdreht werden, damit das Projektil nicht Bogenstab oder Hand trifft. In Südindien werden übrigens auch Pfeile mit dem Kugelbogen auf Fische geschossen.[21]

2.1.6.2. Armbrust

Die Armbrust ist ein modifizierter Bogen mit einer Relaiskonstruktion zur Auslösung der gespeicherten Kraft (Abb. 172). Sie besteht aus einem besehnten Bogenstab, der an einem Schaft angebracht ist. Dieser

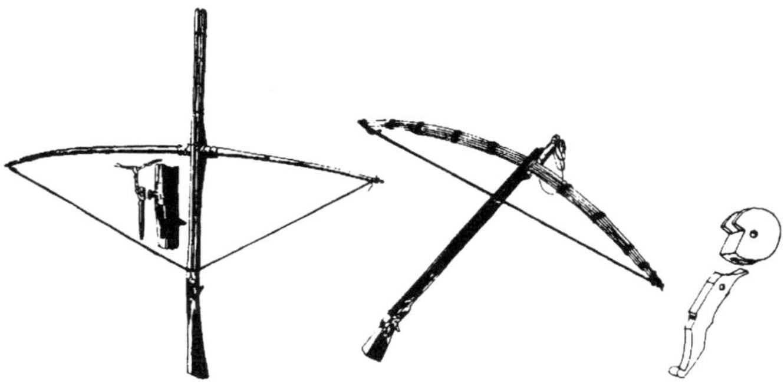

Abb. 172 Armbrust (mit Detailskizzen der Relais): China, Südindien

verfügt zumeist über eine Laufrinne für das Projektil und trägt das Relais. Bei einfachen Formen gibt es keine eigenen Spannvorrichtungen, die bei entwickelteren Armbrusten aus Bewegungsschrauben oder Hebelvorrichtungen bestehen. Die gespannte Sehne ruht in einer Kerbe, die eine Freigabe der Kraft verhindert. Durch Betätigung eines Auslösehebels wird dann die Sehne aus der Kerbe ausgehoben. Als Projektile für die Armbrust dienen Pfeile, Bolzen und – in China wie in Europa – auch Kugeln. In letzterem Fall ist die Sehne der Armbrust genau wie eine Kugelbogensehne gestaltet.

2.1.6.3. Gummischleuder und Bogenschleuder

An den Enden eines gegabelten Griffs befestigte Gummibänder stellen eine vergleichsweise neuere Waffe dar, die sich aber wegen ihrer Wirksamkeit rasch weit verbreitet hat. Mit dieser *Gummischleuder* (Abb. 173) werden Steine oder Tonkugeln vor allem bei der Vogel- und Kleintierjagd abgeschossen. Bei den Chiquitano in Bolivien verdrängte diese Waffe dank ihrer Handlichkeit nach und nach den Kugelbogen.[22]

Weite Verbreitung – allerdings ausschließlich als Spielzeug – besitzt auch die *Bogenschleuder*, bei der ein gebogenes Holz- oder Bambusstäbchen an einem Laufrohr montiert ist. Das vordere Ende ist in einem Führungsschlitz beweglich, kann mit dem Finger gespannt werden und beschleunigt bei der Entspannung leichte meist kugelartige Geschosse aus dem Lauf (Abb. 174).

Abb. 173 Gabel einer Gummischleuder, Chiquitano (Bolivien)

Abb. 174 Bogenschleuder und Maiskörner als Munition, Hopi

2.1.6.4. Blasrohr

Das Blasrohr beruht auf dem Prinzip der Beschleunigung eines Projektils durch kurzfristigen, explosiven Luftdruck in einer beidseitig offenen Röhre, die nicht nur als Druckkammer, sondern auch als

Führung für das Geschoß dient. Der Druck wird hervorgerufen durch stoßartiges Auspressen der im Mundraum angesammelten Luft. Wie sein moderner europäischer Nachfahre, das Luftdruckgewehr, wurde das Blasrohr hauptsächlich zur Jagd auf Vögel und Kleinwild verwendet. Nur in Malabar und Teilen Borneos wurden Fische damit erlegt.

Der wichtigste Teil ist das Rohr von annähernd konstantem Querschnitt. Mittelwerte für den Rauminhalt der Druckkammern liegen zwischen etwa 210 cm^3 (Indonesien) und 251 cm^3 (Südamerika).[23] Um Druckverluste beim Anblasen zu vermeiden, sind viele Blasrohre mit Mundstücken ausgestattet. Die einfachste Form ist eine konische Verjüngung des Rohrs, die in den Mund genommen wird. Wirksamer sind verbreiterte Ansatzstücke, die am Mundende des Rohrs angeschnitzt oder aufgesetzt sein können. Manche Rohre verfügen nahe dem Vorderende über eine kornartige Zielvorrichtung aus Wachs, Lehm oder Tierzähnen.

Fünf Typen der Konstruktion des Rohrs werden unterschieden. Das *einfache* Blasrohr besteht aus einem oder mehreren Bambusinternodien mit durchstoßenen Wachstumsknoten oder aus anderen natürlichen Rieden. Krumme Röhren werden über dem Feuer geradegebogen. Diese Rohre sind aber sehr leicht biegsam und haben nicht immer die gewünschte Länge. Beim *gestückten* Blasrohr, wie es die Kuna Panamas oder die Bewohner von Neubritannien verwenden, wird die Länge vergrößert, indem mehrere einfache Rohre aneinandergesteckt und die Nahtstellen umwickelt und verklebt werden.

Häufiger als das gestückte ist das *verstärkte* Blasrohr (Abb. 175). Hier wird das Druckkammerrohr von einem Mantelrohr umgeben, das ein Verbiegen verhindern soll. Dazu wird das innere Riedrohr entweder in ein zweites Ried gesteckt, mit zwei hölzernen Halbröhren umgeben, die durch Umwicklung zusammengehalten werden, oder durch ein geeignetes Holzstück verstärkt, dessen Mark nach Trocknen über dem Feuer ausgestoßen wurde.

Das *zusammengesetzte* Blasrohr besteht aus zwei durch Verkleben und Umwickeln mit Bast- oder Stoffstreifen zusammengefügten Halbröhren. Dazu werden meist zwei zusammenpassende Holzrinnen verwendet, die den Vorteil größerer Stabilität haben. In gleicher Weise behan-

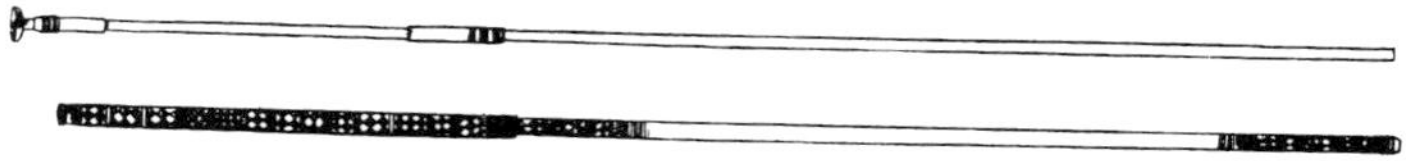

Abb. 175 Zusammengesetztes Blasrohr (Innenrohr und Außenrohr), Sakai

delt man aber stark verbogene Riede, die man längs spaltet und verkehrt zusammensetzt, um so die störende Krümmung aufzuheben.

Das *durchbohrte* Blasrohr ist ein Holzzylinder, der in der Längsrichtung mit einem langen stabartigen Bohrer durchbohrt wurde. Wegen der Schwierigkeit einer exakten Bohrung sind diese Blasrohrformen meist sehr dickwandig und stabil. Auf Borneo werden sie zum Teil am Vorderende bajonettartig mit einer Spitze armiert.

Blasrohre werden fast gleich häufig mit Pfeilen und Kugeln als Munition verwendet. Da die Kraft des Blasrohrs im allgemeinen zu gering ist, um mit Pfeilen ernsthafte Verletzungen hervorzurufen, werden diese in den Hauptverbreitungsgebieten des Blasrohrs in Südamerika und Indonesien mit Pfeilgiften präpariert (Curare bzw. Ipoh und Siren).

Weiterführende Literatur:

Adler, Bruno: Der nordasiatische Pfeil. Internationales Archiv für Ethnographie, Supplement 14. Leiden 1901.

–: Der Bogen Nordasiens. Internationales Archiv für Ethnographie 15: 1–27. Leiden 1902.

Antze, Gustav: Einige Bemerkungen zu den Kugelbogen im Städtischen Museum für Völkerkunde zu Leipzig. Jahrbuch des Städtischen Museums für Völkerkunde zu Leipzig 3: 79–95. Leipzig 1910.

Agthe, Johanna: Waffen aus Zentral-Afrika. Sammlung 2: Afrika. Frankfurt a.M.

Agthe, Johanna et al.: Ehe die Gewehre kamen. Traditionelle Waffen in Afrika. Roter Faden 8. Frankfurt a.M. 1985.

Balfour, Henry: On the Structure and Affinities of the Composite Bow. Journal of the (Royal) Anthropological Institute 19: 220–245. London 1889.

–: The Origin of the West-African Crossbows. Journal of the African Society 8: 337–356. London 1909.

Blackmore, Howard L.: Hunting Weapons. London 1971.

Boglar, Lajos: Some More Data on the Spreading of the Blowgun in South America. Acta Ethnologica Academiae Scientiarum Hungaricae 1: 121–137. Budapest 1950.

Bonnet, Hans: Die Waffen der Völker des alten Orient. Leipzig 1926.

Chinnery, E. W. Pearson: The Blow-Gun in New Britain. Man 27: 208. London 1927.

Churchill, William: Club Types of Nuclear Polynesia. Carnegie Institution Publication 255. Washington 1917.

Coe, Michael D. et al.: Sword and Hilt Weapons. London 1989.

Davidson, D. S.: Australian Spear-Traits and their Distribution. Journal of the Polynesian Society 43: 41–72. Wellington 1934.

–: Australian Throwing Sticks, Throwing Clubs and Boomerangs. American Anthropologist 38: 76–100. Menasha 1936.
Diessl, Wilhelm G: La balistica de la honda. Relaciones de la Sociedad Argentina de Antropología n.s. 13: 7–20. Buenos Aires 1989.
Dietschy, Hans: Die amerikanischen Keulen und Holzschwerter. Internationales Archiv für Ethnographie 37: 87–205. Leiden 1939.
Draeger, Donn F.: Weapons and Fighting Arts of the Indonesian Archipelago. Tokio 1972.
Feest, Christian F.: Tomahawk und Keule im östlichen Nordamerika. Archiv für Völkerkunde 19: 39–84. Wien 1964–1965.
Fischer, Werner und Manfred A. Zirngibel: Afrikanische Waffen. Passau 1978.
Foy, Wilhelm: Schwerter von der Celebes-See. Publikationen aus dem königlichen Ethnographischen Museum zu Dresden 12. Dresden 1899.
Friederici, Georg: Die Verbreitung der Steinschleuder in Amerika. Globus 98: 287–290. Braunschweig 1910.
–: Ein Beitrag zur Kenntnis der Trutzwaffen der Indonesier, Südseevölker und Indianer. Baessler-Archiv, Beiheft 7. Leipzig und Berlin 1915.
Frobenius, Leo: Die Bogen der Ozeanier. Erlebte Erdteile, Band 2. Frankfurt 1925.
–: Morphologie des afrikanischen Bogengerätes. Atlas Africanus, Heft 4–7. Berlin 1929–1930.
Gardner, G. B.: Keris and other Malay Weapons. Singapore 1936.
German, T.: Die afrikanischen Wurfmesser. Jahrbuch des Städtischen Museums für Völkerkunde Leipzig 8: 41–50. Leipzig 1922.
Hamilton, T. M.: The Eskimo Bow and the Arctic Composite. Arctic Anthropology 6(2): 43-52. Madison 1970.
–: Native American Bows. With an Appendix by Bill Holm on Making Horn Bows. [1972] 2. Aufl. Missouri Archaeological Society Special Publications 5. Columbia 1980.
Harrison, H. R.: War and the Chase. A Handbook to the Collection of Weapons. The Horniman Museum. 2. Aufl. London 1929.
Heath, E. G. und Vilma Chiara: Brazilian Indian Archery. Manchester 1977.
Hornell, James: South Indian Blow-Guns, Boomerangs and Crossbows. Journal of the Royal Anthropological Institute 54: 316–346. London 1924.
Horwitz, Hugo Th.: Die Armbrust in Ostasien. Zeitschrift für historische Waffenkunde 7. 1915–1917.
Hutton, J. H.: The Occurence of the Blow-Gun in Assam. Man 24: 104–106. London 1924.
Janata, Alfred: Kurze Notiz zur Verbreitung des Blasrohrs am eurasiatischen Kontinent. Mitteilungen der Anthropologischen Gesellschaft Wien 95: 106–108 Wien 1965.
–: Zur Typologie chinesischer Stangenwaffen. Archiv für Völkerkunde 20: 9–48. Wien 1966.
Kellar, James H.: The Atlatl in North America. Prehistory Research Series 3 (3): 281–352. Indianapolis 1955.
Korfmann, M.: Schleuder und Bogen in Südwestasien. Bonn 1972.

–: The Sling as a Weapon. Scientific American 229: 34–42. 1973.
Krause, Fritz: Schleudervorrichtungen für Wurfwaffen. Internationales Archiv für Ethnographie 15: 121–155. Leiden 1902.
Krieger, H. W.: The Collection of Primitive Weapons and Armor of the Philippines Islands in the U. S. National Museum. Smithsonian Institution Bulletin 137. Washington 1926.
Kroeber, Alfred L.: Arrow Release Distributions. University of California Publications in American Archaeology and Ethnology 23: 283–296. Berkeley 1927.
Lagercrantz, Sture: Ringdolche, Armdolche und Schlagringe in Afrika. Zeitschrift für Ethnologie 69: 389–443. Berlin 1937.
–: Contributions to African Ethnology. Studia Ethnographica Upsaliensia 1. Lund 1950.
Leakey, L. S. B.: An New Classification of the Bow and Arrow in Africa. Journal of the Royal Anthropological Institute 56: 259–294. London 1926.
Lindblom, Karl Gustaf: Die Schleuder in Afrika und anderwärts. Smärre Meddelanden, Riksmuseets Etnografiska Avdelning, 2. Stockholm 1927.
–: African Harpoon Arrows. Ethnos 4: 62–72. Stockholm 1939.
–: The Sling, especially in Africa. Additional Notes to a Previous Paper. Smärre Meddelanden, Statens Etnografiska Museum, 17. Stockholm 1940.
Linné, Sigvald: Modern Blowguns in Oaxaca, Mexico. Ethnos 13: 111–119. Stockholm 1948.
Lüders, C. W.: Über Wurfwaffen. Jahrbuch der Hamburger Wissenschaftlichen Anstalten 9: 1–16. Hamburg 1891.
Maes, J.: Armes de jet des populations du Congo belge. Congo 1922(1): 181–193.
–: Les Sabres et massues des populations du Congo belge. Congo 1923(1): 351–367.
Mani, S. B.: Bows and Arrows in Tribal India. Vanyajati 12: 40–45. New Delhi 1964.
Mason, Otis T.: Throwing-Sticks in the United States National Museum. Report of the United States National Museum, 1884: 279–289. Washington 1885.
–: North American Bows, Arrows and Quivers. Report of the United States National Museum for 1893: 631–679. Washington 1894.
–: Amerindian Arrow Feathering. American Anthropologist, n.s. 1: 583–585. Washington 1898.
–: Aboriginal American Harpoons. Report of the United States National Museum for 1900: 193–304. Washington 1901.
McEwen, E., R. L. Miller, C. A. Bergman: Early Bow Designs and Construction. Scientific American 264: 76–82. 1991.
Means, Philip A.: Distribution and Use of the Sling in Pre-Columbian America. Proceedings of the United States National Museum 55: 317–349. Washington 1919.
Meyer, Hermann: Bows and Arrows in Central Brazil. Report of the United States National Museum for 1896: 549–590. Washington 1898.

Morse, Edward S.: Ancient and Modern Methods of Arrow Release. Essex Institute Bulletin 4. Salem 1885.
Nauta, D.: The Traditional Spears of Kenya. 1971.
Palmer, J. B.: The Maori Kotaha. Journal of the Polynesian Society 66: 175–191. Wellington 1957.
Pant, Gayatri Nath: Indian Arms and Armour. 3 Bände. New Delhi 1978-1983.
–: Indian Archery. New Delhi 1980.
Payne-Gallwey, Ralph: The Crossbow. Mediaeval and Modern, Military and Sporting. (1903) 2. Aufl. London 1958.
Peter, Hanns: Wesen und Bedeutung des Bumerangs. Veröffentlichungen zum Archiv für Völkerkunde 9. Wien 1986.
Peterson, Harold L.: American Indian Tomahawks. Contributions from the Museum of the American Indian 19. New York 1965.
Pleyte, C. M.: Sumpitan and Bow in Indonesia. Internationales Archiv für Ethnographie 5: 265–28 1. Leiden 1891.
Pope, Saxton T: Yahi Archery. University of California Publications in American Archaeology and Ethnology 13: 103–152. Berkeley 1918.
–: A Study of Bows and Arrows. University of California Publications in American Archaeology and Ethnology 13: 329–414. Berkeley 1923.
Rausing, G.: The Bow: Some Notes on its Origin and Development. Lund 1967.
Rawson, P. S: The Indian Sword. Copenhagen 1967.
Riley, Carroll L.: The Blowgun in the New World. Southwestern Journal of Anthropology 8: 297–319. Albuquerque 1952.
Robinson, B. W.: The Art of the Japanese Sword. London 1961.
Rogers, S. L.: The Aboriginal Bow and Arrow in North America and Eastern Asia. American Anthropologist 42: 255–269. Menasha 1940.
Rousselot, Jean-Loup: Die Ausrüstung zur Seejagd der westlichen Eskimo. Hohenschäftlarn 1983.
Sarg, F. C. A.: Die australischen Bumerangs im Städtischen Völkermuseum Frankfurt. Veröffentlichungen aus dem Städtischen Völkermuseum 3. Frankfurt am Main 1911.
Schmeltz, J. D. E.: Über Bogen von Neu-Guinea. Internationales Archiv für Ethnographie 8: 238–241. Leiden 1895.
Schmitz, Carl A.: Technologie frühzeitlicher Waffen. Basel 1963.
Shelford, R.: A Provisional Classification of the Swords of the Sarawak Tribes. Journal of the Anthropological Institute 31: 219–228. London 1901.
Simmonds, N. W.: Archery in South East Asia and the Pacific. Journal of the Malayan Branch of the Royal Asiatic Society 32: 67–104. Singapur 1959.
Speiser, Felix: Über Keulenformen in Melanesien. Zeitschrift für Ethnologie 64: 74–105. Berlin 1932.
Spranz, Bodo: Die Speerschleuder in Amerika. Veröffentlichungen aus dem Überseemuseum Bremen, Reihe B, 1(2): 148–162. Bremen 1956.
Spring, Christopher: African Arms and Armor. Washington 1993.
Stone, G. C.: A Glossary of the Construction, Decoration and Use of Arms and Armor in all Countries and in all Times. New York 1934.

Thomas, Ernest S.: The African Throwing Knife. Journal of the Royal Anthropological Institute 55: 129–145. London 1925.
Valentin, Peter: Die melanesischen Pfeile und Bogen im Basler Museum für Völkerkunde. München 1968.
Van Buren, G. E.: Arrowheads and Projectile Points with a Classification Guide for Lithic Artifacts. Garden Grove 1974.
Westerdijk, Peter: The African Throwing Knife. Utrecht 1988.
Weule, Karl: Der afrikanische Pfeil. Leipzig 1899.
Wooley, G. C.: The Malay Kris: Its Origin and Development. Journal of the Royal Asiatic Society, Malayan Branch 20(2): 6–103. 1947.
Yde, Jens: The Regional Distribution of South American Blowgun Types. Journal de la Société des Américanistes Paris 37: 275–317. Paris 1940.
Zirngibel, Manfred: Seltene afrikanische Kurzwaffen. Grafenau 1983.

2.2. Fanggeräte

Diese Gruppe von Vorrichtungen und Behelfen zum Fang von Tieren beruht nicht, wie die Waffen, auf dem Prinzip der Schwungperkussion. Zumeist werden mit ihrer Hilfe die Tiere nur gefangen und nicht getötet. Andererseits erfordern diese Geräte im Gegensatz zu den Fallen eine aktive Beteiligung des Menschen am Fangvorgang, mag diese auch manchmal noch so gering sein. Ihrer Konstruktion nach, die auch den Anteil des Menschen am Fang bedingt, sind fixierte, halbfixierte und bewegliche Fanggeräte zu unterscheiden.

2.2.1. Fixierte Fanggeräte

Fixierte Fanggeräte sind an einem bestimmten Platz befestigte Hindernisse für das Tier, die seine Bewegungsfreiheit einschränken und so dem Jäger die Möglichkeit der Tötung vereinfachen. Als Hindernisse kommen Mauern, Zäune und Netze in Betracht. Gelegentlich dienen solche Anlagen auch dazu, die Tiere auf Fallen hinzulenken.

Steinerne *Fischdämme* schaffen in strömungsreichen Gewässern Stellen mit geringer Wasserbewegung, an die sich die Fische gern zurückziehen. Dort werden sie dann mit Netzen gefangen. Während hier der Fisch lediglich angelockt wird, verursachen die *Fischzäune* (Abb. 176) eine Bewegungseinschränkung. Solche aus Matten oder engen Gittern gebildete Zäune sind oft an einigen Stellen durchbrochen; hinter der Öffnung, die den einzigen Ausweg für den Fisch in Strömungsrichtung bildet, sind konische Körbe angebracht. Da sich der Fisch aus

Abb. 176 Fischzaun: Choroti (Paraguay)

Abb. 177 Stellnetz zum Fledermausfang: Wewak-Bakin (Neuguinea)

solchen Körben im Gegensatz zu Reusen selbst befreien kann, ist die Anwesenheit des Menschen erforderlich, um den Fang sicherzustellen.

Trichterhürden dienen der Treibjagd auf größere Wildherden. Sie bestehen aus starken Zäunen oder Steinhaufen, die konvergierend angelegt sind und in einem Gehege oder an einem Abgrund enden. Gleichfalls der Treibjagd dienen *Stellnetze* (Abb. 177). In Australien wurde eine Vogelschar in solche quer über einen Fluß oder zwischen Bäumen aufspannte Netze gescheucht. Die Vögel verfingen sich im Netz und wurden – bevor sie sich befreien konnten – von den Treibern eingesammelt.[24] Auch auf Landtiere sind Stellnetze anwendbar: Die Dajak fangen mit ihnen Hirsche und die Eskimo Polarhasen. Die Tiere werden auf die Netze zugetrieben und dort erschlagen.[25]

2.2.2. Halbfixierte Fanggeräte

Bei den halbfixierten Fanggeräten ist der Jäger deutlicher mit dem Gerät verbunden als bei den fixierten Vorrichtungen. Der Fang geschieht nicht mehr mit der Hand, sondern mit Hilfe des Geräts, das aber erst dann vom Jäger bewegt wird, wenn das Tier von selbst oder durch Lockmittel angezogen in die Gefahrenzone geraten ist.

Abb. 178 Einfache Schlinge: Yamana; Zugschlinge: Ontong Java (Polynesien)

Fangschlingen (Abb. 178), die am Vorderende eines Stabs befestigt sind, treten in zwei Formen auf. Bei der *einfachen Schlinge* ist das freie Ende der Schnur am Stab fixiert. Der Fänger, der den Stab hält, sitzt in einem Versteck und zieht, sobald sich das Tier unter die Schlinge begeben hat, diese mit Hilfe des Stabs zu. Bei der *Zugschlinge* ist diese an einem Gerüst, Baum oder einem mit der Hand geführten Stab so befestigt, daß der Fänger das freie Ende der Schlinge in der Hand hält, mit dem er sie zum Fang zuzieht. Beide Typen werden vorwiegend zum Fisch- und Vogelfang verwendet, in letzterem Fall meist mit Ködern.

Gelegentlich sind Zugschlingen mit Netztaschen versehen, die durch die Schlinge verschlossen werden.

Klappnetze (Abb. 179) bestehen aus einem Rahmen, auf dem ein Netz aufgespannt ist. Am Oberrand des aufgestellten Rahmens ist eine Schnur befestigt, deren Ende der Fänger hält. Nähert sich das Tier dem Netz, bewirkt der Fänger durch Zug an der Schnur ein Umklappen des Rahmens, der das Tier festhält. Ähnlich funktionieren die *Verschlußkammern* (Abb. 180), nur daß hier die offene Tür eines käfigartigen Gehäuses durch Zug an der Schnur verschlossen wird, sobald sich das Tier in die Kammer begeben hat.

Abb. 179 Klappnetz („Korapa-Netz“), Maori

Abb. 180 Verschlußkammer in Netzausführung, Lamet (Khmer)

2.2.2.1. Angeln

Eine Mittelstellung zwischen halbfixierten Fanggeräten und Fallen nehmen die Angeln ein. Als solche werden Vorrichtungen bezeichnet, bei denen das Tier an einer Schnur anbeißt. Je nachdem, ob und wie das Schnurende ausgestattet ist, unterscheidet man Fischleinen, Hakenangeln und Knebelangeln.

Die *Angelleine* ist eine einfache Schnur, deren Ende mit einem Köder

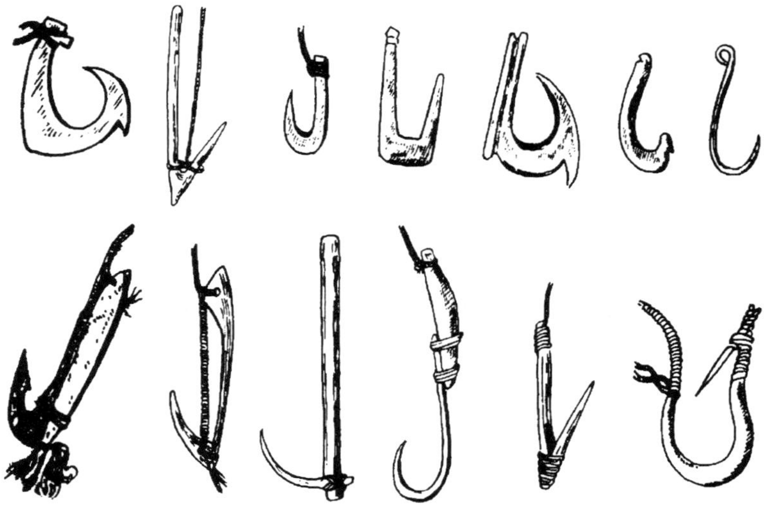

Abb. 181 Einfach Angelhaken: Melanesien, nördliches Eurasien, Mikronesien, Ostpolynesien, Nord- und Südamerika; zusammengesetzte Angelhaken: Tonga, Hawaii, Melanesien, nordwestliches Nordamerika

ausgestattet sein kann. Sobald ein Fisch anbeißt, muß der Fischer die Leine schnell aus dem Wasser ziehen, noch bevor der Fisch wieder losgelassen hat. Bei diesem Typ ist die aktive Beteiligung des Menschen weitaus am größten.

Bei den *Hakenangeln* ist am Schnurende ein Haken befestigt, der je nach der zu fangenden Tierart (im allgemeinen Fische oder Vögel) in der Größe und Form variiert. Durch Anbeißen am meist mit Ködern versehenen Haken spießt sich der Fisch selbst auf. Die *Angelhaken* (Abb. 181), die mit Hakenangeln verwendet werden, kommen als einfache (aus einem Materialstück gefertigte) und zusammengesetzte Haken (bei denen entweder die beiden Schenkel oder Haken und Widerhaken aus verschiedenem Material hergestellt sind) vor. Ihre Form ist U- oder V-förmig; Widerhaken und einwärts gebogene Spitzen verbessern die Fangwirkung. Auch die Anbringung der Leine am Haken ist von Bedeutung: Ist die Leine an der Innenseite des Hakens fixiert, so wirkt sie beim Anbeißen als Drehpunkt und treibt die Hakenspitze weiter in das Tiermaul, als wenn die Leine am Oberende des Hakens befestigt ist. Wie das Auslegen von Nachtleinen zeigt, können Hakenangeln als Fallen benutzt werden, die ohne aktive Beteiligung des Menschen zum Fangerfolg führen. Andererseits ist es bei gewissen

Hakenformen erforderlich, daß der Fischer beim Anbeißen des Fisches an der Leine zieht, um den Haken richtig zu verankern.[26] Schwimmer aus leichtem, schwimmfähigem Material werden verwendet, um ein freies Hängen des Hakens zu ermöglichen oder um einen von einer Hauptleine abgezweigten Haken vertikal nach oben aufzuhängen. Senker aus schwerem Material sind meist oberhalb des Hakens angebracht und straffen die im Wasser hängende Leine.

Die Knebelangel ist eine relaislose Falle und wird auch in diesem Zusammenhang besprochen.

2.2.3. Bewegliche Fanggeräte

Hinsichtlich des Grads der aktiven Beteiligung des Menschen stehen die beweglichen Fanggeräte den Waffen am nächsten, beruhen aber nicht auf dem Prinzip der Schwungperkussion. Die Betätigung der Fangvorrichtung durch den Jäger bestimmt den gesamten Fangvorgang.

2.2.3.1. Stülpkörbe, Wurf- und Schlagnetze

Stülpkörbe, Wurf- und Schlagnetze beruhen alle darauf, daß ein oder mehrere Tiere durch Bewegung eines Korbs oder Netzes eingefangen werden. Der *Stülpkorb* (Abb. 182) ist ein auf beiden Seiten offenes zylindrisches oder konisches Geflecht, das von dem im Wasser stehenden Fischer über den Fisch gestoßen wird. Die Entleerung erfolgt durch die obere Öffnung.

Unter *Wurfnetz* ist ein häufig rundes Netz zu verstehen, an dessen Rand in gewissen Abständen Beschwersteine angebracht sind. Das Netz wird geworfen, breitet sich im Flug aus und wird von den Senkern

Abb. 182 Stülpkörbe: Senegal, Meau (Thailand)

Abb. 183 Fischrechen: Salish

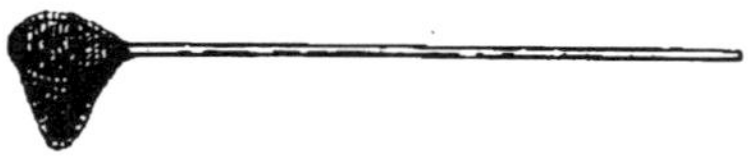

Abb. 184 Schlagnetz zum Vogelfang

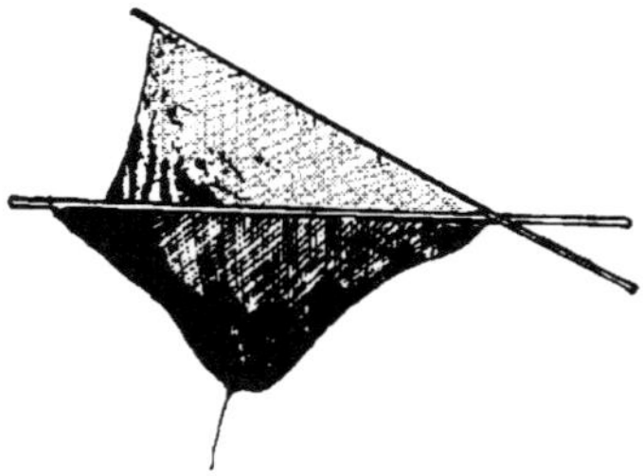

Abb. 185 Scherennetz: Zentralafrika

über die Beute heruntergezogen. Bisweilen ist der beim Wurf gehaltene Mittelteil des Netzes mit einem Griff versehen.

Das *Schlagnetz* (Abb. 184) besteht aus einer netzförmigen Tasche, die an einem seinerseits an einer Stange befestigten Reifen angebracht ist, und wird vorwiegend zum Vogelfang verwendet. Gleichartige Netze werden als *Schöpfnetze* gebraucht, die zum Fischfang an ruhigen Wasserstellen (etwa vor Fischdämmen) gebraucht werden. Bei einer anderen Art des zum Fischfang verwendeten Schöpfnetzes ist die Netztasche an zwei scherenartig verbundenen Stäben angebracht, die beim Fang das Netz verschließen (Abb. 185). Auch die großen Zugnetze zählen zu den beweglichen Fanggeräten.

2.2.3.2. Fischrechen

An der Westküste Nordamerikas verwendete man lange, vorne abgeflachte Stäbe, die mit Holzzähnen besetzt waren, um Heringe und andere Fische ins Boot zu „rechen" (Abb. 183).

2.2.3.3. Wurfschlingen (Lasso)

Die *Wurfschlinge* ist eine lange Schnur, deren vorderes Ende als laufende Schlinge ausgebildet ist. Ein relativ kurzer Teil der Schnur wird durch Rotation über dem Kopf beschleunigt und im geeigneten Augenblick losgelassen. Erreicht die Schlinge ihr Ziel, wird sie mittels des in der Hand des Werfers verbliebenen Schnurendes zusammengezogen.

2.2.3.4. Boleadoras

Die *Boleadora* ist eine rotierende Wurfleine oder Leinenkombination, an deren Enden Beschwersteine (die „Bolas") montiert sind (Abb. 186).

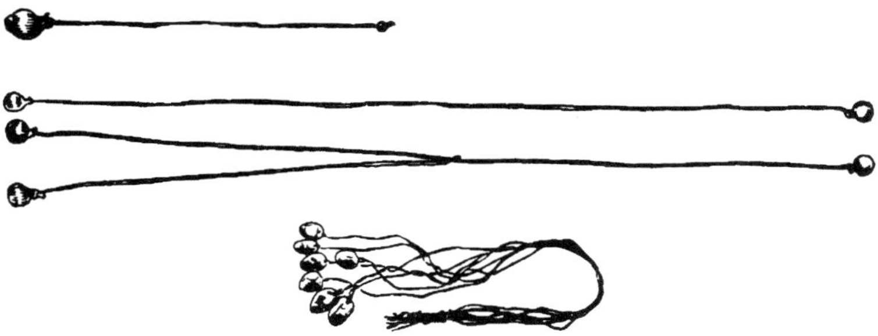

Abb. 186 Bola perdida, doppelte und dreifache Boleadora: Tehuelche (Argentinien); mehrfache Boleadora: Tschuktschen (Sibirien)

Das zu fangende Tier wird durch die rotierende Leine gefesselt, wobei sich die beim Flug gestrafften Schnüre wie Hebel verhalten, auf welche die Trägheitsbewegungen der Beschwersteine wirken. Nach der Zahl der Leinen und Beschwersteine unterscheidet man die Bola perdida, doppelte, dreifache und mehrfache Boleadoras. Als Material für die Leinen kommen Pflanzenfaserschnüre und Lederstreifen in Frage. Die Bolas bestehen vorwiegend aus Stein, Muschelstücken und Eisen.

Die *Bola perdida* ist eine Leine, welche nur an einem Ende einen Beschwerstein trägt. Am freien Ende wird sie gehalten und ähnlich der Schleuder in Rotation versetzt. Beim Flug liegt der Drehpunkt nahe oder in der Kugel. In Mikronesien und Nordwestpolynesien wurde ein solches Gerät mit einem geschliffenen Tridacna-Muschelstück als Beschwerstein zur Vogeljagd verwendet.[27]

Ebenfalls aus nur einer Schnur besteht die *doppelte Boleadora*, doch sind hier an beiden Enden Bolas vorhanden, von denen eine größer als die andere ist. Am kleineren Beschwerstein wird die Vorrichtung bei der Beschleunigung gehalten. Die doppelte Boleadora ist angeblich schwieriger zu handhaben als die *dreifache*, bei der in der Mitte der Hauptleine (mit gleich großen Bolas an den Enden) eine Nebenleine fixiert ist, die in einem kleineren Stein endet. Die Rotation erfolgt um die Verbindungsstelle von Neben- und Hauptleine. Die Bola perdida wie auch die doppelte und dreifache Boleadora konnten im Nahkampf als Schlagwaffe verwendet werden, bzw. im Flug selbst durch Schwungperkussion die Beute töten oder verletzen.

Die *mehrfache Boleadora* besteht aus einer größeren Anzahl von Leinen mit Beschwersteinen, die an ihrem freien Ende miteinander verbunden sind. Diese Verbindungsstelle dient bei der Beschleunigung als Griff.

Die folgenden Befestigungsarten der Bolas an den Leinen entsprechen jenen, die auch bei Schäftung von Steinkopfkeulen Anwendung finden: Einnähen in einen Lederbeutel (die Bolas haben dann meist eine glatte Oberfläche, gelegentlich eine Ausnehmung an jeder Stelle, wo die Schnur ansetzt); Schlingenschäftung (die Bolas sind mit einer oder zwei normal zueinander verlaufenden Rillen zur Aufnahme der Schlinge versehen, auch kommen hier sogenannte „Stachelbolas" mit konischen Höckern vor) und Lochschäftung (die Bola ist perforiert).

Weiterführende Literatur:

Anell, Bengt: Contribution to the History of Fishing in the Southern Seas. Studia Ethnographica Upsaliensia 9. Lund 1955.
–: Hunting and Trapping Methods in Australia and Oceania. Studia Ethnographica Upsaliensia 18. Lund 1960.
–: Flügelnetze in der Südsee. Veröffentlichungen des Museums für Völkerkunde Leipzig 11: 11–21. Berlin 1961.
Beasley, H. G.: Fish Hooks. Pacific Island Records. London 1928.
Best, Elsdon: Fishing Methods and Devices of the Maori. Dominion Museum Bulletin 12. Wellington 1929.
Brandt, A. von: Fischfang. Zur Geschichte der fischereilichen Fangtechnik. Innsbruck 1975.
Diessl, Wilhelm G.: Zur Kinematik der Boleadora. Archiv für Völkerkunde 25: 23–41. Wien 1971.
Frese, H. H.: The Classification of Fishing Gear. Mededelingen van het Rijksmuseum voor Volkenkunde 15: 12–25. Leiden 1962.
Gunda, Béla (Hg.): The Fishing Culture of the World. 2 Bände. Budapest 1984.
Hornell, James: Fishing in Many Waters. Cambridge 1950.
Lagercrantz, Sture: Fish-Hooks in Africa and their Distribution. Smärre Meddelanden, Riksmuseets Etnografiska Avdelning, 12. Stockholm 1934.
Leth, T. und Lindblom, K. G.: Two Kinds of Fishing Implements: The Plunge-Basket in Africa and elsewhere. The Circular Cast-Net in Africa. Smärre Meddelanden, Riksmuseets Etnografiska Avdelning, 11. Stockholm 1933.
Maclaren, P. I. R.: The Fishing Devices of Central and Southern Africa. The Occasional Contributions of the Rhodes-Livingstone Museum 12. Livingstone 1958.
Rex, Gonzales Alberto: La Boleadora. Sus áreas de dispersi6n y tipos. Revista del Museo de la Universidad Eva Perón 4: 133–292. La Plata 1953.
Reinmann, Fred M.: Fishing. An Aspect of Oceanic Approach. Fieldiana, Anthropology 56(2). Chicago 1967.
Rohan-Csermak, Géza de: Sturgeon Hooks of Eurasia. Viking Fund Publications in Anthropology 35. New York 1962.
Rostlund, E.: Freshwater Fish and Fishing in Native North America. University of California Publications in Geography 9. Berkeley 1952.

2.3. Fallen

Unter der Bezeichnung Fallen begreift man jene Gruppe von Jagdgeräten, deren Fangvorrichtung durch das zu fangende Tier selbst ausgelöst oder betrieben wird, wobei das Tier getötet oder dauernd festgehalten wird. Die Beteiligung des Menschen besteht dabei lediglich in der Errichtung des Mechanismus sowie in der Entfernung der Beute aus der Falle. Da der Mensch am Fangvorgang selbst unbeteiligt ist, spricht man auch von „passiver Jagd". Zwischen Vogel-, Landtier- und Fischfallen besteht kein grundlegender technischer Unterschied, wenn auch nicht alle Fallenarten für alle Tierarten verwendet werden.

Jede Falle bedarf zur Betätigung ihrer Fangeinrichtung einer Betriebskraft. Diese kann durch die Eigenbewegung des zu fangenden Tieres geliefert werden (kinetische Energie) oder in der Falle selbst in Form von potentieller Energie (Schwerkraft, Elastizität) gespeichert sein. Im Falle einer Energiespeicherung muß die Falle ein Relais besitzen, das ist eine Vorrichtung, die der Auslösung oder Freigabe der gespeicherten Energie zum erforderlichen Zeitpunkt dient. Der Aufbau der hier in Betracht kommenden Relaisarten wird am gegebenen Ort besprochen werden. Fallen können also grundsätzlich unterschieden werden in *relaislose Fallen,* die durch die Eigenbewegung des Tiers betrieben werden, und *Relaisfallen* mit Energiespeicherung, die durch das Tier lediglich ausgelöst werden. Bei den Relaisfallen erfolgt eine weitere Unterteilung nach der Art der Energiespeicherung bzw. -freigabe in Schwerkraft- und Elastizitätsfallen.[28]

Außerdem sind die verschiedenen Fangvorrichtungen zu unterscheiden, d.h. die Methoden, das Tier zu töten oder dauernd festzuhalten. Man unterscheidet dabei: *Schlingen*, die sich um das Tier oder einen seiner Körperteile zusammenziehen (gelegentlich als Netz mit Zugschlinge ausgebildet); *Kammern*, das sind mehr oder weniger verschlossene Hohlräume, aus denen das Tier nicht entweichen kann; *laufende Gesperre*, das sind Vorrichtungen, welche (z.B. durch Widerhaken) die Bewegung des Tieres oder eines seiner Gliedmaßen nur in einer Richtung ermöglichen, in der aber ein Entkommen unmöglich ist; *Klebvorrichtungen*; *Schlaggewichte* oder *Druckklemmen*, die das Tier erschlagen und/oder durch Druck festhalten; *Spieße* oder *Klingen*, die das Tier durchbohren oder aufspießen; und *Schußvorrichtungen*, ähnlich den vorigen, mit dem Unterschied, daß bei den Schußvorrichtungen das Projektil nicht fix mit der Falle verbunden ist und sich bei Auslösung von dieser entfernt. Schlingen und Kammern sind Fanggeräte, Schlaggewichte, Klingen und Schußvorrichtungen sind Waffen und beruhen wie diese auf dem

Prinzip der Schwungperkussion. Laufende Gesperre und Klebvorrichtungen finden sich nur bei relaislosen Fallen; bei Schlaggewichten und Druckklemmen sowie bei Schußvorrichtungen kommen ausschließlich Relaiskonstruktionen vor. Lediglich bei Schlingen, Kammern und Klingen treten beide Fallengrundtypen auf.

Bei den meisten Fallen finden auch jene bei der aktiven Jagd mitunter gebrauchten Hilfsmittel Verwendung, die oben als „fixierte Fanggeräte" beschrieben wurden. Ferner sind Lockmittel, wie das Auslegen von Ködern oder Tarnung durch Mimikry, im Gebrauch.

2.3.1. Relaislose Fallen

2.3.1.1. Bewegungsschlingen und -netze

Eine laufende Schlinge ist mit ihrem freien Ende solcherart an einer Halterung fixiert, daß sie offen hängt oder liegt (Abb. 187). Jedes Tier, das in sie tritt oder sich auf andere Art in ihr verfängt, bewirkt durch seine Eigenbewegung, daß sich die Schlinge zusammenzieht. Die meisten dieser Bewegungsschlingen sind in Halshöhe angebracht oder als Fußangeln angelegt. Eine Aufstellung an Wildwechseln erhöht die Wahrscheinlichkeit des Fangs. Die Anlage ganzer Schlingenzäune dient dem gleichen Zweck. So zäunten die Maori ganze Quellen mit Schlingen ein, um Tauben zu fangen. Von einer Zugschlinge begrenzte Netze erleichtern das Zusammenziehen der Schlinge.[29]

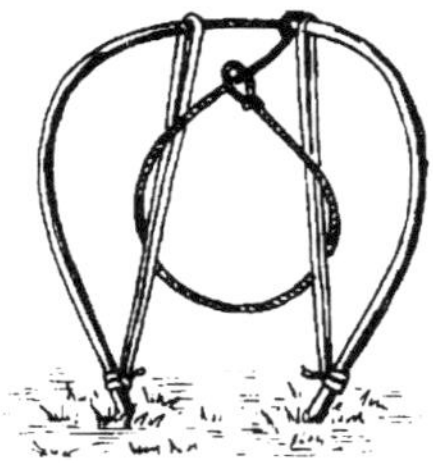

Abb. 187 Bewegungsschlinge zum Perlhuhnfang, Konde

2.3.1.2. Laufende Gesperre

Unter den relaislosen Fangvorrichtungen, die das Tier mittels eines laufenden Gesperres festhalten, können zwei Formen unterschieden werden. Die runden *Tretfallen* (Abb. 188) bestehen aus einem Ring, an

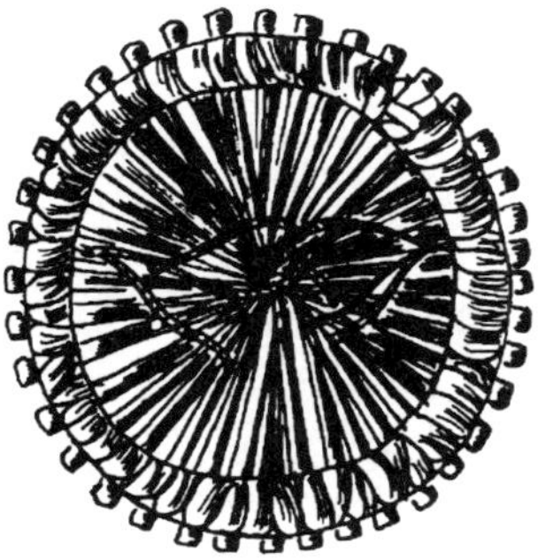

Abb. 188 Tretfalle zum Antilopenfang: Nordtogo

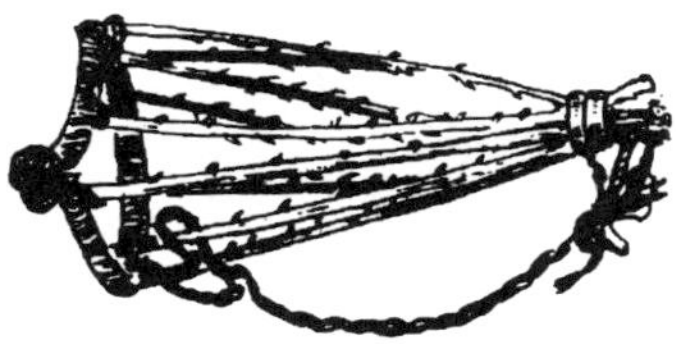

Abb. 189 Trichtergesperre: Choiseul (Salomonen)

dem spitze Holz- oder Bambusstäbchen so befestigt sind, daß sie im Zentrum des Kreises zusammenlaufen. Tritt das Wild in den erhöht oder über einer Vertiefung liegenden Ring, der in der Nähe fest verankert ist, so geben die elastischen Zähne nach unten nach und bilden um den Lauf des Tieres ein laufendes Gesperre, das sich bei weiterer Bewegung noch tiefer einbohrt. Nicht zu verwechseln damit sind die ebenfalls runden Trittfallen, die auf Elastizität beruhen, daher mit einem Relais ausgestattet sind und z.B. in Europa zur Fuchsjagd verwendet werden.[30]

Die zweite Form bilden die reusenähnlichen *Trichtergesperre* (Abb. 189), kleine konische Geflechte oder Gehäuse, die innen mit Widerhaken bewehrt sind, wodurch zwar eine Bewegung zum verschlossenen Trichterende, nicht aber zurück zum Eingang ermöglicht wird. In der Südsee weit verbreitet sind solche trichterartigen Fischfallen aus dornigen Holzstäbchen.[31]

2.3.1.3. Spießfallen

Hinter einer auf einem Wildwechsel errichteten Hürde ist ein Spieß so fixiert, daß das Wild nach Überspringen des Hindernisses dank seiner eigenen kinetischen Energie von ihm durchbohrt wird.[32]

2.3.1.4. Relaislose Kammerfallen

Die treibende Kraft der Zaunfallen und Reusen ist entweder die Eigenbewegung des Tieres oder die Wasserströmung. Zu den *Zaunfallen* zählt das „Wolfsgärtchen“ der Tungusen und Jakuten. Es besteht aus

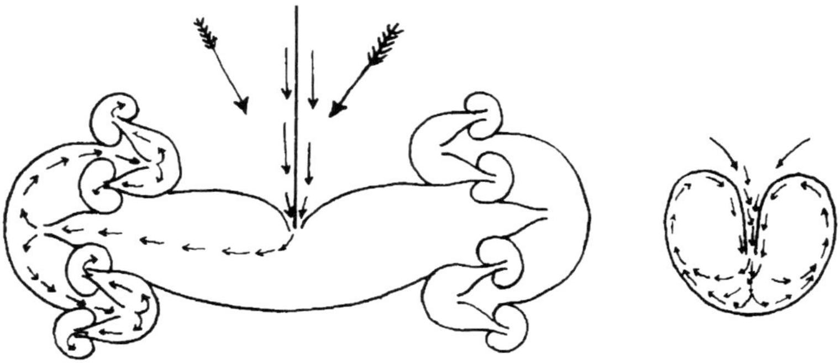

Abb. 190 Reusenartige Fischzäune: Europa, Japan

zwei kreisförmigen, konzentrischen Pfahlwänden. Im inneren, verschlossenen Raum befindet sich ein lebendes Ködertier, während der äußere Kreis durch eine nur nach innen zu öffnende Tür zugänglich ist. Ein durch den Köder angelockter Wolf tritt durch diese Tür in den engen Rundgang ein, in dem er nicht umkehren kann. Vielmehr stößt er in der Folge die Türe selbst wieder zu. Mit dieser Falle können mehrere Tiere zugleich gefangen werden.[33]

Die *Reusen* und *Fischzäune*, in welche die Fische zumeist durch die Strömung getrieben werden, beruhen – soweit sie zu den Fallen gerechnet werden – auf zwei Prinzipen: Einerseits kann der Eingang so eng angelegt sein, daß sich der Fisch, dank der Strömungskraft, zwar durch den Eingang zwängen kann, der beim Einschwimmen leicht federnd nachgibt, den er aber von innen nicht aufdrücken kann; andererseits sind die Wände der Fischzäune so angelegt, daß sie als Leitlinien für die Fischbewegungen wirken und diese in unendliche Schlingenbahnen lenken, die immer am Ausgang vorbei führen (Abb. 190).[34]

2.3.1.5. Leimruten

An diesen mit klebrigen Substanzen bestrichenen Fangvorrichtungen bleiben vor allem kleinere Tiere, wie Vögel, bei Berührung haften. Sobald das Tier erst einmal festklebt, verschlechtert es durch jede folgende Bewegung nur noch seine Lage.

2.3.1.6. Schluckfallen

Schluckfallen sind Vorrichtungen, bei denen das Tier einen spitzen Haken oder „Knebel“ schluckt, der sich im Inneren des Tieres fest ver-

Abb. 191 Knebel einer Knebelangel (Vogelknochen)

ankert, mithin ein Teil der *Hakenangeln* und alle *Knebelangeln* (siehe auch unter „Fanggeräte").

Die Knebelangeln (Abb. 191), die gleichermaßen dem Fang von Fischen, Landtieren und Vögeln dienen, bestehen aus einer Schnur, an deren vorderem Ende ein oder zwei Stäbchen angebunden sind, die parallel zur Schnur ausgelegt werden, beim Schlucken durch das Tier sich jedoch querstellen und verankern. Die Schnur ist in der Nähe fixiert, so daß das gefangene Tier sich nicht beliebig entfernen kann.

2.3.2. Relaisfallen

Allen Fallen dieser großen Gruppe gemeinsam ist das Vorhandensein eines Energiespeichers, der über ein Relais ausgelöst werden kann. Da die Relaisformen jeweils bei mehreren Fallentypen Verwendung finden, sei der Aufbau und die Variationsbreite dieser Vorrichtung vorweg beschrieben.

Jede Relaisfalle besteht aus Energiespeicher, Fangvorrichtung und Relais mit einer je nach Bauweise schwankenden Anzahl von Halterungen für die Einzelteile. Am Relais selbst sind drei Teile zu unterscheiden, die normalerweise zwar voneinander getrennt sind, in Einzelfällen jedoch auch zusammenfallen können: Auslöser, Klinke und Klemmer. Unter *Klinke* versteht man jenen Teil der Falle, der bis zur Auslösung die Freigabe der gespeicherten Energie verhindert. Klinken können starr sein (z.B. in die Erde gerammte Gabelhölzer), zumeist stellen sie jedoch bewegliche Teile dar: so die Stützklinke, ein stehender Stab, der als Unterstützung eines zweiarmigen Hebelklemmers dient; die Stabklinke, ein einseitig fixierter Stab, dessen freies Ende mit dem Klemmer in Verbindung ist; die Klammerklinke mit zwei Kerben, deren eine in eine feste Halterung, deren andere in den Klemmer einrastet; die Schlittenklinke, die entlang zweier Stäbe oder in Schienen laufend durch den Druck des Klemmers in Position gehalten wird; die Ösenklinke, eine Schlaufe, die einen Klemmer hält, oder die Schnurklinke, eine durch einen Knotenklemmer gehaltene Schlaufe (Abb. 192).

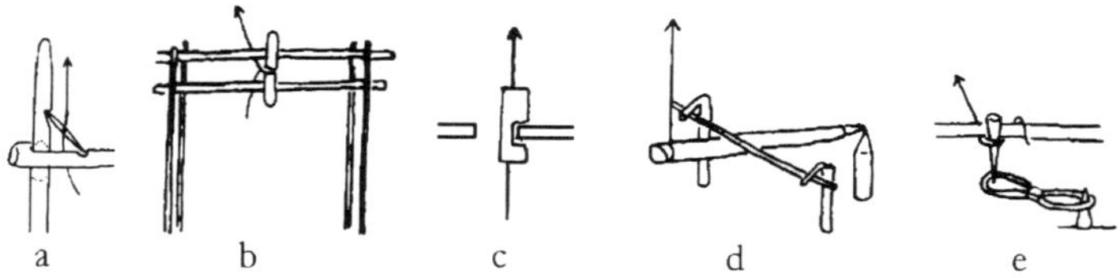

Abb. 192 Beispiele von Relaiskonstruktionen: (a) Klammerklinke, einarmiger Hebelklemmer; (b) Schlittenklinke, einarmiger Hebelklemmer; (c) starre Klinke, beweglicher Klemmer; (d) Stützklinke, zweiarmiger Hebelklemmer; (e) Ösenklinke, einarmiger Hebeklemmer

Als *Klemmer* wird jener direkt oder indirekt mit der Energiequelle verbundene Teil des Relais bezeichnet, der zwischen dieser und der Klinke eine leicht auflösbare Verbindung herstellt. Ihrer Art nach kann man unterscheiden: einarmige und zweiarmige Hebelklemmer (die große Mehrheit), sowie elastische Bogenklemmer und Knotenklemmer.

Auslöser ist jener Relaisteil, der vom Tier zur Lösung der Verbindung von Klinke und Klemmer betätigt wird, und der daraufhin die Energie freigibt. Zumeist steht er in irgendeiner Weise mit der beweglichen Klinke in Verbindung oder ist mit ihr identisch, manchmal jedoch, und jedenfalls bei starrer Klinke, wirkt der Auslöser auf den Klemmer.

2.3.2.1. Schwerkraftfallen

Relativ einfach zu lösen sind die konstruktiven Probleme, die sich aus der Nutzung der Schwerkraft als motorischem Prinzip für Fallen ergeben. Vielfach gehen hier die Relaisteile ineinander über oder verkümmern ganz. Grundsätzlich zu unterscheiden sind hier die Grubenfallen von den Gewichtfallen. Bei den einen wird die potentielle Energie des Tiers durch den Fall in die Grube in kinetische Energie umgewandelt, bei den anderen dienen erhöht gelagerte Objekte als Energiespeicher. Die weitere Unterscheidung erfolgt nach der Art der Fangvorrichtung.

2.3.2.1.1. Grubenfallen

Durch Anlage einer Grube wird eine potentielle Energiedifferenz zwischen Grubenrand und -boden geschaffen. Der Fangerfolg beruht nicht (wie bei relaislosen Fallen) auf der Eigenbewegung des Tieres, sondern auf der künstlich geschaffenen Energiedifferenz: Sobald das Tier die Scheindecke der Grube („Auslöser“) betritt, wird es gleichsam selbst Teil der Falle.[35]

Abb. 193 Giraffenfallgrube: Südostbantu

Abb. 194 Waldhühnerfallkorb: Jakuten

Fallgrube und -korb:

Hier wird das eben beschriebene Prinzip nur dazu angewandt, das Tier in einer „Kammer" (Grube oder Korb) zu fangen. Alle Verbesserungen des einfachen Grubenprinzips sollen lediglich das Entkommen des Tieres durch Springen oder Klettern erschweren oder verhindern. So lassen die Buschmänner in ihren Fallgruben eine Trennwand stehen. Beim Fall in die Grube kommt das Tier auf der Wand zu reiten, seine Füße berühren überhaupt nicht den Boden (Abb. 193).[36]

Ein Verschluß der Grube ist u.a. aus Nordostsibieren bekannt, wo er gleichermaßen bei Fallgruben und Fallkörben Anwendung findet. An Stelle der sonst üblichen, bei Belastung einbrechenden Scheindecke ist hier die Kammer durch eine dreh- oder schwenkbare Plattform verschlossen, die im stabilen Gleichgewicht aufgehängt ist. Betritt das Tier, durch einen Köder angelockt, die Plattform, werden die Gleichgewichtsverhältnisse gestört, die Vorrichtung kippt das Tier in die Kammer und pendelt anschließend wieder in die Ausgangslage zurück. Mit einer solchen Vorrichtung können mehrere Tiere auf einmal gefangen werden (Abb. 194).[37]

Grubenspeer:

Diese Ausgestaltung der Grubenfalle bezweckt nicht das Fangen des Tiers in einer Kammer, sondern sein Töten oder Festhalten mittels eines in der Grube angebrachten Spießes, in den das Tier beim Einbrechen in die Grube stürzt (Abb. 195).[38]

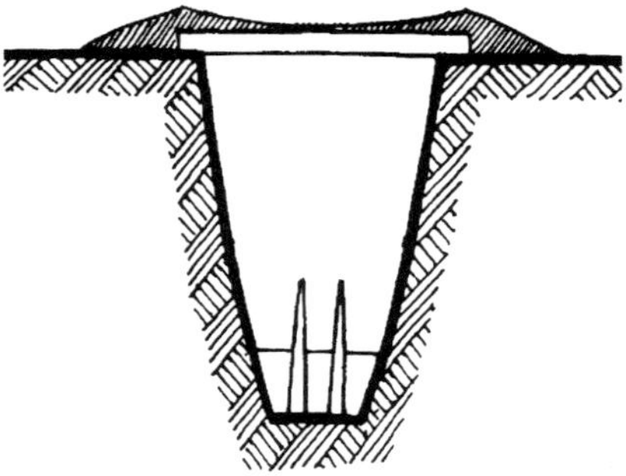

Abb. 195 Grubenspeer: Hehe (Tanzania)

2.3.2.1.2. Gewichtfallen

Hier verwandeln erhöht gelagerte Gewichte bei Auslösung ihre potentielle in kinetische Energie und bewirken dadurch den Fangerfolg. Nach der Art ihrer Fangvorrichtung unterscheidet man Gewichtschlingen, Schwerkraftkammerfallen, Schlagfallen und Fallspeere. In jedem Fall ist ein einfaches, aber klar erkennbares Relais vorhanden.

Gewichtschlingen:

Dieser Typus umfaßt alle jene Fallen, bei denen eine Schlinge durch einen Schwerkrafthebel um das Tier zusammengezogen wird. Der Hebel kann ein- oder zweiarmig sein. Bei der Wildschlinge der Kwakiutl Nordwestnordamerikas ist ein zweiarmiger Schwerkrafthebel als Energiespeicher mit seinem längeren Arm auf eine starre gabelförmige Klinke gestützt. Am kürzeren Arm hängt die Schlinge und ein Köder, der als Auslöser fungiert. Zerrt das Wild am Köder, so gleitet der längere Arm aus der Klinke, fällt herunter und bewirkt dadurch, daß der kürzere Arm hochschnellt und dadurch die Schlinge um das Tier zusammenzieht (Abb. 196).[39]

Eine Tigerfalle aus Sumatra zeigt einen Balken als einarmigen Schwerkrafthebel. Er wird über eine Halterung von einem zweiarmigen Hebelklemmer mittels zweier Schlaufen getragen. Die vordere Schlaufe dient zugleich als Ösenklinke und Auslöser. Vor dem Auslöser führt eine weitere Schlinge fangbereit gestellt um den Balken. Der Tiger, der mit dem Kopf durch die Fangschlinge den Köder berührt, löst die Ösenklinke vom einen Klemmerende. Der Klemmer dreht sich um die Halterung und gibt das Gewicht des Balkens frei, der seinerseits die Fangschlinge um den Hals des Tigers zusammenschnürt (Abb. 197).[40]

Abb. 196 Gewichtschlinge: Kwakiutl (British Columbia)

Abb. 197 Gewichtschlinge für den Tigerfang: Sumatra

Schwerkraftkammerfallen:

Bei diesen Fallen wird ein Tier durch einen herabfallenden Kasten gefangen, oder es begibt sich, durch einen Köder angelockt, in eine Kammer, deren Verschluß es von innen auslöst. Dabei dienen Kasten oder Falltür zugleich als Speicher für die zum Betrieb notwendige potentielle Energie.

Zum Fang von Zwergmoschustieren verwenden die Sakai auf Sumatra eine Falle, deren halbzylindrische Fangvorrichtung an einem Ende hochgehoben ist. Dazu dient ein an ihr befestigter Rotangstreifen, der um einen Halterungsstab gebogen ist und als elastischer Bogenklemmer von einer Ösenklinke gehalten wird. An der Klinke ist eine Schnur befestigt, die zu einem Köder unter der angehobenen Kammer führt. Durch Zupfen am Köder wird die Klinke vom Klemmer gezogen, der um die Halterung schnellt und so das Gewicht der Kammer freigibt (Abb. 198).[41]

Abb. 198 Schwerkraftkammerfalle: Sakai (Sumatra)

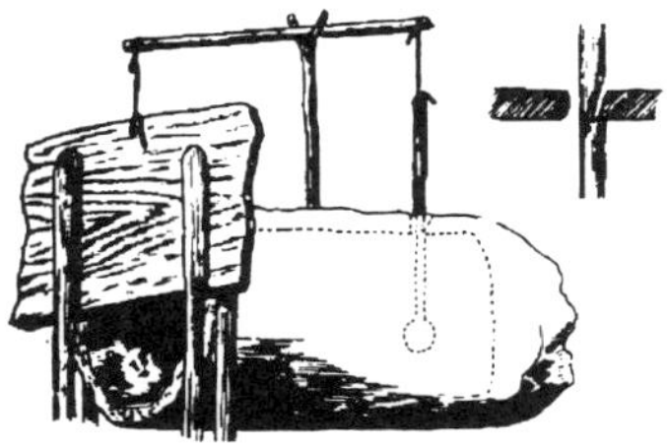

Abb. 199 Schwerkraftkammerfalle: Nanticoke (Delaware)

Die Hasenfalle der Nanticoke Nordostnordamerikas besteht aus einem ausgehöhlten Baumstumpf, der an einem Ende offen ist. Durch ein Loch in der Wandung des Stumpfes, das an einer Seite als starre zahnförmige Klinke ausgebildet ist, führt ein Klemmer (zugleich der Auslöser), der eine Kerbe besitzt, in die die Klinke einrastet. Am unteren Ende des Klemmers, der oben über einen Hebel mit der in Schienen geführten Falltür in Verbindung steht, befindet sich ein Köder, der das Tier in den Hohlraum lockt. Durch Bewegung des Köders wird der Klemmer ausgeklinkt, und die Falltür schließt sich durch ihr eigenes Gewicht (Abb. 199).[42]

Schlagfallen:
In gleicher Weise arbeitend wie die Schwerkraftkammerfallen bewirken die Schlagfallen jedoch nicht ein Einschließen, sondern ein Erschlagen oder Einklemmen des Wilds. Besonders bei diesem Typus kommen einfachste neben recht komplizierten Relais vor. Die Hehe (Tanzania) verwenden einen zugleich als Stützklinke und Auslöser dienenden Stab, der einen schräg lehnenden Stein unterstützt. Am unteren Stabende befindet sich ein Köder. Zerrt das Tier daran, so wird die Klinke bewegt, und der Stein fällt auf das Tier (Abb. 200).[43]

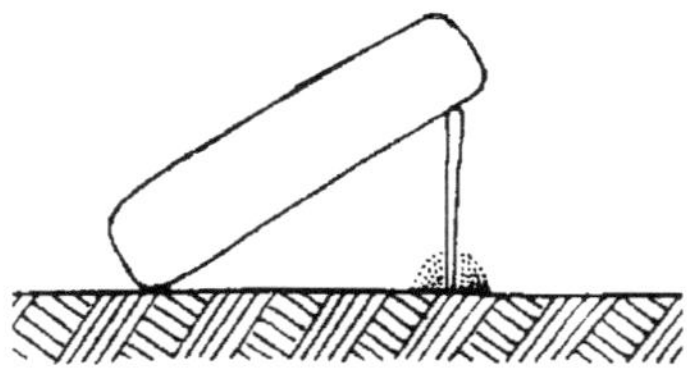

Abb. 200 Schlagfalle: Hehe

Abb. 201 Fallspeer: Zentralceram

Fallspeere:
An die Stelle von Kammern oder Gewichten treten hier als Fangvorrichtung erhöht angebrachte Speere, deren Fall durch ein Relais ausgelöst wird. Andere Eigenheiten der Bauweise sind nicht erwähnenswert (Abb. 201).

2.3.2.2. Elastizitätsfallen

Während bei den Schwerkraftfallen Energiespeicher und Fangvorrichtung (mit Ausnahme der Gewichtschlingen) identisch sind, ist bei Energiespeicherung durch elastische Verformung immer eine Trennung von Energiespeicher und Arbeitsteil gegeben. Der Art der Elastizität nach unterteilen wir diese große Gruppe von Fallensystemen in Biegungsfallen und Torsionsfallen.

2.3.2.2.1. Biegungsfallen

Unter Biegung versteht man eine elastische Verformung eines Stabes, wobei die konvexe Seite auf Zug, die konkave auf Druck elastisch beansprucht wird. Nach der Art der Fangvorrichtung können Schwippgalgenschlingen und -netze, Elastizitätskammerfallen, Druckklemmfallen, Druckstichfallen und Selbstschüsse unterschieden werden. Vom rein Konstruktiven her können die Speichervorrichtungen in Schwippgalgen und Bogen unterteilt werden. Unter Schwippgalgen versteht man einen einseitig fixierten, gebogenen Stab, bei dem die Kraftwirkung nur am freien Ende ansetzt, während beim Bogen die von beiden Enden eines gekrümmten Stabes ausgehenden Kraftwirkungen auf eine Sehne übertragen werden, die zwischen diesen gespannt wird. Ist die Sehne nicht nur flexibel, sondern auch elastisch, kann man von einem Doppelbogen sprechen. Diese konstruktiven Eigenheiten sind jedoch für das Funktionieren des Geräts von geringer Bedeutung und kommen als grundlegendes Unterscheidungskriterium nicht in Frage.

Schwippgalgenschlingen und -netze:
Obwohl auch andere elastische Energiespeicher für diese Fallengruppe verwendet werden könnten, beschränken sich alle bekannten Typen auf die Nutzung des Schwippgalgens. Nach Auslösung durch das Relais wird bei der Rückdeformation des Schwippgalgens eine an diesem befestigte Schlinge um das Tier oder eines seiner Gliedmaßen zusammengezogen. Bei der Murmeltierfalle der nördlichen Athapasken Nordamerikas ist am freien Schwippgalgenende eine Schlinge angebracht. Oberhalb derselben ist ein Klemmer angebunden, der in die Kerbe einer starren Klinke eingreift. Bewegt das Tier die fangbereit gestellte Schlinge, so springt der Klemmer aus der Kerbe und gibt die Kraftwirkung des Schwippgalgens frei, der nun die Schlinge um das Tier zusammenzieht (Abb. 202).[44] Meist sind jedoch die Relaiskonstruktionen bei Schwippgalgenschlingen weitaus komplizierter.

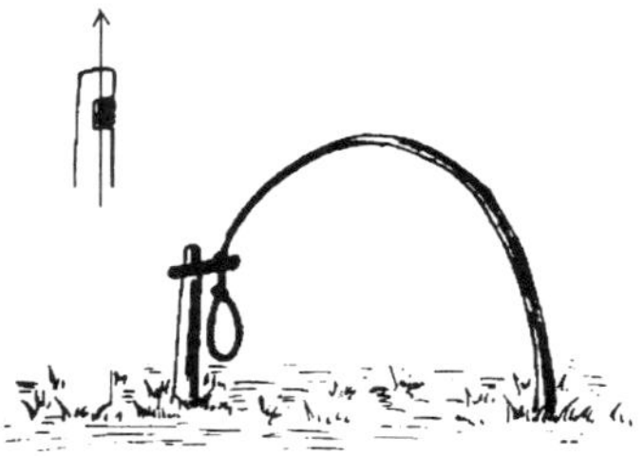

Abb. 202 Schwippgalgenschlinge zum Murmeltierfang: Athapasken

Abb. 203 Schwippgalgenschlinge: Konde (Tanzania)

Häufig bei Schwippgalgenschlingen auftretend, jedoch keineswegs auf sie beschränkt, ist eine Vergrößerung des Auslösers durch Anbringung eines Rahmens oder einer Plattform. Zum Fang von Hyänen legen die Konde (Ostafrika) ein Grube an, über die eine Schlittenklinke führt, die einen einarmigen Hebelklemmer hält. Zwischen Grubenrand und Schlittenklinke sind parallel Stäbchen gelegt, die eine gitterartige Plattform bilden, auf der die Schlinge ausgelegt ist. Tritt die Hyäne auf diese Plattform, so wird durch ihr Gewicht die Schlittenklinke herunter gedrückt und der Schwippgalgen über den Klemmer ausgelöst (Abb. 203).[45] Bei diesen vergrößerten Auslösern wird das Relais durch die Schwerkraft des Tieres und nicht, wie sonst, durch seine Eigenbewegung betätigt.

Ähnlich wie bei den Bewegungsschlingen kann auch hier die Schlinge als Netz mit Zugschlinge ausgebildet sein.

Elastizitätskammerfallen:

Wie bei den entsprechenden Schwerkraftfallen kommen auch Elastizitätskammerfallen in mehreren Varianten vor, die sich in der Ausführung des Verschlußmechanismus unterscheiden. So besteht die Fangeinrichtung der Fischfalle der Ipurina in Amazonien aus einem einseitig offenen, unverschließbaren Konus, der durch Auslösung eines Schwippgalgens mittels eines in der Kammer angebrachten Auslösers aus dem Wasser geschnellt wird und mit der offenen Seite nach oben zu hängen kommt. Aus dieser Kammer kann sich der Fisch ebensowenig befreien wie ein in eine Fallgrube gestürztes Tier (Abb. 204).[46]

Bei Fischfallen aus dem Kongo bewirkt die Auslösung der Rückdeformation des Schwippgalgens, daß die offene Seite der Reuse mit-

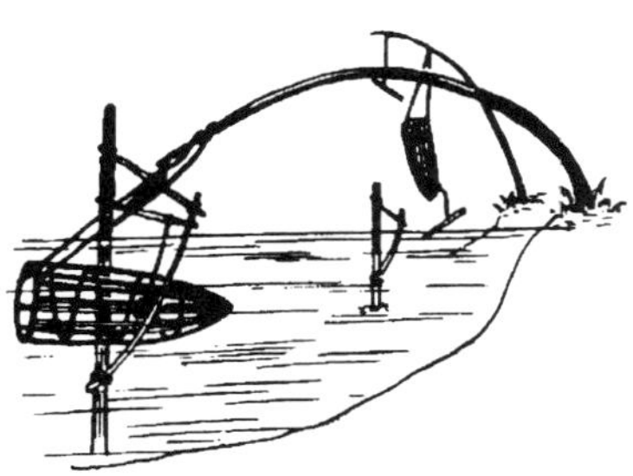

Abb. 204 Elastizitätskammerfalle zum Fischfang: Ipurina

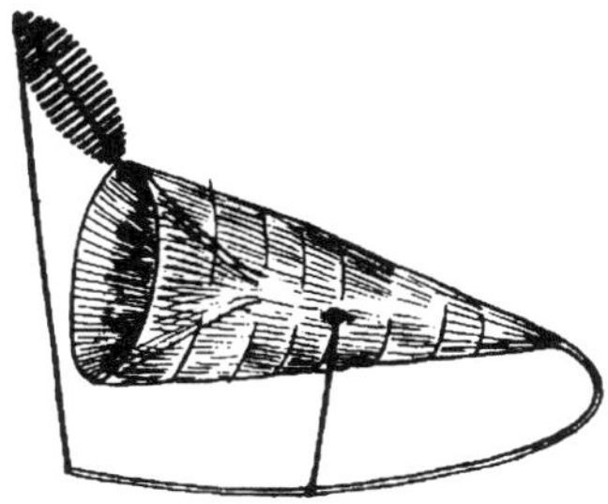

Abb. 205 Elastizitätskammerfalle zum Fischfang: Kongo

tels einer Klapptür verschlossen wird (Abb. 205).[47] Während in diesem Fall durch den Mechanismus die Tür einer Kammer betätigt wird, ist bei einer indonesischen Mausefalle die Kammer beweglich konstruiert. Sie besteht aus einem Bambuszylinder, der in einem anderen verschiebbar ist. Am äußeren Zylinder ist ein Bogen befestigt, dessen gespannte Sehne auf den inneren Zylinder drückt. Die Maus gelangt durch eine Öffnung des äußeren Zylinders in die Falle, muß aber, um zum Köder zu gelangen, eine als Klinke dienende Rotangschnur durchbeißen. Sobald die Schnur durchbissen ist, drückt die Sehne den inneren Zylinder gegen das verschlossene Ende des äußeren und schließt so die Maus ein (Abb. 206).[48]

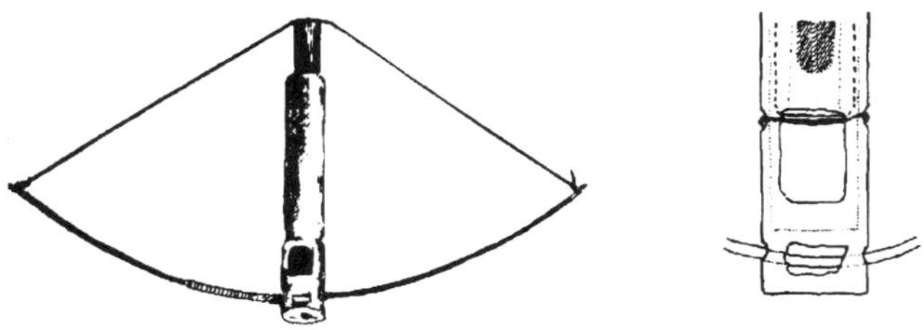

Abb. 206 Elastizitätskammerfalle zum Fang von Mäusen (mit Detailskizze des Relais): Indonesien

Druckklemmfallen:

Bei den mit Schwerkraft betriebenen Druck- und Schlagfallen, wie sie oben besprochen wurden, sind die Fallgewichte, die ja zugleich als Energiespeicher dienen, von Natur aus schwer genug, um das zu fangende Tier zu erschlagen oder dauernd festzuhalten. Bei den Druckklemmfallen jedoch sind die das Tier haltenden Teile so klein, daß bei Konstruktion des Mechanismus darauf geachtet werden muß, daß nach Auslösung im Speicher noch so viel Energie vorhanden ist, um das Tier durch Druck festzuhalten.

Zum Vogelfang verwenden die Jakuten einen an einem Rahmen montierten Bogen, dessen Sehne mit einer im Rahmen in Rillen geführten Klemmstange verbunden ist. Ein Vogel, der die unterhalb der Klemmstange laufende Schlittenklinke herunter drückt, bewirkt dadurch die Freigabe eines einarmigen Hebelklemmers, der seinerseits über eine Hebelvorrichtung die Sehne auslöst. Die in den Führungsschienen herunter gedrückte Klemmstange zwängt den Vogel zwischen sich und dem unteren Rahmenende ein (Abb. 207).[49]

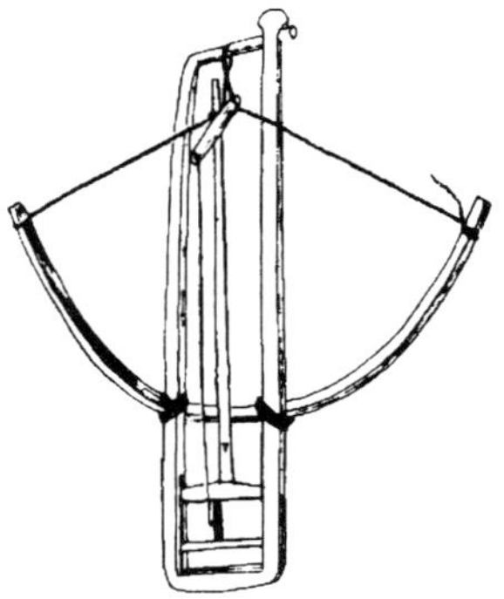

Abb. 207 Druckklemmfalle zum Vogelfang: Jakuten (Sibirien)

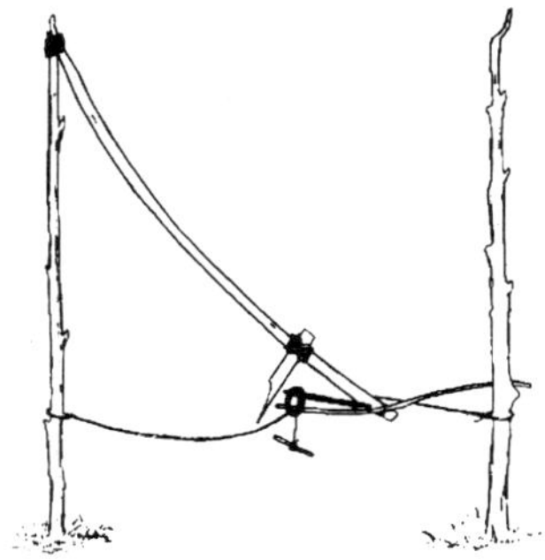

Abb. 208 Druckstichfalle für größeres Wild: Nordborneo

Druckstichfallen:

Ist am Schwippgalgen oder an der Bogensehne eine Klinge oder ein anderer spitzer Gegenstand befestigt, der das Tier durch Stich festhalten oder töten soll, spricht man von Druckstichfallen. Zum Fang größeren Wilds verwenden die Malaien Nordborneos einen Schwippgalgenstab, der hängend am oberen Ende eine Pfostens fixiert ist. Gegen das freie Ende zu ist am Schwippgalgen ein Bambusmesser angebracht, darunter befindet sich noch das Relais aus einarmigem Hebelklemmer, Ösenklinke und Halterung. Im Stichbereich des gespannten Schwippgalgens befindet sich ein Schnurauslöser, der bei Berührung durch das Tier die Klinke vom Klemmer abstreift und so die Energiefreigabe herbeiführt (Abb. 208).[50]

Abb. 209 Selbstschußfalle: Sagara (Tanzania)

Abb. 210 Selbstschußfalle für Hamster und Maulwürfe: Südafrika

Selbstschußfallen:
Dies sind zumeist armbrustähnliche Konstruktionen mit mehr oder weniger nach außen verlagertem Relais und einem Auslöser, der die selbsttätige Bedienung durch das Tier erlaubt (Abb. 209). Daneben kommen einfache Selbstschüsse mit Schwippgalgenbetrieb sowie die Gewehrfallen hinzu; bei letzteren bildet das Relais einen integralen Teil der Waffe (Schloß) und wird nur durch besondere Auslöser ergänzt (Abb. 210).

2.3.2.2.2. Torsionsfallen

Unter Torsion versteht man die elastische Beanspruchung eines stab- oder drahtförmigen Körpers bei Verdrehung oder Verdrillung um seine Längsachse. Bei den tordierten Elementen handelt es sich hier durchwegs um Gruppen von Schnüren, zwischen die zwecks Kraftübertragung ein Hebelarm oder halbkreisförmiger Bogen eingeschoben ist. Der Fangvorrichtung nach kann man Torsionsschlingen, Torsionsschlagfallen und Torsionsstichfallen unterscheiden.

Torsionsschlingen:
In Ägypten wurde eine durch Torsion betriebene Schlinge zum Vogelfang verwendet. In der Mitte einer ausgelegten Schlinge hält eine Schlittenklinke den in den tordierten Schnüren steckenden Hebelklemmer, an dessen Ende ein Schlingenende fixiert ist. Bei Auslösung schlägt der Hebelklemmer zurück und bewirkt dadurch ein Zusammenziehen der Schlinge (Abb. 211).[51]

Abb. 211 Torsionsschlinge zum Vogelfang: Ägypten

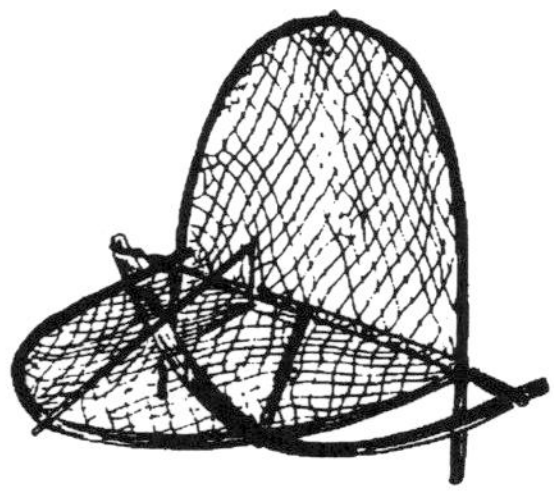

Abb. 212 Torsionsschlagfalle zum Vogelfang: China

Torsionsschlagfallen:

Bei Torsionsschlagfallen handelt es sich fast immer um Konstruktionen aus zwei halbkreisförmigen Bogen, von denen der eine durch die Rückdeformation tordierter Schnüre gegen den anderen geschlagen wird. Häufig findet sich eine Bespannung beider Bogen (die hier nicht als Energiespeicher dienen) mit Netzen, welche einen Fangerfolg auch dann gewährleisten, wenn das Tier nicht von den zusammenschlagenden Rahmenteilen selbst eingeklemmt wird (Abb. 212).

Torsionsstichfallen:

Der Kraftübertragung von den rückdeformierenden Schnüren dient bei den Torsionsstichfallen ein mit Klingen oder kleinen Spießen armierter Hebel. Die Auslösung einer solchen, bei den Tschuktschen zur Fuchsjagd verwendeten Falle erfolgt dadurch, daß eine im Stichbereich des Hebelarms verlaufende Auslöserschnur bei Berührung durch das Tier eine Ösenklinke von einem einarmigen Hebelklemmer abzieht, der beim Zurückschnellen die Kraftwirkung freigibt (Abb. 213).[52]

Abb. 213 Torsionsstichfalle zum Wolf- und Fuchsfang: Eskimo

Weiterführende Literatur:

Anell, Bengt: Contribution to the History of Fishing in the Southern Seas. Studia Ethnographica Upsaliensia 9. Lund 1955.

–: Hunting and Trapping Methods in Australia and Oceania. Studia Ethnographica Upsaliensia 18. Lund 1960.

Balfour, Henry: Thorn-Lined Traps in the Pitt Rivers Museum. Man 32: 57–59. London 1932.

Bub, Hans: Vogelfang und Vogelberingung. Wittenberg 1978.

Cooper, John M.: Snares, Deadfalls and Other Traps of the Northern Algonquians and Northern Athapascans. Catholic University of America, Anthropological Series 5. Washington 1938.

Frank, Harry: Das Fallenbuch. 7. Aufl. Berlin 1975.

Hermann, Otto: Die Fängigkeit von Fallen und Fischzäunen. Mitteilungen der Anthropologischen Gesellschaft Wien 31: 38–51. Wien 1901.

Horwitz, Hugo Th.: Über einige neue Gesichtspunkte bei der Untersuchung von Fallen und Selbstschüssen. Ethnologica 4: 102–107. Leipzig 1930.

Keller, Erich: Verbreitung der Fallenjagd in Afrika. Zeitschrift für Ethnologie 68: 1–118. Berlin 1936.

Lagercrantz, Sture: Beiträge zur Jagdfallensystematik. Ethnos 2: 361–366. Stockholm 1937.

–: Beiträge zur Kulturgeschichte der afrikanischen Jagdfallen. Stockholm 1938.

Lindner, Kurt: Geschichte und Systematik der Wolf- und Fuchsangeln. Occasional Papers of the Institute for General and Comparative Ethnography 3. Uppsala 1975.

Lips, Julius E.: Fallensysteme der Naturvölker. Ethnologica 3: 123–272. Leipzig 1927.

Maninnen, I: Die nordeurasischen Torsionsfallen. Eurasia Septentrionalis Antiqua 6: 1–14. 1931.

Ryden, Stig: A Study of South American Indian Hunting Traps. Revista do Museu Paulista n.s 4: 247–352. São Paulo 1950.

3. Bodenbau- und Sammelgeräte

Unter Sammelwirtschaft versteht man die Ausbeutung jener natürlicher Ressourcen, die nicht durch Jagd oder Fischfang erfolgt. Dies sind insbesondere wildwachsende Pflanzen und Kleintiere (z.B. Insekten und Mollusken). Im Vordergrund steht dabei der Nahrungserwerb, doch fällt auch die Gewinnung pflanzlicher Rohstoffe, die im Rahmen der Technologie angesprochen wurde, in diesen Bereich. Vor allem beim Sammeln der eßbaren Teile wildwachsender Pflanzen (z.B. Wurzeln, Früchte, Samen) kommen einfache Formen mancher Geräte zur Anwendung, die auch im Zusammenhang mit dem Bodenbau gebraucht werden. Sie werden daher in der Folge gemeinsam mit den Bodenbaugeräten behandelt.

Bodenbau ist die Nutzung von Kulturpflanzen durch Vorbereitung des Bodens, Pflanzung oder Aussaat, Bewässerung, Pflege und Ernte. Bei der Vorbereitung des Bodens für den Anbau sind Rodung sowie Umbrechen und Glätten des Bodens zu unterscheiden; Düngung kommt außerhalb bäuerlicher Wirtschaftsformen mit ihrer Verbindung von Bodenbau und Viehzucht nur selten vor (z.B. Verbesserung der Bodennährstoffe durch Zusatz von Fischen). Hingegen findet man auch bei Bodenbau mit sehr einfachem Gerätebestand und selbst bei Sammelwirtschaft mehr oder weniger häufig Formen der Wasserregulierung. Die Unterscheidung zwischen Pflanzen (Aussetzen) und Aussaat ist für die ethnologische Betrachtung ebenso bedeutsam wie die zwischen pfluglosem Bodenbau und Ackerbau. Für die Pflege der Kulturpflanzen ist insbesondere das Jäten von Interesse. Die Methoden des Erntens schließen im Hinblick auf Körnerfrüchte bzw. die Samen wildwachsender Pflanzen einerseits das Entkörnen (Dreschen) und andererseits das Trennen der Körner von Spreu (Worfeln) mit ein.

Im Rahmen der Ergologie werden die Geräte, nicht aber die Methoden von Sammelwirtschaft und Bodenbau betrachtet, doch sind Hinweise auf die Methoden bisweilen unumgänglich. Eine andere Abgrenzung berührt das Gebiet der von Tieren gezogenen Bodenbaugeräte. Hier werden nur die Geräte hier besprochen, nicht die Methoden und Behelfe der Anschirrung, denen der Abschnitt „Beschirrung und Anspannung" in Band 2 dieses Buchs gewidmet ist.

Wie auch Werkzeuge und Waffen, beruhen fast alle Bodenbaugeräte auf Perkussion. Ausnahmen bilden meistens die Rechen und die Behelfe zum Worfeln, bei dem der Luftstrom das wirksame Prinzip ist. Auf den Gartenbau (größere Erträge durch intensivere Bodennutzung) braucht nicht näher eingegangen zu werden. Wohl sind seine Methoden mitunter hoch spezialisiert, nicht aber die verwendeten Geräte. Es ist klar, daß auch die Bewässerung von Feldern oder Gärten hinsichtlich der Methoden interessant ist, weit weniger im Hinblick auf die dabei verwendeten Behelfe. Wichtig bei der Beurteilung von Sammel- und Bodenbaugeräten sind die ökologischen Gegebenheiten. Unterschiedliche Bodenbeschaffenheit (feuchter, gerodeter Urwaldboden, Grasboden, Sumpfboden) erfordert unterschiedliches Gerät und verschiedene Methoden.

Eine Gliederung, die auf den erwähnten, stufenartig einander folgenden Prozessen der Bodenbearbeitung und Ernte basiert, erweist sich am zweckmäßigsten, wobei die meisten Sammelgeräte unter den

Erntegeräten mitbehandelt werden (ein kurzer Überblick über spezifische Sammelgeräte folgt am Ende des Kapitels). Gerade im Hinblick auf die einfachsten Bodenbau- (und Sammel-)geräte ist eine solche Gliederung nicht frei von Wiederholungen, da deren Funktionen sehr vielfältig sein können: So wird etwa der Grabstock zum Umbrechen oder Lockern des Bodens, zum Zerschlagen der Schollen, zum Bilden der Setzlöcher, zum Jäten und zum Ausgraben der reifen Früchte verwendet. Eine Einteilung nach den Arten der Perkussion hätte dasselbe Problem: Der Grabstock wird meist nach dem Prinzip der Druckperkussion angewandt, beim Zerschlagen der Schollen jedoch nach dem der Schwungperkussion. Im Folgenden werden die Geräte bei jener Verwendungsart besprochen, in der sie in der von der Gliederung vorgegebenen Reihenfolge zuerst auftreten. Mehrzweckgeräte werden in Wiederholungsfällen nur kurz angeführt.

3.1. Geräte zum Roden

Neben dem Feuer werden zum Roden überwiegend Axt und Haumesser verwendet. In Afrika gebraucht man zum Entfernen von Wurzeln auch Grabstöcke. Im Anschluß an das Roden wird z.B. auf Neubritannien ein Holzrechen verwendet, um die Asche auf dem Feld gleichmäßig zu verteilen.

3.2. Geräte zum Lockern und Umbrechen des Bodens

3.2.1. Grabstock

Der Grabstock ist ein hölzerner Stock, dessen Ende mit einem Arbeitsteil ausgestattet ist. Seine durchschnittliche Länge liegt zwischen 1 und 2 m, nur selten ist er kürzer, in der Südsee kommen Längen bis zu 4 m vor. Er wirkt als Hebel und kann sowohl zum Lockern als auch zum Umbrechen des Bodens benutzt werden. Man stößt ihn senkrecht in das Erdreich und zieht ihn in Richtung des Körpers. In Teilen der Südsee arbeiten bis zu zehn Männer nebeneinander und brechen – auf Kommando – große Schollen los. Dabei wird der Grabstock oft 35 cm oder mehr in die Erde getrieben.

Der Arbeitsteil des *einfachen Grabstocks* kann verschiedene Formen annehmen, die von zugespitzt bis spatenartig verbreitert reichen. Der rundum zugespitzte oder einseitig steil abgeschrägte Arbeitsteil des

Holz- oder Bambusstockes wird zuweilen im Feuer gehärtet. Die ruder-, blatt- oder lanzettförmige Gestaltung des unteren Endes ist eine auf relativ weichen Boden anwendbare technische Verbesserung. Aufgesetzte Spitzen oder schmale Klingen, meist aus Eisen, treten besonders in Afrika und Südostasien häufig auf. Vor allem der Übergang dieser *zusammengesetzten Grabstöcke* zum Spaten ist fließend. Um Grabstöcke mit verbreitertem Arbeitsteil von den einfachen knüppelartigen zu unterscheiden, spricht man häufig von *Grabscheit* oder „spatenartigen Feldgeräten".

Verbesserungen der Handhabung bieten knaufartige Gebilde und ein- oder zweiseitige Krücken am Oberende des Grabstocks, gelochte und aufgesteckte Beschwersteine (Galla und Somali in Nordostafrika) sowie angeschnitzte oder an- bzw. eingesetzte „Stelztritte" (*kaheru* der Maori; Zuni, Sudan-Araber). Im letzten Fall spricht man von einem *Trittgrabstock* (Abb. 214). Der peruanische *taclla* ist ein kurzer Grabstock mit gekrümmtem Oberende und Stelztritt.[53]

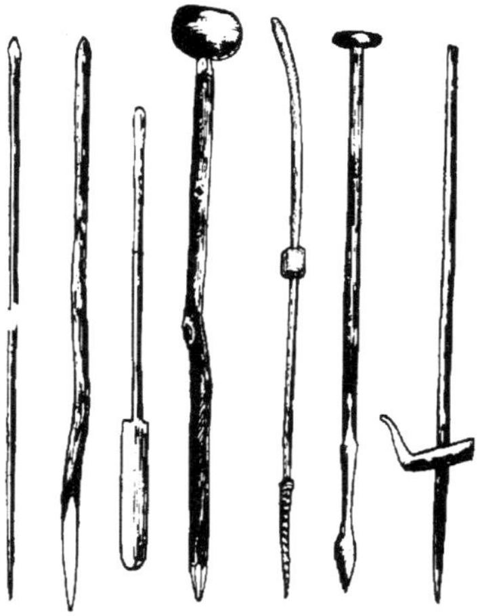

Abb. 214 Grabstöcke: Südostasien (einfach), Galla (einfach, Krückstockgriff), Buschmänner (zusammengesetzt, Beschwerstein), Estland (zusammengesetzt, Krückstoffgriff), Südostasien (einfach, Stelztritt)

3.2.2. Spaten

Im Unterschied zum Grabstock mit verbreitertem Arbeitsteil (Grabscheit) hat der Spaten ein deutlich abgesetztes Blatt, das in der Ebene

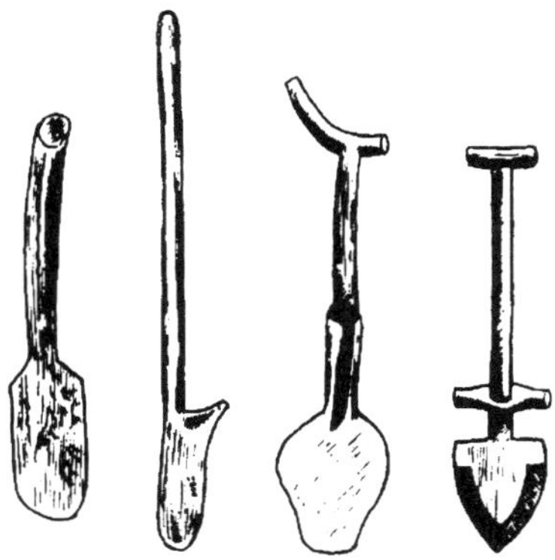

Abb. 215 Spaten: Pogoro (Tanzania), Zuni (Südwesten Nordamerikas), Zentralsudan, Afghanistan

des Stiels liegt und dessen Schultern waagrecht oder nur wenig geneigt sind. In Anwendung und Wirkung ist der Spaten eine technische Weiterentwicklung des Grabstocks.

Stiel und Blatt können aus einem Stück Holz gearbeitet sein, häufiger ist beim voll ausgebildeten Spaten jedoch ein angesetztes Blatt (Neukaledonien: Holz; Mikronesien: Schildpatt; Casamance-Gebiet in Westafrika und oberer Nil: Holz mit Randbeschlag aus Eisen; verschiedentlich in Afrika und Asien: Eisen; Abb. 215).

Wie beim Grabstock gibt es zur Verbesserungen der Handhabung ein- oder zweiseitige Krücken bzw. Querhölzer am Stielende sowie

Abb. 216 Ziehschaufel: Ägypten; Ziehspaten: Korea

Stelztritte. Eine besondere Ausbildung des randbeschlagenen Holzspatens ist der von zwei Personen bediente *Ziehspaten* (Zugspaten), der vor allem in Afghanistan und Korea zur Anlage von Bewässerungsgräben verwendet wird. Das vom ersten Arbeiter losgestochene Erdreich wird von einem zweiten Mann mit Hilfe zweier Schnüre, die am Spatenstiel befestigt sind, bewegt. Demselben Zweck dienen, ebenfalls in Mittel- und Ostasien, *Ziehschaufeln* (Abb. 216).

3.2.3. Gabelspaten

Zweizinkige Gabelspaten, deren Zinken in der Ebene des Stiels liegen, werden in Kleinasien, Nuristan (Ostafghanistan) und China verwendet. Der Nuristan-Gabelspaten (aus einem Stück Holz gearbeitet) wird analog dem Ziehspaten von zwei Personen bedient (Abb. 217).

Abb. 217 Gabelspaten: Kleinasien, Nuristan

3.2.4. Furchenstock und Furchenschaufel

Der Furchenstock („Winkelgrabstock“) ist ein am unteren Ende abgewinkelter Stab, bei dem der kürzere und meist auch breitere Schenkel des Winkels auch angesetzt sein kann. Bei der Furchenschaufel („Furchenschippe“) ist der kürzere Winkel ein meist gewölbtes Blatt (Holz mit Eisenschuh, Eisen).

Der Furchenstock ermöglicht durch ruckweises Vorwärtsdrücken das Aufreißen des Bodens entlang einer Linie. Mit der Furchenschaufel kann durch ruckartige Bewegung und Drehen des Stiels die jeweils gelockerte Erdscholle auch zur Seite geworfen werden. Beide Geräte wer-

Abb. 218 Furchenstöcke: Galla (Kenia), Palästina; Furchenschaufeln: Japan, China

den bisweilen mit Hilfe einer Ziehschnur von zwei Personen bedient. Eine chinesische Furchenschaufel mit stark gewölbtem Blatt ermöglichte das gleichzeitige Aufreißen des Bodens und Wenden der Scholle (Abb. 218).

3.2.5. Hacke

Im einfachsten Fall ist die Hacke (Erdhacke, Feldhaue) ein winkelig gebogenes Holz (wie z.B. bei den Maori auf Neuseeland), im allgemeinen ist jedoch dem Holzstiel ein Blatt im spitzen, maximal rechten Winkel an- bzw. aufgesetzt (Fig. 219). Das hauptsächliche Material des Blattes ist in Afrika und Asien Eisen, daneben finden sich Hartholz, Knochen, Muschelschalen usw. Besonders in Ostasien kommen Holzblätter mit Eisenschuh vor. Die Form des Blattes (besonders des eisernen) kann variieren (Abb. 220). Zu Form des Stiels und Art der Schäftung vgl. S. 166–168.

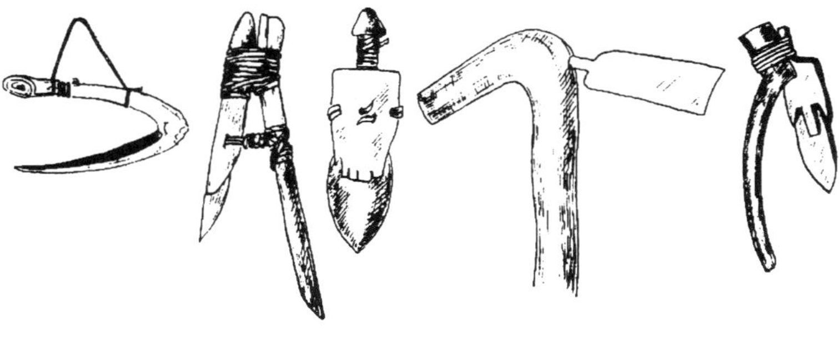

Abb. 219 Hacken: Maori, vier afrikanische Hacken

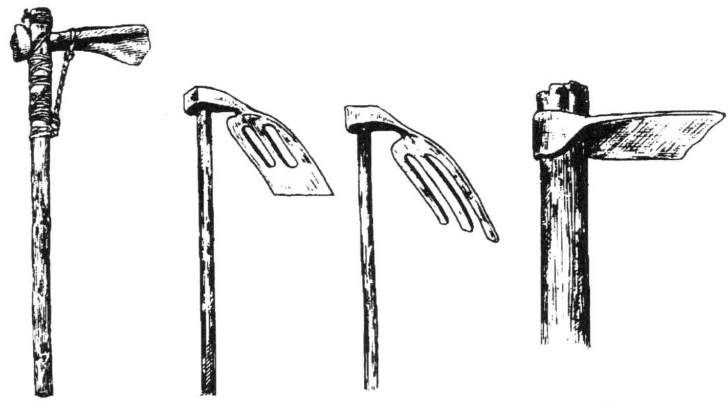

Abb. 220 Hacken: Hidatsa (Montana, USA), drei japanische Hacken

Durch Schlagen der Hacke in den Erdboden und anschließendes Ziehen zum Körper wird die Erde – ziemlich oberflächlich – gelockert und umgebrochen. Die Hacke gilt als „*das* afrikanische Ackergerät".[54] Außerhalb des Pflugbaus ist sie überall wichtig, wenn auch das Fehlen von Eisen in Amerika und Ozeanien ihre Entwicklung beschränkt hat. Im Bereich des Pflugbaus ist sie im wesentlichen Hilfsgerät.

3.2.6. Pflug

Der Pflug[55] (Abb. 221) ist ein von tierischer Kraft gezogenes Gerät zum Umbrechen des Bodens, das aus Keil und Hebeln zusammengesetzt ist. (Zu entsprechenden von Menschen gezogenen Geräten vgl. insbesondere Furchenstock und Furchenschaufel.) Während die Kraft des Zugtiers über Pflugbaum oder *Grindel* parallel zum Erdboden in

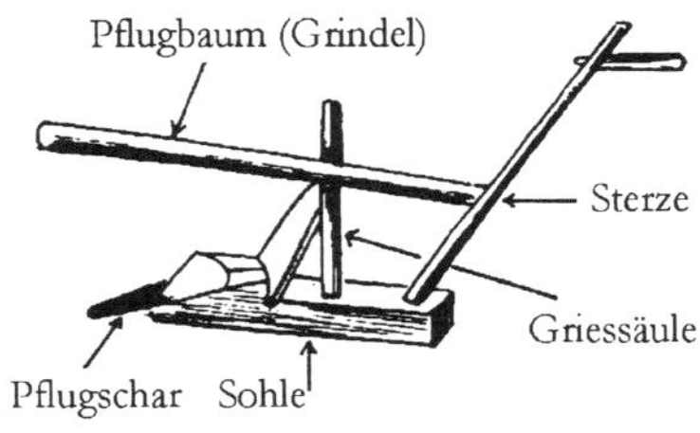

Abb. 221 Pflug: Terminologie

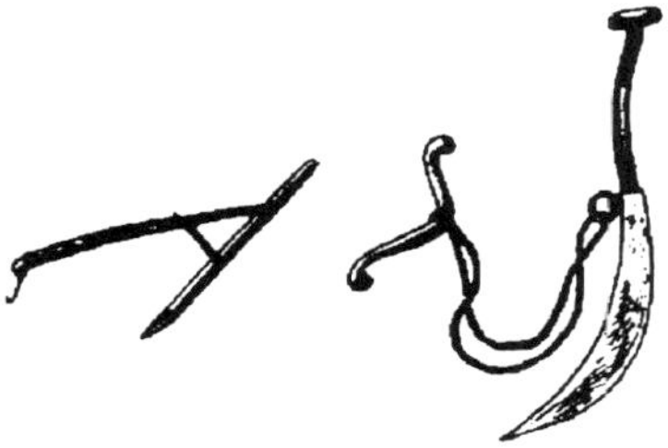

Abb. 222 Stabpflüge: China, Japan

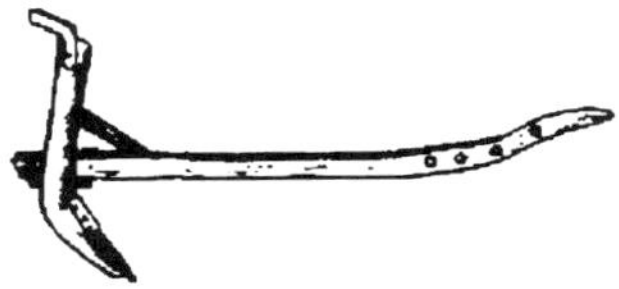

Abb. 223 Hakenpflug: Irak

der Arbeitsrichtung wirkt, muß der Pflüger Druck auf die Lenkstange oder *Sterze* senkrecht ausüben. Der Ackerboden wird so in parallelen Furchen aufgerissen.

Die einfachsten Pflüge treten – neben hoch entwickelten Formen – in Ostasien auf. Ein japanischer Typus besteht aus einem nur wenig gekrümmten Stock, der mit einem Strick gezogen wird. Aus China kennt man einen Pflug mit einem vollkommen geraden Stab („Stabpflug"), in den der Grindel eingezapft ist. Diese beiden Bauteile sind im unteren Winkel durch eine Strebe versteift (Abb. 222). Diese Pflüge sind *Schwingpflüge*, d.h. die Anschirrung besteht aus Ortscheit, Zuggurten und Kummet. Ein Charakteristikum fast aller einfachen Schwingpflüge ist, wie beim hier erwähnten chinesischen Beispiel, die Versteifung zwischen Grindel und Sterze im unteren Winkel. Die einfachen *Jochpflüge*, deren Grindel am Doppeljoch des Gespanns fixiert wird, haben eine solche im *oberen* Winkel. Unter „einfachen" Pflügen sind hier alle jene zahlreichen Typen zusammengefaßt, die keine ausgeprägte Sohle haben.[56] Die Sohle ist in einem scharfen Knick von der Sterze abgesetzt und gleitet in der Furche. Abgewinkelte Pflüge ohne ausgeprägte Sohle bezeichnet man als *Hakenpflüge* (Abb. 223).

In seiner Grundform besteht der Sohlpflug (Abb. 224) aus zwei Teilen. Sterze und Sohle sind aus einem Stück gearbeitet, der Grindel ist im Winkel eingezapft. Die Sterze, die, von der erwähnten Grund-

Abb. 224 Sohlpflug: Indien

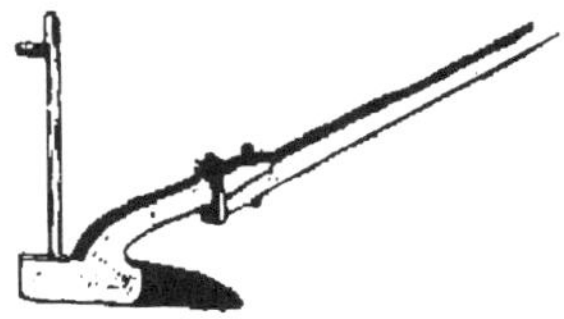

Abb. 225 Krümelpflug: Irak

Abb. 226 Vierkantpflug: China

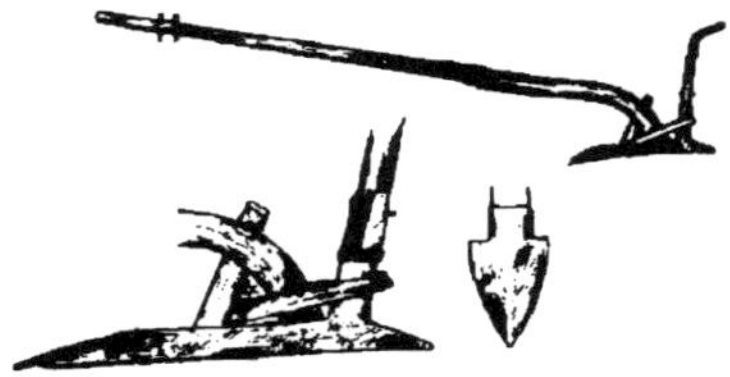

Abb. 227 Pflug mit Streichpflöcken: Anatolien

form abweichend, an die Sohle auch angesetzt sein kann, hat oft einen besonderen Handgriff, der dem Pflüger das Niederdrücken erleichtert. Die schon erwähnte Versteifung tritt hier meist im oberen Winkel auf, bei türkischen und persischen Pflügen aber auch im (unteren) Winkel zwischen Grindel und Sohle.

Die Spitze des Sohlpfluges ist nicht immer armiert (heute noch in Zentralafghanistan), hat jedoch meist eine aufgesteckte Eisenschar bzw. einen Randbeschlag aus Eisen. In Indonesien (auch bei anderen Pflugtypen) liegt häufig eine *Durchsteckschar* der Sohle vorne auf. Sie ist in einer Durchbrechung der Sterze verkeilt. Hauptverbreitungsgebiet des Sohlpfluges ist Indien und Zentralasien. Das Kennzeichen des *Krümelpfluges* (Abb. 225) ist der im hinteren Teil stark abgebogene Pflugbaum („Krümel"). Die gerade Sterze kann bei diesem Pflug hinter dem Krümel im Sohlenholz münden, sie kann durch den Krümel hindurchgehen oder diesem aufsitzen.

In Hinterindien kommen Pflüge vor, bei denen der Krümel durch die Sterze hindurchgeht und hinter dieser in das Sohlenholz eingezapft ist. Die bei den Sohlpflügen erwähnte Versteifung zwischen Pflugbaum und Sohle erscheint auch hier. Steht sie senkrecht zur Sohle, so spricht man von einer (voll ausgebildeten) *Griessäule*. Der Krümelpflug ist außerhalb Europas hauptsächlich von Nordafrika über Vorderasien bis Zentralasien verbreitet.

Grindel, Sterze, Sohle und Griessäule sind die kennzeichnenden Bauteile des *Vierkantpfluges* („Rahmenpflug") (Abb. 226), der in Ostasien, im nördlichen Hinterindien und im Kaukasus anzutreffen ist.

Die *Schar* weitaus der meisten hier beschriebenen Pflüge ist doppelschneidig. Einseitige Scharen kennt man aus Transkaukasien und Ostasien. *Streichpflöcke* („Ohren"), die meist an der Sohle spitzwinkelig befestigt sind und nach hinten und oben auseinander streben, verbreitern die Furche (Türkei, Iran) (Abb. 227). Ausgeprägte *Streichbretter* (ein- oder zweiseitig) sind eine Verbesserung dieses Prinzips (Ostasien

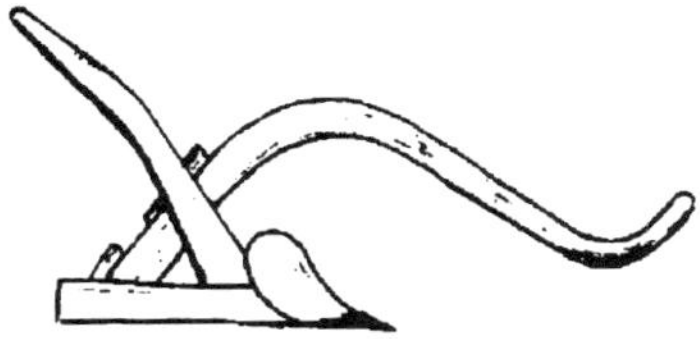

Abb. 228 Wendepflug: Thailand

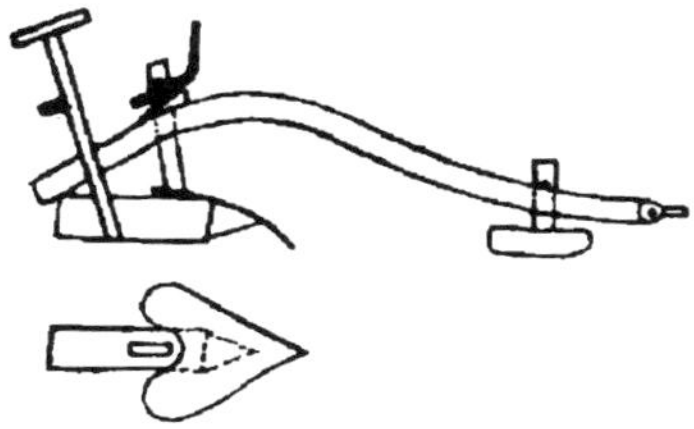

Abb. 229 Pflug mit Schleifstelze: Korea

bis Indonesien). Bei einem einseitig fixierten Streichbrett spricht man vom *Beetpflug,* bei nach innen gewölbten Streichbrettern (Ost- und Südostasien) vom *Wendepflug* (Abb. 228), da der Boden nicht nur geritzt oder aufgewühlt wird (Ritz-Wühlpflug), sondern die Schollen auch gewendet werden. Eine Verbesserung der Führung des Pfluges ist die am Grindel angebrachte *Schleifstelze* (China, Korea, Mandschurei; Abb. 229).

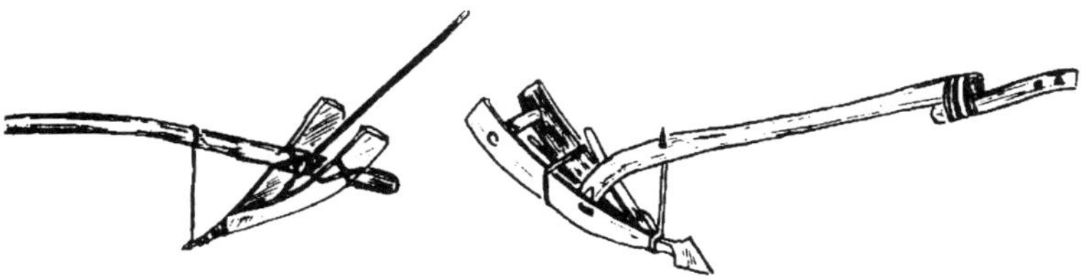

Abb. 230 Zweisterziger Pflug: Äthiopien

Zuletzt sei noch die zweischarig-zweisterzige *Zoche* erwähnt, die in dieser Form außerhalb Europas nicht vorkommt. Die altvorderasiatische Form (Ägypten, Mesopotamien) mit gedoppelter Sterze, die spitzwinkelig zu einer Schar vereinigt ist, findet sich rezent noch in Ägypten, Äthiopien und Westiran (Abb. 230).[57] Zwischen den Sterzen findet sich oft ein Mittelholz, das auch die Schar tragen kann.

Abb. 231 Zweischariger Pflug: Indien

Zweischarige Pflüge mit Gabeldeichsel sind aus Indien bekannt (Abb. 231). *Radvorgestell* und *Sech* (als „Vorschneider" vor der Pflugschar) treten vorwiegend an Vierkantpflügen des Kaukasus auf. Pflüge mit Sätrichter werden in Abschnitt 3.4. besprochen.

3.3. Geräte zum Ebnen und Glätten des Bodens

3.3.1. Geräte zum Zerschlagen der Schollen

Man verwendet für diesen Zweck nur selten Spezialgeräte. In Ozeanien wird bisweilen der Grabstock gebraucht, in Afrika der Spaten. In denselben Gebieten, aber auch in Indien und Vorderasien, verwendet man die Hacke. Spezielle keulen-, stößel- oder hammerartige Schollenbrecher sind vereinzelt aus allen Erdteilen bekannt. In Ostasien benutzt man dazu vierzinkige Hacken. Holzrechen und „Kratzhölzer" kennt man von den Maori auf Neuseeland.

3.3.2. Eggen und andere Glättbehelfe mit Deichsel oder Zugseil

Strauchwerkegge („Reisigegge"): Ein drei- oder vierseitiger Rahmen ist mit Strauchwerk oder Reisig durchflochten (Abb. 232). Die Strauchwerkegge tritt sporadisch in allen asiatischen Hochkulturen auf.

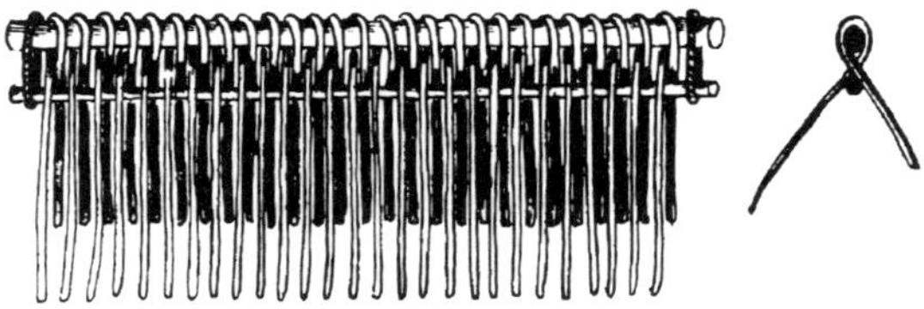

Abb. 232 Strauchwerkegge: Transkaukasien

Ackerschleppe: Diese besteht im allgemeinen aus einem mehr oder weniger breiten Brett oder Balken (Vorkommen weitgehend wie die Strauchwerkegge) (Abb. 233). Die leiterartige Ackerschleppe (ohne Zähne) findet sich vom Mittelmeerraum bis Vorderindien.

Rechenegge: Eine einbalkige Egge mit Zähnen, die sich vom üblichen Typus des Rechens durch einen schwereren Balken und kräftigere Zähne, vielfach aus Eisen, unterscheidet. Verbreitungsgebiete sind

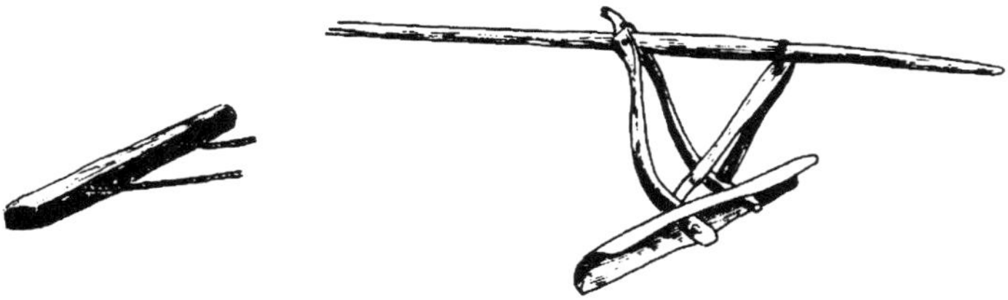

Abb. 233 Ackerschleppen: Transkaukasien, Bali

Südost- und Ostasien. Die ostasiatische Form kommt auch mit einer Handhabe in Art der Rahmensterze vor (Abb. 234).

Rahmenegge: Ein liegender, mindestens vierbalkiger Rahmen ist an der Unterseite mit Zähnen besetzt. Diese ostasiatische Form kommt auch – zur Gänze aus Bambus verfertigt – auf den Philippinen vor. Anschließen kann man hier die hinten offene chinesische *Dreiecksegge* (Abb. 235).

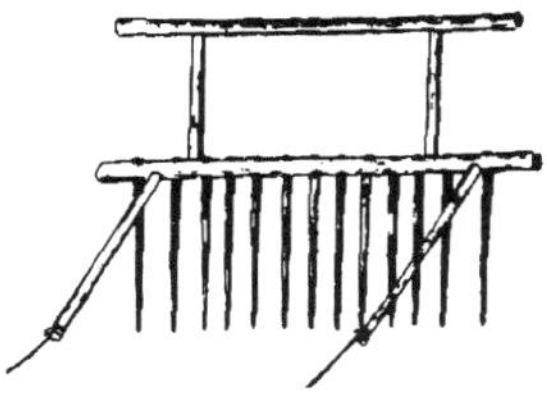

Abb. 234 Rechenegge: Vietnam

Abb. 235 Rahmenegge und Dreiecksegge: China

Feldwalze: Diese wird von Kleinasien bis in den Fernen Osten zum Glätten der Felder und zum Eindrücken der Saat verwendet. In Ostasien tritt sie auch in Form der *Stachelwalze* auf (Abb. 236). Beide Varianten werden bisweilen mit der Hand gezogen.

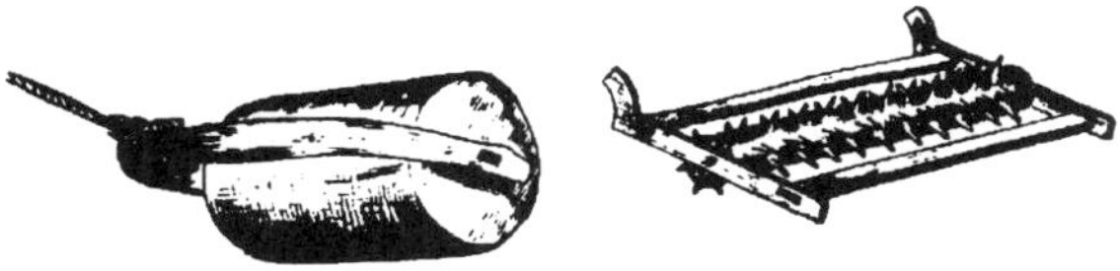

Abb. 236 Feldwalze und Stachelwalze: China

3.4. Geräte zum Pflanzen und Säen

3.4.1. Pflanzgeräte

Am häufigsten werden auch hier wieder bereits bekannte Geräte verwendet. In jenen Gebieten, wo Grabstock, Spaten und Hacke zur Bearbeitung des Bodens verwendet werden, benutzt man diese auch zur Herstellung der Pflanzlöcher. Besonders da, wo abgebrannte Felder nicht umgebrochen werden, ist mit Berechtigung von einem speziellen *Pflanzstock* zu sprechen. Er ist zwar formal und größenmäßig vom Grabstock (in allen seinen Formen) nicht immer verschieden, jedoch in seiner Wirkungsweise. Der einfache Pflanzstock oder das kurze *Setzholz* mit abgewinkeltem Handgriff werden in den Boden gestoßen. Durch Hin- und Herbewegung stellt man konische Pflanzlöcher her. Langer Grabstock und kurzer, eventuell spatenförmiger Pflanzstock treten jedoch auch nebeneinander in ein und derselben Kultur auf. Als besondere Ausprägung eines Werkzeuges zur Herstellung von Pflanzlöchern seien die dorn- oder blattartigen Setzwerkzeuge aus Eisen von den Riukiuinseln genannt. Sie sind an einem geraden oder rahmenartigen Griff geschäftet. Auf der Insel Yap (Karolinen) benutzt man zur Herstellung der Pflanzlöcher für Sumpftaro eine Schaufel mit Muschelblatt.

Abb. 237 Furchenreißer: Sumatra

Um die Reispflanzen in regelmäßigen Abständen setzen zu können, verwendet man auf Sumatra zwei- oder mehrzinkige *Furchenreißer*. Für denselben Zweck kennt man in Japan aus schmalen Latten gebildete offene sechsseitige Prismen, deren Flächen durch kurze Querstreben in Quadrate geteilt sind. Durch Wälzen auf dem feuchten Boden drückt man diese Quadrate ab und setzt in jeden Kreuzungspunkt einen Schößling (Abb. 237).

3.4.2. Sägeräte

Weltweit gesehen ist das Ausstreuen der Getreidekörner weniger weit verbreitet als das Aussetzen. Den alleinigen Behelf beim Säen bildet meist der *Säkorb*. In Südarabien, Indien und China verwendet man *Säpflüge* mit eingebautem Trichter sowie *Sämaschinen*.

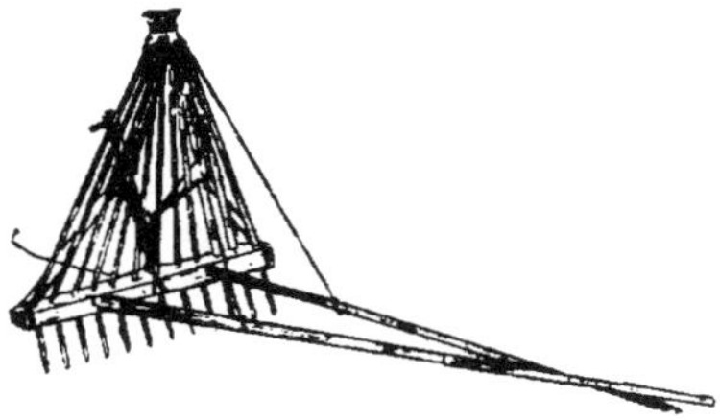

Abb. 238 Sämaschine: Indien

Abb. 239 Sämaschine: China

Die indische Sämaschine besteht aus zwölf Bambusröhren, die oben in einem Holzgefäß gebündelt sind und unten fächerförmig in den Balken eines Rechens einmünden. Durch dessen hohle Zähne fallen die Körner in die Ackerfurchen (Abb. 238). Die ein-, zwei- oder mehrteilige chinesische Sämaschine besitzt einen Saatgutkasten (Abb. 239).

3.5. Jätgeräte

Auch zum Jäten werden Stöcke, Spaten, Schaufeln und Hacken gebraucht. Die Maori und andere Bevölkerungsgruppen der Südsee verwenden spezielle kleine „Jätstöcke“ bzw. spaten- und schaufelartige Werkzeuge. In Afrika wird der Spaten ganz allgemein zum Jäten verwendet. Kniend oder am Boden sitzend werden mit dem flach geführten Spatenblatt die Wurzeln des Unkrauts abgestoßen. Spezialisierte Jäthacken kennt man in Nordamerika, Indonesien und Hinterindien (Abb. 240). In Südostasien benützt man aus Bambusstreifen schlaufenartig gebogene *Jätschlingen*. In denselben Gebieten kennt man auch querschneidige, in gegabelten Griffen geschäftete Klingen in der Art der „Ziehhacke“ unserer Gärtner (Abb. 241).

Abb. 240 Jäthacken: Akha, Meau (Thailand)

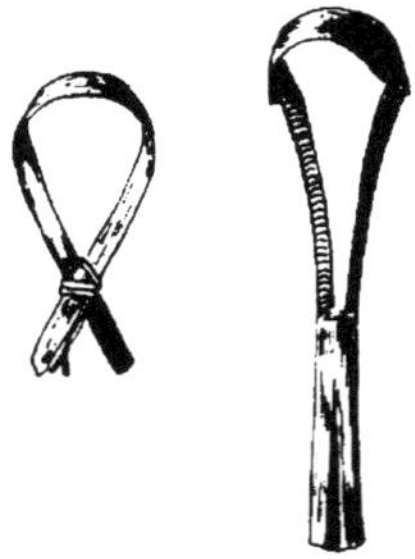

Abb. 241 Jätschlinge und Ziehhacke: Assam

3.6. Erntegeräte

3.6.1. Zum Ausgraben von Knollenfrüchten und Wurzeln

Bodenbautreibende Völker verwenden zum Ausgraben von Knollen und anderen unterirdischen Teilen Pflanzen (gleich ob wild oder kultiviert) dieselben Geräte, die zur Bodenbearbeitung und zum Pflanzen verwendet wurden: Grabstock, Spaten, Schaufel und Hacke. Trotz manchmal auftauchender anderer Bezeichnungen („Wühlstock", „Wühlschaufel", „Wühlhacke") fallen die Grabwerkzeuge der Sammler in dieselben Kategorien (Abb. 242). Wenn sie grundsätzlich noch einfacher gestaltet sind, so liegt das an der ihnen im allgemeinen eigenen Mehrzweckverwendung. Die Buschmänner gebrauchen etwa ihren Grabstock auch zum Entrinden von Bäumen, als Schlegel, als Keule oder als Wurfstock (Abb. 214).

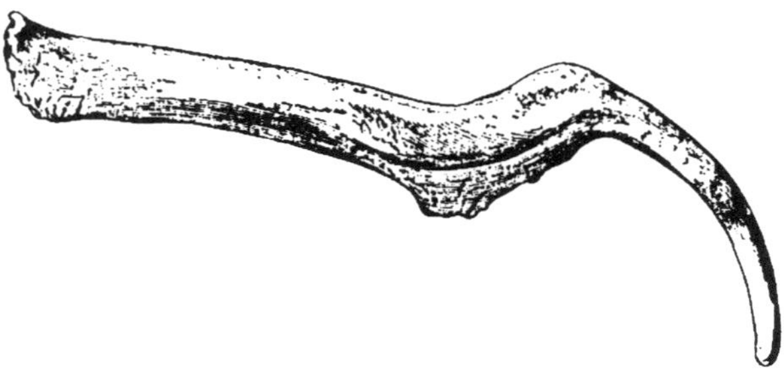

Abb. 242 „Wühlhacke" zum Wurzelgraben: Tschuktschen (Sibirien)

3.6.2. Zum Ernten von Früchten

Früchte von krautigen und holzigen Gewächsen werden mit der Hand gepflückt, wenn sie in erreichbarer Höhe wachsen und die Tätigkeit etwa wegen an der Pflanze wachsenden Stacheln eine Gefahr der Verletzung in sich birgt.. So standen im nordwestlichen Nordamerika kammartige Geräte für das Sammeln der Beerenfrüchte stacheliger Gewächse in Gebrauch (Abb. 243). Kaktusfrüchte wurden in Kalifornien mit gegabelten Hölzern vom Kaktus abgehebelt. Im südlichen Arizona hingegen gebrauchte man zum Einbringen der Früchte der Riesenkakteen lange Stangen, die am vorderen Ende mit einem Haken versehen waren; ein identisches Gerät diente auch in Polynesien zur Ernte von Baumfrüchten (Abb. 244).

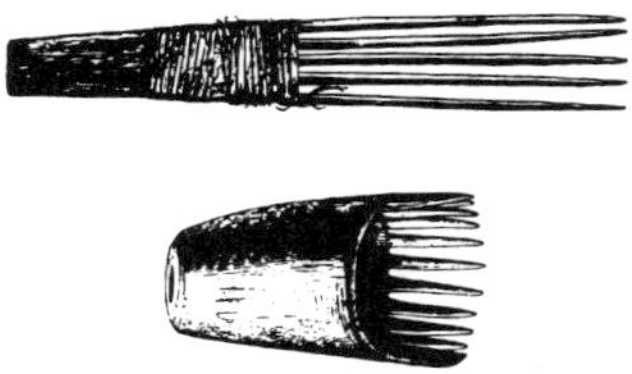

Abb. 243 Beerenpflückkämme: Salish (Washington)

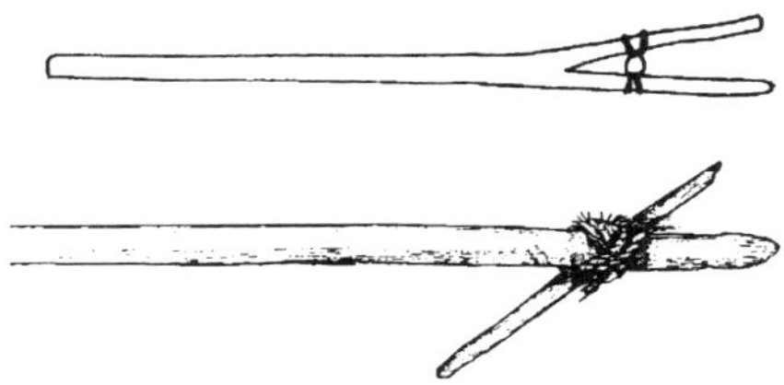

Abb. 244 Kaktuspflückgabel: Chumash; Kaktuspflückhaken: Pima (Arizona)

Bei hartschaligen Früchten bietet sich das Auflesen der von selbst vom Baum gefallenen Nüsse, Eicheln u.ä. an. Bei Wunsch nach einer intensiven Aberntung kann man zum Abschlagen auch lange Stöcke verwenden, die meist keine speziellen Arbeitsteile besitzen.

3.6.3. Zum Ernten von Körnern und Samen

Kultivierte Körnerfrüchte werden häufig von der am Halm stehenden Ähre abgestreift, bzw. werden die Ähren mit den Händen abgepflückt. Zum Abstreifen bedient man sich auf der Insel Roti (Indonesien) eines aus Lontarblättern gefalteten Fingerschutzes (Abb. 245). Auf Zeigefinger und Daumen wird je ein solcher aufgesetzt.

Die Samen wildwachsender Gräser werden meist aus den Samenständen in einen Behälter geschlagen. Dazu bediente man sich in den Trockengebieten des westlichen Nordamerika runder bis ovaler ge-

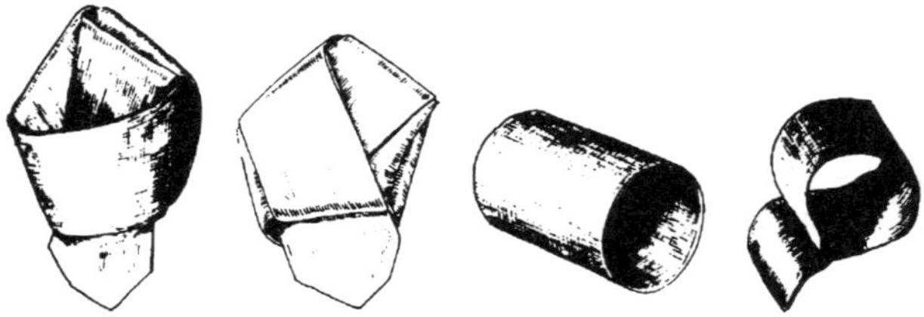

Abb. 245 Fingerschutz zum Abstreifen der Ähren: Roti; Ernteringe: Indonesien

flochtener Schläger (Abb. 246). Zur Ernte des im Wasser wachsenden Wildreis wurde ein Paar hölzerner Schläger verwendet, zwischen denen die Halme durchgezogen und die Samen in das Rindenboot gestreift wurden, in dem sich die erntenden Frauen befanden (Abb. 247).

Abb. 246 Geflochtener Schläger zur Ernte von Grassamen: Cahuilla. – Abb. 247 Wildreisernte der Ojibwa.

3.6.4. Zum Abschneiden der Halme

Erntemesser. Messer der üblichen Form finden in Teilen Afrikas und Indonesiens bei der Getreideernte Verwendung. In Teilen Indonesiens und auf den Riukiuinseln gebraucht man einen „Ernteing“ aus Bambus oder Blech, in Nias und am oberen Nil auch aus Eisen. Die ringförmigen Bambus- oder Blechmesser werden über den Daumen gestülpt, die aus Eisen auf den Zeige- bzw. Mittelfinger. Das sogenannte *Reismesser,* das in Indonesien und Teilen Afrikas vorkommt, ist querschneidig. Die hauptsächlichen Typen sind Abb. 248 zu entnehmen.

Abb. 248 Reismesser: Indonesien, Afrika (rechts)

Die *Sichel* (Abb. 249) hat immer ein am Stiel gerade oder winklig angesetztes, gekrümmtes Blatt. Die Krümmung kann sich auf einen hakenartigen Fortsatz der Klingenspitze beschränken. Sicheln mit glatten und gezähnten Schneiden kommen mitunter, wie in Japan, nebeneinander für verschiedene Getreidearten vor.

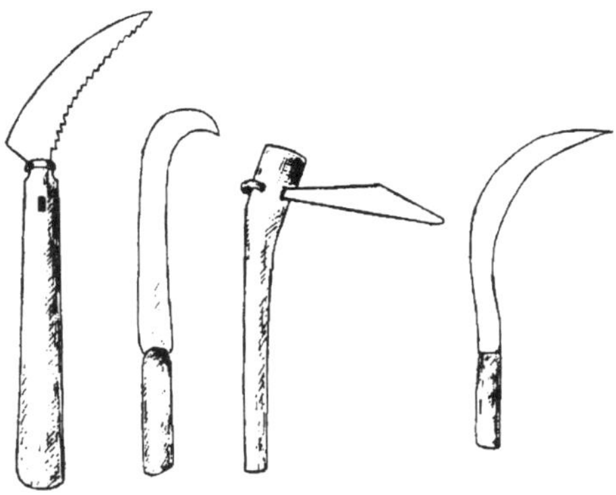

Abb. 249 Sicheln: Afrika

Die Bergstämme Hinterindiens benutzen aus mehreren gebogenen Klingen krallenartig zusammengesetzte Messer zum Ritzen der Mohnkapseln. Der erhärtete Mohnsaft wird mit sichelartigen Schabern abgekratzt (Abb. 250).

Abb. 250 Messer zum Ritzen von Mohnkapseln (links) und Schaber zum Abkratzen des angetrockneten Saftes: Meau (Thailand)

3.6.5. Rechen

Zum Wenden des Korns sowie zum Zusammenharken zurückgebliebener Halme verwendet man häufig Rechen. Dies sind im einfachsten Fall zwei- bis dreizinkige Astgabeln. Die Wirksamkeit kann durch zusätzlich eingesetzte Stäbe erhöht werden. Diese werden, ebenso wie die aufgesplissenen Bambuszinken südost- und ostasiatischer Rechen, durch Querstege verbunden bzw. in ihrer Lage gehalten (Abb. 251). Ein spezieller Rechen zum „Ernten" von Seegras und Tang (Japan) hat spitzwinklig in einen Balken eingesetzte Zähne und am dreieckigen Griffrahmen einen Beschwerstein (Abb. 252).

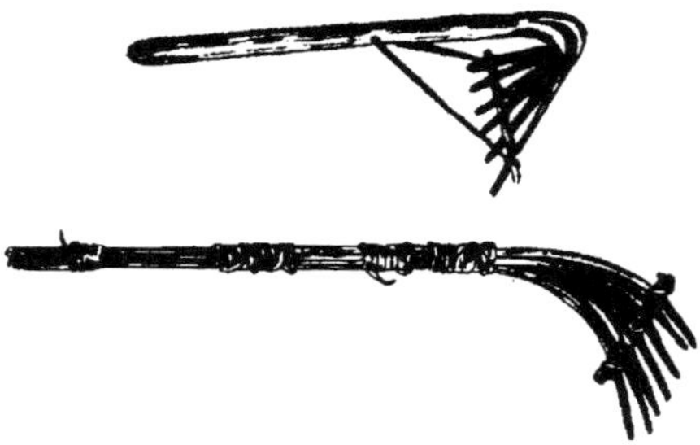

Abb. 251 Rechen: Assam, Hidatsa (Montana)

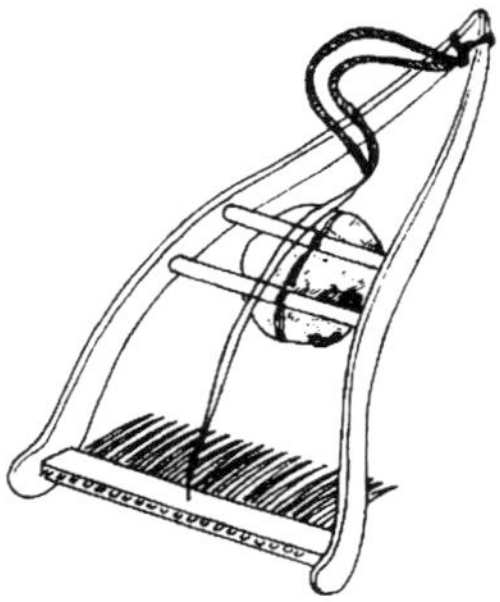

Abb. 252 Rechen für Tang und Seegras: Japan

3.7. Dreschgeräte

An Methoden, die keiner Behelfe bedürfen, sei das Austreten durch Menschen oder Haustiere erwähnt sowie das Ausschlagen der Ähren an einem Stein oder Brett.

3.7.1. Dreschstock, -sparren, -schlegel und -gabel

In seiner Form entspricht der gerade Dreschstock dem einfachen Grabstock, während der Dreschsparren so wie der Furchenstock an seinem vorderen Ende abgewinkelt ist. Sparren, Schlegel und Gabeln kommen in den asiatischen Hochkulturen meist neben den unten angeführten Behelfen vor (Abb. 253).

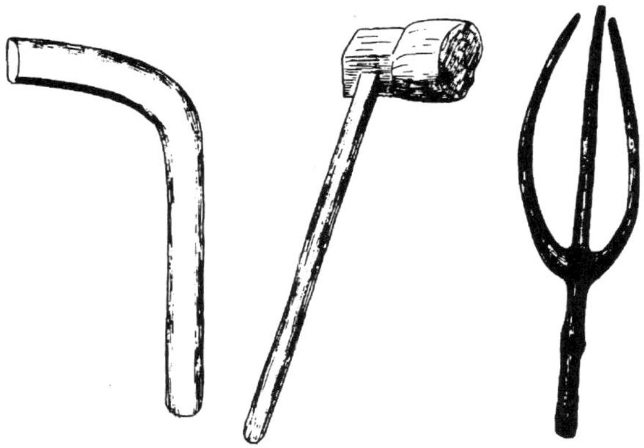

Abb. 253 Dreschsparren: Lisu; Dreschschlegel und Dreschgabel: Japan

3.7.2. Dreschflegel

Einem geraden Stiel ist ein an einem Zapfen oder Ring beweglicher Klöppel verbunden. Der Klöppel kann aus einem dicken Stock bestehen. Meist ist er jedoch mehrteilig, wobei die einzelnen Teile auch durch Umwicklung miteinander fix verbunden sein können (Abb. 254). Das Vorkommen des Dreschflegels ist außerhalb Europas auf Ostasien beschränkt.

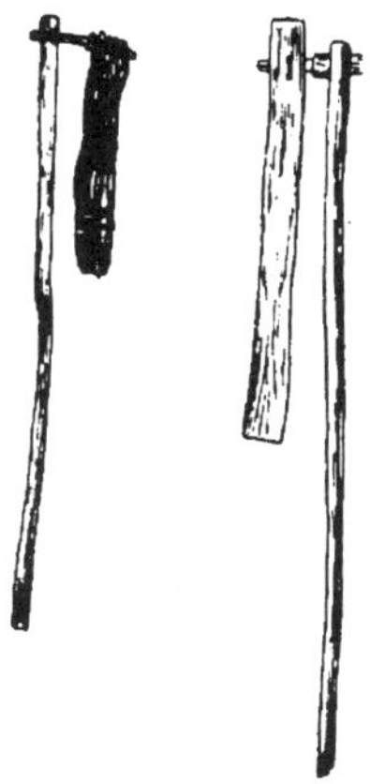

Fig. 254 Dreschflegel: China

Fig. 255 Dreschkamm: Japan

3.7.3. Dreschkamm (Riffel)

Diese auf Japan beschränkte Form besteht aus einem Bambus- oder Eisenkamm, der in einem Holzgestell fixiert ist (Abb. 255). Die Ähren werden durch den Kamm durchgezogen.

3.7.4. Von Tieren gezogene Dreschgeräte

Das *Dreschbrett (-tafel, -schlitten)* besteht aus einem meist zusammengesetzten Brett, in dessen Unterseite spitze Steine oder Nägel eingesetzt sind (Abb. 256). Das Dreschbrett ist in Indien und Vorderasien verbreitet. In Mittelasien verwendet man analog die *Strauchwerkegge.*

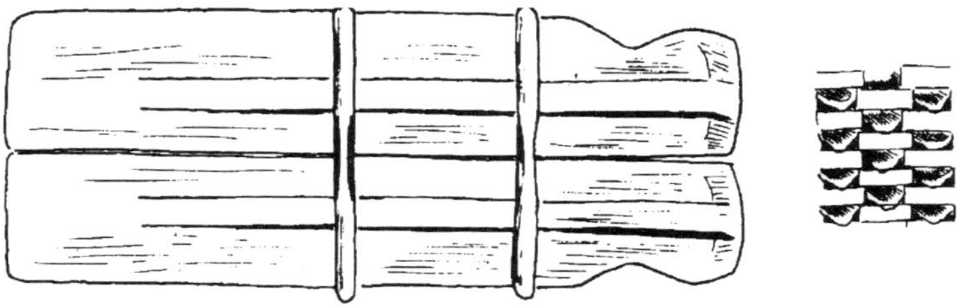

Fig. 256 Dreschbrett: Kaukasus
(links: Detail der Unterseite mit eingesetzten Steinen)

Die aus China bekannte *Dreschwalze* ist eine mit Rippen oder mit Stacheln besetzte Walze (China; vgl. Abb. 236).

Zwei oder mehr in einem Rahmen vereinigte Stachelwalzen bilden den *Dreschwagen* (Ägypten, Kaukasus, Iran; Abb. 257).

Fig. 257 Dreschwagen: Kaukasus

3.7.5. Entkörner

Zwei kurze, dünne Bambusrohre sind durch eine eingesteckte Strohschnur beweglich verbunden. Die Stäbchen werden in der rechten Hand gehalten, so daß die freien Enden mit Daumen und Zeigefinger bewegt werden können. Mit der linken Hand werden Reisähren einzeln durchgezogen. Dieser Entkörner war in allen ärmeren Gegenden Japans verbreitet. Ähnliche Geräte zum Entkörnen von Maiskolben sind von der Ostküste Nordamerikas bekannt (Abb. 258).

Abb. 258 Entkörner: Japan; Maisentkörner: Ostnordamerika

3.8. Geräte zum Trennen der Körner von Spreu

3.8.1. Worfelwanne, -schaufel und -gabel

Die Worfelwanne (-schwinge) hat im allgemeinen in all ihren Verbreitungsgebieten dieselbe Form: ein flaches Korbgeflecht mit einem niedrigen Rand an drei Seiten. An windstillen Tagen verwendet man in Japan zusammen mit der Worfelwanne große zweiteilige Fächer (Abb. 259).

Abb. 259 Worfelfächer und Worfelwanne: Japan

Die meist aus einem Stück Holz gearbeitete Worfelschaufel, und oft im Zusammenhang damit Gabeln, werden in weiten Teilen Asiens sowie in Nordafrika verwendet (Abb. 260).

Abb. 260 Worfelgabel: Papi (Iran)

3.8.2. Fegemaschine („Putzmühle", „Fegemühle")

In China, Japan und Teilen Algeriens verwendete man zum Reinigen des Getreides die auch bei uns bekannte Fegemaschine mit Windrad, das mit einer Kurbel angetrieben wird (Abb. 261).

Abb. 261 Fegemaschine: China

3.8.3. Siebe

Im Anschluß an das Worfeln werden zur weiteren Reinigung des Getreides Siebe verschiedener Maschengröße verwendet. Meist wurden diese frei mit den Händen gerüttelt, in China hängte man sie in einem Dreifußgestell auf. In Japan legte man rechteckige Siebe auf einen schräg gestellten Rahmen und ließ das zu reinigende Getreide darüberlaufen (Abb. 262).

Abb. 262 Getreidesieb in Dreifußgestell: China

3.9. Spezielle Sammelgeräte

Bei den speziell in der Sammelwirtschaft gebrauchten Geräten handelt es sich nicht immer um spezialisierte Geräte. Kaum wesentlich bearbeitete gerade oder am Vorderende gekrümmte Holzstöcke fanden vielerorts als *Sonden* zur Untersuchung unterirdischer Verstecke von Kleintieren Verwendung. In Australien verwendete man gekrümmte Sonden beim Sammeln von Würmern aus Erdlöchern; in Tasmanien gebrauchte man sie bei der Ausbeutung unterirdischer Vogelnester.

Für das Sammeln von Mollusken stellen *Brechstangen* mit keilförmigem Vorderende (Abb. 263) eine wesentliche Hilfe dar. Sie dienen einerseits dazu, Muscheln von Felsen loszubrechen, oder – wie auf den westpolynesischen Ellice-Inseln – zum Aufbrechen großer Muscheln. Mitunter gab es verschiedene Sammelgeräte für unterschiedliche Arten von Meerestieren. Die feuerländischen Yamana gebrauchten einen Spatel zum Ablösen der Miesmuschel, vierzackige Gabeln zum Sammeln von Seeigeln und dreizinkige Stöcke für Krustentiere.

Abb. 263 Brechstange für Tridacna-Muscheln: Ellice-Inseln

Weiterführende Literatur:

Baumann, Hermann: Zur Morphologie des afrikanischen Ackergerätes. Wiener Beiträge zur Kulturgeschichte und Linguistik 6: 192–322. Wien 1944.

Berner, W.: Die Handhabung des Ackergerätes in ihrer Bedeutung für die Feststellung von Zusammenhängen. Anthropos 55: 765–777. St. Augustin 1960.

Best, Elsdon: Maori Agriculture. Dominon Museum Bulletin 9. Wellington 1925.

Chevalier, H.: Les Charrues des Indes néederlandaises. Internationales Archiv für Ethnographie 17: 189–193. Leiden 1905.

Damm, Hans: Hacken- und beilartige Geräte mit Schildkrotklinge und ihre Bedeutung im Wirtschaftsleben der Ozeanier. Jahrbuch des Museums für Völkerkunde Leipzig 11: 64–90. Berlin 1953.

–: Form und Anwendung der Feldgeräte beim pfluglosen Anbau der Ozeanier. Ethnographisch-archäologische Forschungen 2: 18–99. Berlin 1954.

–: Bericht über die Sonderausstellung „Feldgeräte zur Bodenbearbeitung". Jahrbuch des Museums für Völkerkunde Leipzig 14: 90–123. Berlin 1955.

Fischer, H. T.: Reispflücken und Reisschneiden in Indonesien. Internationales Archiv für Ethnographie 34: 83–104. Leiden 1937.

–: Das indonesische Reismesser außerhalb Indonesiens. Paideuma 1: 147–152. Leipzig 1938–1940.

Franke, O.: Kêng tschi t'u. Abhandlungen des Hamburger Kolonialinstituts, Reihe B/8, 11. Hamburg 1913.

Gleisberg, Hermann: Technikgeschichte der Getreidemühle. Deutsches Museum, Abhandlungen und Berichte 24(3). München 1986.

Gunda, B.: Maisdreschkorb in der Alten ud Neuen Welt. Acta Ethnographica 18(3–4): 313–351. Budapest 1969.

Hoeltker, Georg: Steinerne Ackerbaugeräte. Internationales Archiv für Ethnographie 45: 77–156. Leiden 1947.

Janata, Alfred, Josef Kreiner und Erich Pauer: Bodenbaugeräte Japans I–VI. Archiv für Völkerkunde 23–27, 30. Wien 1969–1976.

Kauffmann, H. E.: Die Landwirtschaft bei den Bergvölkern von Assam und Nordburma. Zeitschrift für Ethnologie 66: 45–51. Berlin 1934.

Klein, E.: Die historischen Pflüge der Hohenheimer Sammlung landwirtschaftlicher Geräte und Maschinen. Stuttgart 1967.

Kothe, Heinz: Verbreitung und Geschichte landwirtschaftlicher Arbeitsgeräte. Wissenschaftliche Annalen 2. Berlin 1953.

–: Völkerkundliches zur Frage der neolithischen Anbauformen in Europa. Ethnographisch-archäologische Forschungen 4: 28–73. Berlin 1953

Leser, Paul: Entstehung und Verbreitung des Pfluges. Ethnologische Anthropos-Bibliothek 3(3). Münster 1931.

–: Westöstliche Landwirtschaft. Festschrift P. W. Schmidt. Mödling 1928: 416–484.

–: Bodenbaugeräte mit Stelztritt. Ethnologica 3: 285–295. Leipzig 1927.

Šach, František: Proposal for the Classification of Pre-Industrial Tilling Instruments. Tools & Tillage 1(1): 1–27. Kopenhagen 1968.

Schmidt, Leopold: Spaten-Forschungen. Zu einigen Arbeitsgeräten des frühen Ackerbaues. Archiv für Völkerkunde 8: 76–141. Wien 1953.

Seignobos, Christian (Hg.): Les Instruments aratoires en Afrique tropicale. Cahiers OSTROM, série Science Humaines 20(3–4). Paris 1984.
Tools & Tillage. A Journal on the History of the Implements of Cultivation and other Agricultural Processes. Copenhagen 1968–.
Wagner, W.: Die chinesische Landwirtschaft. Berlin 1926.
Werth, Emil: Grabstock, Hacke und Pflug. Ludwigsburg 1954.
Wilson, Gilbert L.: Agriculture of the Hidatsa Indians. The University of Minneaota Studies in the Social Sciences 9. Minneapolis 1917.

4. Energie

Von zentraler Bedeutung für die menschliche Lebensfürsorge ist der Gebrauch von Energie. Zufuhr von Nahrung ist die Voraussetzung für den Energiehaushalt des menschlichen Körpers, dessen physischen Kräfte ihrerseits entscheidend nicht allein für den Gebrauch von Geräten, sondern für so gut wie alle Aufgaben der Lebensbewältigung sind. Die Domestikation von Naturkräften zum Nutzen des Menschen stellt ein Hauptthema der Technikgeschichte dar. Ihr Beginn wird oft mit der Fähigkeit angesetzt, Feuer, durch das aus der Verbrennung von Materie Wärme entsteht, selbst erzeugen zu können. Während diese Fertigkeit ein menschliches Universal darstellt, sind bei der Ausbeutung anderer natürlicher Energiequellen (Schwerkraft einschließlich der besonderen Form der Wasserkraft, Windkraft, tierische Arbeitskraft) die Entwicklungen langsamer und vor allem uneinheitlich verlaufen. Hier wird deshalb die Erzeugung und Erhaltung von Feuer beispielhaft für die materielle Kultur der Energienutzung herausgehoben.

4.1. Feuer

4.1.1. Feuererzeugung

Bei der Feuererzeugung wird ein leicht brennbares Material *(Zunder)* durch Einwirkung von Wärme entflammt. Mit Ausnahme der *Brenngläser* und *-spiegel,* bei denen die Wärme durch Fokussierung des Sonnenlichts hervorgerufen wird, beruhen die Feuerzeuge alle auf dem Prinzip der Reibungswärme. Nach der Art der Hervorrufung der Reibungswärme werden die Geräte zur Feuererzeugung unterteilt in Feuerbohrer, Feuersägen, Feuerpflüge, Feuerpumpen und Schlagfeuerzeuge.

4.1.1.1. Feuerbohrer

Der Feuerbohrer besteht aus einem ruhend liegenden Holzstück *(Feuerbock)* und einem länglichen Stab, der im rechten Winkel zum Bock und um seine Längsachse gedreht wird. Dieser eigentliche *Feuerbohrer* entspricht in seinen Formen und in seiner Handhabung dem bei den Werkzeugen beschriebenen Bohrer (vgl. Abb. 112–117). Das Arbeitsende ist jedoch als möglichst große Reibungsfläche gestaltet. Von den Betriebsarten finden zur Feuererzeugung der Quirl-, Schnur-, Bogen-, Pumpen- und Kurbelbohrer Verwendung.

Der Feuerbock, der oft, aber nicht immer, aus weicherem Material als der Bohrteil ist, kann in zwei verschiedenen Formen auftreten (Abb. 264). In einem Fall sind an seiner Oberseite runde Ausnehmungen vorhanden, von denen zumeist kleine Rinnen zum Rand des Bocks führen. Das glühende Bohrmehl, das durch Betätigung des Bohrers in der Ausnehmung entsteht, fließt über und durch die Rinnen auf den bereitgelegten Zunder. Im zweiten Fall ist der Bock konisch durchlocht. Das Bohrmehl fließt in eine Höhlung unter dem Bock, wo es den Zunder in Brand setzt. Bei den Taulipáng Guayanas besteht der Bock aus mehreren Schichten von Rohrspleißen, zwischen denen Lagen von Baumwolle eingebettet sind, die als Zunder dienen.[58] Häufig wird der Feuerbock beim Bohren mit dem Fuß festgehalten.

Abb. 264 Feuerböcke zum Feuerbohren: Guató, Parintintin, Taulipang (Brasilien)

4.1.1.2. Feuersäge

Die Feuersäge (Abb. 265) ist ein hartes Holzstück oder ein flexibler Streifen, der über einen liegenden Bock in einer querverlaufenden Kerbe hin- und hergezogen wird, bis das heiße Sägemehl den Zunder

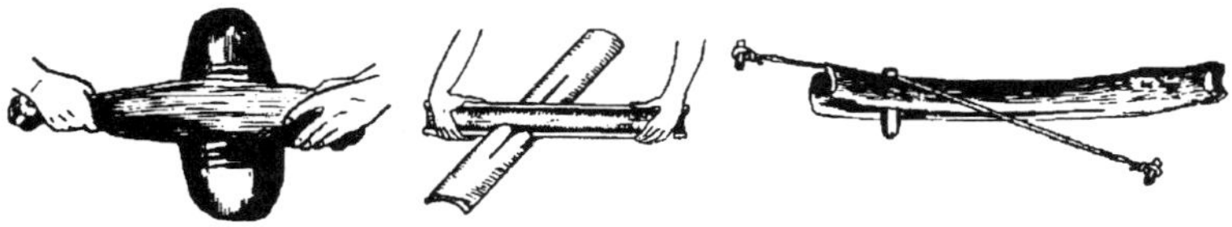

Abb. 265 Einfache Feuersäge (Speerschleuder und Schild): Australien; Bambusfeuersäge: Indonesien; Spaltfeuersäge mit Rotangsäge: Malaysia

in Brand steckt. Neben der *einfachen Feuersäge*, bei der Bock und Säge aus Holz sind, treten zwei Varianten auf:

Die *Bambusfeuersäge* besteht aus einem halbierten Bambusrohr mit einer Kerbe quer zur Faserrichtung und einem zweiten Bambusstück mit scharfer Kante. Beide können wahlweise als Bock oder Säge benutzt werden. Im einen Fall liegt der Zunder unter der Kerbe des Bambushalbrohrs (wie bei dem durchlochten Bock mancher Feuerbohrer), im anderen Fall in der bewegten Rinne.

Bei der *Spaltfeuersäge* ist ein Ende des Sägebocks in der Längsrichtung gespalten. Die Spaltenden werden durch einen Keil auseinander gehalten. Der Zunder ist in dem entstehenden Schlitz angebracht, über dem die Sägebewegung durchgeführt wird. An die Stelle einer starren Säge kann bei der Spaltfeuersäge auch eine flexible Säge aus Rotang, Rohrsteifen oder Liane treten. Die Schnur wird entweder über oder ein- bzw. eineinhalb Mal um den Bock gelegt und von beiden Händen straff gehalten.

4.1.1.3. Feuerpflug

Beim Feuerpflug, der vorwiegend aus Ozeanien bekannt geworden ist, wird ein Hartholzstab in den Längsrillen eines Bocks aus weichem Holz so lange hin und her bewegt, bis das sich am Ende der Rille ansammelnde Holzmehl zu glosen beginnt und den bereitgehaltenen Zunder entzündet. (Abb. 266).

Abb. 266 Feuerpflüge: Maori (Neuseeland), Gilbert-Inseln

4.1.1.4. Feuerpumpe

Die Feuerpumpe (oder pneumatisches Feuerzeug) besteht aus einem Hohlzylinder aus Holz, Horn oder Metall, der an einem Ende offen ist. In ihm ist ein luftdicht schließender Stempel eingepaßt, der an seinem unteren Ende eine Ausnehmung zur Aufnahme des Zunders besitzt. Durch mehrfaches Auf- und Abbewegen, vielfach auch nur durch einen einzigen Schlag auf den Stempel, wird die Luft im Zylinder komprimiert und dadurch so sehr erhitzt, daß sie den Zunder zum Glimmen bringt (Abb. 267).

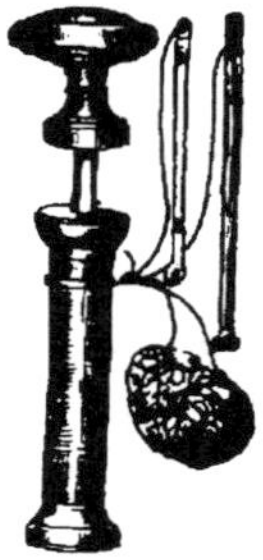

Abb. 267 Feuerpumpe: Borneo.

Abb. 268 Schlagfeuerzeug (Pyritkorn, Feuerstein, Zunder): Feuerland; Rindentablett mit Zunder: Yuchi (Tennessee)

4.1.1.5. Schlagfeuerzeug

Durch das Zusammenschlagen zweier bestimmter harter Gegenstände werden Funken erzeugt, die den bereitgehaltenen Zunder in Brand stecken (Abb. 268). Als Schlagmaterialien werden verwendet Stein auf Stein (z.B. Feuerstein auf Pyrit), auf Keramikscherben, auf Bambusstücken (besonders kieselsäurehaltige Arten) und auf Stahl. Die Feuerländer gebrauchten zum Feuerschlagen einen kleinen Feuersteinknollen und ein größeres Pyritkorn. Die Sporen des getrockneten Bovist wurden als Zunder auf ein Fellstreifchen gelegt und darüber die beiden Steine zusammengeschlagen. Meist schon beim ersten Schlag begannen die durch Funken entzündeten Sporen zu glühen. Durch leichtes Anblasen und Zugabe von fetter Guanakowolle erzielte man eine Flamme.[59]

4.1.2. Feuererhaltung

Obwohl die Erzeugung von Feuer weltweit verbreitet und in der Regel auch unproblematisch ist, besteht eine ebenfalls weit verbreitete Abneigung dagegen, das Feuer erlöschen zu lassen. In vielen Fällen wurde die Neuentfachung eines ausgegangenen durch Glut eines noch lebenden Feuers der Erzeugung vorgezogen, die manchmal nur von den Männern beherrscht wurde.

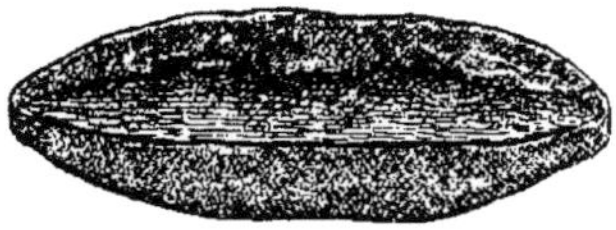

Abb. 269 Tranlampe, Netsilik-Eskimo

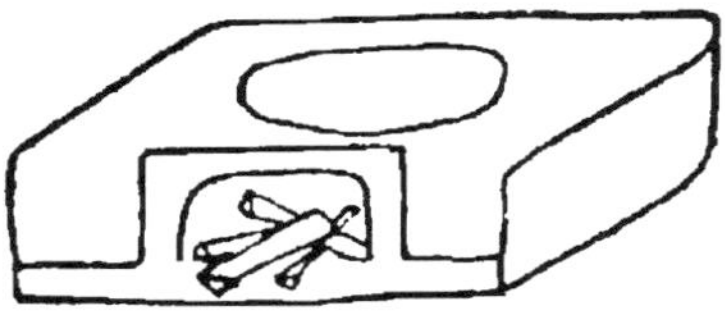

Abb. 270 Kochherd aus Ton, Meau (Thailand)

Viele Völker kannten keine andere Form des häuslichen Feuers als die des offenen Brands auf ebenem Boden. Auch bei seßhaften Bevölkerungen sind befestige Feuerstellen keineswegs allgemein. Eine einfache Form der Feuerstelle ist die bei den Eskimo gebräuchliche *Tranlampe*, die vor allem dort, wo es kein Brennholz gibt, nicht nur zur Beleuchtung, sondern auch zum Kochen und als Wärmelieferant dient (Fig. 269). Feuergruben oder *Erdöfen*, in denen gekocht und das Feuer bewahrt wird, sind die einfachsten Formen fester Feuerstellen. *Gemauerte Öfen* aus Stein oder Lehm sind weit seltener. Die Häuser der Meau in den Bergen des nördlichen Thailand verfügen sowohl über ein offene Feuerstelle aus einem mit Steinen bekrönten Lehmsockel, als auch über einen Kochherd aus Ton mit einer runden Vertiefung für die Kochtöpfe (Abb. 270; vgl. auch die Ausführungen zum Brennen von Keramik und zum Erschmelzen von Metall, S. 50–52, 66–68 oben).

Einfache *Schürstöcke* oder *Feuerspieße* werden gemeinhin zur Pflege der Glut gebraucht, doch kommen auch *Feuerzangen* aus gespaltenen Ästen

Abb. 271 Feuerzangen: Yamana, Santa Cruz-Inseln

Abb. 272 Feuerfächer: Ellice-Inseln, Chiquitano (Bolivien)

oder aus geknickten Palmblattrippen vor (Abb. 271). Während Gebläse zum Anfachen des Feuers in erster Linie im Zusammenhang mit der Metallverarbeitung vorkommen, finden *Feuerfächer* zu diesem Zweck allgemeine Anwendung (Abb. 272). Weit verbreitet sind langsam brennende *Lunten* zum Transport von Feuer zwischen Haushalten oder auf Reisen (Abb. 273).

Abb. 273 Lunte aus Kokosfasern und Bast: Santa Cruz-Inseln

Weiterführende Literatur:

Balfour, Henry: Frictional Fire Making with a Flexible Sawing Thong. Journal of the Royal Anthropological Institute 44: 32–64. London 1914.
–: The Fire Piston. Smithsonian Report for 1907: 565–593. Washington 1908.
Cooper, John M.: Fire Making [in South America]. Handbook of South American Indians (Bulletin of the Bureau of American Ethnology 143), 5: 283–292. Washington 1949.
Hough, W.: Fire as an Agent in Human Culture. Smithsonian Institution Bulletin 139. Washington 1926.
Lagercrantz, Sture: African Methods of Fire-Making. Studia Ethnographica Upsaliensia 10. Lund 1954.
Schmidt, Max: Das Feuerbohren nach indianischer Weise. Zeitschrift für Ethnologie 35: 75–80. Berlin 1903.
Schmidt, P. Wilhelm: Feuererzeugung bei den Tasmaniern und den Semang. Anthropos 35–36: 376–379. Freiburg 1940–1941.
Skertchly, Sidney B. J.: On Fire-Making in North Borneo. Journal of the (Royal) Anthropological Institute 19: 445–452. London 1889.
Speiser, Felix: Über Feuerzeuge in der Südsee. Anthropos 35–36: 239–263. Freiburg 1940–1941.

Anmerkungen Ergologie

1 Vgl. dazu: S. A. Semenov: Prehistoric Technology. London 1957: 16–21; F. Herig: Die Form der paläolithischen Geräte. Internationales Archiv für Anthropologie, N.F. 22: 181–189. Braunschweig 1932.

2 H. T. Horwitz: Die Entwicklung der Drehbewegung. Beiträge zur Geschichte der Technik und Industrie 10: 194. Berlin 1920.

3 H. E. Kauffmann, Landwirtschaft bei den Bergvölkern von Assam und Nord-Burma. Zeitschrift für Ethnologie 66: 45. Berlin 1934.

4 Z.B.: H. Baumann: Zur Morphologie des afrikanischen Ackerbaugerätes. Wiener Beiträge zur Kulturgeschichte und Linguistik 6: 192–322. Wien 1944: 224–225; H. A. Bernatzik: Akha und Meau. 2 Bände. Innsbruck 1947: 2: 365, Tafel 277. Museum für Völkerkunde, Wien, Inv. Nr. 144.082, Insel Hateruma, Riukiu.

5 E. Werth: Grabstock, Hacke und Pflug. Ludwigsburg 1954: 142–143.

6 H. Damm: Hacken- und beilartige Geräte mit Schildkrotklinge. Jahrbuch des Museums für Völkerkunde Leipzig 11: 76ff., Fig. 9–12. Leipzig 1952.

7 H. Baumann: Zur Morphologie des afrikanischen Ackerbaugerätes. Wiener Beiträge zur Kulturgeschichte und Linguistik 6: 224–225. Wien 1944.

8 C. C. F. M. Le Roux: De Bergpapoea's van Nieuw-Guinea en hun woongebied. Leiden 1948: 1: 433ff. gibt z.B. acht Varianten des Anflechtens und -bindens der Klinge am Kniestiel.

9 C. A. Schmitz: Technologie frühzeitlicher Waffen. Basel 1963: 58.

10 K. von Löffelholz: Die Zoreisch-Indianer der Trinidad-Bai. Mitteilungen der Anthropologischen Gesellschaft Wien 23: 101–123. Wien 1893: 123.

11 L. Frobenius: Der Ursprung. der afrikanischen Kulturen. Berlin 1898: 275.

12 C. A. Schmitz: Technologie frühzeitlicher Waffen. Basel 1963: 10.

13 A. Métraux in: Handbook of the South American Indians. Bulletin of the Bureau of American Ethnology 143, part 5. Washington 1949: 256–257; H. R. Harrison: War and The Chase. London 1929: 59.

14 G. Friederici: Ein Beitrag zur Kenntnis der Trutzwaffen der Indonesier, Südseevölker und Indianer. Baessler-Archiv, Beiheft 7. Leipzig–Berlin 1915: 26.

15 H. R. Harrison: War and The Chase. London 1929: 26.

16 L. Spier: Klamath Ethnography. University of California Publications in American Archaeology and Ethnology 30. Berkeley 1930: 195.

17 K. von Löffelholz: Die Zoreisch-Indianer der Trinidad-Bai. Mitteilungen der Anthropologischen Gesellschaft Wien 23. Wien 1893: 107, 120.

18 C. A. Schmitz: Technologie frühzeitlicher Waffen. Basel 1963: 23–26.

19 K. G. Lindblom: The Sling, especially in Africa. Smärre Meddelanden, Statens Etnografiska Museum 17. Stockholm 1940: 35.

20 Simmonds: Archery in South East Asia: 72, 77 mit Fig. 7.

21 J. Hornell: South Indian Blow-Guns, Boomerangs and Crossbows. Journal of the Royal Anthropological Institute 52: 315–346. London 1924: 345.

22 J. Riester: Die materielle Kultur der Chiquitano-Indianer (Ostbolivien). Archiv für Völkerkunde 25: 143–230. Wien 1971: 206.

23 S. Linné: Blowguns in Ancient Mexico. Ethnos 4: 56–61. Stockholm 1939.

[24] B. Anell: Hunting and Trapping Methods in Australia and Oceania. Studia Ethnographica Upsaliensia 18. Lund 1960: 1–63.
[25] J. E. Lips: Fallensysteme der Naturvölker. Ethnologica 3: 123–272. Leipzig 1927: 125–126.
[26] B. Anell: Contributions to the History of Fishing in the Southern Seas. Studia Ethnographica Upsaliensia 9. Lund 1955: 119.
[27] B. Anell: Hunting and Trapping Methods in Australia and Oceania. Studia Ethnographica Upsaliensia 18. Lund 1960: 28.
[28] H. T. Horwitz: Über einige neue Gesichtspunkte bei der Untersuchung von Fallen und Selbstschüssen. Ethnologica 4: 102–107. Leipzig 1930.
[29] J. E. Lips: Fallensysteme der Naturvölker. Ethnologica 3. Leipzig 1927: 152–156, 164–166 und Abb. 58–81, 91–93.
[30] J. E. Lips: Fallensysteme der Naturvölker: 162–164 und Abb. 90
[31] J. E. Lips: Fallensysteme der Naturvölker: 166 und Abb. 94–95.
[32] P. Radin: The Winnebago Tribe, 37th Annual Report of the Bureau of American Ethnology, 47–560. Washington 1923: 110.
[33] J. E. Lips: Fallensysteme der Naturvölker: 166–168 und Abb. 96
[34] O. Hermann: Die Fängigkeit von Fallen und Fischzäunen. Mitteilungen der Anthropologischen Gesellschaft Wien 31:38–51. Wien 1901.
[35] H. T. Horwitz: Über einige neue Gesichtspunkte bei der Untersuchung von Fallen und Selbstschüssen. Ethnologica 4. Leipzig 1930: 107
[36] J. E. Lips: Fallensysteme der Naturvölker: 131 und Abb. 11
[37] J. E. Lips: Fallensysteme der Naturvölker: 132–134 und Abb. 13–16
[38] J. E. Lips: Fallensysteme der Naturvölker: 132 und Abb. 12 a–c
[39] J. E. Lips: Fallensysteme der Naturvölker: 158 und Abb. 83.
[40] J. E. Lips: Fallensysteme der Naturvölker: 158 und Abb. 82.
[41] J. E. Lips: Fallensysteme der Naturvölker: 144 und Abb. 38.
[42] F. G. Speck: The Nanticoke Community of Delaware. Contributions to the Museum of the American Indian, Heye Foundation 11(4). New York 1915: 21 und Fig. 15.
[43] J. E. Lips: Fallensysteme der Naturvölker: 134 und Abb. 17.
[44] J. E. Lips: Fallensysteme der Naturvölker: 170 und Abb. 97.
[45] J. E. Lips: Fallensysteme der Naturvölker: 180 und Abb. 127.
[46] J. E. Lips: Fallensysteme der Naturvölker: 198 und Abb. 161.
[47] J. E. Lips: Fallensysteme der Naturvölker 200 und Abb. 163 und 163a.
[48] J. E. Lips: Fallensysteme der Naturvölker: 232 und Abb. 194 und 194 a, b.
[49] J. E. Lips: Fallensysteme der Naturvölker: 226 und Abb. 190 und 190 a.
[50] Lips: Fallensysteme: 206–208 und Abb. 169.
[51] J. E. Lips: Fallensysteme der Naturvölker: 244–246 und Abb. 209.
[52] J. E. Lips: Fallensysteme der Naturvölker: 236 und Abb. 197.
[53] O. F. Cook: Foot-plow Agriculture in Peru. Annual Report of the Smithsonian Institution for 1918: 488–491. Washington 1920.
[54] H. Baumann: Zur Morphologie des afrikanischen Ackerbaugerätes. Wiener Beiträge zur Kulturgeschichte und Linguistik 6. Wien 1944: 197.
[55] P. Leser: Entstehung und Verbreitung des Pfluges. Münster 1931; E. Werth: Grabstock, Hacke und Pflug. Ludwigsburg 1954: 163–204; H. Chevalier:

Les Charrues des Indes néerlandaises. Internationales Archiv für Ethnographie 17:189–193. Leiden 1905; H. Baumann: Zur Morphologie des afrikanischen Ackerbaugerätes. Wiener Beiträge zur Kulturgeschichte und Linguistik 6. Wien 1944: 309–312.

56 Die Typologie der „einfachen" Pflüge mit ihren zahlreichen interessanten Varianten ist nicht exakt zusammengestellt. In der Literatur findet man diese Typen nach ihrer – rein hypothetischen – Entwicklung aus Grabstock, Spaten oder Hacke schematisch als „Grabstockpflug", „Spatenpflug", „Hackenpflug" bezeichnet.

57 C. G. Feilberg: A Sumerian Plough Surviving in our Time. Ethnos 3: 84–86. Stockholm 1938; E. Werth: Türkische und mesopotamische Pflüge in ihrer urgeschichtlichen Bedeutung. Zeitschrift für Ethnologie 70: 343–361. Berlin 1938.

58 T. Koch-Grünberg: Vom Roroima zum Orinoco. Ergebnisse einer Reise in Nordbrasilien und Venezuela in den Jahren 1911–13. 5 Bände. Berlin und Stuttgart 1917–1928: 3: 46–47, Tafel 40.

59 M. Gusinde: Die Feuerlandindianer. 3 Bände. Mödling 1931–1939: 1: 207–208; 2: 392–393.

QUELLENNACHWEIS DER ABBILDUNGEN

Schrägstriche (/) bedeuten, daß diese Abbildung nur zum Teil aus der angegebenen Quelle stammt.

Adler – Nordasiatischer Pfeil (1901): 141, /148/; Anell – History of Fishing (1955): /181/, 189; Anell – Hunting and trapping (1960): /148/, 177, /178/, 179, 184; Balfour – Composite Bow (1889): 49, 163; Balikci – Netsilik Eskimo (1970): /107/, 269; Barnard – Bronze Casting (1961): 19; Baumann – Morphologie (1944): /219/, 230, 249; Baumann – Völkerkunde Afrikas (1940): /104/, /124/; Bernatzik – Akha (1947): /119/, /240/, 250, /253/, 270; Bilderduden (1958): 50; Boas – Kwakiutl (1909): /62/; Bogoras – Chukchee (1904): 242; British Museum – Handbook (1910): /122/, /123/, /137/, /139/, /140/, 175, /214/, /265/, /266/, 267, /268/; Bühler – Stoffmusterungen (1963): 97, 98, 99; Bühler und Oppenheim – Systematik (1948): 66, 67, 68, 69, 70, 74, 74, /75/, 79, 80, 81, 82, 85; Buschan – Völkerkunde (1922): 30, 40, /105/, /106/, 111, 112, /118/, /133/, 135, /136/, /147/, /149/, /152/, /155/, /167/, /172/, /186/; Clermont – Weymontachie (1982): 47, /102/; Cranstone – Melanesia (1961): /131/, 154, /158/; Damm – Bericht (1955): /218/; Damm – Feldgeräte (1954): /219/, /220/; Dietschy – Keulen (1939): /131/, /132/; Drucker – Northwest Coast (1955): 41, 57, /118/, /125/, /126/; Egerton – Indian Arms (1880): 136, /139/; Erdmann – Knüpfteppich (1955): 95; Feilberg – Papis (1952): 260; Feldhaus – Technik (1965): 26, 27; Felgenhauer – Willendorf (1956/9): 2; Fischer – Reismesser (1939): 248; Fischer – Reispflücken (1937): 245; Frobenius – Erythräa (1931): 20; Gräbner – Weberei (1954): 90, 93, 94; Gronemann – Kris (1910): 32; Grünberg und Grünberg – Kayabí (1967): /75/, /107/; Gunda – Maisdreschkorb (1969): /258/; Gusinde – Feuerland-Indianer (1931-1939): /127/, /271/; Gustafson – Salish Weaving (1980): 78; Haeberlin und Gunther – Puget Sound (1930): 76; Hamilton – Notes on Matters (1908): 191; Handbook of South American Indians (1946/50): /62/, /139/, /142/, /144/, /168/, 176, /178/, /186/, 264; Hariot – Report (1590): 36; Hartwig – Nanaier (1956): 16; Hermann – Fängigkeit (1901): 190; Hinderling – Schnurverschlingen (1959): 65; Hiroa – Maori (1950): 46, 52, 72; Hirschberg – Afrika (1965): 15; Holmes – Manufacture (1891): 3; Hornell – South Indian Blowguns (1924): /136/, /147/, /172/; Hudson und Blackburn – Chumash (1979): /244/; Izikowitz – Traps (1939): 180; Janata – Originalphotographie: 14; Kauffmann – Bergvölker (1935): 241, /251/; Koch – Ellice-Inseln (1961): 263, /272/; Koch – Gilbert-Inseln (1965): /266/; Koch – Santa Cruz-Inseln (1971): /271/, /273/; Kothe – Neolithische Anbauformen (1953): /218/; Kraft – Formgebung (1932): 5; Krause – Schleudervorrichtungen (1902): 153, /155/, 157, /158/; Kroeber – Handbook (1925): 246; Lagercrantz – Ringdolche (1937): /130/, /139/; Leakey – Bow and Arrow (1926): /169/, /170/; Leroi-Gourhan – L'Homme (1943): 13, 22, 23, 25, 29, 34, 37, 38, 39, 45, 87, 128; Leser – Westöstliche Landwirtschaft (1928): /216/, 229, 232, 233,

234, 235, 236, 237, 238, 239, 254, 255, 261, 262; Levin und Potapov – Narody Sibiri (1956): /102/, /103/, 159, /160/; Lindblom – Harpoon Arrows (1939): /144/; Lindblom – Plunge Basket (1933): 182; Ling Roth – Looms (1917): 88; Lips – Fallensysteme (1926): 183, 188, 193, 194, 195, 196, 197, 198, 200, 201, 202, 203, 204, 205, 206, 207, 208, 209, 210, 211, 212, 213; Lips – Ursprung (1951): 247, /265/; Loeffler, Friedl, Janata – Boir Ahmad (1975): /115/; Lowie – Crow Indians (1935): /103/; Luschan – Eisentechnik (1909): 24; M'Guire – Drilling (1896): 113, 114, 116, 117, /127/; Malleret – Font Hanoi (1954): 28; MacLaren – Fishing devices (1958): 185; Maquet – Outils de forge (1965): /31/, /126/; Mason – Basketry (1905): 73; Mason – Bows and Arrows (1894): /142/, 143, /144/, /148/, /149/, /151/, /152/, 161, /167/; Mason – Throwing Sticks (1886): /156/; Mason – Skindressing (1889): /101/, /103/; Miles – Indian and Eskimo Artifacts (1963): /136/, /139/; Morrow – Rawhide (1975): /106/; Moschner – Cook-Samlung (1955): /107/, /126/, /130/; Moschner – Baststoffe (1962): 53; Museum für Völkerkunde, Wien: 11, 12, 31, 35, 43, 44, 51, 54, 55, 56, 59, 61, /62/, 63, 71, 84, 89, /105/, 106, 108, 110, 121, /123/, /124/, /125/, 129, /139/, 145, 146, /160/, 162, 164, /166/, /167/, /168/, /169/, 181, /216/, /240/, 250, /253/, 255, 256, /258/, 259; Mylius – Textilkunst (1964): /100/; Oakley – Toolmaker (1963): 6; Peter – Bumerang (1986): /137/; Ortiz – Southwest (1983): /244/; Peterson – Tomahawks (1965): /133/; Pfeiffer – Muscheltechnik (1914): 9, 10; Pfeiffer – Steinzeitliche Technik (1912): 7, 8, 48; Pleiner – Schmiedehandwerk (1962): 33; Porsild – Studies (1915): /144/; Riester – Chiquitano (1971): 173, /272/; Rietl – Töpferscheibe (o. J.): 17, 18; Schmitz – Technologie (1963): 150, 163; Semenov – Technology (1957): 1, 4; Seyffert – Messer (1911): /105/, 109; Simmonds – Archery (1959): /151/, /166/, /170/; Skinner – Menomini (1920): 83; Snoy – Nuristan (1965): 58, 60; Speck – Yuchi (1909): /268/; Speck – Nanticoke (1915): 64, 199; Speiser – Keulenformen (1932): /132/; Syrski – Landwirtschaft (1873): 226; Thomas – Throwing Knife (1925): 138; Vaughan-Kirby – Skin Dressing (1919): /101/; Wade – Embroidery (1960): 96; Waterman – Puget Sound (1973): 183, 243; Watkins – Hopi (1953): 174; Werth – Grabstock (1954): 120, /122/, /123/, /214/, 215, 217, 222, 223, 224, 225, 227, 228, 231; Weule – Chemische Technologie (1922): 21; Weule – Kulturelemente (1910): /139/, 171; Wilson – Hidatsa (1917): /220/, /251/; Zerries und Schuster (1974): /106/.

SACHVERZEICHNIS

Der Index ist ein reines Sachverzeichnis, das alle verwendeten Fachausdrücke sowie die wichtigeren materialkundlichen Stichworte enthält. Personen-, Orts- und Stammesnamen sind nicht mit aufgenommen. Soweit als möglich werden mit den Stichwörtern die englischen Termini angegeben. Im Deutschen geprägte Fachausdrücke wurden – wann immer es sinnvollerweise möglich war – wörtlich übersetzt oder erklärt. Waren längere Erklärungen unumgänglich, wurde von einer englischen Übertragung abgesehen. Die Übersetzungen beziehen sich immer nur auf die im Index zitierte Bedeutung; dies gilt auch für das Glossar.

A

Abbau: mining 27, 62–63
Abbindreserven: tie reserves 140–141 – Abb. 99
Abdrehen: turning 81, 97–98
Ablöschen: quenching 65, 79
Abschlag: flake 27–28, 30
Abschlagtechnik: flaking 27–28
Abschrot: bottom fuller 75 – Abb. 32
Abschroten: cutting 75–76 – Abb. 33, 81
Abschrothammer: top fuller 75, 173
Absetzen: shouldering 76 – Abb. 33, 77
Ackerschleppe: field drag 250, 251 – Abb. 233
Adobe 155
Ahle: awl 124, 172 – Abb. 127
Alabaster 25, 33
Alaungerben: alum or mineral tanning 147–148
Amalgamierung: amalgamation 59, 85
Amboß: anvil 44–45, 74–75 – Abb 30+32, 77, 79, 173
Ammentum 195
Anbinden: tying 170, 192–194
Angel (Fanggerät): hook and line *217–219* – Abb. 181
(Messer): tang 77, 160
Angelhaken: fish hook 103, 218 – Abb. 181
Angelleine: fish line 217–218
Anke: bottom swage 83 – Abb. 35
Ankleben: gluing 170, 192–194
Anlassen: bluing, tempering 79, 86
Anlaßfarben: colors of temper 79, 86
Anschlagkamm: comb 132
aplastische Rohstoffe: aplastics 41–42
Anwendung: use 1, 2, 4, 10–11
Applikation: appliqué 53, 139, 150
Armbrust: crossbow 6, 13, 199, *208–209* – Abb. 172, 236
Ärmchenbeil: winged poll ax 167, 168 – Abb. 120, 170
Artefakt: artifact 3–4, 7–9, 11–12, 15, 22
Asklepias: asclepias 114
Atlasbindung: satin weave 126, 134, 136 – Abb. 94
Ätzen: etching 39, 78–79, 80, 84, 86
Aufbauen: building up 43–45, 48–49
Aufbereiten: dressing (metal) 62–63
Aufglasurfarbe: enamel color 54
Aufkohlen: carburizing 79
Auflage (Bogen): backing 201, 204–205
Aufziehen s. Formtreiben
Auge: eye 71, 75, 163, 173
Auslöser: release 227–228, 230, 232, 237
Axt: ax 15, 32, 33, 37, 90, 92, *166–170* – Abb. 118+122+123, 178, 179, 241

B

Bahn (Hammer): face 75–77, 80–81, 173
Balg: bellows 68–70
Balgengebläse: concertina bellows 69 – Abb. 24
Bambus: bamboo 32–33, 37–38, 48, *89–90*, 110, 160, 164, 184, 190, 192, 200, 205, 206, 251, 256, 260
Bambusfasern: bamboo fibers 90, 110
Bambusfeuersäge: bamboo fire saw 267 – Abb. 265
Basalt 25, 59
Basis (Messer): base 159–160
Bast: inner bark 39, 105–106, 108–109, 113–114, 153, 210
Bastfasern: inner bark fibers 105, 114
Baststoff: bark cloth *106–108*, 118, 121, 137
Baststoffklopfer: bark beater 107 – Abb. 52
Batik 141
Baumfällen: tree-felling 90–92 – Abb. 36, 97
Baumwolle: cotton 113–114, 134, 190, 266
Baumwollentkerner: cotton gin 117 – Abb. 60
Bedeutung: meaning 1, 2, 4, 9–11
Bedrucken: imprinting 107, 140
Beetpflug: (conventional) plow 249
Befiederung: fletching or feathering *186–188* – Abb. 141+142, 190–91
Beil: hatchet 166, 168 – Abb. 120, 179
Beilloch s. Auge
Beillochschäftung: eye hafting 169 – Abb. 122
Bein s. Knochen
Beizmittel: corrosive 78, 84, 86, 100, 102, 152
Beizreserve: mordant reserve 140
Bemalen: painting 53, 55, 100, 102, 107, 140
Bernstein: amber 25, 151
Beschickung: charging (a furnace) 66
Besehnung: bracing or stringing 200, 205–207 – Abb. 169
Bewegungsnetze s. Bewegungsschlingen
Bewegungsschlingen: simple snares 224 – Abb. 187, 234
Bidri 84
Biegen: bending 15, 89, 93, 95–96 – Abb. 39+40, 100, 173
Biegsamkeit: pliancy 14, 88, 89, 103, 114
Biegung: bending 14, 199, 233
Biegungsfallen: bending traps *233–237*
Bimsstein: pumice 24, 93, 104, 149, 162
Bindebefestigung: tied attachment 207 – Abb. 170
Bindemittel: binding agents 35, 110, 150, 151, 152
Binden: binding 124 – Abb. 70
Bindungen: weaves 121, 122, 124, 125, 134, 136
Biskuitbrand: biscuit firing 52, 55
Bitumen 151–153
Blasrohr: blowgun 90, 152, 186, 189–190, 199, *209–211* – Abb. 175
  durchbohrtes: bored 211
  einfaches: simple 210
  gestücktes: compound 210
  verstärktes: reinforced 210 – Abb. 175
  zusammengesetztes: composite 210–211
Blasrohrkugel: blowgun pellet 186
Blasrohrlanze: blowgun lance 211
Blasrohrpfeil: blowgun dart 190–191
Blattfasern: leaf fibers 115
blattförmige Spitzen: leaf-shaped points 192 – Abb. 149
Blattgold: gold leaf 58, 84–85, 139
Blattsilber: silver leaf 85

Blattvergolden: leaf gilding 85
Blech: sheet metal 79–83, 85–86, 104, 137, 201, 256
Blei: lead 58, 60–61, 63, 64, 70–71, 81, 84, 177
Bleichen: bleaching 36, 107
Bleierz: lead ore 59–60, 53–64
Bleiglasur: lead glaze 54
Bleioxid: lead monoxide 54, 64
Blöße: smoothed skin 146–149
Bodenbaugeräte: agricultural implements *239–262*
Bogen: bow 5, 6, 13, 90, 98, 111, 117 – Abb. 59, 122, 189, 199, *200–208* – Abb. 161–171, 233, 235–238, 266
Bogenbohrer: bow drill 164–165 – Abb. 115
Bogenklemmer 228, 231
Bogenkrümmung: curvature of the bow 203–204 – Abb. 167
Bogensäge: bow saw 38 – Abb. 9
Bogenschleuder: pea shooter 199, 209 – Abb. 174
Bogensehne: bow string *204–207*, 236
Bogenspannmethoden: (methods of) arrow release, hold *207–208* – Abb. 171
  Mittelmeertyp: Mediterranean type 208 – Abb. 171
  mongolischer Typ: Mongolian type 208 – Abb. 171
  primärer Typ: primary type 207–208 – Abb. 171
  sekundärer Typ: secondary type 207–208 – Abb. 171
  tertiärer Typ: tertiary type 208 – Abb. 171
Bogenstab: bowstaff 96, *200–204*, 205, 208
  doppelter: double bowstaff 202 – Abb. 164, 208
  einfacher: self bow 200
  gestückter: compound bow 200 – Abb. 161
  starrer: straight bowstaff 203–204 – Abb. 167
  verstärkter: reinforced bow 200–201 – Abb. 162
  zusammengesetzter: composite bow 201–202 – Abb. 163
Bodenstabende: end of the bowstaff 202–203 – Abb. 166
Bohren: drilling 27, 32–33, 37, 82, 97, 156, 266
Bohrer: drill 33, 97, 104, *164–166* – Abb. 111–117, 266
Bohrkerne: drill cores 33
Bohrlöcher: drill holes 33 – Abb. 7–8
Bohrmütze: head piece (drill) 164–165
Bohrspindel: drill shaft 33, 38, 164–166
Bola: bola (weights) 221–222
Bola perdida 221 – Abb. 186
Boleadora 220–222 – Abb. 186.
Bolus: bole 85, 154
Bombax 114
Borax 54, 81, 84
Bördeln s. Einfassen
Brandpfeil: incendiary arrow 198
Brechstange: crow bar 263 – Abb. 263
Breiten: drawing out 76 – Abb. 33
Brennen: firing, baking 40–42, 48, *50–55*, 63, 97, 269
Brennglas: burning glass 265
Brennkammer: combustion chamber 51–52
Brennspiegel: burning reflector 265
Brenntemperatur: firing temperature 42, 55–56, 151, 153
Brettchenweberei 130 – Abb. 82
Brochieren: brocading 136
Bronze 60–61, 65, 72, 74, 85
Bronzeguß: bronze casting 65
Broussonetia papyrifera 106
Brustbaum: breast beam 131, 133–134
Brustleier s. Kurbelbohrer
Buckeleisen: top swage 83, 171

Büffelhorn: buffalo horn 105
Bügelbefestigung 188 – Abb. 142
Bulbus: bulb 28
Bumerang: boomerang 181–182 – Abb. 137
„Buschmannrevolver" 203
Busycon 36
Bütte: vat 110 – Abb. 55

C

carbothermisches Reduktionsverfahren s. Reduktionsverfahren
Cassis 36
Catlinit 27, 33
chakram 182
Chalzedon: chalcedony 24
Chama gryphoidae 38
Chinagras: China grass 110, 114
Cortex 28
Craquelée 54

D

Damaststahl: damasc or watered steel 78–79, 156
Dechsel: adze 37, 92, 94 – Abb. 37, 96, 104, 161, 166–170 – Abb. 118+121+122+124
Dekor: decoration 33–34, 40, 53–55, 56, 72, 82–86, 99–100, 137–141
Dekorieren: decorating 40
Dentalium 36
Dichte: density 14, 23, 88
Diffusion: diffusion 5
Diskus: discus 182
Döbber 81
Dolch: dagger 103, 180, 184–185 – Abb. 139
Dolchmesser: knife dagger 184
Doppelgewebe: double weave 136
Doppeljoch: double yoke 247
Doppelsehne: double string 205 – Abb. 168, 208
Dorn: spike 184, 190, 192, 194–197
(Messer): tang 58, 160
Dornschäftung (Beil): spike hafting 169–170 – Abb. 122
(Projektil): spike tipping 193–194 – Abb. 152
Dornschleuder: spiked spear thrower 195–196 – Abb. 155
Draht: wire 38, 79, 80, 81, 84, 201, 205
Drahtemail: wire enamel 84
Drahtziehen: wire drawing 80 – Abb. 34, 172
Drehbewegung: rotary motion 17–18, 22, 118, 164–165, 181, 198
Dreherbindung: gauze weave 137
Drehkreuz: turnstile 132–133 – Abb. 87
Drehscheibe s. Töpferscheibe
Drehstuhl: lathe 16, 81, 97–98 – Abb. 45
Dreieckbogen: triangular bow 203
Dreiecksegge: triangular harrow 251 – Abb. 235
dreiflügelige Spitze: three-bladed point 192 – Abb. 149
Dreschbehelfe: threshing utensils *258–260* – Abb. 253–257
Dreschbrett: (threshing) float 260 – Abb. 256
Dreschflegel: flail 259 – Abb. 254
Dreschgabel: treshing fork 258–259 – Abb. 253
Dreschkamm: threshing comb 259–260 – Abb. 255
Dreschchlegel: threshing mallet 258–259 – Abb. 253
Dreschsparren: (curved) threshing stick 258–259 – Abb. 253
Dreschstock: threshing stick 258
Dreschtafel s. Dreschbrett
Dreschwagen: multiple threshing roller, wain 260 – Abb. 257
Dreschwalze: threshing roller 260
Drillbohrer s. Pumpenbohrer
Drillen: twisting 118–120 – Abb. 61
Drillung s. Torsion 14
Druck: pressure 14, 24, 26, 28, 31

Druckklemmen: squeezing contrivances 223, 224
Druckklemmfallen: pressure squeezing traps 233, 235–236 – Abb. 207
Druckperkussion: pressure percussion 14, 28, 82, 94, 159, 164, 172, 184, 241
Druckretusche: pressure flaking 30–32 – Abb. 3
Druckstab: presser 28–31
Druckstichfallen: pressure stabbing traps 233, 236 – Abb. 208
Drucktechnik: pressure technique 27–28, 30
Druckwerkzeuge: pressure tools 162–163
Durchbrechen: perforating 82, 102
Durchreiben: rubbing through 107
Durchschlag: drift 75, 77
Durchsteckschar: tang share 248
Düse: nozzle 66–67, 69–70

E

Edelmetall s. Metall, edel
Egge: harrow *250–251* – Abb. 232–236
Einbrandverfahren: vitreous enamel finishing 52
Eindornen: hole inserting 99, 184, 188
Einfassen: bordering 81
Einhängen: simple looping 122 – Abb. 65, 124
Einstecken: notch inserting 99, 188
Einsumpfen 43
Eintrag: weft or woof 120, 127–130, 132, 134–137
Eintragreps: rep with concealed warp 128, 234–135 – Abb. 92
Eisen: iron 26, 48, 50, 58–60, 62–66, 68, 74–75, 77–78, 83, 91–92, 94, 99, 160, 172, 176, 221, 242–246, 248, 250, 252, 256
Eisenerz: iron ore 59, 62, 63, 65
Eisenguß: iron casting 65, 70
Eisenoxid: ferric oxide 65, 153
Elastizität: elasticity 14, 16, 88–90, 103, 115–116, 145, 204, 223, 225, 233
Elastizitätsfallen: elasticity traps 223, 233
Elastizitätskammerfallen: elasticity box traps 233–234 – Abb. 204–206
Elfenbein: ivory 103
vegetabilisches: vegetal i. 103
Email: enamel 26, 55, 84
Emaillieren: enameling 84
Endofakte: endofacts 15
Endschäftung: end hafting 168–170 – Abb. 123, 193
Energie: energy 14, 223, 225, 227–228, 230–231, 236, 265
kinetische: kinetic 223, 228, 230
potentielle: potential 228, 230–231
Energiespeicher: energy reservoir 227–228, 230, 233, 235, 238
Engobe: slip 53–54
Entkernen: ginning 117
Entkörner: husking or sbelling peg 261 – Abb. 258
Eolithen: eoliths 26
Erdhacke s. Hacke
Ergologie 1, 13, 22, *159–273*
Erntemesser: harvesting knife 256–257 – Abb. 248
Ernten: harvesting 240–241, 255–258 – Abb. 247
Ernteriug: finger knife for cutting rice 256 – Abb. 245
Erschmelzen: smelting 269
Erz: ore 58–64, 66–67
karbonatisch: carbonic 63
oxidische: oxidic 59, 63–64
sulfidische: sulfidic 59, 63–64
Esse: forge 74–75
Evolutionismus: evolutionism 5, 6, 8
Exofakte: exofacts 15

F

Fach: shed 129–132
Fachbildung: shedding 128–133
mechanische: mechanical 130
Fächer: fan 68, 261
Faden: thread or yarn 69, 112, 116, 118–125, 128, 132, 134, 136–139, 150, 154, 157
endlicher: limited 121–123
endloser: endless 122–123
Fadenbildung: thread making 112, 117–118
Fadenreservierung s. Ikat
Fadensystem: thread elements 124, 127–128, 134, 138
aktives: active 124, 128, 130
passives: passive 124, 127–128
Fahlerz: grey copper ore containing silver 59
Fahnenschäftung: flag hafting 169–170 – Abb. 123
Falle: trap 175, 215, 217–219, *223–238*
Fallgrube: pit fall 229 – Abb. 193, 234
Fallspeer: harpoon downfall 232 – Abb. 201
Faltreserven: fold reserves 140–141 – Abb. 98
Falzen: folding 81
Fanggeräte: catching devices 175, *215–222*, 223, 227
bewegliche: movable 215, *219–222*
fixierte: fixed *215–216*, 224
halbfixierte: semi-fixed 215, *216–219*
Farbätzung 86
Farbe: paint 24, 41, 51, 53–54, 61, 77, 107–108, 114, 140–141, 148, 150, 152–153
Farbglasur: colored glaze 54
Färberbeize: mordant 100, 153
Färberei: dyeing 140–141, 153
Farbpigment: pigment 53, 150–153
Farbstoff: dye-stuff 35, 85, 100, 113, *152–154*
Faser: fiber 26, 93, 113–114, 116–117, 119, 146, 147
Faserpflanzen: fibrous plants *113–115*
Faserstoffe: fibrous materials 77, 113–116, 200
Fäulnis: decay 43, 145–147
Faustkeil: chopper 28
Fayence: Delft ware 41
Fegemaschine: fan blowing machine 262 – Abb. 261
Feigenbaum: fig tree 108
Feile: file 75 – Abb. 32, 82, 93, 162
Feilen: filing 71, 81–82
Feldbrand: open firing 51
Feldhaue s. Hacke
Feldwalze: field roller 251 – Abb. 236
Fell: hide 115, *144–150*, 179
Fellhobel: hide scraper 149 – Abb. 103, 161
Fettgerben: oil dressing 147–149
Feuerbock: hearth 266–167 – Abb. 264–266
Feuerbohrer: fire drill 265–267
Feuererhaltung: fire maintenace *269–270*
Feuererzeugung: fire making 5, *265–268*
Feuerfächer: fire fan 270 – Abb. 272
Feuerpflug: fire plow 267 – Abb. 266
Feuerpumpe: fire piston 268 – Abb. 267
Feuersäge: fire saw 266–267 – Abb. 265
Feuerschaufel: fire shovel 75
Feuerspieß: fire rake 75, 269
Feuerstein: flint 24, 268
Feuerungskammer: firing chamber 52
Feuervergolden: fire gilding 85
Fiederbefestigung: fletching or fastening 187–188 – Abb. 142
Filigranieren: filigree making 86

Filz: felt 105, 111, 112, 137
Filzherstellung: felt making 106, *111*
Finne: pane 75–76, 80, 173
Firnis: varnish 54, 85
Firnissen: varnishing 54
Fischdamm: fish dam 215, 220
Fischleim: fish glue 85, 99, 152
Fischrechen: fish rake 220 – Abb. 183
Fischzaun: weir 215–216 – Abb. 176, 226
Flachbeil: thin-sectioned ax 166, 168 – Abb. 120
Flächenretusche: surface retouch 30–31 – Abb. 5
Flachkeule: flat club 178
Flachs: flax 114, 117
Flaschenkürbis: gourd 101–102 – Abb. 51
Flaschenzug: set of pulleys 17
Flechten, echtes: plaiting, woven basketry 124–126
randparalleles: parallel to the edges 126 – Abb. 73
in 3 oder mehr Richtungen: in 3 or more directions 126 – Abb. 75
Flechterei: basketry 89–90, 113, 124–126
Florstoffe: piled textiles 138 Abb. 95
flottant : floating 136
Flotte: dye liquor or dye bath 153–154
Flöz: layer 27
Flugsicherung: flight stabilization 181, 185, 186, *187–188*
Flußmittel: flux 26, 41–42, 54, 84
Flußstahl: ingot steel 78
Form: form 1, 4, 9, 10–13
Formarbeit 43, 47–49
Formbarkeit: plasticity or mouldability 25, 41, 43, 58
Formguß: casting in moulds 71
Formling: moulding-clay 44–46, 49
Formsand: moulding-sand 72
Formtreiben 79
Formveränderung 15, 70, 159–171
Franziska 183
Frauenmesser: woman's knife 145, 161 – Abb. 106
Freidrehen: throwing (of clay) 43, 48–49
Fritteglasur: ground frit 54, 66
Frontalbesehnung: frontal bow stringing 205–206 – Abb. 169
Fruchtfasern: pericarp fibers 115
Fruchtschale: pericarp 90, 101, 173
Funktion 9–11, 13, 40
Funktionalismus: functionalism 7
Furchenreißer: ridger 252 – Abb. 237
Furchenschaufel: (furrowing) shovel 244–246 – Abb. 218
Furchenschippe s. Furchenschaufel
Furchenstock: (furrowing) stick 244–246 – Abb. 218, 258

G

Gabeldeichsel: thill 249–250 – Abb. 231
Gabelklemmschleuder: split-stick sling 198
Gabelspaten: spading fork 244 – Abb. 217
Gären: fermentation 106
Garnieren (Töpferei) 49–50, 53
Gaze: gauze 137
Gebläse: bellows or blast apparatus 65–67, *68–70*, 71, 74, 270
Gegenfach: countershed 130
Gegenretusche: counter retouch 30
Gerät: implement 8, 15, 18
Gerben: tanning 144, *147–148*, 149
kombiniertes: combination tanning 148
Geröllstein: pebble 27, 38
Geröllwerkzeug: pebble tool 27
Gesenke: face block 75, 76 – Abb. 33
Gestein: rocks 23, 32
Gewebe: fabric 109, 111, 134–138, 157, 200

Gewehrfalle: spring gun 237 – Abb. 210
Geweih: antler 103, 178
Gewichtfallen: weight traps 228, *230–232* – Abb. 196–201
Gewichtschlingen: weight operated snares 230–231 – Abb. 196–197, 233
Gießbüchse 141 – Abb. 100
Gießen: casting 43, 47, 49, *70–74*
Gießlöffel: (casting) ladle 71–72
Gips: gypsum, plaster 151, 153
Glas: glass 23–24, *25–26*, 31, *34*, 55, 112, 138–139, 150
Glasperlen: glass beads 34, 150
Glasur: glaze 52–53, *54–55*, 56
Glasurbrand: glaze baking 52, 56
Glattbrand: sharp fire 55
Glimmer: mica 24, 43
Glühen: annealing 78–79
Gobelin: Gobelin tapestry 157
Gold 58–59, 61–62, 70– 71, 79, 83–85
Goldschlägerhaut: gold beater's skin 79
Goldwaschen: gold washing 62
Grabscheit 242
Grabstichel: burin 96, 104, 161–162 – Abb. 107
Grabstock: digging stick *241–242* – Abb. 214, 243, 250, 252, 254, 258
Granulieren: granulating 85
Gravieren: engraving 24, 33, 53, 82, 84, 102, 162
Griessäule: frog 246 – Abb. 221, 248
Griffteil: handle 159, 161, 165, 169, 180
(Bogen): grip 201, 202 – Abb. 165
Griffzunge: tongue 160
Grindel: plow beam 246–249
Grubenbrand: pit firing 51
Grubenfallen: garne pits 228–230 – Abb. 195–195
Grubenofen: bowl furnace 66
Grubenschmelz: champlevé enamel 84
Grubenspeer: game pit with stake 229–230 – Abb. 195
Gummi: rubber 114, 152
Gummischleuder: rubber sling 199, 209 – Abb. 173
Guß in verlorener Form: lost wax technique 71, 73–74 – Abb. 29
Gußeisen: cast iron 65, 67
Gußform: (casting) mould 15, 47, 49, 71–74 – Abb. 26–28
Gußnaht: casting seam 49, 71

H

Hacke: hoe 103, *245–246* – Abb. 219–220, 250, 252–254
Häcksel: chaff 43
Häkeln: crocheting 123 – Abb. 67
Häkelnadel: crochet needle 123
Hakenangel: hook and line 217, 218 – Abb. 181, 227
Hakenkeulen: hooked clubs 178 – Abb. 132
Halbflechten: half plaiting, unwoven basketry 124–125 – Abb. 70, 127
Halbreflexbogen: semi-reflexive bow 204 – Abb. 167
Halbweberei : half-weaving 129, 130
Haliotis 36
Halslager: upper pan 48
Hämatit: hematite or blood-stone 25, 63
Hammer 15, 26, 74–75 – Abb. 30+32, 77, 79–80, 82–83, 173 – Abb. 129
Hammerschlag: hammer scales 66, 77
Hammerstein: hammer stone 173
Hanf: hemp 110, 114–115, 117
Harpune: harpoon 90, 92, 103, 189 – Abb. 144, 191 – Abb. 147
Härte: hardness 14, 23–25, 35, 42, 55, 58–61, 79, 88–90, 103–104
Härten: tempering 61, 79, 95–96
Hartlöten: brazing 81
Hartsteingut: hard white ware or feldspathic ware 56
Harz: resin 25, 39, 54, 81, 85, *151–152*
Haspel: reel 132–133 – Abb. 86

Haumesser: hewing knife 92, 166–167 – Abb. 119, 180, 241
Haut: skin 69, 86, 118, 144–146, 148–149
Hebel: lever *16–17*, 70, 80, 96, 120, 163, 175, 176, 198, 199, 221, 230, 232, 236, 238, 241
einarmiger: of the first kind 16–17, 175
zweiarmiger: of the second kind 16-17, 163, 230
Hebelklemmer 228, 230, 234, 236–238 – Abb. 192
Hebelschleudern *195–198*
Hecheln: dressing (flax) 114, 117
Herdguß: open mould casting 71–72 – Abb. 26
Heulpfeil: whistling arrow 190 – Abb. 146
Hirschhorn: hartshorn 103, 184
Hobel: plane 97 – Abb. 44, 161 – Abb. 106
Hochziehen 43, 44, 49, 68–70, 131
Hohlbohrer s. Kronenbohrer
Hohlmeißel: gouge 171
Holz: wood 15, 29, 30, 32, 48, 68, 71, 72, 80, 85, *88–100*, 103, 105, 107, 117, 119, 130, 137–139, 152, 162, 164, 167, 171, 188, 191–192, 201–202, 209, 225, 243–245, 262, 267–268
Holzkohle: charcoal 63–68, 71–72, 78–79, 105, 153
Horn 77, *103–105*, 152, 172, 191, 192, 200, 268
Hornstein: hornstone 24

I

Ikat 141
Intarsien: marquetry 100
Irdenware: earthenware 41, 55
Isolierkörper: setters 52

J

Jaspis: jasper 24
Jäten: weeding 240–241, 253
Jäthacke: weeding hoe 253–254 – Abb. 240
Jätschlinge: weeding loop 253–254 – Abb. 241
Jätstock: weeding stick 253
Jochpflug 247
Jute 114, 117

K

kaheru 242
Kalebasse: calabash 45, 48, 50, 90, *101–102* – Abb. 51, 152
Kalfatern: calking 99
Kalkstein: limestone 23, 25, 27
Kaltschmieden: cold-working 79
Kammern: boxes 223, 224, 232
kanellierte Stabkeule: fluted staff club 178 – Abb. 132
Kaolin: china clay 40, 41, 54, 56, 153
Kapok: capoc 113
Kastengebläse: box bellows 67, 70 – Abb. 25
Kastenguß s. Sandguß
Katar 184–185 – Abb. 139
Kattunbindung s. Leinwandbindung
Kauri 36
Keil: wedge 16, 92, 159, 163, 171 – Abb. 126, 175, 177–178, 246, 267
Keramik (s. auch Töpferei): ceramics 5, 26, 40–41, 51, 55, 101, 152, 269
keramische Formen: moulds 47 - Abb. 16, 173
Keratin: ceratine 103
Kerbe: notch or nock 190 – Abb. 145
angeschuht: shoed 190 – Abb. 145
U-förmig: U-shaped 190 – Abb. 145
V-förmig: V-shaped 190- Abb. 145
Kerben (Kerfen): grooving 75, 96 – Abb. 41, 99
Kerbschnitt: chip carving 99

Kern: nucleus 27–28 – Abb. 1, 31–32
Kernbohrer s. Kronenbohrer
Kernguß: core casting 72
Kettbaum: warp beam 131, 134
Kette: warp 121, 127–131, 133, 136, 138
aktive: active 130, 137
endlose: continuous 127
passive: passive 130–136
Kettenflechten: braiding or plaiting fabrics 127
Kettenreps: rep with concealed weft 134
Kettenstoffe 127–128
soumakartige: soumak or wrapped weaves 127 – Abb. 77
zwirnbindige: twined fabrics 127 – Abb. 78
Keule: club *177–179* – Abb. 131–132, 180–181, 254
Kitt: cement 98, 116, 151, 184
Kitten: cementing or luting 26, 93, 98–99 – Abb. 48, 152, 163, 184, 196
Kittstock: pitch block 82
Klammerklinke 227–228 – Abb. 192
Klappenventil: flap valve 68, 70
Klaue: claw 103
„Klauen": „claws" 176
Klebbefestigung: gummed attachment or fastening 170, 187–188 – Abb. 142, 207 – Abb. 170
Klebstoff: adhesive 95, *151–152*, 207
Klebvorrichtungen 223–224
Klemmer 227–228 – Abb. 192, 230–234, 236
Klemmschäftung 170 – Abb. 124, 194 – Abb. 152
Klinge: blade 28, 93, 159–161, 166–170, 180, 183–184, 236
einschneidige: single-edged 159, 184
querschneidige: transverse 161, 192 – Abb. 149
zweischneidige: double-edged 184
Klingentechnik: flake tool industry 28
Klinke 227–228 – Abb. 192, 230–233, 235–236
Klopfen (Bast): beating (bark) 106–107
Knebel: toggle 226
Knebelangel: gorge 217, 219, 227 – Abb. 191
Knebelspitze: toggle point 189 – Abb. 144
Kneten: kneading 42–43, 148
Kniestiel: toe haft 161, 167–169 – Abb. 118+121+122
Knochen: bone 29–30, 33, 37, 43, 96, *103–104*, 130, 145, 152, 160, 166, 172, 188, 191, 192, 200, 202, 245
Knollen: nodule 24, 28, 63
Knotenbefestigung: knotted string attachment 206–207 – Abb. 170
Knotenklemmer 227–228
Knotenschleuder: flexible spearthrower or throwing cord 197–198 – Abb. 158
Knotenschnur: knotted cord 195
Knüpfen: knotting (carpets) 138–139 – Abb. 95
Köder: bait 217, 226, 229–232, 235
Kokillenguß: chill casting 72 – Abb. 27
Kokon: cocoon 116
Kokosfaser: coconut fiber 115
Kolben (Keule): shaft 177–179
Kolbengebläse: piston or pump bellows 69–70 – Abb. 25
Kombinationsschleuder: spiked and socketed spear thrower 195, 197 – Abb. 157
Kollagen: collagen 103, 144
Konchylien: conchylia *34–37*, 160, 166
Konverterprozeß: converting process 64
Kopal: copal 54, 151–152
Köperbindung: twill weave 126, 134–135 – Abb. 93

Koralle: coral 36–37
Korund: corundum 24
kotaha 198
Krackglasur: crackled glaze 54
Kreide: chalk 85, 153
Kreiselschnecke: Trochus shell 36–37
Kreuzbumerang: cross-shaped boomerang 182 – Abb. 137
Kris 184–185 – Abb. 139
Krispeln: graining 149
Kristall: crystal 23
Kronenbohrer: bush or hollow or tubular drill 33, 164
Krückstock 168 – Abb. 121, 242–243 – Abb. 214–215
Krümel: (curved) plow beam 248
Krümelpflug: ard with curved beam 247–248 – Abb. 225
Krummdolch: dagger with curved blade 184–185 – Abb. 139
Kugel: ball, pellet *186–187*, 199–200, 202, 205, 208–209, 211, 221
Kugelarmbrust – pellet or stone crossbow 209
Kugelbogen: pellet bow 186, 200–202 – Abb. 164, 205 – Abb. 168, 208–209
Kulturökologie: cultural ecology 11
Kummet: horse-collar 247
Kupellationsprozeß: cupellation 64
Kupfer: copper 26, 57–65, 70–71, 81, 83–85, 154
Kupfererz: copper ore 59–61, 63–64
Kupferstein: crude copper 64
Kurbelbohrer: simple brace 18, 166, 266
Kuttar s. Katar 184

L

Lack: lacquer 85, 154, 202
Lackieren: lacquering 100
Lackinkrustation 84
Lade: batten 134
Lager (Achse): bearing 17–18, 48, 80, 117, 120, 132, 134, 165
(Bogen): block, fulcrum 202–203, 206–207 – Abb. 169
(Schleuder): pouch 195, 196, 198–199
Lagerbesehnung 206 – Abb. 169
Lagerschleuder: staff-sling 198
Lagerstätte: bed 41–42, 58–60, 62, 66, 71
Lancieren: weft-float patterning 136
Lanze: lance 184, *185–186* – Abb. 140, 189
Lappenschäftung 169 – Abb. 122
Lasso 220
Lattenkeulen: lath clubs 177–178 – Abb. 131
laufendes Gesperre: stop-gear 223, *224–225*
Laufglasur 54
Leder: leather 115, 130, 137, 139, 144–150, 179, 202, 207
Lederhaut: corium 144–146
Legierung: alloy 57–58, *60–61*, 70–71, 84–85
Lehm: red clay 41, 66, 77, 81, 186, 210, 269
Leim s. Klebstoff
Leimen (Holz): gluing 99
(Papier): sizing 108–109
Leimrute: bird-lime 226
Leinwandbindung: cloth or plain weave 128, 134–135 – Abb. 90
Lenkstange s. Sterze
Litzenstab: heald or heddle 129, 131–133 – Abb. 85
Lochbeil: perforated ax 167
Lochbesehnung: eyelet bow stringing 206 – Abb. 169
Locheisen: punch 39, 171
Lochen: punching 32–33, 37, 39, 76–77 – Abb. 33, 95
Lochschäftung s. Beillochschäftung
Lot: solder 81
Löten: soldering 81, 84–86
Lötkolben: soldering iron 81

Lötmittel: soldering flux 81
Lötrohr s. Pusterohr
Lötzinn: pewter for soldering 81
Luftdruckgewehr: air gun 210
Luppe: bloom 65–67
Luppenfeuer: bloomery fire 66

M

Magern: tempering 42–43
Magerungsmittel: temper 42–43
Majolika: Delft ware 56
Männermesser: man's knife 94 – Abb. 38, 160
Manschette s. Zwinge
Marmor: marble 24–25
Maschenstoff: interlaced fabric *121–123*
Maschine: machine 15–16
  einfache: simple 16–17
Massel: pig, ber 78
materielle Kultur: material culture 1–22
  Schimpansen: chimpanzee material culture 2–3
Matrize: matrix or mould 83, 198, 174
Mattpunzen 83
Mauken: souring, stinking 43
Mazeration 110, 145–146
mechanische Potenzen s. Maschinen, einfache
Meiler: charcoal kiln 68
Meißel: chisel 29, 30, 32, 75 – Abb. 32, 77, 82–83, 97, 101, 104, 171 – Abb. 126, 174
Messer: knife 15, 26, 28, 30–33, 36–37, 42, 91, 93, 94 – Abb. 38, 96–97, 99–101, 104, *159–161* – Abb. 105, 172, 184, 236, 256–257
Messing: brass 61, 81, 85
Metall: metal 55, *57–87*, 101, 138, 162, 166, 180, 183, 192, 268, 269
  edel: precious 58–59
  halbedel: semi-precious 57–59
  unedel: base 58–60
Metalleinlage: metal inlay 83
Metallschlagen: beating of metal 79
Metallschnitt: metal carving 82–83, 86
Metallurgie: metallurgy *57–87*
Meteoreisen: meteoric iron 57, 59, 156
Mikrolithen: microliths 32 – Abb. 6
Mine 62–63
Mineral 23, 153
Mise-en-couleur 85
Modellieren: modelling 40, 43–46 – Abb. 13–15, 49
Moletsakette: moletsa string 39 – Abb. 11
Montmorillonit: montmorillonite 41
Morgenstern: mace 179 – Abb. 132
Mörser: mortar 33, 63, 109
Mörtel: plaster 151
Muffelbrand: muffled kiln firing 55
Mulde: socket or ledge 195–196, 198, 205, 208
Muldenschleuder: socketed spear-thrower 195–196 – Abb 154+156
Mundstück: mothpiece 210
Muschelschale: mussel shell 91, 92, 93, 101, 109, 139

N

Nachtleine: night line 218
Nacken: butt 166–167, 169–170
  Breitnacken: thick butt 166, 168 – Abb. 120
  Rundnacken: rounded butt 166, 168 – Abb. 120
  Spitznacken: pointed butt 166, 168 – Abb. 120
Nadel: needle 82, 124, 137–139, 141, 172 – Abb. 128
Nageln: nailing 99, 150
Nähen: sewing 81, 98 – Abb. 47, 100, 118, 124, 137, 139, 150
Nashornvogelschnabel: hornbill 103
Naßvergolden s. Waschvergolden
Naturfakte: naturefacts 15

Nautilus 36
Negativmalerei: negative painting 39, 54
Negativreserven s. Beizreserven
Nesselfasern: nettle fibers 114
Netz: net 101, 172, 216–217, 219–220, 223, 234
Netzen s. Verknoten
Netznadel: netting needle 121 – Abb. 64
nichtspanabhebend 15
Nickel 59, 61
Niello 84
Niet: rivet 81
Nieten: riveting 81, 86, 104, 160
Noppenstoff: terry weave 134
Normalbesehnung: normal bow stringing 205–206 – Abb. 169
Normalkrümmung 182, 203–204 – Abb. 167
Nukleus: nucleus 27 – Abb. 1
Nut: groove 168, 170
Nutschäftung: groove hafting 170 – Abb. 124

O

Obsidian 24–25, 27–28, 34, 184
Ofen: hearth 51–52 – Abb. 19, 62, 64, 66–67 – Abb. 21, 71, 269 – Abb. 270
Ohren s. Streichpflöcke
Öhrschäftung s. Beilllochschäftung
Ortscheit: swingle bar 247
Ösenklinke 227–228 – Abb. 192, 230–231, 236, 238
oxidierendes Brennen: oxidized firing 50–51
oxidierendes Rösten: oxidized roasting 63

P

Packfong 61
Paddelkeule: paddle-shaped club 178 – Abb. 132
paddle 44–45 – Abb. 12, 173
paddle-anvil-Methode 44–45 – Abb. 14
Paketschweißen: bundling or faggoting iron 77–78
Pamor 156
Papier: paper 105, 108–110, 112
Papiererzeugung: paper making 106, *108–110* – Abb. 55–56
Papiermaulbeerbaum: paper mulberry tree 106
Papyrus 106
Patrize: punch or counter die 83, 174
Peitschenschleuder: whip dart thrower 197–198 – Abb. 159
Pelz: pelt or fur 144, 146, 149
Perkussion: percussion 14, 53, 82, 159, 171, 174, 240, 241
kombinierte: combined 14, 29, 30–32 Abb. 3, 82
Perle: pearl 36, 39, 86, 138
Perlenstickerei: bead work 139, 150
Perlmutter: mother of pearl 35–36, 100
Pfeifentomahawk: pipe tomabawk 179 – Abb. 133
Pfeil: arrow 5–6, 13, 185–194, 207–209, 211
stumpfer: blunt 191–192 – Abb. 148
Pfeilstrecker: shaft straightener 96 – Abb. 42, 103, 172
Pflanzstock: dibble 252
Pflug: plow *246–250* – Abb. 217
Pflugbaum s. Grindel
Pfriem: awl 95, 97, 100, 103, 137, 172
Picken: pecking 27, 33, 37
Plangi 140–141 – Abb. 99
Plastizität: plasticity 15, 41–42, 100
Platin: platinum 58–59, 61
Plattform (Steinkern): striking platform 28–30
Plattformauslöser 229, 234
Pochen: stamping 63, 66–67, 71

Polieren: polishing 24–25, 32–33, 71, 82, 84, 94, 104
Polierstein: polishing stone 26
Polierzahn: burnishing stone 24
Porzellan: china ware, porcelain 31, 52, 56
Poussé-Repoussé-Technik 83
Prägen: embossing 83, 174
Prelleisen: snarling iron 80
Projektil: projectile *186–194*, 195, 197–199, 208–209, 223
Pumpenbohrer: pump drill 165–166 – Abb. 116, 266
Pumpengebläse s. Kolbengebläse
Punze: die 82–83, 171, 174
Punzen: stamping 82
Pusterohr: blow pipe 34, 68
Putzmühle s. Fegemaschine
Pyrit: pyrite 25, 59, 268

Q

Quarz: quartz 23–25, 31, 37–38, 42, 56, 58–59, 81, 93
Quarzit: quartzite 24–25, 27
Quecksilber: quicksilver, mercury 59, 85, 154
Querbeil s. Dechsel
Quirlbohrer: twirling drill 164–165 – Abb. 113

R

Rad an der Welle: wheel and axle 17, 80
Radialbefiederung: radial fletching 187 – Abb. 141
Radvorgestell: fore carriage 250
Rahmenegge: frame harrow 251 – Abb. 235
Rahmenpflug s. Vierkantpflug
Ramie 110, 114
Randretusche: lateral retouch 30–31 – Abb. 4
Raphia 106
Raspel: rasp 94, 162–163 – Abb. 108
Räuchern: smoking 148
Rechen: rake 240–241, 250, 253, *258* – Abb. 251–252
Rechenegge: rake harrow 250–251 – Abb. 234
Reduktionsglasur 54
Reduktionsverfahren, carbothermisches: carbothermic reduction process 63
Reflexbogen: reflexive bow 98–99 – Abb. 49, 204 – Abb. 167
Reibung: friction 14, 16, 170, 193
Reisigegge s. Strauchwerkegge
Reismesser: harvesting knife for rice 256–257 – Abb. 248
Reisstroh: rice straw 51, 110
Relais: relay 208–209 – Abb. 172, 223, 225, 227–228 – Abb. 192, 230, 232–234, 236–237
Relaisfallen: relay traps 223, *227–238*
relaislose Fallen: relayless traps 223, *224–227*
relaislose Kammerfallen: relayless box traps 225–226 – Fig. 190
Relief 86, 99, 108
Reliefätzung 86
Reliefpamor 86
Rennfeuer: bloomery furnace 66
Rennofen: shaft furnace 66–67 – Abb. 23
Rennprozeß: smelting by the direct process 64–65
Rennspindel s. Pumpenbohrer
Reps: rep 128, 134–135 – Abb. 92
Reservemusterung: resist or reserve dyeing 39, 140
Reservierungsmittel: resist paste 39, 54, 86, 140–141
Retusche: retouch 30–33 – Abb. 3–5
Reuse: weel 216, 225–226 – Abb. 190, 234
Rhinozeroshorn: rhinoceros horn 202
Ried: reed 134, 188, 210

Riffel s. Dreschkamm
Riffeln: rippling 117
Rillenbeil: grooved ax 167, 170
Rillenschleifen 32, 37
Rinde: bark 28, 30, 89, 91, 98 – Abb. 47, *100–101*, 104–106, 109–110, 114, 148, 200
s.a. Cortex
Ringdolch 184–185 – Abb. 139
Ringschäftung s. Beillochschäftung
Ritzen: scratching 33, 53, 102, 162, 257
Rochenhaut: ray skin 94, 162 – Abb. 108
Roden: clearing 241
Rohbrand: preliminary firing 52, 55
Rohling: rough-out 28, 30, 32, 37, 78
Rohr: cane Rohr: tube 29, 48, 118, 188, 210
Röhrenknochen: hollow bone 37, 172
Rohstein s. Kupferstein
Rolle: pulley 17
Rösten: retting 63–64, 66, 114, 117
Röstreaktionsverfahren: roast reaction process 63–64
Röstverfahren: roasting process 63
Rotang: rattan 38, 113, 190, 205, 231, 235, 267
Rotationsschleuder s. Schleuder
Rotgerben s. Lohgerben
Ruderkeule: oar-shaped club 177 – Abb. 131

S

Säbel: saber 180 – Abb. 134
Säbelkeule: saber club 177–178 – Abb. 131
Säen: sowing 252–253
Säge: saw 37, 90, 97, 104, 162–163 – Abb. 109
Sägemesser: sawing knife 32 – Abb. 6
Sägen: sawing 27, 32, 37–38 – Abb. 9, 81–82, 163
Sägespäne: saw dust 43
Säkorb: seed basket 253
Sämaschine: seed barrow 253 – Abb. 238–239
Samenfasern 113
Sämischgerben s. Fettgerben
Sammelgeräte: gathering instruments 239–241, 254–256, 263
Sand 26, 41–43, 48, 54, 62, 77, 93–94, 101, 104, 151
Sandguß: sand casting 72
Satinbindung s. Atlasbindung
Sätrichter: seed tube 250
Schabeisen: scraper 161
Schaben: scraping 80–81, 84, 91, 93, 101, 106, 118, 145, 146
Schaber: scraper 26, 33, 36, 37, 103, 145, 161 – Abb. 106
Fettschaber: flesher 145 – Abb. 101
gekerbter: grainer 145, 161 – Abb. 106
Schablone: stencil 140 – Abb. 97
Schaft (Beil): haft 167–170 – Abb. 121
(Projektil): shaft 92–93, 96, 98, 185, 186–191, 192, 193, 195–197, 208
(Webstuhl): (heald) shaft 133–134
Schäftung (Beil, Messer, usw.): hafting 160, 166, 167–170 – Abb. 122–124, 173, 222, 245
(Pfeil): tipping 193–194 – Abb. 152
Schaftwebstuhl: mechanic loom 133–134 – Abb. 88
Schalengebläse: dish or drum bellows 69 – Abb. 23
Schalenguß: chill casting 72 – Abb. 24, 74
Schar: share 248–249
Schärfe: edge 159, 176
Scharffeuerfarben: high fired glazes 55
Schaufel: shovel 252, 254
Scheibenkopf 48–49

Scheitel 201–203
Scheitelsenkbogen 203–204 – Abb. 167
Scherben: shard 38, 41–43, 48, 50–51, 53–56
Schere: shears or scissors 137, 163 – Abb. 110
Scherennetz 220 – Abb. 185
schiefe Ebene: inclined plane 16
Schiffchen: shuttle 134 – Abb. 89
Schildpatt: tortoise shell 103, 105, 243
Schlacke: slag 64–66, 75
Schlackenhaken: slag iron 75
Schläfenbesehnung 206 – Abb. 169
Schlag: hit or stroke 14
Schlagbuckel s. Bulbus
Schläger (Ernte): seed beater 256 – Abb. 246–247
Schlagfallen: dead falls 230, 232 – Abb. 200, 235
Schlagfeuerzeug: strike-a-light 268 – Abb. 268
Schlaggewichte 223–224
Schlagkante: striking edg 178, 180–181
Schlagnetz: seine 220 – Abb. 184
Schlagstein: striker stone 28, 30, 37, 39, 62, 92, 101 – Abb. 125, 171
Schlagtechnik: percussion technique 27, 32, 37
Schlagwaffen: striking weapons 175, *176–180*, 181
Schlauchgebläse: bag or skin bellows 68–69 – Abb. 22
Schlaufbefestigung: loop attachment 206–207 – Abb. 170
Schlegel: mallet 29, 32, 44–45, 47, 107, 171 – Abb. 125, 173–174, 254
Schleifen: whetting 24, 27, 32, 37–39 – Abb. 10, 71, 81, 93, 104
Schleifsand: swarf 24, 94
Schleifstein: whetstone 26, 94
Schleifstelze: landside 249 – Abb. 229
Schlemmen: elutriating 49, 53, 152
Schleuder: sling 195, 198–199 – Abb. 160, 205, 221
Schleudervorrichtungen: throwing • contrivances 176, 186, 195–199
fixierte: attached 194 – Abb. 153
Schlichten: smoothing 76–77 – Abb. 33
Schlichthammer: smoothing hammer 77
Schlichthobel: smoothing plane 97 – Abb. 44
Schlickermalerei: slip brushwork 54
Schlinge: noose or snare 216–217, 220, 222, 224, 230, 233–234, 237
Schlingenschäftung 169–170 – Abb. 123, 173, 222
Schlittenklinke 227–228 – Abb. 192, 234, 236–237
Schlitzbefestigung: split shaft fastening 188 – Abb. 142
Schluckfallen 226–227
Schmelzen: smelting 34, 65–66, 78
Schmelzfarbe: vitrifiable color 55
Schmelzfluß: molten mass 34, 67
Schmelzofen: smelting furnace 62
Schmelzpunkt: melting point 41, 58–60, 65, 85
Schmelztiegel: crucible 67, 71–72, 78–79
Schmiedeeisen: wrought iron 65, 67–68
Schmieden: forging 58, 70, *74–77*, 78–79
Schmirgel: emery 24, 82
Schmuck: ornaments 36, 58, 71, 86, 90, 103, 175
(Stein): stone ornaments 24–25, 33–34
Schnabelwurfholz 181–182 – Abb. 136
Schneckenhobel 94
Schneckenschalen: snail shells 35–37, 66, 161
Schneide s. Schärfe
Schnitzmesser: wood carving knife 94 – Abb. 38, 104, 160 – Abb. 105

Schnurbohrer 164–165 – Abb. 114, 266
Schnüren: tying 98–99 – Abb. 46
Schnurklinke 227
Schollenbrecher: clod breaker 250
Schöpfnetz: dip net 220
Schöpfrahmen: mould 109
Schraube: screw 17, 22, 81, 160
Schrotmeißel: blunt tool or chisel 75
Schub: shear 14
Schubscheibe: kick wheel 48–49
Schulterbeil: shouldered ax 168 – Abb. 120
Schürfen: prospecting 62–63
Schürstock: poker 62, 269
Schuß s. Eintrag
Schußvorrichtungen: shooting contrivances 176, 186, 190, *199–211*, 223–224
Schützen: pirn 132, 134
Schützenauge: shuttle eye 134
Schwarzkupfer: black copper 64
Schwefel: sulfur 65, 84
Schweißen: welding 66, 76 – Abb. 33, *77–79*, 81, 156
Schweißstahl: weld steel 78–79, 156
Schwerkraftfallen: gravity traps *228–232*, 233, 234
Schwerkraftkammerfallen: gravity box traps 230–232 – Abb. 198–199
Schwerpunktverlagerung: displacement of centre of gravity 177, 187, 191
Schwert: sword 180 – Abb. 135
Schwimmer: float 219
Schwingen: scutching 114, 117
Schwingpflug: swing plow 247
Schwippgalgen: spring or bent pole 233–236
Schwippgalgennetz: spring pole net 234
Schwippgalgenschlinge: spring pole snare 233–234 – Abb. 202–203
Schwitzen (Fell): sweating (hides) 118, 146
Schwungperkussion 14, 33, 94, 166, 173, 175, 178, 184, 215, 219, 221, 224, 241
Sech: coulter 250
Sehne (Bogen): sinew 38, 117, 145, 190, 199–209, 233, 235, 236
Seide: silk 116, 134
Seilerei: rope-making 89, 113, 120
Seitenschäftung: side hafting 170, 193
Selbstschußfallen: spring guns 237 – Abb. 209–210
Senkendbogen 203–204 – Abb. 167
Senker: sinker 219
Sentoku 71
Setzhammer: set hammer or hardy 77, 81
Setzholz: planting stick 252
Sgraffito: graffito 54
Shakudo 71
Shibuichi 71
Sichel: sickle 257 – Abb. 249
Sieb: sieve 109, 262–263 – Abb. 262
Silber: silver 58–62, 64, 70–71, 79, 81, 83–86
Simshobel: rabbet plane 97 – Abb. 44
Sintern: sintering 42
Sohle: sole 247–248
Sohlpflug: sole ard 247 – Abb. 224
Spaltbarkeit (Stein): cleavage 23–24
Spalten: splitting, cleaving 27, 75–77 – Abb. 33, 118, 171
Spaltfeuersäge: slot fire saw 267 – Abb. 265
spanabhebend 15
Spannring: thumb ring 208
Spannvorrichtung (Bogenbohrer) 165 – Abb. 115
(Fell): stretching frame 147 – Abb. 102
(Kettfäden): plaiting frame 121, 127, 129
Spaten: spade 103, 242–243 – Abb. 215, 250, 252–254

Speer: spear 27, 30, 31, 32, 77, 96, 98, 185, *186–194*, 195–197, 229, 232
Speerschleuder: spear-thrower or atlatl 26, 92–93, *195–197*
Spieß: lance or pike 225, 229
Spindel (Bohrer) s. Bohrspindel
(Drehstuhl): spindle 98
(Spinnen): spindle 118–120 – Abb. 62, 132
(Töpferscheibe): spindle 48
Spinnen: spinning 118–120
Spinnrad: spinning wheel 18, 120 – Abb. 63
Spinnwirtel: spindle whorl 33, 119–120
Spitze: point 29, 31, 93, 105, 159–160, 172, 178, 180, 183, 185, 202, 211, 248
(Bohrer): drill point 33, 38, 164–165 – Abb. 111
(Projektil): projectile point or head 27, 30–31, 77, 96, 98, 103, 186–90 – Abb. 144, 191–194 – Abb. 149+150+152
mehrfache: multiple or multi-pronged 191, 193 – Abb. 151
Spitzhammer: pick hammer 77
Spondylus 36
Sprang 128
Spreu: chaff 43, 240, 261
Spurlager: footstep bearing 48
Stabklinke 227
Stabpflug: (Chinese) ard 247 – Abb. 222
Stachelschlagring: spiked fighting bracelet 176–177 – Abb. 130
Stachelschweinborstenappplikation: (porcupine) quillwork 150
Stachelwalze: spike tooth roller 251 – Abb. 236
Stahl: steel 56, 59, 65, 67–68, *77–79*, 83, 86, 268
Stangenbohrer: auger 164–165 – Abb. 112
Stangenwaffen: pole arms 179, 180, 183
Stanzen: stamping or punching 83, 174
Stärkekleister: starch paste 110, 152
Stauchen: upsetting 75–76 – Abb. 33
Stegbefestigung 187–188 – Abb. 142
Steigendbogen: recurved bow 203–204 – Abb. 167
Stein: stone 14, *23–34*, 35–37, 39, 43–44, 47, 71–72, 74, 92–93, 100, 103, 107, 109, 117, 119, 125, 139, 147, 160, 166, 178, 186, 192, 198, 221, 232, 258, 268–269
unbearbeiteter: unworked 26, 186
Steingut: stoneware 41, 55–56
Steinkopfkeule: stone-headed club 177–178 – Abb. 131
Steinhammerkeule: stone-hammer-club 178 – Abb. 132
Steinkern: core 47
Steinschneiden: stone engraving 24, 33
Steinzeug: white ware 56
Stellnetz: set net 216 – Abb. 177
Stelztritt: foot-rest 242
Stempel (Druck): stamp 107–108 – Abb. 53–54
(Gebläse): piston 69–70
(Keramik): stamp 53
Stempelrohr: popgun 199
Stengelfasern 110, 114
Sterze: plowneck 247–249
Stichel: graver 26, 37, 97, 115, 161–162 – Abb. 107
Stichwaffen: piercing weapons 180, *184–185*, 186
Stickerei: embroidery 139–140 – Abb. 96
Stiellochschäftung: shaft-eye hafting 170 – Abb. 124
Stirnbesehnung: frontal bow stringing 206–207 – Abb. 169
Stockschleuder s. Lagerschleuder 198
Stoffverzierung: ornamentation of fabrics *138–141*
Stoßwaffen: piercing weapons 175, *184–185*

Stramin: fine canvas 134
Strauchwerkegge 250 – Abb. 232, 260
Strecken: beating out 75–76 – Abb. 33
Streichbrett (Keramik): mould board 46
(Pflug) 249
Streicher: beamer 149 – Abb. 103
Streichpflöcke: lateral wings (plow) 248 – Abb. 227
Streitaxt: battle ax 179 – Abb. 133
Stricken: knitting 123 – Abb. 68–69
Stülpkorb: plunge basket 219 – Abb. 219
Stützklinke 227–228 – Abb. 192, 232

T

taclla 242
Taftbindung s. Leinwandbindung
Tagbau: opencast working 62
Talk: talc 23, 33, 153
Tangentialbefiederung: tangential fletching 187 – Abb. 141
tapa 106
Tauchen (Färben): dip dyeing 140
Tauschierung: damascening 83–84
aufgeschlagene: overlay 84
eingeschlagene: inlay or incrustation 84
Technologie: technology 1, 7, 11, *23–158*
temporale Besehnung s. Schläfenbesehnung 206 – Abb. 169
Tenazität 23
Teppichknoten: carpet knot 138–139 – Abb. 95
Terrakotta: terracotta 41
Terminologie: terminology 12, 13, 23, 28, 202
Textilabdruck: fabric or textile impression 53
textile Techniken: textile techniques *112–144*
Textilfasern: textile fibers 112–116, 118
Textur: texture 23, 89
Tiegelgußstahl: crucible (cast) steel 78
Tomahawk 179 – Abb. 133
Tombak: tombac 61
Ton: clay 14, 40–56, 68–69, 71–72, 74, 81, 119, 148, 153–154, 173, 186, 190, 269
Glimmer-: micaeous clay 41
Mergel-: earthy marl 41
Schiefer-: slate clay 41
Steingut-: stoneware clay 41
Töpferei: pottery *40–56*
Töpferscheibe: potter's or throwing wheel 16, 18, 40, 43, 48–49 – Abb. 17–18, 52
Töpferware s. Irdenware
Tordieren: twisting 76–77 – Abb. 33
Torsion 14, 237–238
Torsionsfallen: torsion traps 233, *237–238*
Torsionsschlagfallen: torsion hitting traps 237–238 – Abb. 212
Torsionsschlingen: torsion snares 237–238 – Abb. 211
Torsionsstichfallen: torsion stabbing traps 237–238, Abb. 213
Tranlampe: oil lamp 269 – Abb. 269
Treiben: chasing 43–45, 48–49, 53, 58, 82, 162, 174
Treibholz: drift wood 90
Treibkitt: lute 82
Treibstock: chasing anvil 80
Treibziselieren s. Treiben
Trennstab: shedding stick 129, 131–133 – Abb. 185
Trennstabwebstuhl: shedding stick loom 16
Tretfalle: spiked wheel trap 224–225 – Abb. 188
Trichtergesperre: thorn lined trap 225 – Abb. 189
Trichterhürde 216

Tridacna gigas 36–37, 221
Tritik 141
Trittgrabstock: foot plow 242
Trochus s. Kreiselschnecke
Trocknen: drying 41, 43, 45, 51, 63, 96, 110, 119, 145, 148, 211
Trockengestell (Fell): drying frame 147 – Abb. 102
Tuchbindung s. Leinwandbindung
Tuff: tufa 25, 33
Tula 84
Tülle: socket 74, 169, 193–194, 196
Tüllenbeil: socketed ax 167–168 – Abb. 120
Tüllenschäftung (Beil): socket hafting 169
(Projektil): socket tipping 193–194 – Abb. 152
Tumbaga 61, 85
Turkanaschlagring: Turkana fighting-bracelet 176–177 – Abb. 130, 182
Typologie: typology 4, 12, 13

U

Überziehen: coating 53–54, 60, 85, 99
ulu s. Frauenmeser
Unterlage: support 30, 42–43, 45, 48, 51, 53, 85, 86, 105, 107, 111, 118, 139
Untertagbau: underground mining 62–63 – Abb. 20
Urin: urine 146, 148, 154

V

Verdrehen s. Tordieren 77, 118, 119, 128
Verformbarkeit: malleability 14, 58, 61, 105
Verformung, elastische: elastic deformation 14, 176, 199, 233
plastische: plastic deformation 14–15, 50, 53, 61
Verformungswerkzeug *172–174*
Vergolden: gilding 59, 85, 103
Verhüttung: smelting 58, 60–61, 63, 66–67
Verkeilen: keying 99, 170
Verknoten: netting 122 – Abb. 66, 124
Verputzen: fettling 49, 151
Verriegeln: interlocking 137
Verschlackung: scorifiaction 64
Verschlingen: knotless netting or looping 122 – Abb. 65, 124
Verschlußkammer 217 – Abb. 180
Verzapfen: jointing by mortice 99 – Abb. 50
Vierkantbeil: quadrangular ax 166, 168 – Abb. 120
Vierkantkeule: quadrangular club 177 – Abb. 131
Vierkantpflug: quadrangular plow 246 – Abb. 217, 248 – Abb. 226, 250
Vogelpfeil s. Pfeil, stumpfer
Vogelschnabel: bill (bird) 103, 105
Vollbohrer: pointed drill 33, 164–165 – Abb. 111
Vollschmelz 84
Vorschaft: foreshaft 185, 187, 188–189 – Abb. 143–144

W

Wachs: wax 54, 72, 74, 86, 114, 141, 210
Wachsausgießverfahren: lost wax technique 73 – Abb. 29
Wachskern: wax core 48, 74
Wachstumsknoten: node 90, 210
Waffe: weapon 6, 103, *175–215*, 221, 237
Walken: fulling 111, 148
Wampum 36
Wangenhobel 97
Warmschmieden: hot hammering 77
Waschvergolden: wash gilding 85

Weberei: weaving 89, 113, 126, 129, *130–137*
Webgitter: (wooden) heddle 131 – Abb. 83–84
Webkante: selvage 136
Webschwert: sword 132 – Abb. 85
Webspule: pirn or weft bobbin 120, 134
Webstuhl: loom 132–134 – Abb. 85+88
Weichlöten: soft soldering 81
Weichporzellan: soft porcelain 56
Wendepflug: one-way plow 249 – Abb. 228
Werg: oakum 117
Werkzeug: tool 15, 28–29, 80, 82, 91–93, 101, 148, *159–174*, 179
zur Formveränderung *159–170*
Wickelbefestigung: wrapped attachment or fastening 187–188 – Abb. 142, 206–207 – Abb. 170
Wickeln: wrapping 124 – Abb. 70, 127
Widerhaken: barb 32, 189, 191–193 – Abb. 150, 218, 223, 225
Widerlager: anvil 44, 47, 173
Winkelgrabstock s. Furchenstock
Wirken: tapestry weaving 128 – Abb. 79, 138, 157
Wolfsgärtchen: wolf's trap 225
Wolfsofen s. Rennofen
Wolle: wool 111, 115, 118, 134
womera 92
Worfelfächer: winnowing fan 261 – Abb. 259
Worfelgabel: winnowing fork 262 – Abb. 260
Worfelschaufel: winnowing shovel 262
Worfelschwinge s. Worfelwanne
Worfelwanne: winnowing basket 261 – Abb 259
Wulst: coil 45–46
Wulsthalbflechten: coiling with foundation 124 – Abb. 70
„Wulsttechnik": coiling 45–46 – Abb. 15
Wurfbeil: throwing ax 183
Würfelbindung: checker or canvas weave 134–135 – Abb. 91
Wurfholz: throwing stick 181–182 – Abb. 136
Wurfkeule: throwing club 181
Wurfknüppel: knobkerrie 181
Wurfeisen: throwing knife 183 – Abb. 138
Wurfnetz: casting net 219–220
Wurfriemen: throwing strap 194 – Abb. 153
Wurfscheibe: quoit 182
Wurfschlaufe: throwing loop 194 – Abb. 153
Wurfschlinge s. Lasso
Wurfstein: throwing stone 26, 186
Wurfstock: missile club pointed at both ends 181, 254
Wurfwaffen: missile weapons 176, *181–183*
Wurzelstockkeule: root-stock club 177 – Abb. 131

Z

Zähne: teeth 103, 192, 225, 250, 253, 258
Zange: tongs 74–75 – Abb. 31, 77, 80
Zaunfallen 225–226
Zellenschmelz: cloisonné enamel 84
Zement: cement 85, 151
Zementieren: cementing 78
Zeugbaum: cloth take-up roller 134
Zieheisen: drawplate 80 – Abb. 34, 172
Ziehschaufel: two-men shovel 243–244 – Abb. 216
Ziehspaten: two-men spade 244–244 – Abb. 216
Ziereintrag: fancy-thread weft 136, 138
Zierkette: fancy-thread warp 136
Zink: zinc 58, 60–61, 81
Zinn: tin 58–61, 65, 70, 72, 81, 83, 85

Zinnglasur: tin glaze 56
Ziselieren: chasing 82, 174
Zoche: sokha 249
Zopfflechten: braiding 126 – Abb. 74
Zug: traction 14, 18, 88, 134, 165, 189, 197, 207, 208, 217, 233
Zuggurte: trace 247
Zugnetz: drag net 220
Zugschlinge: pole snare 216–217 – Abb. 178, 223, 224, 234
Zugspaten s. Ziehspaten
Zunder: tinder 265–268 – Abb. 268
Zuschlagtechnik: core-tool industry 27–28
Zwinge: ferrule 160
Zwirnbinden: twining 124 – Abb. 70
der Kette: warp twining 128–129 – Abb. 81
des Eintrags: weft twining 127 – Abb. 78
Zwirnen: twisting 120
Zwirnspindel 120
Zwischenfutter: sleeve 168
Zylindergebläse s. Kolbengebläse

GLOSSAR

A

adhesive: Klebstoff
adze: Dechsel, Querbeil
ageing: Mauken
agricultural implements: Bodenbaugeräte
air gun: Luftdruckgewehr
alloy: Legierung
alum tanning: Alaungerben
amalgamation: Amalgamierung
amber: Bernstein
annealing: Glühen
(colors): Einbrennen
annealing color: Anlaßfarbe, Auflauffarbe
anvil: Amboß, Widerlager
aplastics: aplastische Rohstoffe
appliqué: Applikation
ard (Chinese): Stabpflug
with curved beam: Krümelpflug
artifact: Artefakt
arrow: Pfeil
blunt: stumpfer Pfeil, Vogelpfeil
arrow release: Bogenspannmethode
atlatl: Speerschleuder
awl: Ahle, Pfriem
ax: Axt

B

backing: Auflage (Bogen)
bag bellows: Schlauchgebläse
bait: Köder
baking: Brennen
ball: Kugel
bamboo: Bambus
bamboo fibers: Bambusfasern
bamboo fire saw: Bambusfeuersäge
barb: Widerhaken
bark: Rinde
bark beater: Baststoffklopfer
bark cloth: Baststoff
base: Basis
basket fall: Fallkorb
basketry: Flechterei
batten: Lade (Webstuhl)
battle ax: Streitaxt
bead work: Perlenstickerei
beamer: Streicher
beating (bark): Klopfen (Bast)
(metal): Metallschlagen
beating out: Strecken
bed: Lagerstätte
bellows: Balg, Gebläse
bending: Biegen, Biegung
bending traps: Biegungsfallen
bent pole: Schwippgalgen

berry picking comb: Beerenpflückkamm
bill (bird): Vogelschnabel
binding: Binden
binding agents: Bindemittel
bird-lime: Leimrute
black copper: Schwarzkupfer
blade: Klinge
  double-edged: zweischneidig
  single-edged: einschneidig
  transverse: querschneidig
blast apparatus: Gebläse
bleaching: Bleichen
block (bow): Lager (Bogen)
bloodstone: Hämatit
bloom: Luppe
bloomery fire: Luppenfeuer
bloomery furnace: Rennfeuer
blowgun: Blasrohr
  bored: durchbohrtes
  composite: zusammengesetztes
  compound: gestücktes
  reinforced: verstärktes
  simple: einfaches
blowgun dart: Blasrohrpfeil
blowgun lance: Blasrohrlanze
blowgun pellet: Blasrohrkugel
blow pipe: Pusterohr
bluing: Anlassen
blunt tool: Schrotmeißel
body ard: Hakenpflug
bole: Bolus
bone: Bein, Knochen
boomerang: Bumerang
  cross-shaped boomerang: Kreuzbumerang
bordering: Bördeln, Einfassen
bottle gourd: Flaschenkürbis
bottom fuller: Abschrot
bottom swage: Anke
bow: Bogen
bow drill: Bogenbohrer
bow saw: Bogensäge
bow staff: Bogenstab
  double: doppelter Bogenstab
  straight: starrer Bogenstab
bow string: Bogensehne
bow string attachment: Sehnenbefestigung
bow stringing: Bogenbesehnung
  eyelet: Lochbesehnung
  frontal: Frontalbesehnung, Stirnbesehnung
  normal: Normalbesehnung
bowl furnace: Grubenofen
box bellows: Kastengebläse
boxes: Kammern
bracing (bow): Besehnung
braiding bands: Zopfflechten
braiding fabrics: Kettenflechten
brass: Messing
brazing: Bronzieren, Hartlöten
breast beam: Brustbaum
brocade: Brokat
brocading: Brochieren
bronze: Bronze
bronze cast: Bronzeguß
buffalo horn: Büffelhorn
building up: Aufbauen
bulb: Bulbus, Schlagbuckel
bundling (iron): Paketschweißen
burin: Grabstichel
burning glass: Brennglas
burning reflector: Brennspiegel
burnishing stone: Polierzahn
bush drill: Hohlbohrer, Kernbohrer, Kronenbohrer
butt: Nacken (Klinge)

C

cactus fruit gathering pole: Kaktuspflückgabel, -haken
calabash: Kalebasse
calking: Kalfatern
cane: Rohr
canvas weave: Würfelbindung
carburizing: Aufkohlen
carpet knot: Teppichknoten
cast iron: Gußeisen
casting: Gießen
  in moulds: Formguß
casting net: Wurfnetz

catching device: Fanggerät
cement: Kitt, Zement
cementing: Kitten
ceramics: Keramik
chaff: Häcksel, Spreu
chalcedony: Chalzedon
chalk: Kreide
champlevé enamel: Grubenschmelz
charcoal: Holzkohle
charcoal kiln: Meiler
charging (a furnace): Beschickung
chasing: Treiben, Treibziselieren, Ziselieren
chasing anvil: Treibstock
checker weave: Würfelbindung
chill casting: Kokillenguß, Schalenguß
china clay: Kaolin
china grass: Chinagras
chinaware: Porzellan
chip carving: Kerbschnitt
chisel: Meißel
chopper: Faustkeil
chopping off: Abschroten
clap net: Klappnetz
claw: Klaue
clay: Ton
clearing: Roden
cleavage: Spaltbarkeit (Stein)
cleaving: Spalten
clinker: Klinker
cloisonné enamel: Zellenschmelz
cloth take-up roller: Zeugbaum
club: Keule
  antler c.:Geweihkeule
  flat c.: Flachkeule
  fluted staff c.: kanellierte Stabkeule
  hooked c.: Hakenkeule
  lath c.: Lattenkeule
  oar shaped c.: Ruderkeule
  paddle shaped *c.:* Paddelkeule
  quadrangular c.: Vierkantkeule
  root-ended c.: Wurzelstockkeule
  saber c.: Säbelkeule
  stone hammer c.: Steinhammerkeule
  stone headed c.: Steinkopfkeule
coating: Überziehen
coconut fiber: Kokosfaser
coconut shell: Kokosnußschale
cocoon: Kokon
coiling :"Wulsttechnik"
  with foundation: Wulsthalbflechten
cold working: Kaltschmieden
collagen: Kollagen
colored glaze: Farbige Glasur
colors of temper: Anlaßfarben
comb: Anschlagkamm
combination tanning: kombiniertes Gerben
combustion chamber: Brennkammer
composite bow: zusammengesetzter Bogenstab
compound bow: gestückter Bogenstab
compression: Druck
concertina bellows: Balgengebläse
conchylia: Konchylien
converting (into steel): Zementieren
converting process: Konverterprozeß
copper: Kupfer
copper ore: Kupfererz
coral: Koralle
core: Steinkern
core casting: Kernguß
core-tool industry: Zuschlagtechnik
corium: Lederhaut
corrosive: Beizmittel
cortex: Cortex, Rinde (Stein)
corundum: Korund
cotton: Baumwolle
cotton gin: Baumwollentkerner
coulter: Sech
counter die: Patrize
counter retouch: Gegenretusche
counter shed: Gegenfach
crackled glaze: Krackglasur
crochet needle: Häkelnadel
crocheting: Häkeln
crossbow: Armbrust
crowbar: Brechstange
crucible: Schmelztiegel

crucible (cast) steel: Tiegelgußstahl
crude copper: Kupferstein, Rohstein
crude enamel: Rohglasur
crystal: Kristall
currying: Zurichtung
curvature of the bow: Bogenkrümmung
cutting: Abschroten

D

dagger: Dolch
with curved blade: Krummdolch
damasc steel: Damaststahl
damascening: Tauschieren
deadfall: Schlagfalle
deal box: Spanschachtel
decay: Fäulnis
decorating: Dekorieren
decoration: Dekor
deformation, elastic: elastische Verformung
plastic: plastische Verformung
delft: Delft, Fayence, Majolika
density: Dichte
diagonal plait: Diagonalflechterei
dibble: Pflanzstock
die: Punze
digging stick: Grabstock
dip dyeing: Tauchen (Färben)
dip net: Schöpfnetz
dish bellows: Schalengebläse
double. string: Doppelsehne
double weave: Doppelgewebe
double yoke: Doppeljoch
draft furnace: Windofen
drag net: Zugnetz
drawing out: Breiten
drawing plate: Zieheisen
dressing (flax): Hecheln
(metal): Aufbereiten
drift: Durchschlag
drift wood: Treibholz
drill: Bohrer
pointed d.: Vollbohrer
drill core: Bohrkern
drill hole: Bohrloch
drill point: Bohrerspitze
drill shaft: Bohrspindel
drilling: Bohren
drum bellows: Schalengebläse
drying: Trocknen
drying frame: Trockengestell
dull-finish glaze: Mattglasur
dye bath: Flotte
dye liquor: Flotte
dye stuif: Farbstoff
dyeing: Färben

E

earthenware: Irdengut, Töpferware
earth oven: Erdofen
earthy marl: Mergelton
edge: Schärfe, Schneide
elasticity: Elastizität
elasticity box trap: Elastizitätskammerfalle
elasticity trap: Elastizitätsfalle
elutriating: Schlemmen
embossing: Prägen
embroidery: Stickerei
emery: Schmirgel
enamel: Email
enamel color: Aufglasurfarbe, Überglasurfarbe
enameling: Emaillieren
end hafting: Endschäftung (Beil)
endofact: Endofakt
energy: Energie
kinetic: kinetische
potential: potentielle
energy reservoir: Energiespeicher
engraving: Gravieren
eoliths: Eolithen
etching: Ätzen
exofact: Exofakt
eye: Auge, Beilloch
eye hafting: Beillochschäftung

F

fabric: Gewebe
fabric impression: Textilabdruck
fabrics, ornamentation of: Stoffverzierung
  plaited: flechtereiartige Kettstoffe
  twined: zwirnbindige Kettstoffe
face (hammer): Bahn
face block: Gesenke
facing (with steel): Verstählen
faggoting: Paketschweißen
fan: Fächer
fan blowing machine: Fegemaschine
fancy-thread warp: Zierkette
fancy-thread weft: Ziereintrag
fastening of fletching: Fiederbefestigung
feathering: Befiederung
feldspathic ware: Hartsteingut
felt: Filz
felt making: Filzherstellung
fermentation: Gären
ferric oxide: Eisenoxid
ferrule: Zwinge
fiber: Faser
fibrous material: Faserstoff
fibrous plant: Faserpflanze
field drag: Ackerschleppe
field roller: Feldwalze
fig tree: Feigenbaum
fighting bracelet, spiked: Stachelschlagring
file: Feile
filigree making: Filigranieren
filing: Feilen
fine canvas: Stramin
finger knife (for cutting rice): Ernteringe
finishing (of pottery): Verputzung
fire drill: Feuerbohrer
fire fan: Feuerfächer
fire gilding: Feuervergolden
fire making: Feuererzeugung
fire piston: Feuerpumpe
fire pit: Feuergrube
fire plow: Feuerpflug
fire rake: Feuerspieß
fire saw: Feuersäge
fire shovel: Feuerschaufel
fire tongs: Feuerzange
firing: Brennen
  oxidized: oxidierendes Brennen
  in oxido-reducing atmosphere: reduzierendes Brennen
  in the biscuit oven: Biskuitbrand
firing chamber: Feuerungskammer
firing temperature: Brenntemperatur
fish dam: Fischdamm
fish glue: Fischleim
fish hook: Angelhaken
fish line: Angelleine
fish rake: Fischrechen
flail: Dreschflegel
flake: Abschlag
flake-tool industry: Klingentechnik
flaking: Abschlagtechnik
flap valve: Klappenventil
flax: Flachs
flesher: Fellschaber
fletching: Befiederung
  radial: Radialbefiederung
  tangential: Tangentialbefiederung
flint: Feuerstein
float: Schwimmer
floating: flottant
flux: Flußmittel
fold reserves: Faltreserven
folding: Falzen
foot plow: Trittgrabstock
foot rest: Stelztritt
foot step bearing: Spurlager
fore carriage: Radvorgestell
foreshaft: Vorschaft
forge: Esse
forging: Schmieden
frame (for plaiting): Spannvorrichtung
frame harrow: Rahmenegge
friction: Reibung
frit together: Sintern
fritte porcelain: Frittenporzellan
frog: Griessäule

fulcrum: Lager (Bogen)
fulling: Walken
fur: Pelz
furrowing shovel: Furchenschaufel
furrowing stick: Furchenstock, Winkelgrabstock
fuse: Lunte

G

galena: Bleiglanz
game pit: Grubenfalle
with stake: Grubenspeer
gauze: Gaze
gauze weave: Dreherbindung
gilding: Vergolden
ginning: Entkernen
glass: Glas
glaze: Glasur
glaze, high fired: Scharffeuerglasur
glaze baking: Glasurbrand
gluing: Ankleben, Leimen (Holz)
gobelin tapestry: Gobelin
gold: Gold
gold beater's skin: Goldschlägerhaut
gold leaf: Blattgold
gold leaving: Blattvergolden
gold washing: Goldwaschen
gorge: Knebelangel
gouge: Hohlmeißel
graffito: Sgraffito
grainer: gekerbter Schaber
graining: Krispeln
granulating: Granulieren
gravity, displacement of center of: Schwerpunktverlagerung
gravity box trap: Schwerkraftkammer-falle
gravity trap: Schwerkraftfalle
grip: Griffteil (Bogen)
grooved ax: Rillenbeil
grooving: Kerben
grooving tool: Stichel
ground frit: Fritteglasur

H

haft: Schaft (Beil)
hafting: Schäftung (Beil, Hacke usw.)
halberd: Hellebarde
half plaiting: Halbflechten
hammer: Hammer
hammerscales: Hammerschlag
hammerstone: Hammerstein
handle: Griffteil
hard white ware: Hartsteingut
hardness: Härte
hardy: Setzhammer
harpoon: Harpune
harpoon downfall: Fallspeer
harrow: Egge
hartshorn: Hirschhorn
harvesting: Ernten
harvesting knife: Erntemesser
(for rice): Reismesser
hatchet: Beil
heald: Litzenstab
heald shaft: Schaft
hearth: Feuerbock, Ofen
heddle: Litzenstab
wooden: Webgitter
hematite: Hämatit
hemp: Hanf
hewing knife: Haumesser
hide: Fell
hide scraper: Fellhobel, Fellschaber
hoe: hacke, Feldhaue
hole inserting: Eindornen
hollow blade: Hohlklinge
hollow bone: Röhrenknochen
hollow casting: Hohlguß
hollow drill: Hohlbohrer, Kernbohrer, Kronenbohrer
hook and line: Angel
horn: Horn
hornstone: Hornstein
horse collar: Kummet
hot hammering: Warmschmieden
house bellows: Blasebalg
husking peg: Entkörner

I

implement: Gerät
imprinting: Bedrucken
incendiary arrow: Brandpfeil
inclined plane: schiefe Ebene
incrustation (metal): eingeschlagene Tauschierung
ingot steel: Flußstahl
inlay: Einlegearbeit
(metal): eingeschlagene Tauschierung
inner bark: Bast
inner bark fibers: Bastfasern
interlocking: Verriegeln
iron: Eisen
iron casting: Eisenguß
iron ore: Eisenerz
iron sponge: Eisenschwamm
ivory: Elfenbein

J

jasper: Jaspis
joining by mortise: Verzapfen
jute: Jute

K

kick wheel: Schubscheibe
kiln: Brennofen
kneading: Kneten
knife: Messer
knife dagger: Dolchmesser
knitting: Stricken
knitting needle: Stricknadel
knobkerrie: Wurfknüppel
knotless netting: Verschlingen
knotted cord: Knotenschnur
knotting: Knüpfen
knuckle duster: Schlagring

L

lacquer: Lack
lacquering: Lackieren
ladle (casting): Gießlöffel
lance: Lanze, Spieß
landside: Schleifstelze
lasso: Lasso, Wurfschlinge
lateral retouch: Randretusche
lateral wings (plow): Streichpflöcke
lathe: Drehstuhl
layer: Flöz
lead: Blei
lead glaze: Bleiglasur
lead monoxide: Bleioxid
lead ore: Bleierz
leaf fibers: Blattfasern
leather: Leder
ledge: Mulde
lever: Hebel
of the first kind: einarmiger
of the second kind: zweiarmiger
limestone: Kalkstein
linen weave: Leinwandbindung (Kattunbindung, Taftbindung, Tuchbindung)
loam: Lehm
loom: Webstuhl
mechanic: Schaftwebstuhl
loop attachment: Schlaufbefestigung
looped weave: Noppenstoff
looping: Verschlingen
simple: Einhängen
lost wax technique: Wachsausgießverfahren, Guß in verlorener Form
lustre painting: Lüsterglasur
lute: Treibkitt
luting: Kitten

M

mace: Morgenstern
machine: Maschine
simple: einfache
malleability: Verformbarkeit
mallet: Schlegel
man's knife: Männermesser
marble: Marmor
marquetry: Intarsien
matrix: Matrize

meaning: Bedeutung
melting point: Schmelzpunkt
mercury: Quecksilber
mesh pin: Filetnadel
metal: Metall
  base: unedles
  heavy: Schwermetall
  light: Leichtmetall
  precious: Edelmetall
  semi-precious: Halbedelmetall
metal carving: Metallschnitt
metal inlay: Metalleinlage
metallurgy: Metallurgie
meteoric iron: Meteoreisen
mica: Glimmer
micaeous clay: Glimmerton
microliths: Mikrolithen
mine: Mine
mineral tanning: Alaungerben
mining: Abbau
missile weapon: Wurfwaffe
modeling: Modellieren
molten mass: Schmelzfluß
moosehair embroidery: Elchhaarstickerei
mordant: Färberbeize
mordant reserve: Beizreserve, Negativreserve
mortar: Mörser
mother of pearl: Perlmutter
mould (casting): Gußform
  (ceramics): keramische Form
  (paper): Schöpfrahmen
  (stamping): Matrize
mould board: Streichbrett
mould casting, open: Herdguß
mouldability: Formbarkeit
moulding clay: Formling
moulding sand: Formsand
mouthpiece: Mundstück
muffled kiln firing: Muffelbrand
mussel shell: Muschelschale

N

nailing: Nageln
naturefact: Naturfakt
needle: Nadel
negative painting: Negativmalerei
net: Netz
netting: Netzen, Verknoten
netting needle: Netznadel
nettle fiber: Nesselfaser
network, interlaced: Maschenstoff
nickel: Nickel
nightline: Nachtleine
nock: Kerbe (Pfeil)
node: Wachstumsknoten
nodule: Knollen (Stein)
noose: Schlinge
notch: Kerbe
notch inserting: Einstecken
nozzle: Düse
nucleus: Nukleus

O

oakum: Werg
oil lamp: Tranlampe
oil tanning: Fettgerben
one-way plow: Wendepflug
open firing: Feldbrand
opencast working: Tagbau
ore: Erz
  carbonic: karbonatisches
  oxide: oxidisches
  sulfidic: sulfidisches
ornaments: Schmuck
ostrich egg shell: Straußeneischale
oval ax: Walzenbeil
overlay (metal): aufgeschlagene Tauschierung

P

paint: Farbe
painting: Bemalen
pane: Finne
paper: Papier
paper making: Papiererzeugung
papermulberry tree: Papiermaulbeerbaum

parting tool: Stichel
pea shooter: Bogenschleuder
pearl: Perle
pebble: Geröllstein
pebble tool: Geröllwerkzeug
pecking: Picken
peg: Holznagel
pellet: Kugel (Geschoß)
pellet bow: Kugelbogen
pellet crossbow: Kugelarmbrust
pelt: Pelz
percussion technique: Schlagtechnik
perforated ax: Lochbeil
perforating: Durchbrechen
pericarp: Fruchtschale
pericarp fibers: Fruchtfasern
pewter for soldering: Lötzinn
pickhammer: Spitzhammer
piercing weapon: Stichwaffe, Stoßwaffe
pig: Massel
pigment: Farbpigment
pike: Spieß
pipe tomahawk: Pfeifentomahawk
pirn: Schützen, Webspule
piston: Stempel (Gebläse)
piston bellows: Kolbengebläse (Pumpengebläse, Zylindergebläse)
pitchblock: Kittstock
pitfall: Fallgrube
pit firing: Grubenbrand
plain weave: Leinwandbindung (Kattunbindung, Taftbindung, Tuchbindung)
plaiting (fabrics): Kettenflechten
plaiting: echtes Flechten
  hexagonal: in drei Richtungen
  in three or more directions: in drei oder mehr Richtungen
  parallel to the edges: randparalleles Flechten
plane: Hobel
planting stick: Setzholz
plaster: Mörtel
  (of Paris): Gips
plasticity: Formbarkeit, Plastizität
platinum: Platin
pliancy: Biegsamkeit
plow: Pflug
  conventional: Beetpflug
  with seed tube: Säpflug
plow beam: Grindel, Pflugbaum
  curved: Krümel
plowneck: Sterze, Lenkstange
plow share: Pflugschar
plunge basket: Stülpkorb
point: Spitze
poker: Schürstock
pole arms: Stangenwaffen
pole snare: Zugschlinge
polishing: Polieren
polishing stone: Polierstein
popgun: Stempelrohr
porcelain: Porzellan
potter's wheel: Drehscheibe, Töpferscheibe
pottery: Töpferei
pouch: Lager (Schleuder)
preliminary firing: Rohbrand
presser: Druckstab
pressure flaking: Druckretusche
pressure squeezing trap: Druckklemmfalle
pressure stabbing trap: Druckstichfalle
pressure technique: Drucktechnik
pressure tool: Druckwerkzeug
printer's roller: Druckwalze
probe: Sonde
projectile: Projektil
prospecting: Schürfen
pulley: Rolle
pumice stone: Bimsstein
pump bellows: Kolbengebläse (Pumpengebläse, Zylindergebläse)
pump drill: Pumpenbohrer (Drillbohrer)
punch: Locheisen, Patrize
punching: Lochen, Stanzen
pyrite: Eisenkies, Pyrit

Q

quadrangular ax: Vierkantbeil
quadrangular plow: Vierkantpflug, Rahmenpflug
quartz: Quarz
quartzite: Quarzit
quenching: Ablöschen (Härten)
quicksilver: Quecksilber
quillwork: Stachelschweinborsten-applikation
quoit: Wurfscheibe

R

rabbet: Nut
rabbet hafting: Nutschäftung
rabbet plane: Simshobel
rabbit: Prelleisen
rake: Rechen
rasp: Raspel
rattan: Rotang
ray skin: Rochenhaut
recoil: Prelleisen
recurved bow: Steigendbogen
reed: Ried (Webstuhl)
reel: Haspel
reflexive bow: Reflexbogen
reinforced bow: verstärkter Bogenstab
relay: Relais
relay trap: Relaisfalle
relayless box trap: relaislose Kammerfalle
relayless trap: relaislose Falle
release: Auslöser
rep: Reps
with concealed warp: Eintragreps
with concealed weft: Kettenreps
reserve dyeing: Reservemusterung
resin: Harz
resist dyeing: Reservemusterung
resist paste: Reservierungsmittel
retouch: Retusche
retting: Rösten (Fasern)
rice straw: Reisstroh
ridger: Furchenreißer
rippling: Riffeln
rivet: Niet
riveting: Nieten
rock engraving: Felsgravierung
rocks: Gestein
rod: Rute
roll: Wulst
rope making: Seilerei
rotary motion: Drehbewegung
rough-out: Rohling
rubber: Gummi
rubber sling: Gummischleuder
rubbing through: Durchreiben

S

S-shaped bow: Halbreflexbogen
sabre: Säbel
sand: Sand
sand casting: Sandguß, Kastenguß
sandstone: Sandstein
satin weave: Atlas-, Satinbindung
saw: Säge
saw dust: Sägespäne
sawing: Sägen
sawing knife: Sägemesser
scissors: Schere
scorification: Verschlackung
scraper: Schaber, Schabeisen
scraping: Schaben
scratching: Ritzen
screw: Schraube
scutching: Schwingen
seam: Gußnaht
seed barrow: Sämaschine
seed basket: Säkorb
seed beater: Schlegel (Ernte)
seed tube: Sätrichter
seine: Schlagnetz
self bow: einfacher Bogenstab
selvage: Webkante
set of pulleys: Flaschenzug
set hammer: Setzhammer
sewing: Nähen
shaft (club): Kolben

(projectile, loom): Schaft
shaft drill: Quirlbohrer
shaft eye hafting: Stiellochschäftung
shaft furnace: Rennofen
(Schachtofen, Wolfsofen)
shaft hole: Schaftloch
shaft straightener: Pfeilstrecker
shard: Scherben
sharp fire: Glättbrand
shear: Schub
shears: Schere
shed: Fach
shedding: Fachbildung
shedding stick: Trennstab
sheet metal: Blech
shelling peg: Entkörner
shooting contrivances:
Schußvorrichtungen
shorten by forging: Stauchen
shouldered ax: Schulterbeil
shouldering: Absetzen
shovel: Schaufel
shuttle: Schiffchen
shuttle eye: Schützenauge
sickle: Sichel
side hafting: Seitenschäftung
sieve: Sieb
silk: Seide
silver: Silber
silver leaf: Blattsilber
simple brace: Drehstabbohrer
sinew: Sehne
sinker: Senker
sizing: Leimen (Papier)
skin: Haut
skin bellows: Schlauchgebläse
slag: Schlacke
slag iron: Schlackenhaken
slate clay: Schieferton
sleeve: Zwischenfutter
sling: Schleuder
sling stone: Schleuderstein
slip brushwork: Schlickermalerei
slot fire saw: Spaltfeuersäge
smelting: Erschmelzen, Verhüttung
by the direct process: Rennprozeß
smelting furnace: Schmelzofen
smoothed skin: Blöße
smoothing: Schlichten
smoothing hammer: Schlichthammer
smoothing plane: Schlichthobel
smoking: Räuchern
snail shell: Schneckenschale
snare: Schlinge
simple: Bewegungsschlinge,
Bewegungsnetz, einfache Schlinge
socket: Tülle, Mulde
socket hafting: Tüllenschäftung (Beil)
socket tipping: Tüllenschäftung
(Projektil)
socketed ax: Tüllenbeil
soft porcelain: Weichporzellan
sokha: Zoche
solder: Lot
soldering: Löten
soft: Weichlöten
soldering flux: Lötmittel
soldering iron: Lötkolben
sole: Sohle
sole ard: Sohlpflug
soumak weave: soumakartiger Kett-
stoff
sowing: Säen
spade: Spaten
spading fork: Gabelspaten
spear: Speer
spear-thrower: Speerschleuder
flexible: Knotenschleuder
socketed: Muldenschleuder
spiked: Dornschleuder
spiked and socketed: Kombina-
tionsschleuder
spike: Dorn
spike hafting: Dornschäftung (Beil)
spike tipping: Dornschäftung (Pro-
jektil)
spike tooth roller: Stachelwalze
spiked point: Dornspitze
spiked wheel trap: Tretfalle
spindle: Spindel
spinning: Spinnen
spinning wheel: Spinnrad

spliced attachment: Spleißbefestigung
split shaft fastening: Schlitzbefestigung
split-stick sling: Gabelklemmschleuder
splitting: Spalten
spring gun: Gewehrfalle, Selbstschußfalle
spring pole: Schwippgalgen
spring pole net: Schwippgalgennetz
spring pole snare: Schwippgalgenschlinge
squeezing contrivances: Druckklemmen
stabilization: Flugsicherung
staff-sling: Lager-, Stockschleuder
stamp: Stempel
stamping: Pochen (Erz), Punzen, Stanzen
starch paste: Stärkekleister
steel: Stahl
stencil: Schablone
stock: Stutzen
stone: Stein
stone crossbow: Kugelarmbrust
stone-engraving: Steinschneiden
stoneware: Steingut
stoneware clay: Steingutton
stop-gear: laufendes Gesperre
strap drill: Schnurbohrer
stretching frame: Spannvorrichtung (Fell)
strike-a-light: Schlagfeuerzeug
striker stone: Schlagstein
striking edge: Schlagkante
striking platform: Schlagplattform
striking retouch: Schlagretusche
striking weapon: Schlagwaffe
stringing of the bow: Besehnung
sulfur: Schwefel
support: Unterlage
surface retouch: Flächenretusche
swarf: Schleifsand
sweating: Schwitzen
swing plow: Schwingpflug
swingle bar: Ortscheit
sword: Schwert, Webschwert

T

talc: Talk
tang: Dorn, Griffzunge, Angel (Messer)
tang share: Durchsteckschar
tanning: Gerben
tapestry weaving: Wirken
temper: Magerungsmittel
tempering: Härten, Anlassen, Magern
textile fibers: Textilfasern
textile impression: Textilabdruck
textile techniques: textile Techniken
texture: Textur
thill: Gabeldeichsel
thin sectioned ax: Flachbeil
thinner: Malmittel
thorn lined trap: Trichtergesperre
thread: Faden
  endless: endloser
  limited: endlicher
thread elements: Fadensystem
  active: aktives
  passive: passives
thread making: Fadenbildung
threshing comb: Dreschkamm
threshing float: Dreschbrett, Dreschschlitten, Dreschtafel
threshing fork: Dreschgabel
threshing mallet: Dreschschlegel
threshing roller: Dreschwalz
  multiple: Dreschwagen
threshing stick: Dreschstock
  curved: Dreschsparren
threshing utensils: Dreschbehelfe
throwing (clay): Freidrehen
throwing ax: Wurfbeil
throwing club: Wurfkeule
throwing contrivances: Schleudervorrichtungen
throwing cord: Knotenschleuder
throwing knife: Wurfmesser
throwing loop: Wurfschlaufe
throwing stick: Wurfholz
throwing stone: Wurfstein

throwing strap: Wurfriemen
throwing wheel: Töpferscheibe, Drehscheibe
thumb ring: Spannring
tie reserves: Abbindreserven
tied attachment: Bindebefestigung
tin: Zinn
tin glaze: Zinnglasur
tinder: Zunder
tipping: Schäftung (Pfeil)
toe haft: Kniestiel
toggle: Knebel
tongs: Zange
tongue: Griffzunge
tool: Werkzeug
tooth: Zahn
top fuller: Abschrothammer
top swage: Buckeleisen
torsion: torsion, Drillung, Verdrehung
torsion hitting trap: Torsionsschlagfalle
torsion snare: Torsionsschlinge
torsion stabbing trap: Torsionsstichfalle
torsion trap: Torsionsfalle
tortoise shell: Schildpatt
trace: Zuggurte
traction: Zug
trap: Falle
tree-felling: Baumfällen
triangular bow: Dreieckbogen
triangular harrow: Dreiecksegge
trochus shell: Kreiselschnecke, Trochus
tube: Rohr
tubular drill: Hohlbohrer, Kernbohrer, Kronenbohrer
tufa: Tuff
turning: Abdrehen
turnstile: Drehkreuz
twill weave: Köperbindung
twining: Zwirnbinden
twisting: Drillen, Tordieren, Verdrehen, Zwirnen
two-man shovel: Ziehschaufel
two-man spade: Ziehspaten, Zugspaten
tying: Anbinden, Schnüren

U

underglaze color: Unterglasurfarbe
underground working: Untertagbau
upper pan: Halslager
use: Anwendung
urine: Urin

V

varnish: Firnis
varnishing: Firnissen
vat: Bütte
vegetable tanning: Lohgerben, Rotgerben
vice: Schraubstock
vitreous enamel finishing: Einbrandverfahren
vitrifiable color: Schmelzfarbe

W

warp: Kette
  active: aktive
  continous: endlose
  passive: passive
warp beam: Kettbaum
warp twining: Zwirnbinden der Kette
wash gilding: Naßvergolden, Waschvergolden
watered steel: Damaststahl
wax: Wachs
wax core: Wachskern
weapon: Waffe
weave: Bindung
weaving: Weberei
wedge: Keil
  fastening with a: verkeilen
weeding: Jäten
weeding hoe: Jäthacke
weeding loop: Jätschlinge
weeding stick: Jätstock
weel: Reuse
weft: Eintrag, Schuß

weft bobbin: Webspule
weft twining: Zwirnbinden des Eintrags
weight operated snare: Gewichtschlinge
weight trap: Gewichtsfalle
weir: Fischzaun
weld steel: Schweißstahl
welding: Schweißen
wheel and axle: Rad an der Welle
whet stone: Schleifstein
whetting: Schleifen
whip dart thrower: Peitschenschleuder
whistling arrow: Heulpfeil
white ware: Steinzeug
whorl: Spinnwirtel
winged poll ax: Armchenbeil
winnowing basket: Worfelschwinge, Worfelwanne
winnowing fan: Worfelfächer
winnowing fork: Worfelgabel
winnowing shovel: Worfelschaufel
wire: Draht
wire drawing: Drahtziehen
woman's knife: Frauenmesser, *ulu*
wood: Holz
wood carving knife: Schnitzmesser
woof: Eintrag, Schuß
wool: Wolle
wrapped weave: soumakartiger Kettstoff
wrapping: Wickeln
wrought iron: Schmiedeeisen

Y

yarn: Faden, Garn

Z

zinc: Zink

REIMER

REIMER